Unter den Büchern, die von der Vernichtung der Juden im Zweiten Weltkrieg authentisch Zeugnis geben, ist dieses eines der erschütterndsten. Bei seinem ersten Erscheinen vor 15 Jahren schrieb die französische Zeitung „l'Express": „Ihr Gegenstand macht diese Aufzeichnungen — ich wäge meine Worte ab — zu einem einmaligen Dokument in der Geschichte der Menschheit. Man muß dieses große und unentbehrliche, grausame und menschliche Buch lesen und wieder lesen. Selbst in tausend Jahren wird jemand, der die Grenzen des menschlichen Lebens und der menschlichen Natur erforschen möchte, nicht ohne dieses Werk auskommen können."

Heute ist eine neue Generation von diesen mit nichts zu vergleichenden Massenmorden abermals verstört und sucht Aufklärung. In diesem Bericht kann sie sie finden.

Leon Weliczker Wells, 1925 in Ostgalizien geboren, berichtet hier über sein Leben von seiner Kindheit an bis zu seiner Übersiedlung in die USA nach dem Kriege. Dieser Bericht ist zugleich ein Schicksalsbuch seines Volkes geworden. Als 1941 die deutschen Truppen in Galizien einmarschierten, war Wells, ältester Sohn einer strenggläubigen jüdischen Familie, 16 Jahre alt. Als die Russen 1944 Lemberg besetzten, war er der einzige Überlebende seiner Familie. Was er in diesen drei Jahren erleben mußte, Verfolgung, Verhaftung, das unvorstellbare Sonderkommando im Lager in der Janowska-Straße, schließlich die Flucht, das hat Wells damals in Tagebuchaufzeichnungen festhalten können. Dieses wörtlich wiedergegebene Tagebuch, dessen historische Zuverlässigkeit bestätigt ist, bildet das Kernstück des vorliegenden Buches.

Wells berichtet in völliger Objektivität, ohne Haß, gleichviel ob es sich um Deutsche, Russen, Polen oder Juden handelt, und erfüllt damit seinen Auftrag, „die Welt wissen zu lassen, was geschah". So ist dieser Bericht von der Unmenschlichkeit — über seine historische Bedeutung hinaus — durch die innere Haltung seines Autors ein Dokument der Menschlichkeit geworden.

Leon Weliczker Wells, geboren 1925 in Stojanow bei Lemberg in Polen. Ingenieurdiplom an der Technischen Hochschule München. Seit 1943 nach Erhalt eines Universitäts-Stipendiums in den Vereinigten Staaten. 1953 amerikanische Staatsbürgerschaft.

Leon Weliczker Wells
Ein Sohn Hiobs

mit 4 Karten

Carl Hanser Verlag

Übersetzt aus dem Englischen von H. Th. Asbeck
Titel der englischen Ausgabe: ›Janowska Road‹
Macmillan, New York, 1963
Titel der französischen Ausgabe: ›Pour que la Terre se souvienne‹
Albin Michel, Paris, 1962

ISBN 3-446-12802-6

Einbandentwurf von Klaus Detjen
Die Karten zeichnete Georg Hach, München
Bildnachweis: Süddeutscher Verlag, Bilderdienst
Gesamtherstellung May & Co, Darmstadt
Printed in Germany

Mein Antlitz ist geschwollen von Weinen,
und meine Augenlider sind verdunkelt,
wiewohl kein Frevel in meiner Hand ist
und mein Gebet ist rein.
Ach Erde, bedecke mein Blut nicht!
und mein Geschrei finde keine Ruhestätte!

HIOB XVI, 16–18

Teil I *Zeit des Friedens*

I

Samstags lag die Innenstadt verlassen. Kaum ein Erwachsener ging durch die Straßen, und wer daherkam, war von dem Schweigen erfüllt. Er eilte sich und versuchte schnell die Vorstadt zu erreichen, wo mehr Leben war.

Hier und da sah man Kinder vor den Häusern oder auf dem Marktplatz spielen, und auch sie dämpften ihre Stimmen, und aus den Fenstern hörte man selten Lachen.

Nur von der nahen Synagoge her konnte man die alten monotonen Gesänge der Frommen wie Stimmen in der Stille vernehmen —

»Ein Psalmlied auf den Sabbattag.«

Eigentlich begann der Sabbat schon am Donnerstag. Nachmittags ging Mutter in die Geschäfte und auf den Markt, um für das Wochenende einzukaufen. Abends kamen die Armen zu den Bessergestellten, um sich Geld für den Sabbatbedarf zu borgen. Vater schnitt sich und den Kindern die Fingernägel, wickelte die Reste in ein Stück Papier, tat Holzspäne dazu und verbrannte sie. Es war Brauch, die Fingernägel am Donnerstag zu schneiden, weil — wie man sagte — die Nägel erst am dritten Tage wieder zu wachsen anfingen. Daher würden die Nägel nicht am Sabbat, sondern am ersten Tag der Woche zu wachsen beginnen. Auch hieß es, die Nägel müßten verbrannt werden, damit die Seele nach dem Tode Frieden hätte, sonst müßte die Seele alle verlorenen Fingernägel wieder einsammeln.

Der ganze Freitag war von den Vorbereitungen für den nächsten Tag in Anspruch genommen. Mutter stand früh auf — im Winter, wenn die Tage kurz sind, schon um zwei Uhr morgens — um für den nächsten Tag zu backen, zu kochen und sauberzumachen. Freitags unterschied sich das Essen von dem der anderen Tage. Morgens gab es frische Pletzel mit Butter, ovale, dünn ausgebackene Fladen mit Gewürz und Zwiebeln. Ich mochte besonders den »Bube«, den Kartoffelkuchen, den es mit Fleischklößen und Sauce als Mittagessen gab.

Die kleineren Kinder brauchten an diesem Tag nicht in die Cheder zu gehen (die Unterstufe der Religionsschule). Nach dem Mittagsbrot begleiteten wir Buben Vater zum Schwitzen ins Dampfbad. Dieses Bad mit seinem Dampf, seinen Reisigbürsten zum Frottieren der heißen Körper, die Leute, die auf den Holzbrettern lagen und vom Dampf ermattet seufzten, das war für uns Kinder ein immer neues und aufregendes Erlebnis.

Auf dem Heimweg kamen wir an einer Bude vorbei, wo wir stehen blieben, um ein Glas Selters mit Fruchtsaft zu trinken. Wir konnten die kleinen Mädchen vor ihren Häusern stehen sehen, schon für den Sabbat gekleidet, das Haar frisch gewaschen, gekämmt und vom Petroleum glänzend, mit dem man ihnen normalerweise das Haar wusch.

Daheim begrüßte uns Mutter in ihrem Festtagskleid, und wir empfanden die festliche Atmosphäre des Hauses. Wir eilten, unsere Alltagsanzüge gegen die besseren zu vertauschen.

Dann kam der Abend. Etwa eine halbe Stunde vor Sonnenuntergang lief der Schammes (der Küster), ein untersetzter alter Mann mit langem Bart in einer schäbigen schwarzen Bekesche (einem langen seidigen schwarzen Rock) eilig durch die Straßen und klopfte mit einem hölzernen Hammer an die Haustüren zum Zeichen, daß der Sabbat begonnen hatte.

Im Haus wurde es lebendig. Jeder lief herum und versuchte, rechtzeitig fertig zu sein zum »benschen di Lecht«, dem Segensspruch über den Sabbatkerzen.

Auf der Straße konnte man verspätete Geschäftsleute sehen, die verzweifelt rannten, um rechtzeitig nach Hause zu kommen. Dann wurden die Kerzen angezündet. Meine Mutter bedeckte sich den Kopf mit einem weißen Tuch und ging zu dem Tisch, auf dem zwei zugedeckte Schales* standen, sowie zwei Silber- und ein Messingleuchter, in denen fünf Kerzen brannten. Sie bedeckte die Augen mit den Händen und sagte den Segen. Eine Weile war es vollkommen still im Zimmer, dann hörten wir ihre sanfte Stimme »Gut Schabbes« sagen. Die Kerzen leuchteten bis auf die Straße hinaus, und die ganze Innenstadt war von Tausenden von Kerzen illuminiert, die aus den Fenstern schimmerten.

Wir Buben brachen mit Vater zur Synagoge auf. Mein Vater war festlich gekleidet in einen schwarzen Rock mit Samtkragen

* Schales, Mehrzahlform von Schalah (Mürbteigbrot)

und einen schwarzen Samthut. Wir Buben trugen jeder ein Gebetbuch und marschierten feierlich mit Vater in einer Reihe, ohne auch nur ein Wort miteinander zu sprechen.

Alle Juden der Stadt waren in der Synagoge versammelt, die von den vielen Kerzen erglühte. Die Gesichter der Leute leuchteten unter den Samthüten oder den »Strameln« (Samthüten mit Eichhörnchenschwänzen, die die orthodoxen Juden nur am Sabbat oder Feiertagen tragen). Die Bärte, praktisch trugen alle verheirateten Männer sie, glänzten, waren gekämmt, und manche waren frisch gestutzt. Einige der Männer trugen sogar schwarze Seidenröcke, so festlich wie ihre Stimmung, sorglos, glücklich — bereit für den kommenden Sabbat. Auch wir Kinder empfanden die Heiligkeit dieser Stunde, die uns aus dem Alltagsleben heraushob.

Nach den Gebeten versammelten sich am Ausgang der Synagoge die stadtfremden Bettler. Vater nahm immer einen mit nach Hause; er war der »Oirach (Gast) für den Sabbat«.

Mutter erwartete uns vor dem Haus, wo sie mit ihren Töchtern und Nachbarinnen auf einer Bank saß, im Gespräch über all die schwere Arbeit, die mit den Vorbereitungen für den Sabbat verbunden war, und wie sich alles gut gefügt hatte — oder manchmal auch nicht.

Sobald Mutter uns kommen sah, eilte sie vor uns ins Haus. Vater und wir Söhne begrüßten jedermann mit »Gut Schabbes!« und setzten uns alle um den Tisch herum. Vater goß den Rosinenwein in die Silberschälchen, die neben unseren Tellern standen und begann das »Schalom Alaichem« (Friede sei mit dir . . .), den Gruß an die Engel des Sabbat, zu singen. Als nächstes wurde das Lied von der »tugendhaften Frau« angestimmt. Wir Kinder sangen mit. Dann machte der Vater den »Kiddusch« (den Segen über dem Wein) und trank den Wein. Nach ihm sagte auch jedes Kind den Segen und trank seinen Wein.

Dann goß sich Vater Wasser über die Hände, segnete das Schalah (langes, geflochtenes Mürbeteigbrot), schnitt es auf, tauchte jedes Stück in Salz und gab uns allen eines. Das Eintauchen des Schalah in Salz geschieht symbolisch zur Erinnerung an das salzige Meer, das sich teilte und die Juden auf ihrem Auszug aus Ägypten hindurchließ.

Meine Mutter servierte dann den »gefillte Fisch«, den wir Kinder wegen seines festlichen Geschmackes besonders gern mochten.

Ihm folgte eine wundervoll würzige Suppe mit Nudeln, Fleisch und ein Nachtisch. Vater und wir Kinder sangen zwischen den einzelnen Gängen »Zmires« (Sabbat-Tafellieder). Als letztes wurde Tee gereicht, und danach sagten wir das Dankgebet nach Tisch.

Nach dem Essen setzten sich meine Eltern gern hin, um zu lesen. Vater hatte meistens seine Zeitung, während meine Mutter ein Buch las, das ich ihr, sobald ich älter war, freitags aus der Bibliothek holen mußte. Wir Kinder spielten oder aßen Nüsse, bis wir zu Bett gehen mußten, aber erst sagten wir noch unser Nachtgebet.

Am nächsten Morgen, am Samstag, ging Vater mit uns Buben nach dem Frühstück in die Synagoge. Manchmal gab es dort während der Morgengebete einen Zwischenfall. Es war ein allgemeiner Brauch, daß jeder, der gegen die Gemeinde oder irgendeines ihrer Mitglieder eine Beschwerde hatte, gerade vor der Bibellesung auf das Podium stieg. Im Angesicht der heiligen Thorarollen auf dem Tisch dort oben erklärte der Mann dann, er werde die Bibellesung nicht zulassen, ehe nicht die ganze Gemeinde seine Beschwerde angehört habe. Dann setzte sich alles, und es herrschte ernstes Schweigen in der Synagoge. Jeder wußte, daß es ein schwerwiegendes Bekümmernis sein mußte, anderenfalls würde niemand die Verantwortung auf sich nehmen, die Bibellesung aufzuhalten. Diese Klagen variierten von der Anschuldigung eines Mannes gegen die Gemeinde, sie kümmere sich nicht genügend um die Witwe eines seiner Freunde, bis zur Beschwerde eines Kaufmannes, daß jemand neben seinem Geschäft ein neues eröffne und ihm dadurch den ohnehin schon mageren Lebensunterhalt streitig mache.

Ich erinnere mich eines Falles, wo sich der Metzger mit lauter, rauher Stimme beklagte, es gehe das Gerücht um, er mogele beim Wiegen, und das bedeute doch, daß er nicht treu zur jüdischen Religion stehe und man ihm nicht trauen könne, daß er nur koscheres Fleisch verkaufe. So verliere er womöglich seine Existenz, und er wolle wissen, wer für solche Gerüchte verantwortlich sei. Er werde das Podium erst dann verlassen, wenn die Gemeindeältesten ihm versprächen, die ganze Frage zu prüfen.

Diese Sitte machten sich hauptsächlich ärmere Gemeindemitglieder zunutze, denn die Wohlhabenderen wie auch die Einflußreicheren hatten andere Möglichkeiten, der Gemeinde ihre Beschwerden zur Kenntnis zu bringen. Diese Sorgen gaben dann für den ganzen Samstag wie auch die nächsten Wochen Diskussionsstoff ab. Der Mann konnte mit seiner Beschwerde ja noch einmal kommen und die Gemeinde durch die Verzögerung der Thoralesung den ganzen Sabbat in der Synagoge festhalten. Wie der Talmud zeigt, gab es diesen Brauch schon vor zweitausend Jahren.

Ein anderes Mal kam Magid (ein Geschichtenerzähler) in die Synagoge. Er predigte fast immer in Fabeln über Könige und ihre Diener. Es handelte sich aber stets um die Sünden der Gemeinde. Auch dies lieferte wochenlang Gesprächsstoff. Der Magid zog mit seinen Predigten von Ort zu Ort und sonntags auch von Haus zu Haus, wo er Geldspenden sammelte, von denen er lebte.

Wenn Vater und wir Buben mittags von der Synagoge heimkamen, nahm Mutter aus dem Ofen den Tschulent, eine Art Auflauf von Fleisch und Bohnen, der freitags schon vorgekocht wurde und bis zum nächsten Tag im heißen Ofen blieb. Wir aßen auch ein besonderes Gericht, das wegen seiner Form die »Kugel« genannt wurde. Man bereitete es zumeist aus Makkaroni und Rosinen oder aus geriebenen Kartoffeln, in wohlhabenden Familien auch aus Reis und Rosinen. Es war ein symbolisches Gericht, das zeigen sollte, wie alles im Leben rund ist — heute ist man reich, morgen kann man arm sein oder umgekehrt. Wieder sangen wir Zmires, und nach dem Essen machten die Eltern wie alle Leute in der Stadt ihr Mittagsschläfchen. Wir Kinder stürmten auf die Straße, um mit den Nachbarskindern zu spielen. Damit wir die Eltern nicht aufweckten, lärmten wir dabei nie so viel wie an den anderen Tagen. Wir waren ja auch selbst von der Heiligkeit des Tages durchdrungen. Wir durften bis gegen vier Uhr spielen. Trennten wir uns schon in der Woche ungern von unseren Kameraden, so fiel uns das heute noch schwerer, weil wir wußten, daß der Rebbe (der Religionslehrer) im Haus wartete, um uns in Vaters Gegenwart zu prüfen, wieviel wir im Lauf der Woche gelernt hatten. An den Samstagen, an denen er nicht kam (weil er in andere Häuser ging), examinierte uns der Vater selbst. Wenn wir die Fragen des Rebbe nicht beantworten konnten, erwartete uns eine gehörige Tracht Prügel, denen die ganze Woche über noch Vorwürfe folgten.

Nach der Prüfung besuchten wir alle zusammen Vaters Eltern. Die von Mutter wohnten in einer anderen Stadt. In einem langen schwarzen Kleid, einen weißen Schal auf dem Kopf, saß Großmutter vor dem Haus und las in der Bibel. Wenn sie uns sah, stand sie auf, begrüßte uns mit einem glücklichen Lächeln und führte uns ins Haus. Auch hier sah es anders aus als an den Wochentagen. Der Boden war gescheuert, und der Tisch, auf dem Messingleuchter prangten, war weiß gedeckt.

Großvater, ein hochgewachsener, gutgebauter Mann mit einem langen weißen Bart, saß in seinem schwarzseidenen Rock, den Stramel auf dem Kopf, vor dem Talmud und studierte. Wenn er uns sah, stand er auf und ließ uns am Tisch Platz nehmen, wo alle meine Onkel und Tanten schon saßen. Großvater erkundigte sich dann nach unseren Lektionen in der Chederschule und dem Wochenabschnitt der Bibel. Vater strahlte vor Stolz, wenn ich die richtigen Antworten wußte.

Dann versammelten wir Kinder uns in dem anderen Zimmer und bekamen von Großmutter Süßigkeiten und Obst. In der Regel ging das nicht ohne Balgerei unter uns ab, weil jeder meinte, er habe nicht seinen gerechten Teil bekommen. Großmutter, die kleiner als mancher ihrer Enkel war, kaum 1.42 m groß, war dabei der Mittelpunkt. Lächelnd bemühte sie sich, alle Welt zufriedenzustellen. Dann spielten wir, während die Damen auf der einen Tischseite sich leise unterhielten, um die Männer nicht zu stören, die gern alte Erinnerungen auffrischten oder politisierten. Manchmal unterbrachen wir unser Spiel und versammelten uns um die Erwachsenen, um ihren Gesprächen zuzuhören. Obwohl wir selten viel davon begriffen, kamen wir uns erwachsen vor, weil wir überhaupt zuhören konnten.

Abends begab sich Großvater mit den übrigen Männern zur Synagoge, und wir gingen heim, ungeduldig auf Vaters Rückkehr wartend. Wenn er kam, goß er Wein in eine Schale und machte die »Hawdala«*. So endete der Sabbat. Eine neue Woche fängt an. Die festlichen Stunden sind vorüber und das Alltagsleben beginnt.

Mutter selbst machte nun Feuer im Ofen, und Ella, meine ältere Schwester, die schon zur Schule ging, mußte ihre Aufgaben machen. Am nächsten Tag fuhr Vater wie üblich mit dem Zug nach Lemberg**.

* Hebräisch: die Trennung des Feiertages vom Werktag.

** Lemberg (Lwów im Polnischen, Lvow im Russischen) gehörte bis 1918 zu Österreich, von 1918 bis 1939 zu Polen und nun zur Ukraine.

2

Stojanow war eine kleine Stadt von etwa zweitausend Einwohnern, wovon über tausend Juden waren. Es lag knapp hundert Kilometer östlich von Lemberg. Vor dem ersten Weltkrieg war es ein Grenzort zwischen Rußland und Österreich; selbst gehörte es zu Österreich und war so eine wichtige Eisenbahnstation. Die Innenstadt war fast ausschließlich von Juden bewohnt, während die nicht-jüdische Bevölkerung, zumeist Ukrainer, an der Peripherie lebte. Die Straßen waren nicht gepflastert; nur im Zentrum waren einige Holzbohlen ausgelegt. Bis auf zwei Steinbauten waren alle Häuser aus Holz, manche hatten Strohdächer. Es gab dort eine siebenklassige Volksschule, eine römisch-katholische Kirche, eine griechisch-katholische, eine Synagoge, einen Gendarmerieposten mit einer Haftzelle für höchstens zwei Personen, und ein Postamt. Es gab weder eine Apotheke noch einen Arzt und — bis 1945 — in der ganzen Stadt nicht einmal ein Radio. Wer weiß, vielleicht ist es heute noch so. Industrie fehlte. Das Land gehörte Bauern, die Weizen und Kartoffeln anbauten und Geflügel und Eier verkauften. In den Wäldern schlug man Holz, das in die benachbarten Städte ging, wo es zu Bauholz geschnitten wurde.

Was den Lebensstandard angeht, so konnte sich etwa die Hälfte der Juden am Sabbat kein Fleisch leisten. Für die meisten war die Kartoffel das Hauptnahrungsmittel. Ziemlich viele Leute saßen abends im Dunkeln, weil sie sich kein Petroleum für die Lampen leisten konnten. Ich glaube, die Idee vom »gefillte Fisch« wurde entwickelt, um aus den winzigen Mengen Fisch, der geradezu als Delikatesse galt, soviel wie möglich zu machen.

Mein Vater war Holzhändler. Das war sein Haupterwerb, und er verstand sich recht gut darauf. Daneben war er an einem Eierexportgeschäft und einer Zementwarenfirma beteiligt. Wir gehörten in Stojanow zu den reichsten Familien. Mein Vater war 1894 geboren. Er war schlank und hochgewachsen, hatte tiefschwarzes Haar und war — wie ich mich seiner erinnere — bis auf einen Haarkranz um den Kopf herum, kahl. Seine großen, durchdringenden braunen Augen lagen tief unter einer hohen Stirn. Den

Bart trug er kurz und spitz. Er ging etwas gebeugt. Aus echter Anteilnahme unterstützte er wohltätige Organisationen, blieb aber stets der Mann »hinter den Kulissen«. Uns Kindern schärfte er ein, niemals einer politischen Partei beizutreten. In seinen Anforderungen an unsere religiöse und weltliche Ausbildung war er sehr genau. Er glaubte, durch Schulbesuch könnten wir das erlangen, was ihm, so sehr er es ersehnt hatte, versagt geblieben war. Wissen war ihm eine Sache, die er um ihrer selbst willen achtete.

Mein Großvater väterlicherseits war Aufseher und Verwalter für Holzschläge in den Forsten ringsum. Meine Großmutter — Vaters Mutter — hatte eine Textil- und Kurzwarenhandlung. Mit zwölf Jahren ging mein Vater mit Großvater als dessen Gehilfe in den Wald. Im ersten Weltkrieg diente er in der österreichischen Armee und wurde Gefreiter. 1919 heiratete er und begann als Holzverwalter. Die Abfälle vom Säubern der Stämme wurden als Brennholz verkauft. Nach ein paar Jahren bekam Vater diese Abfälle zusätzlich zum Lohn und durfte sie auf eigene Rechnung verkaufen. 1928 war ein strenger Winter, und das Brennholz erreichte Höchstpreise. Vater verdiente dadurch so viel, daß er sich selbständig machen konnte. Sein bisheriger Arbeitgeber, der Vaters Fähigkeiten kannte, wurde sein Partner, und binnen zwei Jahren besaß Vater in drei verschiedenen Städten die Majorität bei drei Holzlagern und einer Sägemühle, und kaufte laufend Waldparzellen, die abgeschlagen werden sollten. Er erwähnte immer wieder mit Bedauern, daß sein »gutes Jahr« ausgerechnet eines gewesen sei, wo so viele Leute wegen der harten Kälte frieren mußten.

Seine Intelligenz lag weit über dem Durchschnitt. Als wir später in Lemberg eine Holzhandlung hatten, entwarf er auch Häuser, arbeitete alle Pläne aus und kannte sämtliche Bauvorschriften. Er arbeitete hart, war friedlich und beklagte sich nie. Immer war er bestrebt uns beizubringen, daß man in der Lage sein muß, sich im Leben allen Umständen anzupassen, in schlechten wie auch in guten Zeiten.

Mutter galt als eine stattliche Frau. Sie hatte dunkles Haar und dunkle Augen, war etwas kleiner als Vater und neigte leicht zur Fülle. Sie war etwa zwei Jahre jünger als er. Ihre Eltern hatten vierzehn Kinder, von denen elf schon in der Wiege starben. Außer Mutter blieben nur eine Schwester und ein Bruder am Leben. Ihre

Mutter betrieb eine Kurzwarenhandlung, während ihr Vater sein Leben dem Talmud- und Kabbalastudium widmete. Großvater galt als bedeutender Gelehrter, und Leute, die ihn kannten, sagten mir, seine Kenntnis der hebräischen Grammatik und der aramäischen Sprache sei unübertroffen gewesen. Ich erinnere mich, daß ich als Kind sagen hörte, er könne den ganzen Talmud samt Kommentaren auswendig. Obwohl er ungefähr 110 Kilometer von Stojanow entfernt wohnte, kannte doch in Stojanow wie in den benachbarten Städten jedermann den Josel Mosche Reiss aus Kristinopol. Großvater Josel war einer der ersten orthodoxen Juden, die 1920 als Pioniere nach Palästina gingen. Er nahm eine Gruppe junger Leute mit. Kurze Zeit darauf kehrte er jedoch auf ärztlichen Rat nach Polen zurück, und so kam es, daß ihm von der Familie nie jemand dorthin gefolgt war.

Meine Mutter war sehr belesen. Manchmal, wenn ich in der Stube spielte, während sie dort las, kam es vor, daß sie mich im Spiel unterbrach, um mich auf irgend etwas im Buch aufmerksam zu machen, weil sie dachte, es sei nützlich für mich. So lernte ich viel, und es ist sicher ihr Verdienst, daß ich ein guter Schüler mit Interesse am Lernen und Lesen war.

So gern sie las, so schwer fiel es ihr freilich, Zeit dafür zu finden, denn bei sieben Kindern waren die Augenblicke der Entspannung selten. Wir nahmen ein Dienstmädchen ins Haus, aber das hatte genug mit dem jüngsten Baby zu tun. Das Einkaufen wie auch das Kochen, Backen und Anrichten der Mahlzeiten blieb — zusätzlich zu anderen Aufgaben — Mutters ausschließliche Domäne. Trotz der harten Arbeit war sie glücklich und Gott dafür dankbar, daß sie eine große, gesunde Familie hatte. In Lemberg, wo wir später wohnten, »bearbeiteten« die Bettler jeweils an bestimmten Tagen bestimmte Straßen. In unsere Gegend kamen sie am Mittwoch. Jeden Mittwoch stand Mutter früher als sonst auf, um für die Armen riesige Kessel Suppe zu kochen. Jeder Bettler erhielt einen Teller voll und ein Stück Brot. Mutter versorgte an diesem Tag an die vierzig Personen, einschließlich ihrer eigenen Familie waren es oft fünfzig. Wir wußten, daß Mutter an diesem Tag für uns weniger Zeit hatte, denn es war, wie sie zu sagen pflegte, »ihr Tag«: auch sie habe das Recht, etwas für »sich selbst« zu tun.

Wir bewohnten die Hälfte eines Doppelhauses. In der anderen hatte unser Nachbar eine Art Bierausschank. Dieses Lokal, das uns an Wochentagen nicht weiter anzog — natürlich waren die Kinder des Eigentümers unsere Spielkameraden —, gewann sonntags an Interesse. Da kamen sämtliche Bauern zur Stadt, um in die Kirche zu gehen, und tranken nachher bei unserem Nachbarn Bier und andere alkoholische Getränke. Dann gab es dort laute Reden und Gläserklirren, und wenn die Tür offenstand, sahen wir den dichten Tabaksqualm im Raum. Wir Kinder standen vor der Tür, manchmal schmuggelten wir uns auch hinein oder lauerten auf eine Prügelei mit viel Krach.

Der Sonntag hatte für mich eine besondere Bedeutung, da ich als ältester Sohn, wenn Vater früh am Morgen nach Lemberg fuhr, hinter ihm die Haustür schließen durfte. Ich war zu der Zeit etwa fünf Jahre alt und wußte, daß dies ein Vertrauensbeweis war. Nie vergaß ich noch einmal nachzusehen, ob ich auch wirklich die Tür ordentlich verschlossen hatte.

3

Unsere Familie gehörte — wie die meisten Juden unserer Stadt — zu einer Sekte, die sich die Chassidim, also die »Frommen«, nannte. Sie wurde im 18. Jahrhundert gegründet, und man kann sie als eine Art religiöser Renaissancebewegung bezeichnen. Ihre Philosophie sagte besonders den Ärmeren zu, und so wurde sie schließlich eine der stärksten Bewegungen in Osteuropa. Ihr Schwerpunkt aber lag im südlichen Polen. Einer der chassidischen Grundsätze war die Lebensfreude und die Auffassung, die Größe Gottes könne man nicht dadurch würdigen, daß man ständig in der Stube hocke und den Talmud studiere. Statt dessen solle man lieber hinausgehen in Wald und Flur, um die Schönheit der Natur zu genießen und darin SEINE Größe zu erkennen. »Alles, was von Herzen kommt, wird auch das Herz anderer Menschen erreichen.« Uns Kindern wurde immer wieder gesagt: »Sei ein Jude im Herzen« . . . »habe ein Gefühl für deine Mitmenschen! Gefühl geht über Wissen!«

Als ich klein war, erzählte mir die Mutter oft die Geschichte von einem Waisenbub, der Schäfer wurde. Er war sehr arm und konnte nicht einmal das Gebetbuch lesen. Ihm hatte noch nie jemand etwas von Gott gesagt. Aber da er seine ganze Zeit auf den Wiesen und Weiden verbrachte, empfand er Gott durch die Natur. Zu pfeifen und auf seiner Flöte allerlei Melodien zu spielen, war seine Art zu beten. Einmal, während der Hohen Festtage*, war die ganze Stadt zum Beten in der Synagoge. Aber die Weisen der Gemeinde hatten das Empfinden, ihre Gebete würden nicht erhört, und die Tore des Himmels blieben der Gemeinde verschlossen. Angst erfüllte die Synagoge und alles schwieg. Was sollte das bedeuten? Unglück für die Gemeinde im kommenden Jahr? Aber gerade da betrat der Hirtenjunge das Bethaus. Und als er die Unruhe der Versammelten fühlte, begann er zu beten, und zwar auf die einzige Weise, die er kannte: Er steckte die Finger in den Mund und pfiff, daß es gellte. Die ganze Gemeinde war schockiert: Welch eine Gotteslästerung, an einem Ort der Anbetung zu pfeifen! Aber das Antlitz des Rabbiners leuchtete auf, und er rief: »Freuen wir uns! Mit diesem Pfiff, der dem Jungen aus tiefstem Herzen kam, haben sich die Pforten des Himmels geöffnet, und unsere Gebete drangen durch zu Gott!« So rettete der Bub die Gemeinde.

Eine andere, ebenfalls gern erzählte chassidische Geschichte zeigt, daß man in jedem menschlichen Wesen auch etwas Gutes findet, wenn man nur tief genug schaut. Die Geschichte handelt von einem Juden, der am Sabbat zu Pferd ausritt und eine Zigarette rauchte, zwei — nach dem orthodoxen Gesetz — schlimme Sünden. Diesen Mann sprach nun unterwegs ein Frommer an und sagte: »Du begehst wahrscheinlich diese Sünden nur, weil du vergessen hast, daß heute Sabbat ist . . .«. Der Mann zu Roß antwortete »Nein!« »Dann reitest du wahrscheinlich zum Arzt und rauchst die Zigarette nur, um dich von den Schmerzen abzulenken . . .«, fuhr der Fromme fort. »Nein, ich kümmere mich überhaupt nicht um die Religion!« war die Antwort. Darauf hebt der Fromme die Augen zum Himmel und ruft: »Schau nur, HERR, wie tugendhaft DEIN Volk ist, es will noch nicht einmal lügen!«

Auch andere Geschichten, die bereits im Talmud erwähnt werden, wurden gern verbreitet und ausgeschmückt. Dazu gehört beispielsweise die Geschichte von den »Sechsunddreißig«. Nach einer Legende gibt es sechsunddreißig Fromme, um deretwillen Gott

* Ende September – Anfang Oktober wird zum Beginn des neuen Jahres nach dem jüdischen Kalender um Vergebung der Sünden gebetet und gefastet.

die Welt nicht zerstört. Zwar weiß niemand, wer diese sechsunddreißig sind, aber man weiß, daß es Arme und Demütige sind, die ein tiefes und großes Wissen haben, auch wenn sie den Menschen einfältig und schlicht vorkommen. Die Moral dieser Geschichte war: Sieh nicht herab auf einen Armen, auch wenn er ungebildet zu sein scheint. Es könnte sein, daß du es seinem Wohlwollen verdankst, daß du am Leben bist — oder: Weise keinen Bettler ab, denn er könnte einer der »Sechsunddreißig« sein.

Ähnliche Geschichten gibt es auch um den Gründer der chassidischen Bewegung. Man nannte ihn den Baal Schem Tov, den Meister von Gottes Namen. Es wird berichtet, er sei ein Waise gewesen. Als kleiner Junge war er »Gehilfe« eines Religionslehrers. Solch ein Gehilfe mußte die Kinder, die schon mit drei Jahren in die Religionsschule gehen, in der schlechten Jahreszeit bei Regen und Schnee auf den Schultern zur Schule und wieder nach Hause tragen. Der Lehrer selbst war meist einer der Ärmsten der Stadt, so kann man sich ausmalen, was für ein Leben solch ein Helfer hatte. Herangewachsen, heiratete der Baal Schem Tov die Tochter eines Dorfgastwirtes. Sie war — das ist auch zu erwähnen — das naivste Mädchen, das man sich vorstellen kann. So wurde der Baal Schem Tov Wirt. Sein Gasthaus aber wurde mit der Zeit ein Wallfahrtsort, denn er tat Wunder und gab viele weise Ratschläge. Man erzählt, daß es bei seinem Tode 40 000 Anhänger seiner Lehre gab. Die ihm am nächsten stehenden Jünger führten die Bewegung weiter und gründeten an verschiedenen Orten sogenannte rabbinische Dynastien. Jeder ließ sich in einer anderen Stadt nieder, und die geistliche Führerschaft vererbte sich jeweils vom Vater auf den Sohn. Mit der Zeit ergaben sich unter diesen Dynastien geringfügig abweichende Auslegungen des Chassidismus, und die Anhänger der verschiedenen Glaubensführer waren davon überzeugt, daß ihre die einzig richtige sei. Meines Vaters Familie bekannte sich zum Rabbi von Belza, während der Vater meiner Mutter, trotz seiner direkten Abstammung von der »Chortkow-Dynastie«, im anti-chassidischen Lager der Misnagedim stand. Diese chassidischen Führer hatten einen ungeheuren Einfluß auf unser Leben. War jemand sehr krank oder konnte er sich über eine geschäftliche Transaktion nicht schlüssig werden oder war eine Frau unfruchtbar — gleichviel, welches Problem auftauchte, man suchte dann diese Rabbiner auf und ließ sich beraten, weil man zu ihnen absolutes Vertrauen hatte. Ich erinnere mich, daß mein Vater mich, als ich elf Jahre alt war, zum Belzer Rabbi brachte, damit ich seinen Segen erhielte. Ich stand in der Schlange der Wartenden von sieben Uhr abends bis drei Uhr früh, ehe ich mit Vater hineinkam. Um Zeit zu sparen, war es üblich, daß man im Vorzimmer dem Gehilfen des Rabbi den Grund des Kommens diktierte, also in meinem Falle »Segen für den Sohn«. Der Gehilfe schrieb dies auf einen Zettel, und man übergab ihm eine Spende für das Rabbinat. Dann betrat man das Arbeitszimmer des Meisters, und sein Gehilfe übergab ihm den Zettel. Der Rabbi las ihn und beschäftige sich dann, je nach dem Fall, mehr oder weniger lang mit dem Besucher. Mir gab er die Hand und sagte »Gott segne dich!«, und damit war die Audienz schon vorüber. Zwei meiner Onkel pflegten praktisch jeden Feiertag ihre Familie allein zu lassen, um den Tag bei ihrem Rabbi zu verbringen.

Wir Kinder mochten die chassidischen Geschichten sehr gern, denn sie gaben uns das Gefühl, erwachsen zu sein, weil es Geschichten mit Moral und Religion waren. Wir erzählten sie uns gegenseitig und wurden nicht müde, sie immer wieder zu hören.

Uns wurden aber nicht nur diese Geschichten erzählt. Wir hörten auch von den hungrigen Wölfen in den Wäldern, die Menschen anfallen, oder von den Zigeunern, die Kinder stehlen und sie zu ihren Sklaven machen. Zigeuner schlugen nämlich jeden Sommer am Rand unserer Stadt ihre Zelte auf. Es gab auch Geschichten über »verlorene Seelen«, welche als Katzen, Mäuse oder Ratten wieder auf die Erde gekommen waren und in dieser Gestalt um Mitternacht zur Synagoge kamen, um zu beten. Von diesen Seelen sagte man, sie hätten zu Lebzeiten Tiere gequält.

Die gebildeteren Frauen lasen gern und liebten es, über Lyrik zu diskutieren. Als meine Eltern zur Schule gingen, gehörte unser Teil von Polen zu Österreich, und der Unterricht erfolgte in deutscher Sprache. So waren die am häufigsten zitierten Dichter Schiller, Goethe und Heine. Die Herzen der Frauen gehörten Heine. Daß er dem jüdischen Glauben entsagt hatte, war eher Anlaß, ihn zu bedauern, als ihn zu verdammen, und sie rezitierten gern seine Gedichte, die aus ihrem Mund höchst tragisch klangen, besonders das, wo Heine sagt:

Keine Messe wird man singen,
Keinen Kadosch wird man sagen,*
Nichts gesagt und nichts gesungen
Wird an meinen Sterbetagen.

Auch Lieder waren ein sehr wichtiger Teil unseres Lebens. Gesang und Freude gehörten zum chassidischen Credo — sie waren »Seelennahrung«: Hübsche Melodien, eine Prise Tabak, ein Gläschen Wodka — kurz alles, was die Seele »erhebt«, gehörte zu dieser Nahrung. Bei Geburten, Heiraten, schweren Krankheiten, Todesgedenktagen und dergleichen mußte man eine Flasche Wodka und Kuchen zur Synagoge mitbringen. Nach dem Beten bekam dann jeder — arm wie reich — sein Gläschen Wodka und ein Stückchen Kuchen. Dem Spender wünschten alle viel Glück oder eine baldige Genesung für das kranke Familienmitglied oder was immer der Anlaß erforderte. Gab es den Wodka aus einem freudigen Anlaß, so sangen die Leute und tanzten oft auch im Kreis. Dabei verdrehten sie die Augen, als ob sie versuchten, in eine andere Welt zu gelangen. Man pflegte zu sagen: »Gäbe es wohl eine bessere Tat, als eine Gemeinde — und sei es nur für einen Augenblick — glücklich zu machen?!«

Singen spielte eine sehr wichtige Rolle in unserem Leben. Ein Mann mit einer guten Singstimme war allgemein sehr angesehen. Verstand er außerdem noch, eine kleine Melodie zu komponieren — meist über ein religiöses Thema —, dann brachte er sie zum erstenmal am Sabbat oder einem Feiertag in der Synagoge zu Gehör, und die ganze Stadt diskutierte über die neue Komposition.

Die Frauen mochten mehr noch als die religiösen die weltlicheren Lieder, vom Liebeslied über den bezaubernden Prinzen bis zur Moritat. Die Lieder kamen aus den größeren Städten, wo Straßensänger sie verbreiteten, die um ein paar Groschen auch die gedruckten Texte verkauften. Brachte jemand solch ein Blatt mit in unser Städtchen, dann wanderte es von Haus zu Haus und wurde abgeschrieben, während die Melodie dazu sich von Mund zu Mund verbreitete.

Ich erinnere mich an ein Mädchen, das uns ein solches Lied von einem Ausflug nach Lemberg mitbrachte: »Schrulek« lautete der Titel. Sie kam an einem Samstagnachmittag zu uns ins Haus,

* Kadosch: Jüdisches Trauergebet.

und alle unsere Nachbarn versammelten sich, um dieses Lied zu hören. Es erzählte die Geschichte eines Jungen namens Schrulek. Er war der Sohn eines armen jüdischen Schneiders, dessen ganzes Glück es war, seinen Schrulek aufwachsen zu sehen. Der Sohn wurde ein reicher Mann und heiratete ein Mädchen aus der »Gesellschaft«, aber der Vater wurde nicht zur Hochzeit eingeladen. Er stand draußen vor dem Fenster und sah sich die große Hochzeit an und sagte: »Du bist heute reich; ich bin nur ein armer Jude, aber ich wünsche dir viel Glück, mein lieber Schrulek!«

Den Frauen liefen dabei die Tränen über die Wangen, und man sah, wieviel Freude ihnen das schöne Lied machte. Sie nickten eifrig dazu und meinten: »So etwas kann wirklich vorkommen.« Wer diese Frauen beobachtete, konnte verstehen, daß manche Menschen einen Genuß im Leiden finden. Der Textdichter kannte sein Publikum, wenn er in dem Lied vom Vater sprach, denn das Herz einer Mutter hielte es sicher nicht aus, draußen vor dem Fenster zu stehen, wenn ihr Sohn heiratet.

Diese Art von Liedern war am populärsten, so auch das von dem kleinen Waisenmädchen, das im Regen steht und Zündhölzer feilhält, oder das von dem Mann, der Haus und Heimat verläßt, um in die große, unbekannte Welt zu ziehen. Man weinte ausgiebig dazu und genoß es.

4

Wir waren sieben Kinder. Meine Schwestern Ellen-Lea, im November 1923 geboren, war die Älteste, ein empfindsames, ruhiges Kind. Sie lernte gern und las viel, spielte aber nur selten mit uns. Ich war der nächste, am 10. März 1935 geboren. Mein Bruder Aron war 14 Monate jünger als ich. Er war ein schüchternes, schwächliches Kind, dem das Lernen schwer fiel. Drei Jahre später kam Jakob Michael, das Rauhbein in unserer Schar. Dann folgten mit jeweils vierzehn Monaten Abstand Rachela und Judith, blond und blauäugig. Unsere Jüngste war die recht zarte Bina.

Obwohl wir uns oft zankten, wie es unter Kindern ganz natürlich ist, hatten wir in unserer Familie doch einen sehr starken Zusammenhalt und liebten uns aufrichtig.

Es war ein Brauch aus talmudistischen Zeiten, den Buben das Haar wachsen zu lassen, bis sie drei Jahre alt waren. Dann wurde es am 33. Tag nach Ostern vor versammelter Gemeinde feierlich abgeschnitten. Mit drei Jahren, und zwar vom Geburtstag an, gingen wir zum Religionsunterricht in die Chederschule. Zusammen mit zehn oder zwölf anderen Kindern lernten wir beten und Hebräisch lesen. Dieser Unterricht fand im Haus des Lehrers statt, eines alten Juden mit langem Bart. Es gab dort nur einen großen Raum. An zwei Seiten standen Betten, in der Mitte stand ein langer Tisch. An einer Seite des Tisches war eine Bank, an der anderen diente das Bett zum Sitzen. Der Lehrer saß am Kopf des Tisches. In einer anderen Ecke des Raumes stand der Herd, wo die Frau des Lehrers kochte, die Wäsche wusch oder das Baby fütterte. Im Winter wurde auch die Ziege in der Stube gehalten.

Vor unserem Lehrer hatten wir alle Angst, denn wir waren immer darauf gefaßt, daß es Schläge mit der Kantschug — der Peitsche — gab, wenn wir nicht schnell genug verstanden. Er glaubte nämlich, wir hätten nicht aufgepaßt, und ließ dann das stets griffbereite Nachhilfemittel in Aktion treten. Ich muß zugeben, daß ich nicht allzu oft Prügel bezogen habe, denn ich lernte gern und war meiner Gruppe meist voraus. Manche Kinder waren aber ständig darauf bedacht, Unfug zu treiben.

So holte einmal ein Junge, der auf dem Bett saß, sein kleines Federmesser hervor und schnitt ein Loch in das große Kissen. Die Daunen wirbelten in der ganzen Stube herum und sogar in die Suppe, die gerade auf dem Ofen kochte. Auch der Bart des Lehrers war weiß von Federn.

Etwa Mitte Januar ist ein Feiertag, der der »fünfzehnte Tag des Schwat« genannt wird. Dieser Feiertag im elften Monat des jüdischen Kalenders gilt als »Neujahrstag der Bäume«, da um diese Zeit in Israel Baumblüte ist. An diesem Fest ißt man allerlei Obst. Unser Lehrer arrangierte für den Samstagnachmittag vor dem Feiertag ein kleines Fest für uns. Jedes Kind steuerte ein paar Pfennige bei, und der Lehrer kaufte Pflaumen, die am Freitag gekocht wurden und bis zum Samstag im Herd blieben. In unserer Sabbatkleidung saßen wir Kinder um den Tisch und warteten auf den großen Augenblick. Die Stube war aufgeräumt, der Tisch weiß gedeckt; vor jedem Schüler stand ein kleiner Glasteller. Der Lehrer hatte seinen schwarzseidenen Rock an, keinen Kantschug neben sich und stand sehr würdevoll am Kopf des Tisches. Im Singsangton begleiteten wir ihn beim Tischsegen, und dann schritt er mit seinem feierlichen und langsamen »Sabbatgang« zum Herd, um den Topf mit den gekochten Pflaumen zu holen. Er brachte ihn zum Tisch; alles war mäuschenstill. Jetzt hob er den Deckel; aber da wurde sein Gesicht puterrot. Wir wußten sofort, daß etwas Schreckliches passiert sein mußte. In dem Topf war, außer ein paar Pflaumenkernen, nichts als Brühe! Bald kam heraus, daß die Tochter des Lehrers — sie war etwa neun Jahre alt und hatte ihr Bett neben dem Herd — die Pflaumen nachts aufgegessen hatte. Gleich an Ort und Stelle bekam sie eine gehörige Tracht Prügel, und mit ihrem Geschrei war die »Party« aus.

Die Mutter des Mädchens, die erste Frau des Lehrers, war im Kindbett gestorben. Es war nicht ungewöhnlich, daß solche armen Leute acht oder zehn Kinder hatten und daß die älteren von einer Mutter stammten, die im Kindbett gestorben war. Es ist erstaunlich, daß diese Kinder trotz der harten Verhältnisse, unter denen sie aufwuchsen, tief empfindsame Menschen wurden. Als ich während meiner Wanderungen 1942 dieses gleiche Mädchen wiedertraf, war sie mit einem Mann verheiratet, der aus erster Ehe auch schon vier Kinder hatte. Sie lebte etwa 65 Kilometer von Stojanow und freute sich sehr, einen von »Vaters Schülern« wiederzusehen. Mit großer Liebe und Achtung sprach sie von ihrem »großen, frommen Vater«, und als sein Schüler fühlte ich mich in ihrem Haus so recht willkommen. Der alte Mann war zu dieser Zeit schon von den Deutschen getötet worden. Als ich ihr zuhörte, sah ich ihn mit seinem patriarchalischen Bart, seinen freundlichen Augen wieder deutlich vor mir, den armen Mann, der trotz seiner harten Arbeit seine Familie kaum mit Brot und Suppe ernähren konnte, und ich glaubte, seine tiefe, manchmal etwas singende Stimme zu hören.

Die Zeit verging. Das Größerwerden, die Feiertage und der Familienzuwachs brachten allerlei Aufregungen in unsere Familie. Mit fünf Jahren wurde ich der »große Junge«. Im Winter fing für mich als »älteren Schüler« der Religionsunterricht erst nachmittags an, und gegen sechs Uhr, wenn die Schule aus war, war es schon dunkel. Bereits Wochen vorher hatte ich angefangen, meine Laterne herzurichten. Aus einem großen Kürbis wurde das Innere herausgeschabt, Fensterchen wurden hineingeschnitten, eine Kerze drin befestigt, und außenherum kam eine Trageschnur. Wir Buben wetteiferten miteinander, wer die schönste Laterne hätte, und es war Ehrensache, alles selbst zu machen, den Kürbis sogar selbst zu pflücken. Als ich den allerersten Abend in der stockfinsteren Nacht von der Schule heimging und die Straße nur von meiner Kerze beleuchtet war, hatte ich das Gefühl, nun wirklich »erwachsen« zu sein, und alle Furcht vor der Dunkelheit verschwand.

Mit sechs Jahren kam ich in die Volksschule. Da das übliche Alter für den Schulanfang sieben Jahre war, blieb ich während meiner ganzen Schulzeit immer einer der Jüngsten in meiner Klasse.

Mitte März, wenige Tage nach meinem achten Geburtstag, überraschte Vater uns Geschwister mit der Ankündigung, daß er in Lemberg ein Haus gekauft habe, und daß wir bald dorthin zögen. Er tat sich nach einem Käufer für das Haus in Stojanow um, aber als er einen gefunden hatte und mit ihm schon einig war, stellte sich heraus, daß dieser Mann und seine Familie unserem Nachbarn, dem Wirt, unsympathisch waren. Man ging zum Rabbi, und der entschied, daß wir das Haus an Leute verkaufen sollten, die auch unserem Nachbarn zusagten, und, falls der nächste Kaufinteressent weniger böte als der erste, sollte die Differenz von meinem Vater und dem Nachbarn zu gleichen Teilen getragen werden. Ein paar Tage später war das Haus verkauft, und die Vorbereitungen für den Umzug begannen.

Mutter erzählte uns Kindern vom Leben in der großen Stadt, vom elektrischen Licht, den Straßenbahnen, der Wasserleitung, den Aufzügen und ähnlichen Dingen, die wir Kinder uns noch nicht einmal vorstellen konnten.

Der Tag der Abreise kam heran. Es war ein schöner Sonntagnachmittag, als die ganze Familie zum Bahnhof ging und wir mit dem Zug nach Lemberg fuhren, unserem neuen Heim und einem neuen Leben entgegen.

Die Reise war sehr aufregend, denn es war unsere erste Eisenbahnfahrt. Abends kamen wir in Lemberg an und übernachteten in einem Hotel. Am nächsten Morgen brachte Vater meine Schwester und mich zu Fuß zu unserem neuen Haus, während Mutter mit den anderen Kindern etwas später in einem Taxi kam.

Ich war zunächst von der großen Stadt sehr enttäuscht. Die Menschen, die Straßen und sogar die Pferde schauten im Verhältnis zu denen in Stojanow traurig aus. Dann kamen wir zu unserem neuen Heim. Es war ein zweistöckiges Gebäude. Unsere Wohnung lag im Obergeschoß und hatte drei große Zimmer und eine Küche. Das Haus, das nun Vater gehörte, hatte noch sechs Wohnungen, die jede aus einem Zimmer nebst Küche bestanden. Die Familien, die dort wohnten, hatten zwei, drei und sogar vier Kinder. Sie gehörten dem Mittelstand an, denn »arme« Leute konnten sich so »große« Wohnungen in einem hübschen Haus wie unserem nicht leisten.

Eine Woche später fing für mich die Schule an. Im Lemberg war es so, daß die öffentlichen Schulen in den jüdischen Stadtvierteln nur von Juden besucht wurden und daher samstags geschlossen waren. Wir wohnten jedoch in einer Gegend mit nicht nur jüdischer Bevölkerung, an der Grenze zu einem ausschließlich christlichen Viertel, und so mußten wir in eine nichtjüdische Schule gehen, wo wir auch samstags Unterricht hatten. In unserer Klasse waren etwa fünfzig Schüler, davon nur ein halbes Dutzend jüdische. Mein Vater einigte sich mit dem Rektor, und so nahm ich samstags am Unterricht zwar teil, brauchte aber nicht zu schreiben. Von den nicht-jüdischen Schülern wurde ich oft verhauen, und mancher Lehrer schaute dabei ostentativ weg. Mein Vater, der wie alle Welt wußte, daß eine kleine Minorität Gewalt nicht mit Gewalt beantworten kann, sagte zu mir: »Ein Jude schlägt nicht zurück!« Als ich einwendete: »Ich bin doch stark und habe keine Angst«, war die Antwort: »Und was soll aus den anderen jüdischen Buben werden, die vielleicht nicht so stark sind?« Und dann gab er mir noch zu verstehen, daß Gewaltanwendung zuweilen zu einem Pogrom gegen die Juden führen kann. »Jeder Jude ist für alle anderen Juden verantwortlich!«

Ich blieb noch bis zu den Ferien in dieser Schule und wurde dann bei einer jüdischen Privatschule angemeldet. Dort bekamen wir auch Religionsunterricht. Die Schulstunden waren von acht Uhr früh bis zwei Uhr nachmittags und von drei bis sechs Uhr. Freitags war nur vormittags Unterricht, der Samstag war als einziger Tag ganz frei. Weil nur eine Stunde Mittagspause war und der Heimweg etwa eine halbe Stunde dauerte, brachte mir Mutters »Hilfe« das Essen in die Schule.

1938 machte ich die Aufnahmeprüfung fürs Gymnasium und bestand sie mühelos. Damit begann ein neuer Abschnitt in meinem

Leben. Ich besuchte nun eine gemischte Schule für Jungen und Mädchen, und wir mußten zu allen Zeiten, selbst außerhalb der Schule, eine Uniform tragen, dunkelblau mit hellblauen Biesen. Auf dem linken Ärmel trugen wir ein hellblaues herzförmiges Abzeichen mit der in Silber gestickten Schulnummer. Wir hatten die Nummer 213. Die Schulstunden waren in der Regel von acht bis zwei. Von drei bis acht Uhr abends besuchte ich außerdem täglich — mit Ausnahme vom Sabbat — die Jeschiva, eine höhere Talmudschule. Wenn ich dann um halb neun endlich heimkam, aß ich allein zu abend und machte anschließend noch meine Hausaufgaben, was meist anderthalb Stunden dauerte. Um mit meinem Talmudstudium zurechtzukommen, mußte ich den Samstag und die Feiertage zu Hilfe nehmen, an denen schulfrei war. Das Lernen machte mir Freude. Im Alter von dreizehn Jahren kannte ich 130 Seiten eines der schwierigsten Teile des Talmud in seiner komplizierten babylonisch-hebräischen Sprache auswendig. Ich glaube, diesem eisernen Lerntraining verdanke ich auch die Freude am Lernen in späteren Jahren.

5

Im Sommer 1939 absolvierte ich mit guten Noten mein erstes Jahr auf dem Gymnasium. Drei Wochen der Sommerferien verbrachte ich mit meiner ältesten Schwester bei einem Onkel in Grzymalow, einer reizenden Stadt mit vielen Parkanlagen und schönen Alleen. Niemand hätte damals gedacht, daß dies die letzten sorgenfreien Wochen sein würden, das letzte Mal auch, daß ich meine Vettern, den Onkel und die Tante sah. Dieser Urlaub — übrigens der erste, den ich nicht mit den Eltern verbrachte — war der Höhepunkt eines abschließenden Kapitels meines Lebens.

Kaum waren wir wieder daheim, als die allgemeine Mobilmachung begann. Das war nicht die Zeit, über Ferienfreuden zu berichten. Die Stadt kam mir verändert vor. Die Menschen sahen bedrückt aus. Eine schwere, dunkle Wolke der Ungewißheit hing über ihnen.

Am Abend des 30. August tauchte ein Probealarm die Stadt in völliges Dunkel. Für uns Jüngere war das neu und aufregend.

Nachts gab es noch mehrmals Probealarm und alles rannte in die Keller. Alle wurden darüber aufgeklärt, daß das Wichtigste im »nächsten Krieg« eine Gasmaske sei und was es mit Gasbomben auf sich habe. Jedermann wußte, daß Ende des ersten Weltkrieges die Deutschen an der französischen Front zum erstenmal solche Bomben angewendet hatten. Der Keller, unser »Luftschutzraum«, wurde abgedichtet, so daß von außen nur ein Minimum an Luft hereinkam.

Am nächsten Tage marschierten Soldaten durch die Stadt, Kolonne auf Kolonne. Sie hatten tatsächlich alle bei ihrem Gepäck auch Gasmasken. Die Straßen waren voller Menschen. Mütter, Frauen und Bräute weinten und warfen Blumen. Von Zeit zu Zeit schrie jemand: »Auf nach Berlin«, aber es klang nicht sehr überzeugend.

In der Nacht des 31. August war wieder Verdunkelung. Es gab mehrere Male »Fliegeralarm«, aber diesmal ging niemand in den Keller. Eine schlaflose Nacht war genug gewesen.

Am nächsten Morgen, am 1. September, meldete der Rundfunk den deutschen Angriff auf Polen. Um neun Uhr vormittags ertönten die Sirenen zum Luftangriff. Obwohl man die zwei letzten Tage schon genug vom Krieg bemerkt hatte, bezweifelten einige Leute immer noch, daß wirklich Krieg sei und es allen Ernstes Luftangriffe geben werde.

In der Nacht wurde gegen elf Uhr von neuem Alarm gegeben. Dieses Mal kam der Feind tatsächlich. Überall in der Stadt brach Feuer aus, und das überzeugte endlich alle Zweifler. Auch in den beiden folgenden Nächten gab es gegen elf Uhr Angriffe. Die Leute zogen daraus den Schluß, daß der Feind sich nun immer an diese Zeit halten werde. In der vierten Nacht ließ er aber eine Stunde auf sich warten und kam erst um Mitternacht. Jeder rannte schnell in den Keller. Während die Männer sich bemühten, tapfer auszusehen, weinten die Frauen und preßten ihre Kinder an sich. Wenige Minuten später hörten wir schon das Dröhnen der Motoren und Bombendetonationen. Häuser und Erde bebten. Wir hatten das Gefühl, als ob über uns alles zusammenstürze. Eine Frau schrie plötzlich »Gas!« Die Panik war unbeschreiblich. Andere glaubten es auch schon zu riechen und bekamen Erstickungsanfälle. Es dauerte eine ganze Weile, bis man die Frauen beruhigt hatte, daß es falscher Alarm gewesen sei. Sie weinten vor Erregung, die Kinder natürlich auch, und beruhigten sich nur allmählich. Einige Stunden später war dieser bisher größte Luftangriff endlich vorüber.

Als wir die Treppen hinaufkamen, sah es aus, als ob die ganze Stadt brenne.

Die nächsten drei Tage brachte der Rundfunk nur Trauermusik und immer wieder Nachrichten von dem heroischen Kampf der polnischen Soldaten auf der Westerplatte bei Danzig. Am vierten Tag kam dann die Ankündigung, daß der letzte polnische Soldat dort gefallen sei und die Deutschen das Gebiet besetzt hätten.

Am nächsten Tag entschlossen sich meine Eltern, Lemberg zu verlassen und nach Stojanow zurückzukehren. Unter vielen Schwierigkeiten fand Vater einen Bauern, der Pferd und Wagen hatte und bereit war, uns und einiges Gepäck nach Stojanow mitzunehmen. Als wir die Stadt verließen, brannte das ganze Zentrum noch. Unsere Nachbarn schauten uns vorwurfsvoll an, als wollten sie sagen: »Ihr laßt uns im Stich?!«

Unser Fahrer war furchtbar ängstlich. Unterwegs aß und trank er nichts und rief nur immer wieder, er wolle zu seiner Familie zurück. Ohne Aufenthalt fuhren wir die ganze Nacht hindurch, und als wir am Morgen in eine nur noch 13 Kilometer von Stojanow liegende Stadt kamen, erklärte unser Fuhrmann, er fahre nicht weiter. Alles Reden und Beschwören half nichts. So ging Vater auf die Suche nach einem anderen Fuhrmann mit Wagen und Pferd. Er fand auch einen, und wir trafen gegen Mittag in Stojanow ein.

Wir zogen ins Haus der Großeltern, obwohl dort bei weitem nicht genug Platz war, um uns alle zu beherbergen. Aber irgendwie fanden wir uns zurecht. Stojanow hatte nie einen Luftangriff.

Die erste Runde des Krieges näherte sich ihrem Ende. Tag und Nacht passierten polnische Soldaten die Stadt in Richtung Rumänien. Die Juden erinnerten sich an Erfahrungen der Vergangenheit: War die Stadt bei politischen Umwälzungen ohne Gerichtsbarkeit, so war es stets zu Pogromen und Plünderungen gekommen. Wir machten uns daher daran, einige Unterschlupfe und Verstecke vorzubereiten, um die Übergangsperiode zu überleben und Dinge von Wert, wie Silbersachen, Juwelen, Kleidung und dergleichen zu vergraben.

Über die Zukunft der kleinen Stadt kursierten allerlei Gerüchte.

Manche Leute behaupteten, die Russen seien dabei, die polnischen Gebiete zu besetzen, die ihnen bis zum ersten Weltkrieg gehört hatten. Dies hätte bedeutet, daß sie etwa zweieinhalb Kilometer nördlich von Stojanow haltmachen würden. Andere meinten, die Besetzung werde auch noch Stryj einschließen, so daß Stojanow wie auch Lemberg doch unter russische Herrschaft kämen. Um sicher zu sein, daß sie nicht in deutsche Hände fielen, zogen einige junge Leute in die etwa fünf Kilometer nördlich von Stojanow gelegene Nachbarstadt. Das Rätsel wurde bald gelöst. Die Rote Armee marschierte in die Stadt ein, und die Umstellung ging ganz reibungslos und friedlich vonstatten.

Die Soldaten waren sehr freundlich, ließen sich aber nicht auf Unterhaltung ein. Sie waren wohl bereit, mit Machorka zu handeln, dem groben russischen Tabak, den man in Zeitungspapier zu Zigaretten dreht, die ziemlich stark sind, weswegen die Russen zu sagen pflegen: »Wenn du einen Zug aus einer guten Zigarette nimmst, muß er dir das Herz packen.« Sie brachten auch eine Menge Zeitungen sowie Broschüren mit Artikeln über den Kommunismus und Reden Lenins und Stalins mit, und natürlich auch Bilder von Stalin, Lenin, Kalinin, Molotow, Beria und anderen. Die Soldaten wie auch die Offiziere waren zwar nicht gerade elegant, aber doch ordentlich und sauber gekleidet. Leute, die sich noch an die russischen Soldaten von 1919 erinnerten, die damals, da sie keine Schuhe hatten, »die Barfüßigen« genannt wurden, waren nun von der Sauberkeit, Adrettheit und dem guten Betragen angenehm überrascht. Da sie ständig auf die Gleichheit aller Menschen hinwiesen, gewannen sie sich sofort die Achtung der Minderheiten. Die mehr linksgerichteten liberalen Gruppen hoben jetzt gern hervor, daß man bisher die Gerechtigkeit des kapitalistischen Systems gesehen habe: »Nun werdet ihr unsere Gerechtigkeit kennenlernen!«

Alles war friedlich und ordentlich. Über das Leben in Rußland konnten wir von den Soldaten nichts erfahren, die stereotype Antwort auf alle Fragen war: »U nas wsho« und »mnogo« — »wir haben alles» und »eine Menge«. Wenn wir zum Scherz einen Soldaten auf jiddisch fragten, ob sie in Rußland auch »Zures« (Sorgen und Ärger) hätten, kam prompt als Antwort »U nas wsho i mnogo!« Wenn ich heute mit Freunden zusammenkomme, die das Leben in der UdSSR kennen, und wir hören dann die Reden der

Russen in der UNO und an anderen Orten, dann pflegen wir auch heute noch verständnisinnig diese Phrase zu wiederholen: » . . .wsho i mnogo!«

Wenige Tage nach dem Einzug der russischen Armee öffneten die Läden wieder. Die Preise stiegen zwar, aber nicht allzusehr. Als die Soldaten jedoch anfingen, ohne Rücksicht auf den Preis alles und jedes zu kaufen, kletterten die Preise weiter, und die Ladeninhaber begannen, die Waren zu Spekulationszwecken zurückzuhalten. Kam zum Beispiel ein Soldat in einen Laden, um einen Riegel Schokolade zu kaufen, so fragte er, wenn er ihn bekam, ob er nicht noch einen zweiten kaufen könne. Bekam er auch den zweiten, so schaute er sich um, ob auch niemand von der Armee in der Nähe war, und fragte dann leise, ob er nicht eine ganze Schachtel bekommen könne.

Um den 20. September 1939 kehrten wir wieder nach Lemberg zurück. Zu dieser Zeit hatte die russische Armee schon die Verwaltung übernommen. Die Stadt war friedlich, und wir fanden unser Haus so vor, wie wir es verlassen hatten. Angesichts des neuen sozialen und wirtschaftlichen Systems, von dem wir uns allerdings noch kein rechtes Bild machen konnten, war eines sicher: Es war kein Vorteil mehr, Eigentümer eines Mietshauses und einer Holzhandlung zu sein. Jeder Ladeninhaber konnte seine Ware zu den inzwischen gestiegenen Preisen verkaufen. Auch Handwerker hatten noch ein Einkommen, weil es noch einen freien Markt gab. Aber meine Eltern waren in Schwierigkeiten. Niemand würde jetzt ein Haus bauen, und was unser Mietshaus betraf, so brachte es kein Geld ein. Vater hatte nie Barmittel, und Mutter hatte keinerlei Juwelen.

Langsam begann das Leben sich unter dem russischen Regime zu normalisieren. Im Oktober öffneten die Schulen wieder. Da das russische Unterrichtssystem vom unsrigen abwich, bereitete der Regimewechsel auf diesem Gebiet gewisse Schwierigkeiten. In Polen begann der Schulbesuch wie in den meisten europäischen Ländern im Alter von sechs oder sieben Jahren. Sieben Jahre Volksschule, sechs Jahre Oberschule (Gymnasium), und dann konnte man die Universität besuchen. Rußland hat hingegen das Zehnjahressystem — Deciatoletka —, und die Schule beginnt dort erst für die Achtjährigen. In kleineren Städten gab es nur Siebenjahresschulen, deren Absolvierung Pflicht war. In größeren Städten hatte man Zehnjahresschulen, nach deren Besuch einem die Universität offenstand. Als Übergang zu dem neuen Ausbildungssystem wurde nun bei uns das letzte Gymnasialjahr als zehntes Jahr des neuen Systems gerechnet, und man verlor drei Jahre, während die beiden ersten Gymnasialklassen nur um zwei Jahre zurückgeschoben wurden. In der Volksschule endlich verloren die Kinder lediglich ein Jahr.

Die sich daraus ergebenden Probleme waren aber keineswegs so groß wie die, denen sich die Lehrer nun gegenübersahen. Zunächst wurde angeordnet, die Unterrichtssprache habe sich nach der Nationalität der Schüler zu richten. Da ich ein jüdisches Gymnasium besuchte, war dort nun Jiddisch die offizielle Unterrichtssprache. Keiner der Lehrer konnte jedoch Mathematik oder Physik in Jiddisch unterrichten. Bei dieser Regelung blieb es daher nicht lange, und schon bald trat an seine Stelle Ukrainisch und Russisch. Ich kam in die siebente Klasse und hatte dort als Unterrichtsfächer Mathematik, Experimentalphysik, Chemie, Russisch, Ukrainisch, Deutsch, kommunistische Parteigeschichte und Verfassungslehre, Topologie und Sport. Die außerplanmäßigen Beschäftigungen umfaßten Schachspielen, Teilnahme an Parteivorträgen, Vorbereitung nationaler Feiertage und dergleichen. Jede Klasse hatte ihre Schachmannschaft, und die besten Spieler waren »Helden« der Schule. Nach russischem Vorbild wurden auch in den Schulen Wettbewerbe jeder erdenklichen Art veranstaltet und zwar sowohl unter den Schülern selbst als auch unter den Klassen und sogar unter den Lehrern. Wessen Klasse die besten Noten erzielte, wurde nach dem Vorbild des Bergarbeiters Stachanow zum Stachanovec erklärt. Die zehn besten Schüler erhielten als Belohnung Stipendien, deren monatlicher Betrag dem Wochenlohn eines Durchschnittarbeiters entsprach. Ich war einer der Stipendiaten.

Die Sozialisierung der neuen Gebiete machte rasche Fortschritte. Vier Wochen nach dem Einzug der Roten Armee mußte sich jeder Einwohner über sechzehn Jahre einen Paß ausstellen lassen, der Familienname, Vorname, Geburtstag, Nationalitäts- und Berufsangaben enthielt. Diese Ausweise mußten nach fünf Jahren erneuert werden. Manche dieser Pässe bekamen nun sogenannte »Paragraphen« aufgestempelt, die darüber Aufschluß gaben, wer etwa nicht zu den »Begünstigten« gehörte. Es hieß, solche Leute dürften in Zukunft nicht innerhalb einer Hundertkilometerzone von der Grenze wohnen. Derartige Pässe mit »Paragraphen« erhielten viele jüdische Flüchtlinge, besonders Männer aus dem deutschbesetzten Polen, ferner sogenannte Kapitalisten und gewisse Personen, welche vor dem Krieg politischen Parteien angehört hatten, auch wenn sie extrem linksgerichtet gewesen waren.

Die Sozialisierung begann bei den großen Unternehmen und den Mietshäusern. Sie war »freiwillig«. Als man deswegen zu uns kam, überschrieb mein Vater, ohne viel zu fragen, das Haus der Regierung. Für je etwa 25 Häuser wurde ein Oberinspektor, für je drei Häuser ein Inspektor bestimmt. Vater bekam dieses Amt für das unsere und zwei benachbarte Häuser. Jeder Mieter mußte registriert werden. Andere Personen durften ohne Eintragungen und Erlaubnis des nächsten Milizpostens nicht beherbergt werden. Die Wohnungen wurden nachts daraufhin kontrolliert.

Die Uhren mußten nun nach Moskauer Zeit gehen und wurden daher zwei Stunden vorgestellt. Insgeheim richteten sich die Leute aber immer noch nach der alten Tageseinteilung, da sie bei unserer geographischen Lage die einzig richtige war. Die Anpassung nach außen hin geschah nur, um dem Verdacht zu entgehen, man sei »konterrevolutionär«.

In den Schulen wurde für alle möglichen Zwecke Geld gesammelt. Das eine Mal für die MOPR (die »Internationale Organisation zur Unterstützung der Revolution«), ein andermal für die »armen Kinder in den USA«, wobei man uns Schlagzeilen amerikanischer Zeitungen über vier Millionen Arbeitslose zeigte, woraus man schließen sollte, daß dort vier Millionen Familien Hungers stürben. Unser Gymnasium hatte speziell die hungernden Kinder Jugoslawiens »adoptiert«.

Unsere Wohnung bestand, wie ich schon erwähnt hatte, aus drei Räumen und einer Küche. Darin wohnten wir zu neun Personen. Die Russen hielten unsere Wohnung jedoch für zu groß und nahmen uns einen Raum weg. Dort zog eine Frau mit einem dreijährigen Kind ein.

Streiks sind in Rußland nicht erlaubt, denn es gehört doch alles dem Volk, und wie kann man sich selbst bestreiken? Um sicherzugehen, daß niemand das »Volkseigentum« sabotierte, sah das Gesetz vor, daß man bei mehr als dreimaliger Verspätung um über eine Viertelstunde eine Haftstrafe bekommen konnte. Die Arbeitswoche hatte 48 Stunden, aber sehr oft mußte man nach der Arbeit noch an einer politischen Versammlung teilnehmen. Vor Nationalfeiertagen wie dem 1. Mai und dem 7. Oktober mußten am Feierabend für die Paradeteilnehmer Plakate, Spruchbänder und Bilder der KP-Führer angefertigt werden. Ein Umzug nahm praktisch einen vollen Tag in Anspruch; man mußte mitmarschieren und große Schilder tragen.

Ich erinnere mich, wie ich einmal todmüde von einem solchen Umzug heimkam und meinen Vater auf der Couch vorfand, wo er sich ausruhte. Als ich ihn fragte, wie er es geschafft habe, schon daheim zu sein und schon so ausgeruht auszusehen, sagte er mir, er sei bei dem Umzug mit dem schweren Portrait Lenins zu einer öffentlichen Bedürfnisanstalt gegangen, habe das Plakat neben dem Eingang stehen lassen und sich durch eine andere Tür aus dem Staube gemacht. Das Problem war nicht etwa, aus der Marschkolonne herauszukommen, sondern das Plakat loszuwerden.

Für eine solche Eigenmächtigkeit konnte man freilich als Konterrevolutionär nach Sibiren geschickt werden.

Nach einiger Zeit verlor mein Vater den Posten als Hausinspektor, weil dieses Amt einer »zuverlässigeren« Person übertragen werden sollte. Vater bekam nun eine Anstellung als Filialleiter einer Galanteriewarenhandlung. Manche Waren, die dort von der Zentrale ankamen, erreichten nie die Kunden, sondern wanderten direkt auf den Schwarzen Markt. Den Gewinn teilte sich Vater dann mit dem Direktor sämtlicher Filialen des Unternehmens. Das gleiche taten auch seine Kollegen, denn von dem Monatsgehalt konnte keiner mehr als ein paar Tage leben, und dem Direktor ging es auch nicht viel besser. Wer hierbei nicht mitgemacht, nicht das Risiko von fünf Jahren Sibirien wegen Schwarzhandels auf sich genommen hätte, dem hätte der Direktor keine Waren mehr zugewiesen. Die Filiale, nunmehr ohne Umsätze, würde geschlossen werden, und der Mann hätte seinen Posten verloren. Gegen den Direktor konnte man nichts unternehmen, denn er war in der Regel ein Parteimitglied, das von Moskau oder Kiew hierher geschickt worden war.

Die Tageseinnahme mußte jeden Abend nach Ladenschluß bei der Bank eingezahlt werden.

Mit den wirtschaftlichen und sonstigen Einschränkungen fanden wir uns ab und versuchten, das Bestmögliche daraus zu machen.

Wir gewöhnten uns auch an die nächtlichen Besuche der Miliz, an das Schlangestehen nach Brot oder Zucker, an die Reisebeschränkungen. Was die Redefreiheit angeht, so hörten die Leute eben auf, von der Politik zu reden, selbst wenn sie kommunistisch eingestellt waren. Man las auch keine Zeitungen mehr. Das beste war es, nicht »politisch reif« zu sein.

Im April 1940 begannen die nächtlichen Verhaftungen der »Volksfeinde«. Dies waren Exkapitalisten wie Fabrikbesitzer, Großgrundbesitzer und dergleichen. Viele dieser »Kapitalisten« waren ärmer als manche Arbeiter. Ferner gehörten in diese »Feind«-Kategorie ehemalige Offiziere, Polizisten und die Führer politischer Parteien. Einige Tage nach der Verhaftung der Männer kam die Miliz nachts noch einmal und holte auch den Rest der Familie ab.

Während man diese Aktion auf die Familien ausdehnte, wurden auch Flüchtlinge aus Westpolen verhaftet — zu 95 % Juden. In den folgenden Tagen wurden sie alle in Viehwaggons gepfercht und unter dem Vorwand einer Umsiedlung außerhalb der Westgrenzzone nach Nowosibirsk verschickt. Dort trafen zeitweilig bis zu 30 000 Menschen täglich ein und wurden dann noch 760 km nach Süden in die Nähe der chinesischen und mongolischen Grenze gebracht, um auf Sovchosen verteilt zu werden. Auf diesen staatlich kontrollierten Kollektivfarmen lebten sie unter härtesten Bedingungen und ohne Schulunterricht für die Kinder. Getrennte Familien wurden nicht, wie versprochen, vereinigt.

Im September 1941 wurden diese als »Staatsfeinde« Verbannten auf Grund eines Abkommens mit den westlichen Alliierten wieder repatriiert. Wehrdiensttaugliche junge Leute wurden den polnischen Streitkräften als »Freiwillige« zugeteilt.

Während der Verhaftungswelle im April 1940 gingen Vater und ich jede Nacht in den Keller und versteckten uns, da wir nicht wußten, ob man auch uns zu den »Kapitalisten« rechnete. Als die Familien jedoch auch verhaftet wurden, gaben wir das Verstecken auf, um nicht von der Familie getrennt zu werden. Die ganze Familie zu verbergen wäre zu schwierig gewesen. Allerdings saßen wir in dieser Zeit die ganze Nacht auf, angezogen und das Gepäck mit den notwendigsten Dingen für diese »Fahrt« griffbereit. So ging es einige Wochen, bis die Lage sich beruhigte.

Ein paarmal kam es auch vor, daß ganze Schulklassen der älteren Jahrgänge weggeholt wurden. Das war, die nächtliche Spannung mit eingerechnet, eine ungeheure Belastung für die Menschen. Es wäre aber sehr gefährlich gewesen, die größeren Kinder aus Angst, daß sie auf der »Feind«-Liste stünden, nicht zur Schule zu schicken, denn das hieß, sich in Gegensatz zur Regierung zu bringen, indem man zu verstehen gab, man halte die Schulen nicht für sicher.

Vom deutschbesetzten Westpolen kamen keinerlei offizielle Nachrichten durch. Wir hörten wohl von verschiedenen Leuten, es gebe dort einige Arbeitslager und Gettos, aber die meisten Männer kämen nach harter Arbeit abends heim. Man hörte auch von Mißhandlungen. Manche Männer, die ihre Familien dort zurückgelassen hatten und hierher gekommen waren, um der Zwangsarbeit zu entgehen, entschlossen sich daraufhin heimzukehren, um nicht durch eine Verschickung nach Sibirien endgültig von ihren Lieben getrennt zu werden.

Die »Aktion« dauerte einige Wochen und war Ende April beendet. Das Leben begann wieder »normal« zu verlaufen.

Die Leute fingen an, ihr Leben nach neuen Wertmaßstäben auszurichten, waren »glücklich«, wenn sie nach stundenlangem Anstehen etwas Zucker erwischt hatten oder wenn sie nachts nicht gestört wurden. Vor allem war man zufrieden, wenn die Familie noch beieinander war. Wir Kinder gingen weiter zur Schule, und manche von uns hatten Ambitionen, Wissenschaftler oder Techniker zu werden, Berufe, die nicht nur am geachtetsten, sondern auch am besten bezahlt waren. Die Einkommensunterschiede illustriert zum Beispiel folgender Vergleich: Der Leiter eines Einzelhandelsgeschäftes verdiente im Monat 200 Rubel, ein Ingenieur hingegen 1200 bis 1500 Rubel. Außerdem durften sie in besonderen Läden einkaufen, wo sie nicht anzustehen brauchten, hatten größere, bessere Wohnungen und eine Menge sonstiger Vorteile.

Nicht nur, daß es allgemeine Schulgeldfreiheit gab, man konnte auch ein Stipendium für die Universität bekommen, das etwa dem Durchschnittslohn eines Arbeiters entsprach. Der Zugang zur Universität hing ganz von der eigenen Leistung ab, es gab keine generellen Unterschiede.

1941 bewarben sich meine ältere Schwester und ich um die Zulassung zu den besonderen Prüfungen für die Aufnahme an der Technischen Hochschule in Moskau. Die Lemberger Zweigstelle des Kultusministeriums nahm uns an und schickte alle unsere Papiere zur endgültigen Genehmigung nach Moskau — mehr oder weniger eine Formsache. Das war im Juni 1941, und wir rechneten damit, im Juli oder Anfang August alle nötigen Papiere zu bekommen, um im September mit dem Studium beginnen zu können.

Teil II *Zeit des Unheils*

I

Es ist Sonntag, der 22. Juni 1941. Wir schlafen noch. Plötzlich weckt mich Geschützdonner. Meine erste Reaktion ist, die Augen wieder zu schließen und möglichst weiterzuschlafen. Aber der Lärm hält ununterbrochen an. Ich setze mich im Bett auf und schaue auf die Uhr. Es ist noch sehr früh, erst fünf Uhr nach Moskauer Zeit. Meine Mutter sieht, daß ich wach bin und ruft, ich solle zu ihr ans Fenster kommen. Mein Vater steht auch schon dort, ebenso meine älteste Schwester. Sie sehen zum Himmel, als ob sie etwas von dort erwarteten. Voller Neugier geselle ich mich zu ihnen. Es ist aber nichts zu sehen. Man hört nur das Dröhnen von Flugzeugmotoren und das ratternde Feuern von Flakbatterien. Etwas beunruhigt fragt mich Mutter, was das wohl bedeute? Ist das nur Übungsschießen oder etwa... Krieg? Ich schaue aus dem Fenster und bleibe ihr die Antwort schuldig.

Allmählich wird es draußen auf der Straße lebendig. Leute eilen zur Stadt. Sie unterhalten sich erregt. Aber keiner weiß etwas Genaues.

Vor den Bakalias, den Kolonialwarenhandlungen, haben sich schon Schlangen gebildet. Ängstliche Hausfrauen wollen schnell noch vorsorgen. Ein paar Passanten machen sich darüber lustig: »Ein Schuß und schon rennt die ganze Stadt zum Hamstern! Warum nehmt ihr keine Vernunft an? Ihr seid selbst schuld, wenn alles durcheinander gerät.«

Es ist jetzt sechs Uhr. Ich muß mich mit Vater auf den Weg zur Arbeit machen. Die Straße ist restlos blockiert, ein Panzer hinter dem andern, LKWs und PKWs Stoßstange an Stoßstange. Zahllose Soldaten stehen oder laufen herum. Langsam wird mir klar: Das ist der Anfang eines neuen Krieges. Habe ich Angst? Offen gestanden, ich weiß es nicht. Die Ereignisse haben mich derart überrascht und über Nacht hat sich so unglaublich viel geändert, daß ich meine damaligen Empfindungen nicht beschreiben kann.

Mit Mühe bahnen wir uns einen Weg zu unserem Geschäft und sehen, daß sich auch hier schon eine Schlange gebildet hat. Die Leute warten darauf, daß der Laden geöffnet wird.

Vater gibt mir zwei Rubel und schickt mich zum Bäcker, weil Mutter keine Zeit hat, sich anzustellen. Auch hier wartet eine ungeheure Menge. Endlich werden die Ladentüren geöffnet. Als eine einzige, turbulente Masse stürmen die Menschen hinein. Man rempelt sich gegenseitig an; der Lärm ist unglaublich; dazwischen das Klirren von Fensterscheiben und der Aufschrei des machtlosen Ladeninhabers: »Jetzt langt es! Jetzt ist es aber genug! Es geht doch niemand mehr in den Laden hinein!« Es vergeht aber noch geraume Zeit, bis es den Leuten dämmert, daß mit etwas Ruhe und Disziplin alles viel schneller geht. Schließlich stellen sie sich doch ordentlich auf und jeder erhält reichlich zwei Pfund Brot. Freudig trage ich die Beute zu meinem Vater.

Jetzt kann mich nichts mehr aufhalten, in die Stadt zu gehen, um herauszubekommen, was wirklich vor sich geht. Aber — eigentlich überflüssig, es zu erwähnen — niemand weiß etwas Genaues. Die Meinungen sind noch immer scharf geteilt: »Krieg!« sagen einige, andere erklären: »Manöver . . .«. Aber keiner kann es beweisen.

Gegen zehn Uhr ist es mit der stundenlangen Ungewißheit aus. Radio Moskau bringt die lähmende Ankündigung, daß im Lauf der Nacht die Deutschen die Grenze überschritten haben und in Rußland eingefallen sind.

Um zwei Uhr nachmittags wird Lemberg bombardiert. Als der Abend kommt, wagt sich niemand aus dem Haus. Wir legen uns zum Schlafen, aber in unseren Kleidern. Mutter und Vater denken nicht im mindesten ans Schlafengehen. Draußen ist es dunkel; die Straßenbeleuchtung wurde nicht eingeschaltet. Dann ertönt wieder die Luftschutzsirene. Plötzlich ein betäubender Krach wie ein Hammerschlag auf eine Eisenschiene. Alles taumelt in den Luftschutzkeller, die Erde bebt schon. Das Licht geht aus. Die Fensterscheiben zerspringen. Die Türrahmen werden aus den Mauern gerissen. Auf der Straße, direkt vor unserem Haus, ist eine Bombe eingeschlagen. So vergeht die erste Kriegsnacht.

Am nächsten Tag spricht es sich herum: Die Russen werden sich von Lemberg zurückziehen. In den Straßen formieren sie sich schon zum Abzug. Allmählich wird es wieder ruhiger. Gegen Abend hört man Schüsse: faschistische Ukrainer haben die zurückweichenden Truppen unter Feuer genommen.

Nur sehr wenige Juden versuchen, mit den Russen fortzuziehen

— es sind die Parteimitglieder. Aber es gelingt fast keinem, denn die Rote Armee wird kaum mit ihrer eigenen Evakuierung fertig. Manche beurteilen die Veränderung sogar positiv. Sie argumentieren folgendermaßen: Was ist den Juden in Deutschland schon passiert? Man hat ihre Habe konfisziert und die Männer in Arbeitslager gesteckt. Harte Arbeit. Den Judenstern angeheftet und Straßen kehren. Frauen und Kinder mußten in kleinere Wohnungen ziehen. Einige Pogrome. Wenn einer ein Visum für ein anderes Land bekommen konnte, stand es ihm frei, Deutschland zu verlassen, viele konnten sogar ihren Hausrat mitnehmen. Sie hatten also eine Chance, ein neues Leben zu beginnen. Aber auch unter den Russen wurde einem alles weggenommen. Unser Wohnraum wurde beschnitten. Zu neun Personen hatten wir zwei Zimmer. Mein Vater kehrte, wie die andern auch, »freiwillig« die Straße, aus Angst, mit Frau und Kindern in Viehwaggons nach Sibirien verfrachtet zu werden. Jeder war sicher, daß Hitler den Krieg binnen zwei Jahren verlieren werde. Da nahm man lieber vorübergehend wirkliche Härten in Kauf, als auf Lebenszeit nach Sibirien gehen zu müssen. Ich erwähnte schon, daß es Juden gab, die 1939 vor den Deutschen aus Westpolen auf die russische Seite flüchteten und 1940 heimlich in das deutsch besetzte Gebiet zurückkehrten. Wer zu dieser Zeit von den KZ-Krematorien gesprochen hätte, wäre ausgelacht worden. Die Deutschen galten als das kultivierteste Volk der Welt.

Dienstags schien alles wieder normal zu sein. Aber der Freitag bringt einen noch schwereren Luftangriff. Jetzt hat die Stadt keinen Flakschutz mehr und die Bomben fallen pausenlos. Wir haben kein Wasser mehr. Ein unheilvolles neues Kapitel unseres Lebens hat begonnen.

Am Montag, den 30. Juni 1941 marschieren die Deutschen in Lemberg ein. Viele begrüßen die ankommenden Soldaten. Wir Juden wissen jedoch, daß uns schwere Zeiten bevorstehen. Nicht einer wagt sich auf die Straße. Ab und zu nur taucht vereinzelt jemand auf und drückt sich mit eingezogenem Kopf an den Häusern entlang. Juden, die bisher Bärte getragen hatten, scheren sie nun ganz oder teilweise ab. Soweit es sich irgendwie vermeiden läßt, verlassen auch wir in den nächsten paar Tagen das Haus nicht.

Die anderen Bewohner unseres Hauses haben sich zu uns gesellt.

Man schlägt die Zeit mit politischen Diskussionen tot und zerbricht sich den Kopf darüber, was die allernächste Zukunft bringen mag. Aber keiner von uns kann auch nur mit einiger Wahrscheinlichkeit sagen, was unser Schicksal sein wird.

In der Fabrik der Schokoladenfirma Hazet auf der anderen Seite der Straße setzte ein deutscher Posten dem tagelangen Plündern ein Ende, zwei Juden wurden bestimmt, dort wieder Ordnung zu schaffen. Mit einer unbehaglichen Vorahnung warten die beiden — und nicht sie allein — darauf, was passiert, wenn die Arbeit getan ist. Schließlich löst sich die Spannung: Belohnt mit Schokolade und Bonbons, die in der Fabrik noch übriggeblieben waren, ziehen sie heim.

So nimmt man an, der Antisemitismus werde nicht allzu bedrohlich sein. Natürlich wird man uns zwingen, zu arbeiten, und wir werden auch manches von unserer Freiheit opfern müssen; aber wir werden wenigstens leben. Und eines Tages wird der Krieg aus sein.

Am Dienstag ist in unserem Stadtteil alles wie am Vortag. Die Männer haben sich wieder in dem einen oder anderen Haus versammelt, spielen Karten und reden über Politik. Heute haben sie jedoch Grund zur Unruhe. Zunächst ist es nur ein Gerücht; aber Schritt für Schritt gewinnt es an Wahrscheinlichkeit, und dann ist sie da: die gefürchtete Nachricht, daß Judenverfolgungen in der Stadt begonnen haben. Menschen werden mißhandelt, verhaftet und ermordet. Von Haus zu Haus haben Verhöre begonnen; offenbar sind Ukrainer damit beauftragt. Wir sitzen herum, gespannt, halten eine Konversation aufrecht, während viele von denen draußen, die heute zur Stadt gegangen sind, nicht mehr zurückkommen. Keiner von uns wagt, der Wahrheit ins Gesicht zu sehen.

Aber die Aufstellung einer ukrainischen Miliz beseitigt jeden Zweifel. Die Verfolgung ist nun in vollem Gang und wird den ganzen Mittwoch über unaufhaltsam fortgesetzt. Im Augenblick läßt man uns noch in Ruhe.

Dann kommt der Donnerstag. Wir sitzen im Wohnzimmer. Ich versuche mich auf die Lektüre eines Buches zu konzentrieren. Plötzlich stürmt meine Mutter herein und ruft aufgeregt: »Die ukrainische Miliz hat deinen Bruder verhaftet, gerade als er auf dem Balkon war!« Verwirrt wie ich bin, versuche ich sie zu trösten.

»Es wird schon nicht so schlimm werden . . . sie werden ihn arbeiten lassen; aber bis zum Abend ist er sicher wieder da.« Mir selbst wäre eine Gelegenheit zu arbeiten, willkommen — dieses Herumsitzen und Warten ist zermürbend. Andererseits jedoch ist es nicht ratsam, hinzugehen und sich freiwillig zur Arbeit anzubieten. Es sollte nicht lange dauern, bis meine Zweifel zerstreut wurden.

Genau zwei Stunden später erscheinen zwei Angehörige der ukrainischen Miliz vor der Wohnungstür und schreien, »wieviel Männer sind hier?« Ohne eine Antwort abzuwarten, schieben sie sich in die äußere Stube. Ich selbst bin im zweiten Zimmer und mache mich schon fertig, um zur Arbeit zu gehen. Vater, der seit beträchtlicher Zeit krank und sehr schwach ist, liegt im dritten Zimmer zu Bett. Die beiden Milizmänner kommen in das Zimmer, wo ich bin. »Kennkarte!« verlangt der eine von mir. »Der ist zu jung«, ruft der andere. »Wo soll er denn eine Kennkarte her haben?« Wer noch nicht das vorgeschriebene Alter hat, besitzt keine Kennkarte und wird daher auch nicht zu Arbeit rekrutiert. Ich gebe ihm aber doch meine Karte — ich hatte sie vor zwei Monaten bekommen —, denn es ist mir klar, daß es früher oder später doch herauskäme. »Na, er hat doch eine!« sagt der andere in ukrainisch, und dann zu mir: »Komm mit!« »Du mußt aber doch erst etwas essen«, sagt meine Mutter und deutet, sichtlich verstört, auf die schon bereitstehende Mahlzeit. »Ist nicht nötig«, antwortet der Ukrainer, »er ist gleich wieder zurück.«

Sie blicken sich suchend um, ob sich irgend jemand bei ihrem Auftauchen versteckt hat, und gehen schließlich in das dritte Zimmer. Hier sehen sie meinen Vater im Bett liegen. »Was ist denn mit dir los? Krank?« »Ja«, antwortet Vater. »Ärztliches Attest?« »Ich habe keines.« »Dann steh' auf und komm mit!« Als Vater keine Anstalten macht, zieht der eine seinen Revolver. Nun erhebt sich Vater, gibt dem Mann seine Kennkarte und kommt mit, die Treppe hinunter und auf die Straße. Weinend bleibt meine Mutter im Zimmer zurück.

Wir gehen die Piastow-Straße entlang, von Haus zu Haus. Die Miliz geht überall hinein und kehrt nach wenigen Minuten mit den männlichen Bewohnern zu uns zurück. Uns läßt man unbeaufsichtigt stehen und warten, denn man weiß, daß es keiner wagen würde zu fliehen, nachdem er seine Kennkarte ausgehändigt hat.

In der Annahme, daß dies noch zwei Stunden oder mehr weitergehen wird, vermeidet es jeder, Mißfallen zu erregen.

So gelangen wir allmählich zu den Milizgebäuden, die auf einem eingezäunten Platz an der Ecke der Chodkiewska- und Zolkiewska-Straße stehen. Wir treten in den Hof. Dort finden wir schon eine Menge Männer versammelt, alle über dreißig Jahre alt. Man hat sie in fünf Gliedern antreten lassen. Auch wir werden aufgeteilt. Die älteren Männer, darunter mein Vater, müssen sich denen in Reih und Glied anschließen.

Die Jüngeren, also auch ich, werden durch den Haupteingang und die Kellertreppe hinabgeführt. Von unten dringen entsetzliche Schreie herauf und erfüllen mich mit böser Vorahnung. Hinunter geht es. Der Keller ist in eine Anzahl Räume aufgeteilt. Vor einer der Türen lassen die Ukrainer uns haltmachen. Man befiehlt uns hineinzugehen und hilft unterschiedslos jedem mit einem Stoß nach.

Ein Anblick erwartet uns, wie wir ihn selbst im Traum nie hätten ausmalen können. Ein riesiger Haufe von Männern, einer über dem anderen, bedeckt den Boden. Milizsoldaten mit Knüppeln in der Hand steigen dazwischen herum. Im Augenblick fällt mir keine andere Erklärung ein, als daß dies Leichen sind, und daß wir geholt wurden, um sie hinauszuschleppen. Es hatte sich nämlich schon herumgesprochen, daß die Russen vor ihrem Rückzug alle Insassen des Stadtgefängnisses und der kleinen Polizeigefängnisse erschossen hätten. Fest steht jedenfalls, daß im Hauptgefängnis Häftlinge umgebracht wurden, aber von wem und ob es allen oder nur einem Teil von ihnen so ergangen war, weiß ich nicht. Dieser Keller war schon früher zeitweilig als Gefängnis benutzt worden und so erklärt sich meine spontane Reaktion, anzunehmen, daß hier Leichen liegen. In meiner Verwirrung versuche ich, eine am Fuß aus dem Berg herauszuziehen. Da trifft mich ein heftiger Schlag auf den Schädel und ich falle zwischen die Leichen. Instinktiv Schutz suchend grabe ich meinen Kopf zwischen ihre Körper und versinke, zu nichts mehr fähig, in Ohnmacht.

2

Wie lange ich dort lag und was sich in der Zwischenzeit ereignete, weiß ich nicht.

Plötzlich bellt jemand: »Aufstehen!« Einige, die noch die Kraft dazu haben, gehorchen dem Befehl mechanisch. Viele unter dem Haufen Begrabene sind dazu bestimmt, dort zu bleiben. Andere schreien: »Nein! Wir wollen nicht!« Sie werden geschlagen; kaltes Wasser wird über sie gegossen. Ich kann nicht länger hinsehen, wende den Blick ab und merke, daß ich meinem Vater ins Gesicht sehe. Es ist vom Blut entstellt, das ihm aus einer Kopfwunde quillt. Draußen im Hof hatte er die entsetzlichen Schreie gehört. In dem Glauben, wir würden hier unten umgebracht, meldete er sich freiwillig zu uns in den Keller, um mit seinem Sohn gemeinsam zu sterben.

Die ukrainischen Milizmänner kommen wieder und durchsuchen jeden von uns gründlich. Dann zählen sie uns die verschiedenen Arten auf, wie wir sterben können: Erschießen, Aufhängen oder totgeschlagen werden. Wir können wählen. Schließlich bringen sie uns wieder hinauf auf den Hof, was nicht ohne Faustschläge abgeht.

Unterwegs sehen wir im gegenüberliegenden Kellerraum eine Reihe Juden sitzen. Sie tragen noch Bärte und die werden ihnen mit stumpfen Rasiermessern geschoren. Die Schmerzensschreie der Unglücklichen übertönt das brüllende Gelächter ihrer ukrainischen Häscher, denen die Qualen ihrer erschöpften Opfer ein Riesenvergnügen bereiten.

Im Hof ist es jetzt völlig still. Niemand ist zu sehen. Zur Belustigung der Wachmannschaften — wozu sonst? — läßt man uns alle möglichen Freiübungen machen.

Schließlich befiehlt man uns, in Marschordnung anzutreten. Den Kopf gesenkt, die Hände im Nacken gefaltet, marschieren wir ab. So geht es durch die Stadt; die Wachmannschaften laufen immer wieder zwischen unseren Reihen durch und dreschen unterschiedslos auf uns ein. So kommen wir zur Pelczynska-Straße.

Durch ein weites Tor werden wir auf ein Feld geführt, das von allen Seiten völlig eingezäunt ist. Hier war früher der Hockeyplatz. Man läßt uns halten. Es sind schon viele Deutsche da. Einer von ihnen wendet sich an uns: »Gelernte Arbeiter und Spezialisten sowie Männer unter 16 und über 60 heraustreten!« Er prüft die Papiere dieser Leute und erteilt, soweit er sie in Ordnung findet, Befehl zur Entlassung.

Wir anderen bleiben da. Einer der Deutschen kommt auf uns zu, ein großer, dünner Mann mit einer fleischigen Nase; er hat eine weiße Schürze umgebunden. Einen aus unserer Gruppe ruft er heraus und führt ihn in eine Hütte. Ein durchdringender Schrei ist zu hören. Ein paar Minuten vergehen, und der Mann mit der Schürze erscheint, ein verhaltenes Grinsen im Gesicht, aufs neue; die Schürze ist blutbeschmiert. Er ruft einen zweiten heraus. Die Szene wiederholt sich. Dann holt er sich einen dritten, einen vierten und so weiter. Diese Prüfung bringt uns zum Zittern.

Inzwischen befestigen deutsche Offiziere an einem Pfahl mit Querholmen Stricke. Dann stellt uns mit prahlerischem Gehabe ein deutscher Offizier vor die grausige Wahl: »Wer erstochen werden will, rechts raus! Die für den Galgen nach links!« Keiner regt sich ... da rufen die Offiziere einen aus unserer ersten Reihe heraus. Sie führen ihm zum Galgen und legen ihm die Seilschlinge um den Hals. Im letzten Augenblick erbarmt sich einer der Offiziere des Unglücklichen und erlaubt ihm, wieder in unsere Reihen zurückzukehren.

Am nächsten Tag erfuhr ich, daß die Männer, die man in die Hütte geführt hatte, gar nicht ermordet, sondern zur anderen Seite des Hockeyplatzes freigelassen worden waren, nachdem sie sich der Aufforderung gefügt hatten, einen Mark und Bein durchdringenden Schrei auszustoßen. Der Metzger hatte sich dann die Schürze mit dem Blut einer frischgeschlachteten Gans vollgeschmiert und war herausgekommen, um sich das nächste »Opfer« zu holen. Die makabre Komödie und das am Galgen aufgeführte Drama waren nur inszeniert worden, damit sich die Offiziere an unserem Schrecken weiden konnten; es schien so, als ob sie es wirklich genossen hätten.

Allmählich kommt die Nacht. Wir werden auf ein benachbartes Gelände geführt. Hier liegen Tausende von Männern reihenweise auf dem Bauch, das Gesicht im Sand begraben. Trotz allem bisher Geschehenen kann ich es kaum fassen: Das sind Tausende von Leichen. Ringsum sind Scheinwerfer und Maschinengewehre aufgebaut. Dazwischen sieht man deutsche Offiziere stehen. Wir müssen uns flach hinlegen — genau wie die anderen. Es gibt Stöße und Püffe. Dabei wird mein Vater von mir abgedrängt und ich höre seine verzweifelte Stimme: »Laßt mich doch bei meinem Sohn! Ich will mit meinem Sohn sterben!« Niemand nimmt Notiz davon.

Jetzt, wo alle still liegen, herrscht für ein, zwei Augenblicke Schweigen. Dann hört man ein Geräusch, als ob jemand schwerfällig um uns herumstolpert und von einem anderen verfolgt wird, der ihn prügelt. Schließlich stürzt der Gejagte aus schierer Erschöpfung zusammen. Neue Schläge hageln auf ihn nieder, bis er sich wieder aufrafft und weiterzurennen versucht. Erneut fällt er zu Boden und hat jetzt nicht mehr die Kraft aufzustehen. Als seine Verfolger schließlich die Genugtuung haben, den Gehetzten mit den pausenlosen Hieben so fertiggemacht zu haben, daß er sich nicht mehr rühren, geschweige denn rennen kann, rufen sie »Halt!« und lassen ihn liegen. Nun ist ein zweites Opfer an der Reihe und erhält die gleiche Behandlung. Dann wird ein dritter herausgegriffen. Die Deutschen trampeln dabei auch über unsere Rücken hin und her. Niemand wagt den Kopf zu heben. Die Angst, als nächster herausgeholt zu werden, macht mich fast wahnsinnig. Alle paar Minuten taste ich nach meinem Nachbarn, um festzustellen, ob er noch da ist oder ob auch er schon fort ist, um die gleiche gnadenlose Tortur über sich ergehen zu lassen. Wo kann mein Vater wohl sein? Liegt er schon bewußtlos bei den Opfern, die die Prüfung hinter sich haben? Und was ist mit meinem Bruder? Hatte man ihn nicht auch zur »Arbeit« rekrutiert?

In meinem Kopf überstürzen sich die Gedanken. Vor lauter Erschöpfung falle ich in Schlaf. Nicht einmal die gequälten Schreie, das Hämmern der wilden Prügelhiebe oder das ständige Getrampel auf unseren Körpern kann mich länger davon abhalten. Ich träume von daheim — die ganze Familie ist da, sitzt glücklich beieinander . . . Ich träume, daß mein Bruder heimgeschickt wurde.

Der willkommene Zustand der Bewußtlosigkeit geht nur zu schnell vorbei. Ich komme wieder zu mir, ein Licht schreckt mich auf, so blendend, daß es fast wehtut. Mächtige Scheinwerfer sind auf uns gerichtet. Wir setzen uns auf, einer neben dem anderen, so dicht, daß wir uns nicht rühren können. Direkt vor mir habe ich zwei Gestalten mit eingeschlagenem Schädel. Durch das Gewirr von Knochen und Haaren wird das Hirn sichtbar. Wir flüstern ihnen etwas zu. Wir schütteln sie. Aber sie rühren sich nicht. Sie sitzen einfach da, zwischen uns eingekeilt; vorquellende Augen starren geradeaus.

Langsam geht die Sonne auf. Der Tag verspricht schwül und erdrückend zu werden. Der Durst macht sich bemerkbar. Wir dürfen in Gruppen zu jeweils zehn austreten. Die meisten sind jedoch so apathisch, und noch so verängstigt, daß sie sich nicht einmal rühren. Von den vielen zerschlagenen Körpern steigt ein betäubender Gestank auf.

Ich sitze neben meinem Vater, der im Lauf der Nacht wieder hierher zurückgefunden hat. Von meinem Bruder ist nichts zu sehen. Ich komme schließlich dahinter, daß er entlassen wurde, weil er noch nicht sechzehn war. Wir seufzen erleichert auf.

Gegen acht Uhr kommen ein paar höhere Offiziere und informieren uns über das, was uns bevorsteht. Dabei photographiert man uns auch. Einer der Offiziere tritt vor: »Ich brauche sofort 70 junge Leute!« In der Erwartung, vielleicht zur Arbeit und später nach Hause geschickt zu werden, finden viele von uns noch die Kraft, sich in die erste Reihe vorzudrängen und hoffen, genommen zu werden. Es sind sogar 75 Mann, und für ein oder zwei Minuten glauben sie fest, besser dranzusein als die Mehrzahl ihrer Leidensgenossen. Dann erfahren sie jedoch, was man wirklich mit ihnen vorhat. Sie müssen in vier Gliedern antreten und werden so lange geprügelt, bis jeder fünfte Mann zusammenklappt. Von Zeit zu Zeit schleppen vier Träger unter Bewachung die leblosen Körper fort. Wir beobachten jede dieser Gruppen, bis sie außer Sichtweite sind.

Kurze Zeit darauf kommt ein großer Lastwagen. »Fünfzig Mann auf den LKW!« Wieder ein Kampf um die Plätze. Wir nehmen an, daß hier nur die Wahl zwischen Zwangsarbeit und Tod bleibt. Niemand will noch länger hier bleiben. Auch ich will von hier weg. Aber mein Vater ist dagegen. »Melde dich nicht freiwillig, wenn du nicht weißt, wohin es führt!« Da ich sehe, daß er sich entschieden scheut, seinerseits zu gehen, bleibe ich natürlich bei ihm.

Im Lauf des Tages werden insgesamt fünfzig Lastwagen vollgeladen. Gegen Abend ist nur eine Handvoll von den reichlich fünftausend Menschen übriggeblieben, die das Spielfeld morgens noch bedeckt hatten. Mit gesenktem Kopf hocken wir auf dem Boden, einer neben dem anderen. Schmerz und Hunger sind längst nicht mehr wichtig. Aber die Nerven sind durch den anhaltenden Durst wie angefressen.

Dann werden wieder einmal Handwerker gesucht. Ein paar melden sich und werden entlassen. Uns ist das gleichgültig. Wir sitzen herum — wenigstens unbehelligt — und warten.

Neue Gefangene werden gebracht. Ich mache mir bittere Vorwürfe, daß ich mich nicht den Lastwagengruppen angeschlossen und Vater überredet habe, es auch zu tun. Wir haben eine Nacht vor uns, die sich von der gestrigen, unvergeßlichen nicht unterscheiden wird.

Plötzlich ertönt ein Befehl: »Fünfzig Mann vortreten!« Jetzt ist es uns ganz gleich, wohin wir gebracht werden — und wenn es in den Tod ginge. Nur nicht noch einmal eine Nacht wie die letzte erleben. Ich trete mit den anderen vor. Vater, der nun ähnlich denkt, schließt sich uns an.

Wir bilden einen großen Kreis und werden von außen abgezählt. Dann treibt man uns mit Knüppeln an, im Kreis herumzurennen. Unsere Henkersknechte brüllen und beschimpfen uns, wir hätten ja noch ganz schön Kräfte zum Laufen, man habe uns wohl bisher viel zu gut behandelt! Ich muß selbst gestehen, daß mir unser Kräftezustand nach der starken Minderung durch die Folterungen und den brennenden Durst unbegreiflich ist.

Mehrmals heißt es noch »Hinlegen! Auf! Hinlegen! Auf!« — jede Aktion von Knüppelhieben begleitet — als plötzlich der Befehl gebrüllt wird: »Zum Tor! Im Laufschritt, marsch-marsch!« Engelsstimmen hätten uns nicht süßer klingen können. Der »Abschiedshieb« von den ukrainischen Peitschen, während wir uns durch das Tor drängen, macht uns überhaupt nichts mehr aus. Alles was ich sehe, ist, daß draußen meine Mutter wartet und alles was ich fühle ist, daß sie unter heißen Tränen ihre Arme um mich wirft.

Wir gehen die Straße hinunter und keiner von uns dreien spricht ein Wort. Es ist halb acht.

Noch einmal fließen bittere Tränen, als wir uns zu Hause ausziehen und sie meinen und Vaters Rücken waschen. Dann wirft sich Vater aufs Bett. Ich trinke erst noch Tee, viel Tee, bringe aber keinen Bissen hinunter. Dann gehe auch ich zu Bett. Immer wieder höre ich Vater stöhnen; er ist schrecklich unruhig und kann weder flach liegen noch aufsitzen. Mir geht es zwar nicht viel besser, aber ich bin kräftiger als er und werde meine Schmerzen früher überwunden haben — sie machen sich in der Entspannung jetzt wirklich bemerkbar. Aber meine Augen werden schwer und ich falle in Schlaf. Er ist so tief, daß kein Traum ihn stört. Nur Vater höre ich zwischendurch immer wieder stöhnen. So vergeht die Nacht nach einem Tag voller Erfahrungen, wie ich sie noch viele Male machen sollte.

3

Ich wache auf. Es ist kaum vier Uhr morgens. Meine Mutter steht am Fußende des Bettes. Sie weint und bringt die Worte kaum heraus: »Du mußt aufstehen und dich verstecken.« Sie bringt mich zu einem Nachbarn, mit dem sie am Vortag das Nötige verabredet hat. Seine Frau geht mit ihren Kindern zu Mutter; er und ich lassen uns dort einschließen. Es soll der Eindruck erweckt werden, als ob das Haus unbewohnt sei. Das müßte eigentlich gelingen, denn bis jetzt ist noch nicht versucht worden, in offenbar unbewohnte Häuser mit Gewalt einzudringen.

Wir sitzen dort bis zum Abend. Dann kommt die Frau meines Nachbarn und befreit uns. Ich bin immer noch elend müde und mein ganzer Körper schmerzt. Mutter bringt mir das Essen ans Bett und setzt sich zu mir. Aus dem Nebenzimmer höre ich meinen Vater stöhnen und frage, ob der Doktor ihn untersucht habe. Mutter nickt und fügt hinzu, daß ein Lungenflügel verletzt sei.

Sie berichtet, was in den zwei Tagen unserer Abwesenheit geschehen ist. Sie erzählt mir von ihrer Angst, und wie sie nach dem Ort, wo man uns gefangen hielt, verzweifelt gesucht habe, und wie unendlich erleichtert sie gewesen sei, uns beide lebendig wiederzusehen. Sie spricht leise, und ohne daß ich es merke, schläfert es mich ein. Ihre Stimme bricht ab und nach einer Weile fühle ich den Druck ihrer Lippen auf meiner Stirn.

Am nächsten Morgen kam die Nachbarin ein paar Sachen holen. Sie ließ ihr Töchterchen vor der Haustür Wache halten, damit wir rechtzeitig gewarnt würden, wenn Miliz käme. Wir unterhielten uns in aller Ruhe, als das Kind plötzlich aufgeregt von unten rief: »Mammi, ein Milizsoldat!« Der Mann hörte das natürlich auch und merkte, daß etwas Verdächtiges dahinter steckte. Er folgte der Kleinen, als sie die Treppe hinauflief, fand uns und begriff sofort die Lage. »He du«, bellte er, »marsch an die Arbeit!« und packte mich am Arm. Mutter warf sich ihm entgegen und flehte ihn an, mich dazulassen. Aber der Soldat erwiderte, man brauche mich nur für eine Stunde in der Fabrik, ließ sich weiter auf nichts ein und nahm mich mit. Ich hatte mich kaum von den vorigen Strapazen erholt und fühlte mich noch sehr wacklig auf den Beinen.

Unterwegs griff der Polizist noch ein paar Männer auf. Einer von ihnen erzählte mir, am Freitag sei Dr. Rab Lewin, unser Oberrabbiner, getötet worden. Rabbi Lewin war aus eigenen Stücken zu den Behörden gegangen, um für seine Gemeinde zu intervenieren, obwohl er wußte, daß seine Aussichten, jemals lebendig zurückzukehren, minimal waren.

Schließlich kamen wir in die Zolkiewska-Straße, wo die Hazet-Fabrik ist. Ein Gefühl der Unruhe überkommt mich plötzlich, als ich merke, daß wir in Richtung der Milizgebäude weitergehen, also wieder zu dem gleichen grauenvollen Ort, wohin wir vor drei Tagen gebracht worden waren. Und wieder marschieren wir durch das große Tor. Ich kann mich kaum beherrschen und zittere am ganzen Leib. Wenn wir wieder solchen Grausamkeiten ausgesetzt werden, komme ich hier nicht mehr lebend heraus. Es ist mir nur eine Beruhigung, daß meine Mutter nichts von meinem Schicksal weiß, denn es ist mir klar, ein zweites Mal würde sie die seelische Qual nicht aushalten.

Zu meinem Erstaunen sah ich jedoch, daß das Feld absolut leer war, und ich faßte wieder Mut. Der Soldat sprach eine Weile mit der Torwache und führte uns dann zu meiner großen Erleichterung zur Fabrik zurück.

Hier mußten wir unter Aufsicht von zwei Soldaten — den ersten Deutschen, die uns anständig behandelten — Mehlsäcke sortieren. Wir waren etwa eine halbe Stunde bei der Arbeit, als meine Mutter erschien, um sich zu vergewissern, ob ich auch wirklich hier beschäftigt wurde. Sie brachte mir mein Frühstück, da ich zu Hause zum Essen keine Gelegenheit mehr hatte. Überzeugt, daß wir bald wieder gehen dürften, stecke ich es in die Tasche.

Plötzlich kam jedoch ein Deutscher in einem schwarzen Arbeitsanzug und requirierte eine Kolonne von sechs Mann, zu der auch ich gehörte. Wir mußten die Bahnstrecke entlang Bierkästen nach Zolkiew schleppen. Schon aus einiger Entfernung konnten wir erkennen, daß dort Juden Schienen transportierten und von den Wachmannschaften dabei mit Faustschlägen traktiert wurden. Das Bier war natürlich für die Deutschen bestimmt, die die Arbeit überwachten. Wir lieferten die Bierkästen ab und wurden gleich zur Arbeit eingeteilt. Zunächst mußten wir ebenfalls Schienen schleppen und gerieten dadurch wie die anderen unter die Knute. Ich hatte ja schon Schlimmeres erlebt, und es kam mir so vor, als ob die Wachen — es waren 120 Mann, während wir nur 100 waren — nicht aus Grausamkeit prügelten, sondern nur, weil es eben zu ihrer Bewachungsroutine gehörte. Nicht, daß das nötig gewesen wäre, denn die Arbeit war an sich schon Strafe genug.

Nach ein paar Minuten wurden wir weggerufen, um schwere Artilleriegeschütze von Waggons abzuladen — jeweils zwanzig Mann für ein Geschütz. Das Abladen der Kanonen, verglichen mit dem Schienenschleppen, war viel ermüdender, denn diese waren um manchen Zentner schwerer und auf den Waggons eng ineinandergeschachtelt. Zudem waren wir uns bei dieser Arbeit gegenseitig im Weg, und unsere Aufpasser meinten natürlich, mit noch mehr Prügeln ginge es schneller. Wenn ein solches Geschütz unter seinem eigenen Gewicht plötzlich zu rollen beginnt, war es unvermeidlich, daß denen, die die Räder bremsen sollten, die Arme aus den Gelenken gerissen wurden.

Schließlich standen die Geschütze nebeneinander im Gelände. Dann mußten wir sie etwa 200 Meter weit über ein stark zerklüftetes Terrain ziehen. Es war besonders anstrengend, sie über die Hügel zu bekommen. Die Knüppelschläge fielen dementsprechend immer zahlreicher. Außerstande, länger durchzuhalten, gerieten einige der Unglücklichen zwischen die Kanonen. Wenn dann eine Senke vor uns lag, rollte das Geschütz womöglich plötzlich vorwärts, und schon war das Schlimmste passiert. Ein verzweifelter Schrei anzuhalten ertönt, aber umsonst. Wer konnte da noch helfen? Wenn es schon gefährlich war, sich nur umzudrehen, was war dann zu erwarten, wenn man das Geschütz nicht wie befohlen in Schwung hielt? Es war reiner Selbstmord, ein zweckloses Unterfangen, das niemand nützte. So wurde das Geschütz ohne Aufenthalt weitergezogen, und in seiner Spur blieb ein zerquetschter Körper zurück. Niemand kümmerte sich darum.

Kaum hatten wir eine Kanone an die vorgesehene Stelle gebracht, marschierten wir auch schon ohne eine Sekunde Pause zurück, um die nächste zu holen. Das wiederholte sich so oft, daß ich restlos überzeugt war, daß dies in keiner Weise den schier unerträglichen Leiden der beiden vorangegangenen Tage nachstand.

Aber auch als wir mit dem Transport der Geschütze fertig waren, ließ man uns kaum Atem holen, denn sofort befahl man uns, alle Papierfetzen im weiten Umkreis aufzusammeln. Kaum waren wir damit fertig, als wir zu einem mit Zement beladenen Waggon geführt wurden. Vier Mann mußten hineinklettern, und die anderen stellten sich außen herum auf. Jeder hatte seine Jacke auszuziehen und bekam von oben Zement hineingeschaufelt. War sie voll und dementsprechend schwer, wurde sie in den Waggon zurückgereicht und der Zement wieder ausgekippt.

In unserem erschöpften Zustand waren das unmenschliche Anforderungen. Bei unseren weitgehend erfolglosen Anstrengungen bekamen wir von den Schaufelstielen und Eisenstangen unweigerlich Kratzer und andere Verletzungen an Händen und Armen ab.

Schließlich wurden unsere Wachen diese sinnlose Prozedur leid. Aber sie hatten immer noch keine Lust uns freizulassen. Ein Feuer wurde angezündet, und wir mußten Zement daraufkippen. Dazu mußten wir so nahe herangehen, daß uns die Flammen um das Gesicht loderten. Da der Tag heiß war und wir bei unseren Anstrengungen geschwitzt hatten, wurde der Durst nun unerträglich. Aber auch das ging vorüber.

Als nächstes wurde uns befohlen, die Opfer des Tages einzusammeln, die Überfahrenen und die durch die endlose Prügelei oder aus reiner Erschöpfung Zusammengebrochenen. Sie wurden auf einem Platz zusammengetragen. Zu diesem Zweck traten wir in vier Gliedern an. Von den hundert Mann waren nur noch etwa 34 übrig, die sich an dieser Arbeit beteiligen konnten. Die anderen lagen auf dem Sammelplatz oder waren in einem solchen Zustand, daß erfahrene ärztliche Hilfe notwendig gewesen wäre, um sie wiederherzustellen. So war ihr Schicksal ebenfalls besiegelt.

In Hörweite von uns debattieren die Deutschen, ob sie uns gleich erschießen oder bis zum nächsten Tag warten sollen. Ich bin überzeugt, daß mein einziger Gedanke auch der der zerschlagenen Kreaturen um mich herum ist, die hier der letzten Spur menschlicher Würde beraubt wurden: »Na los! Tut es doch gleich, hier an Ort und Stelle! Kann es noch irgend etwas Schöneres geben, als langsam in den Tod zu sinken, diese süße Feuchte auf den Lippen zu fühlen, alles Schmerzgefühl zu verlieren und endlich erlöst zu werden? Und währenddessen sitzen die Mütter und Frauen daheim und denken, wie gut es doch sei, daß ihre Söhne und Männer nur zur Arbeit abgeholt wurden und beizeiten gesund heimkommen werden.

So war die Lage, als die Deutschen sich zurückzogen und uns der Aufsicht der ukrainischen Miliz überließen. Diese führten uns zu einem Bach, damit wir uns waschen konnten. Aber es war mehr ein Tümpel mit toten Ratten und anderem Getier darin. Unser erster Wunsch war, von dem Wasser zu trinken. Nicht einmal jeder der 34 kam überhaupt bis ans Wasser; manche brachen schon auf dem Weg dahin zusammen.

Nachdem wir uns gewaschen hatten, saßen wir noch etwa eine halbe Stunde herum und versuchten, wieder etwas zu uns zu kommen. Dann durften wir heimgehen. Je zwei nahmen einen dritten zwischen sich, der nicht mehr allein gehen konnte.

Gegen vier Uhr nachmittags kam ich heim. Das Frühstück hatte ich noch in der Tasche.

Meine Mutter brach in Tränen aus, als sie die verheerenden Wirkungen der angeblich »leichten« Arbeit sah. Ich selbst war nur zu dem Gedanken fähig, wie glücklich ich war, überhaupt wieder nach Hause gekommen zu sein. Was machte es schon aus, wenn ich kaum ein Glied mehr rühren konnte? Aber selbst jetzt wagte ich nicht herumzutrödeln, denn es bestand immer noch Gefahr, für irgendeine andere Arbeitskolonne rekrutiert zu werden.

Da die Keller, zu denen wir vom Haus aus Zutritt hatten, nicht genügend Sicherheit boten, mußte ich in einem kleinen zugemauerten Kellergelaß Zuflucht nehmen, in das man nur durch ein Fensterchen gelangen konnte. Es war stockdunkel darin und ich versank bis an die Knie in einem ekelerregenden Morast, der ständig aus einer nahegelegenen Toilette Zufluß erhielt. Es war schon spät in der Nacht, als meine Mutter mich heimholte. Kaum schloß sich die Wohnungstür hinter mir, da sank ich, mehr tot als lebendig, ins Bett. Ich verbrachte noch einen Tag in diesem stinkenden Verlies, dann konnte ich es nicht mehr aushalten, denn die stundenlange

Abgeschlossenheit dort unten konnte meine schon geschwächte Gesundheit schnell unterminieren und sich bald tödlich auswirken. So ergab sich die Frage, wo ich ein besseres Versteck fände.

Ein Freund von mir hatte ein Zimmer in einem Haus, wo sonst nur Arier wohnten und das von der ukrainischen Miliz auf der Suche nach Arbeitern bisher nicht belästigt wurde. Ich ging zu ihm, und dort fand ich, was ich suchte. Am frühen Morgen wurde ich dort eingeschlossen. Mein Freund ging tagsüber seiner Beschäftigung nach, und seine Schwester war ebenfalls in der Stadt, denn sie suchte ihren Vater, der vor mehreren Tagen — so wie ich — zur Polczynska-Straße gebracht worden war, und seither fehlte jede Spur von ihm.

Gegen Abend kamen sie beide heim. Das Mädchen war todmüde, denn sie war den ganzen Tag unterwegs gewesen, von einem Arbeitsplatz zum anderen, und hatte überall gefragt, wo ihr Vater möglicherweise noch zu finden wäre.

Abends kam meine eigene Schwester, um mir etwas zu essen zu bringen. Sie berichtete mir, wie schwierig es geworden sei, selbst das Notwendigste zum Leben zu beschaffen. Oft konnte man nicht einmal die lächerlich kleinen Rationen heimbringen — die Juden erhielten ohnehin nur die Hälfte der »Arierportionen« — denn von vielen Familien stellte sich niemand mehr vor den Läden an, weil die Männer immer befürchten mußten, von einem vorbeikommenden Deutschen oder Ukrainer aus der Reihe gezerrt und zur »Arbeit« geschickt zu werden. Nicht einmal die Frauen konnten sicher sein, bis zur Ladentheke zu kommen; denn manchmal passierte es, daß sie aus der Schlange gestoßen und gezwungen wurden, sich am Ende von neuem anzustellen. Wenn sie dann endlich drankamen, war alles schon ausverkauft.

Fünf Tage lang genoß ich eine Atempause und konnte mich in relativer Sicherheit etwas erholen. Es wäre freilich zu viel verlangt gewesen, in diesem Unterschlupf noch länger bleiben zu können. Sonntag früh um halb fünf Uhr klopft es energisch an die Tür. Die Schwester meines Freundes öffnet. Ein Haufen Ukrainer und Deutsche stürmt herein. »Aufstehen! An die Arbeit!« brüllt einer von ihnen, und wir hatten kaum Zeit, uns vollständig anzuziehen, da trieben sie uns schon zu einem LKW, auf dem bereits unter Bewachung mehrere Leute standen oder hockten.

Dann gingen die Soldaten in die benachbarten Häuser und

suchten weitere Arbeiter. Nach einer halben Stunde waren insgesamt fünfzehn Juden zusammengetrieben, von fünf Polizisten bewacht. Niemand sprach, alle waren blaß. Es war für niemand das erste Mal, daß er zur »Arbeit« rekrutiert wurde, und wir wußten, daß so gut wie alles passieren konnte. Dieses Mal jedoch erwartete uns eine Überraschung.

Der Lastwagen brachte uns zur Strzelecki-Straße, und wir kletterten vor einem Schulgebäude heraus, das nun als Kaserne diente. Ohne übermäßig mißhandelt zu werden, brauchten wir das Gebäude nur auszuräumen und dann besonders die Treppen und Korridore zu säubern. Zwei Stunden später wurden wir entlassen. Wir konnten unser Glück kaum fassen.

Beim Heimweg fallen mir Plakate auf, die ankündigen, daß ab Mitte des Monats alle Juden am rechten Ärmel oberhalb des Ellbogens eine weiße Armbinde mit dem Davidsstern tragen müssen. Diese Regelung gilt auch für Halbjuden bis zum dritten Grad. Ferner hieß es dort, die Nichtbefolgung dieser Anordnung ziehe schwere Strafen nach sich.

Mutter war offensichtlich überrascht, als sie mich so unerwartet und zu so ungewöhnlicher Zeit vor der Tür stehen sah. Eine Flut von Fragen ergoß sich über mich, noch ehe ihr Erstaunen sich gelegt hatte. Lachend antwortete ich: »Wenn ich mich nicht sehr täusche, habe ich mein Tagespensum schon hinter mir.« Sie wußte wirklich nicht, ob sie lachen oder weinen sollte, denn sie kannte ja schon zu gut die Bedeutung dieser »Arbeit«. Schließlich erzählte ich ihr die Geschichte von Anfang bis Ende. Überglücklich, daß wir heute so unerwartet glimpflich davongekommen sind, vergaß Mutter eine Weile ihre Sorge um eine neue sichere Zuflucht, und es tat ihr so gut, wieder einmal ihr Herz auszuschütten. Dann brachte Vater sie allerdings mit der Bemerkung wieder auf die Erde zurück, »das ist wohl noch kein Anlaß zum Feiern, gib ihm lieber etwas zu essen und bringe ihn in den Keller, denn diese Kerle können jede Minute kommen und ihn wieder hinausprügeln!«

Es war schon lange dunkel, als ich aus meinem Unterschlupf wieder auftauchte und ins Haus kam. Ich ging sofort zu Bett, denn ich war noch ziemlich schwach. Mutter setzte sich neben mich. Ohne sich zu rühren, saß sie da und sah mich an, Tränen in den Augen. Mit einer fast scheuen Geste strich sie mir das Haar aus der Stirn. All ihre Liebe und all ihre Sorge fand in dieser zärtlichen Liebkosung einen schlichten Ausdruck. Dann wandte sie sich wieder der harten Wirklichkeit zu und sagte besorgt: »Heute ist ja Gott sei Dank alles so gut abgegangen. Aber wer weiß, was morgen ist? Du hast keinen Ort mehr, wo du dich verbergen kannst, und wenn du im Keller bleibst, holst du dir sicher noch irgendeine Krankheit. Vielleicht wär es das beste, wenn du dich morgen früh wieder drüben bei der Hazet-Fabrik meldest. Da arbeiten jeden Tag Juden und du brauchst dich dort nicht so anzustrengen. Abgesehen davon kann ich dich dort den ganzen Tag sehen. Vielleicht denkst du mal darüber nach, ob du dich dort meldest? Allerdings — was in der Mühle passierte, kann dort auch vorkommen, und wenn dich jemand da wegholt, was dann? Aber denken wir nicht daran. Gehe nur 'rüber und arbeite in der ›Hazet‹. Das ist entschieden das Beste, was du tun kannst.« Sie küßte mich auf die Stirn und ich fühlte ihre Tränen auf meinem Gesicht.

4

Ich stand um fünf Uhr auf, machte mich in aller Hast fertig und meldete mich wenige Minuten später in der Fabrik. Es war zwar noch eine ganze Stunde bis zur Öffnungszeit, aber es hatten sich schon viele Juden vor dem Tor angestellt. Jeder scheute sich daheimzubleiben, denn am frühen Morgen war die Aussicht, irgendwohin abgeholt zu werden, am größten. Die bei der Hazet ebenfalls beschäftigten Soldaten wußten das natürlich und waren anständig genug, uns schon vor der Zeit in den Fabrikhof zu lassen.

Dann begann die Arbeit. Wir wurden in verschiedene Gruppen eingeteilt, von denen jede eine bestimmte Abteilung der Fabrik auszuräumen hatte. Ich tat mein Bestes, um in der Nähe des Hofes zu bleiben, damit mich mein Vater oder meine Mutter von der anderen Straßenseite aus sehen konnten, wo sie am Fenster abwechselnd Wache hielten. Wir wurden anständig behandelt und arbeiteten dafür auch ernsthaft. Es ist freilich wahr, daß nicht allzu viel geleistet wurde, da alle, die hier arbeiteten, in der letzten Zeit schrecklich behandelt worden waren. Man wird leicht verstehen, daß die Pralinen und Bonbons, die so reichlich herumlagen, anziehender waren als die Arbeit. Aber zu meinem Erstaunen wurde da nichts beanstandet.

Um vier Uhr nachmittags war Feierabend. Hastig lief ich über die Straße zu unserem Haus, wo Mutter schon das Essen fertig hatte. Aber ich nahm es wieder mit in den Keller, um nicht Gefahr zu laufen, abgeholt zu werden. Nach acht Uhr wagte ich mich dann wieder ins Haus hinauf.

Meine Schwester hatte eine Zeitung mitgebracht. Darin hieß es, die russischen Armeen seien vernichtet und die Deutschen hätten Hunderttausende von Bolschewisten gefangen genommen. Das war für uns durchaus keine gute Nachricht. Wenn man bedenkt, was sich unter deutscher Herrschaft schon ereignet hatte, dann konnte die Vernichtung der Feinde Deutschlands auch für uns das Ende bedeuten. Mir war gar nicht danach zumute, über die Sache weiter nachzudenken. Ich ging zu Bett und hatte ein unerklärliches Angstgefühl.

Am nächsten Tag arbeitete ich wieder in der »Hazet« und hatte das Glück, einem Glaser als Helfer zugeteilt zu werden. Er sollte alle Fenster des Gebäudes reparieren und wollte mich anlernen. Als bald darauf in der Fabrik keine Juden mehr beschäftigt wurden und am Tor ein Schild hing: »Zutritt für Juden verboten!«, konnte ich als Glasergehilfe dort weiterarbeiten, zwei Monate lang, und unter Verhältnissen, die zwar nicht gerade befriedigend, aber menschlich wenigstens erträglich waren.

Wie schon so oft, lag über der Stadt wieder eine unaussprechliche Angst. Man wagte noch weniger als je zuvor, sich blicken zu lassen; denn es hatte sich von Versteck zu Versteck herumgesprochen, daß für heute wieder ein Pogrom geplant war. Es sollte am Gedenktag für Petljura stattfinden. Petljura war ein ukrainischer Führer, der in Paris ermordet worden war. Aber das war nur ein Vorwand, denn das Datum stimmte nicht.

Ich kam von der »Hazet« zurück und versteckte mich wie üblich im Keller, um auf den Einbruch der Dunkelheit zu warten. Plötzlich hörte ich ukrainische Milizsoldaten fragen: »Wo wohnen die Weliczkers?« Todesangst überfiel mich, und ich regte mich so auf, daß ich die Untätigkeit kaum noch ertragen konnte. Schließlich verlor ich aus Angst um meinen Vater die Selbstbeherrschung und rannte wie gejagt die Treppen hinauf. Da kam mir meine Mutter entgegen, zwar noch blaß, aber schon wieder lächelnd. Eine schwere Last fiel mir von der Seele, denn ich hatte das Schlimmste für meinen Vater befürchtet. Es hatte sich folgendes zugetragen: Die Soldaten durchsuchten die ganze Wohnung. Als sie Vater im Bett liegen sahen, fragten sie: »Was ist mit dem da los?« Da deutete Mutter auf das Spuckglas und sagte: »Er hat Tuberkulose.« Als die Soldaten das hörten, machten sie ein ängstliches Gesicht und rannten weg. Ich mußte herzlich lachen und war sehr stolz auf die Geistesgegenwart meiner tapferen Mutter.

Es war auch an einem dieser Tage zu Anfang August 1941, daß die ukrainischen Milizsoldaten den Befehl erhielten, alle bekannten und geachteten Juden von Lemberg zu verhaften und sie im Hof des Gerichtsgebäudes in der Loketko-Straße zusammenzutreiben. Nach fürchterlichen Folterungen wurden die meisten von ihnen außerhalb der Stadt erschossen. Die übrigen brachte man ins Gefängnis, doch nur, um sie ein paar Tage später ebenfalls hinauszubringen und das gleiche Schicksal erleiden zu lassen. Obwohl niemand Grund hatte, diese schreckliche Tatsache anzuzweifeln, wollte keiner so recht glauben, daß dies wirklich passiert war. So hielt sich hartnäckig das Gerücht, die Männer säßen nach wie vor im Loketko-Gefängnis.

Zur gleichen Zeit wurde auf Grund eines Befehls der deutschen Besatzungsbehörden ein jüdischer Ältestenrat oder »Judenrat« errichtet. An seiner Spitze stand Dr. Parnes mit einigen Vertretern der Gemeinde aus der Zeit vor 1939. Kurz darauf wurde Dr. Parnes von einem deutschen Offizier erschossen, als er ihm erklärte, er — Dr. Parnes — brauche sich nicht herumkommandieren zu lassen.

Bei diesem neuen Judenrat mußte sich nun jeder registrieren lassen. Mit dieser Einrichtung schuf sich die Besatzungsmacht ein verantwortliches Instrument zur Ausführung ihrer Befehle für die jüdische Bevölkerung. So wurden zum Beispiel die Arbeitskräfte nicht mehr von der ukrainischen Miliz, sondern vom Ältestenrat ausgewählt und verteilt. Zur Durchführung dieser Aufgabe stellte man eine jüdische Miliz auf, die sich aus Freiwilligen zusammensetzte und nach einiger Zeit sogar Uniformen bekam. Wer jedoch einige Selbstachtung hatte, meldete sich nicht zu diesem Polizeikorps. Es setzte sich daher im wesentlichen aus dem Plebs zusammen.

Es wurden auch Amtsärzte ernannt, um die Gesundheit der 150 000 Juden zu überwachen, aber sie kamen kaum dazu, praktisch tätig zu werden.

Eine der ersten Aufgaben des Judenrates war, zu bestimmen, welche Läden den Juden vorzubehalten wären. Da sie nicht in den gleichen Geschäften einkaufen durften wie die Arier, stieß die Bedarfsdeckung auf viele unüberwindliche Schwierigkeiten. Auch wurden Lebensmittelkarten ausgegeben, die zum Einkauf von 100 Gramm Brot täglich und 100 Gramm Zucker monatlich berechtigten. Diese Geschäfte wurden mit dem Davidsstern und einem Schild »Nur für Juden« kenntlich gemacht.

Bald nach der Konstituierung des Ältestenrates erschienen in der Stadt Maueranschläge, die zunächst einen lähmenden Schock und dann Aufruhr verursachten. Auf Befehl der deutschen Besatzungsarmee sollte die jüdische Bevölkerung innerhalb weniger Tage 20 Millionen Zloty aufbringen. Die Wirkung war unbeschreiblich. Devisen, Gold und wertvoller Hausrat sanken im Kurs. Alle verkauften ihre Kunstgegenstände, Schmuck und Kleidung und brachten das Geld so schnell wie möglich zum Judenrat. In allen Stadtteilen gab es Annahmestellen für solche Spenden, und der Andrang war so groß, daß man vielfach einen halben Tag und länger warten mußte. Unter der Führung des Erzbischofs Szepticki beteiligten sich sogar Kreise der polnischen und ukrainischen Bevölkerung an der Sammlung. Da die Zeit für die Durchführung der ungeheuren Aufgabe zu kurz war, wurde der Ablieferungstermin um drei Tage verlängert. Plötzlich tauchte das Gerücht auf, die Deutschen würden, wenn die Zeit eingehalten werde, die im Loketko-Gefängnis noch schmachtenden prominenten Juden freilassen. Das stärkte noch mehr den Ehrgeiz, auch das fast Unmögliche zu tun, um die horrende Summe aufzubringen. Leistete jemand im Verhältnis zu seinem Besitz zu wenig, dann erhob sich ein großes Geschrei, und man erinnerte ihn nachdrücklich an das Loketko-Gefängnis. Die im Himmel werden über solche Beweise brüderlicher Liebe wahrscheinlich überrascht gewesen sein und sich gefreut haben, daß die gepeinigten Überlebenden der Stadt sich ihretwegen so quälten. Es ist jedenfalls eine Tatsache, daß die Juden von Lemberg zum festgesetzten Termin den deutschen Behörden die geforderte Summe von 20 Millionen Zloty ablieferten. Das war aber noch nicht das schwierigste Problem, mit dem die jüdische Gemeinde fertig zu werden hatte. Inzwischen war ein noch größeres aufgetaucht. Es hieß »Arbeit«. Ein neuer Befehl der Deutschen bestimmte, daß jeder Jude zwischen 14 und 60 Jahren verpflichtet war zu arbeiten. Die Zwangsarbeit drohte allen. Aber gerade diese Allgemeingültigkeit schien eine gute Seite des Erlasses zu sein, denn es standen dadurch mehr Arbeiter zur Verfügung, als zur Befriedigung der deutschen Bedürfnisse benötigt wurden. So genügte es, daß jeder Jude im Monat nur einige Tage arbeitete. Für den jüdischen Ältestenrat war dies sicher eine undankbare Aufgabe, denn jeder mußte berücksichtigt werden und keiner sollte im Nachteil sein. Riesenmengen Formulare ergossen sich über die Gemeinde. Man bildete auch eine besondere Ärztekommission, bei der sich die Kranken melden konnten. Die Deutschen räumten dem Judenrat sogar das Recht ein, Betrieben, wo die Arbeiter mißhandelt wurden, die Personalzuteilung abzuschlagen.

Alle atmeten auf. Es schien, als ob der schreckliche Zustand der Unsicherheit ein Ende gefunden hätte. Aber allzu bald wurde es klar, daß die Arbeit des Judenrates umsonst war und daß niemand die ehrliche Absicht hatte, den Juden menschliche Lebensbedingungen zu gewähren.

In den ersten paar Tagen schien zwar alles in Ordnung zu sein, und jeder erhielt seine Arbeitsanweisungen. Oft wurde sogar die Leistungsfähigkeit des einzelnen berücksichtigt. Die Behandlung war erträglich, obwohl wir sicher nicht verwöhnt wurden. Aber es dauerte nicht lange, da wurde hier und dort schon wieder geprügelt. Bekam die betreffende Firma keine Arbeiter mehr zugeteilt, weil Beschwerden beim Judenrat eingelaufen waren, so half sich die Betriebsführung selbst, indem sie von Haus zu Haus ging und gewaltsam so viele Arbeiter zusammentrieb, wie sie brauchte. Diese Juden wurden sehr schlecht behandelt. Es kam auch vor, daß ein Gemeindefunktionär, der einer solchen Fabrik keine Arbeiter mehr schicken wollte, zusammengeschlagen wurde, so daß er in Zukunft auch einem solchen Betrieb widerspruchslos Personal schickte. Protestierte der Judenrat deswegen bei deutschen Dienststellen, so zeigte man dort die kalte Schulter.

Nach solchen Unregelmäßigkeiten passierte es eines Tages, daß die Arbeiter am Feierabend nicht mehr heimkamen. Man hatte sie bei Betriebsschluß zurückgehalten, um die Zeit einzusparen, sie am nächsten Tag erst wieder einzusammeln. Das wiederholte sich und kam bald nicht nur in einer, sondern auch in vielen anderen Fabriken vor.

Daraus entwickelte sich in Sokolnik bei Lemberg das erste Lager. Zunächst waren die Juden bisher noch relativ gutwillig zur Arbeit gegangen; aber seit der Lagergründung wurde die ganze Bevölkerung von großer Angst ergriffen. Keiner traute sich mehr, zu seinem Arbeitsplatz zurückzukehren, weil er fürchtete, dort behalten zu werden. Daran änderte sich auch nichts, als der Judenrat mit Hilfe von Bestechungen den Betriebsleitern die Zusicherung entlockt hatte, die Arbeiter wenigstens alle vierzehn Tage auszutauschen. Die jüdische Miliz mußte in Aktion treten und die Männer buchstäblich einfangen.

Viele fürchteten sich so sehr, nach Sokolnik oder in einen Betrieb, wo geprügelt wurde, geschickt zu werden, daß sie anfingen, selbst nach einem Arbeitsplatz zu suchen. Sie erhielten von den Fabriken dann eine Bescheinigung, auf Grund deren sie nicht für andere Arbeit requiriert werden durften. So entwickelte sich für viele eine Art Dauerarbeitsverhältnis in einer bestimmten Fabrik.

Die Zwangsrekrutierung ging jedoch gleichzeitig weiter, und es wurde dabei auch keine Rücksicht auf die genommen, welche schon eine Arbeitskarte hatten. Wo Fabriken von SS-Angehörigen geleitet wurden, dachten diese gar nicht daran, Ausweise anderer Werke anzuerkennen. Wagte ein Jude, schüchtern darauf hinzuweisen, daß er schon verpflichtet sei, in einem bestimmten Betrieb zu arbeiten, so wurde ihm sehr schnell der Unterschied zwischen einem Privatunternehmen und einem von der SS geführten Werk beigebracht. So entwickelten sich in Lemberg echte Dauerstellungen, denn es gab bald niemand mehr, der die Arbeitspässe aus der Czwartakow- und der Janowska-Straße nicht respektierte.

Dort wurden zumeist gelernte Arbeiter beschäftigt. Die ihnen von den deutschen Behörden ausgestellten Pässe trugen einen Stempel »SS- und Polizeiinspekteur«. Die tägliche Zuteilung von 250 Gramm Brot und einem Liter Suppe erleichterte die anstrengende Arbeit ein wenig.

Außer den Facharbeitern gab es dort auch Hilfsarbeiter. Sie bekamen zwar die gleiche Zuteilung, mußten aber schwerer arbeiten und wurden oft mißhandelt. Es waren Juden, die trotz mehrfacher Aufforderung nicht zur Arbeit erschienen waren oder Verwandte von Leuten, die unauffindbar blieben.

Das Schicksal derjenigen, die sich weigerten, an einen Arbeitsplatz mit schlechter Behandlung zurückzukehren, war allgemein bekannt und rief überall große Aufregung hervor. Vor der Wohnung eines solchen Mannes erschien dann eines Tages ein SS-Fahrzeug, und man holte ihn aus seinem Versteck, band ihn an den Wagen und schleifte ihn etwa dreißig Meter weit mit Vollgas hinterher. Man konnte hören, wie der Schädel des Unglücklichen auf das Straßenpflaster aufschlug. Eine blutige Spur blieb zurück, und wenn die Angehörigen das bewußtlose Opfer ins Haus zurückbrachten, schrie ihm einer der SS-Männer noch nach: »Jetzt kannst du faulenzen!«

Die Männer kamen nach zwölf Stunden Arbeit todmüde und oft verprügelt heim, und mancher von ihnen mußte dann noch eine verzweifelte Frau und hungrige Kinder trösten, denen er höchstens ein wenig Brot von seiner Halbpfundration geben konnte. Welcher Jude konnte da freilich ahnen, daß selbst diese deprimierenden Stunden, die er wenigstens daheim verbringen durfte, schon bald eine unerreichbar weit entfernte Glückshoffnung würden, nach der man sich nur in seinen Träumen sehnen konnte!

Als eines Abends die Männer nicht von ihrem Arbeitsplatz unter der Aufsicht des »SS- und Polizeiinspekteurs« heimkamen, dachten sich die Mütter und Frauen schon, daß etwas Schreckliches passiert sein mußte, und eilten zur Janowska-Straße, um herauszufinden, was geschehen war. Und dann sahen sie das große, neue Schild über dem Tor: »ZWANGSARBEITSLAGER FÜR JUDEN«. Manche mögen da schon geahnt haben, daß sie ihren Mann oder Sohn nie wiedersehen würden. 550 Juden wurden an diesem Tage festgehalten und gezwungen, von nun an in den Baracken zu hausen, die sie selbst für angebliche Kriegsgefangene gebaut hatten.

So entstand das erste jüdische Zwangsarbeitslager. Es ging ein in die Geschichte als eines der schlimmsten seiner Art.

Die Zustände, die dort herrschten, waren bald kein Geheimnis mehr. Der Name »Janowska-Lager« rief auch in der ganzen Umgebung von Lemberg entsetzliche Angst und sogar Panik hervor. Es war bekannt, daß dort die Hölle selbst war. Über den Alltag im Lager wurden Dinge erzählt, die ich nicht eher glauben konnte, als bis ich mich selbst davon überzeugen mußte. Zur gleichen Zeit wie die Fabrik in der Janowska-Straße wurde auch das Werk an der Czwartakow-Straße in ein Zwangsarbeitslager umgewandelt.

Ähnliche Einrichtungen — zum Beispiel in den Provinzen Kurowice und Lacki — genossen allerdings nicht den gleichen traurigen Ruf wie die Hölle an der Janowska-Straße; in den beiden letztgenannten Lagern konnten die Häftlinge wenigstens von Zeit zu Zeit ihre Angehörigen sehen und durften sich Lebensmittel und saubere Kleidungsstücke schicken lassen. Jeden Sonntag hatten sie zwei Stunden Ausgang, um ihre Familien zu besuchen.

Viele mochten gedacht haben, mit den bisherigen Maßnahmen sei bereits die Grenze menschlicher Leidensfähigkeit erreicht; aber wer in die Zukunft sehen konnte, zweifelte nicht daran, daß das letzte Wort noch nicht gesprochen war. Er merkte bald, daß er sich nicht getäuscht hatte. Da das Zwangsarbeitslager noch erweitert werden sollte, erhielt der Ältestenrat den Befehl, durch seine Miliz ständig weitere Menschen einzutreiben. Wurde nicht die angeforderte Zahl im Lager abgeliefert, so veranstalteten die Deutschen mit Hilfe der Ukrainer — zumeist nachts — Razzien, um ohne Rücksicht auf Alte und Kranke das Soll zu erfüllen.

Da die Miliz immer noch solche Leute schonte, die einen Ausweis für einen Dauerarbeitsplatz hatten, begann bald ein schwunghafter Handel mit solchen Papieren. So gab zum Beispiel eine Fabrik, die Arbeiter brauchte, aber keine bekam, weil die Juden sich ohne einen solchen Ausweis nicht auf die Straße trauten, einem ständig bei ihr Beschäftigten auch wohl mehrere Ausweise, die dann an andere Juden verkauft wurden, die noch keinen Arbeitsplatz hatten. Fabrikanten, die selbst keine Arbeiter brauchten, wurden mit Whisky und anderen Waren bestochen, gefälschte Dokumente auszustellen. Sogar der Ältestenrat behielt in dieser Zeit allgemeiner Bestechlichkeit keine weiße Weste, denn auch einige seiner Funktionäre handelten mit Pässen, die ihnen von den Firmen zur Rekrutierung von Arbeitern blanko übergeben worden waren. Arme Leute konnten sich das natürlich nicht leisten. Sie waren daher die ersten, die den Nachschub für das Lager abgeben mußten. Ohne Zweifel war das recht erniedrigend für den Ältestenrat, und man kann es höchstens mit der Angst seiner Funktionäre um das eigene nackte Leben erklären. Nur einige wenige konnten noch mit gutem Gewissen jedem ins Auge schauen.

Anfang November 1941 wurde durch Zeitungen und Plakate angekündigt, daß ab Mitte des Monats und binnen fünf Tagen die Juden aus sämtlichen vier Stadtvierteln in ein jüdisches Viertel zu ziehen hätten, dessen Grenzen genau angegeben waren. Die Arier, die jetzt noch in dieser Gegend wohnten, hatten unverzüglich auszuziehen. Gleichzeitig erhielten die Polen einen Wohnbezirk im Westen der Stadt zugewiesen, die Ukrainer und Weißrussen mußten sich in einem anderen Stadtteil ansiedeln, und so weiter. Die Deutschen mußten sich in der Strijerparkgegend einquartieren. Die Bewegungsfreiheit war dadurch noch nicht eingeschränkt; es war nur unter Strafe verboten, daß Nichtdeutsche im deutschen Viertel wohnten oder etwa Juden im polnischen Sektor.

Beim jüdischen Ältestenrat wurde nun als neue Abteilung ein Wohnungsamt eingerichtet, das der jüdischen Bevölkerung Unterkünfte in dem zugeteilten Distrikt anweisen sollte. Als erstes wurde an Hand der Lebensmittelkarten eine Volkszählung durchgeführt und geschätzt, wieviel Platz zur Verfügung stand. Zu zweit gingen die Beamten von Haus zu Haus, maßen die Räume und notierten das Ergebnis. So wurde errechnet, daß jeder Jude zwei Quadratmeter Wohnfläche haben konnte. Jeder Wohnungssuchende bekam eine Karte, auf der bescheinigt war, wieviel Raum ihm zustand.

Nun begann ein geschäftiger Austausch von Wohnungen, wobei vor allem die Juden wegen ihrer äußerst schwachen Position ausgebeutet wurden. Komplette Wohnungseinrichtungen mußten zu lächerlich geringen Preisen veräußert werden. Aber ließ sich das vermeiden? Das wichtigste war, so schnell wie möglich eine Unterkunft zu bekommen. Es gab keinen Zweifel darüber, was einer jüdischen Familie passieren würde, die nach Ablauf der Frist noch außerhalb des jüdischen Bezirkes lebte. Jedem war sofort klar, daß die getrennten Wohnbezirke kein Selbstzweck waren. Schon bei der Quartiersuche und beim Umzug kam es zu Zwischenfällen, die den Zweck der Aktion klar werden ließen. An allen drei Eisenbahnbrücken, welche die Juden auf dem Weg zu ihrem Stadtviertel zu passieren hatten, standen Polizisten und kontrollierten jeden einzelnen. Schon hier war dem Despotismus Tür und Tor geöffnet, und viele wohnungssuchende Juden kehrten vom Gang über diese Brücken nicht zurück. Es hieß, sie seien in den Hof des Elektrizitätswerks gebracht worden. Was dort mit ihnen geschah, weiß man nicht. Einmal wurde eine Gruppe von dreißig Männern von einer der Brücken weg auf einen Lastwagen gebracht und weggefahren, um nie mehr zurückzukehren. Man nannte das die

»Todesbrückenaktion«. Viele Familien, die in der kurzen Frist keine neue Wohnung finden konnten, erhielten völlig willkürlich Befehl, auszuziehen und in den anderen Bezirk überzusiedeln. Natürlich vermehrten diese Maßnahmen die Panik. Aber nicht nur physisch und materiell verschärfte sich mit jeder neuen Anordnung die Unterdrückung. Auch seelisch bedeutete es für die ohnedies gequälten Leute eine weitere Belastung, sich von manchen Dingen trennen zu müssen, die sie wahrscheinlich liebgewonnen hatten, als angeordnet wurde, daß von einem bestimmten Tage ab beim Umzug nur noch 25 Kilo Gepäck mitgenommen werden durften. Zusätzlich wurde der Terror gegen diejenigen verstärkt, welche die Brücken passieren mußten. Eine dieser Brücken hieß speziell die »Todesbrücke«, weil alle, die hinüber wollten, festgenommen, in ein nahegelegenes Schulgebäude getrieben und dort gefoltert wurden. Hinterher fuhr man sie — nur noch mit Hemden bekleidet — auf Lastwagen zu den Sandgruben, von wo sie nicht zurückkehrten. Binnen wenigen Tagen wurden allein durch die Brückenaktion fünftausend Menschen ermordet.

Diese Begleiterscheinungen der Umsiedlung verbreiteten schon genug Angst und Schrecken und sie genügten, um die Lage katastrophal zu verwirren. Noch schlimmer aber wurde alles durch die Parallelaktion gegen die, welche bereits im jüdischen Viertel wohnten. Tagelang durchsuchte die SS alle Straßen des Viertels. Keiner wagte das Haus zu verlassen, und die Männer saßen in den Kellern. Der übliche Weg zum Arbeitsplatz konnte der Weg in den Tod sein. Zu den unbedingt notwendigen Besorgungen schickte man nur noch Kinder und alte Leute, aber auch sie blieben nicht verschont. Es war auch unmöglich, irgendjemand beim Umzug zu helfen. So sah man Frauen und kleine Mädchen durch die Straßen trotten und sich derart mit schweren Möbelstücken abschleppen, daß es viele die Gesundheit kostete.

Unter solchen Bedingungen hielten die Juden von Lemberg ihren Einzug ins jüdische Viertel.

Ich saß im Keller, während die Terrorwelle beim Umzug und der Aktion sich über die Stadt verbreitete. Seit die Arbeit bei der »Hazet« aufgehört hatte, hatte ich es vorgezogen, den ganzen Tag in meinem schauderhaften Versteck zu bleiben. Natürlich hätte ich mich irgendwo zur Arbeit melden können, aber es war nicht ratsam, sich ohne Beschäftigungsnachweis auf der Straße zu zeigen.

Außerdem lebten wir bereits in dem für Juden bestimmten Viertel, und so blieb uns wenigstens die Suche nach einer anderen Behausung mit all ihren gefährlichen Begleitumständen erspart. Ich war also nicht genötigt, mein relativ sicheres Versteck zu verlassen.

Seit Ende November 1941 war ein Deutscher namens Weber Arbeitsamtsleiter. Alle verfügbaren Arbeitskräfte wurden genau registriert, und jeder Jude erhielt darüber einen Nachweis. Dieser trug einen Stempel der Firma, bei der man arbeitete. Am meisten begehrt waren die Ausweise der Betriebe, die für das Heer arbeiteten, weil diese immer noch eine relativ große Sicherheit zu bieten schienen. Zudem waren viele dieser Werke autorisiert, den Arbeitern auch Ausweise für ihre Frauen auszustellen, die dann daheimbleiben konnten. Die Ausweise wurden vom Arbeitsamtsleiter Weber jeden Monat genauestens kontrolliert und abgestempelt.

Nachdem es fast unmöglich geworden war, eine mehr oder weniger illegale Existenz noch länger auszudehnen, entschloß ich mich, wieder eine Arbeit zu suchen, und natürlich in einem Rüstungsbetrieb. Von Bekannten erfuhr ich, daß es immer noch möglich war, ohne allzu große Schwierigkeiten bei einer Baufirma beschäftigt zu werden. Das Problem bestand nur darin, dorthin zu kommen.

Am 5. Dezember wagte ich es, um 5 Uhr früh statt in den Keller zu einer Straßenbahnhaltestelle zu gehen, wo jeden Morgen eine Arbeitergruppe mit einem Sonderwagen abgeholt und zu eine neuen Bauplatz der Firma gefahren wurde. Hier muß erwähnt werden, daß diese entgegenkommende Beförderung der Leute keineswegs selbstverständlich war. Sie war erst durch die Bemühungen des Betriebsleiters um eine menschliche Behandlung seiner Belegschaft möglich geworden. Er war ein SS-Mann, und auch er lief mit der Peitsche in der Hand herum; aber er benutzte sie nur selten.

Wie hoch eine solche tägliche Straßenbahnfahrt einzuschätzen war, geht schon daraus hervor, daß die Juden seit dem 1. Dezember nur noch besonders gekennzeichnete Wagen der Trambahn benutzen durften. Ähnliche Regelungen bestanden für die Polen und Ukrainer, die auch ihre eigenen Cafés, Kinos und sogar Bedürfnisanstalten hatten.

Kamen neue Arbeiter auf der Baustelle an, so mußten sie sich zuerst beim Betriebsbüro melden und ihre Registrierungskarten vorzeigen. Die meisten Arbeiter waren Juden und wurden von einem Polen beaufsichtigt, der als eine Art Vormann fungierte. Nach der Einstellung wurden die aus Männern und Frauen bestehenden Arbeitergruppen aufgeteilt und bei der Nivellierung einer neuen Gleistrasse eingesetzt.

Die Arbeit ging sehr langsam voran. Die meisten standen schweigend auf einem Fleck, hielten die Schaufel in der Hand und bewegten sich so gut wie gar nicht. Man hörte nur den monotonen Ruf des Vormannes: »Arbeiten! Arbeiten!« Aber dies beachtete niemand, denn man wußte ja, daß er eben automatisch seine Pflicht erfüllte, und die bestand im Antreiben. Er hatte einen Knüppel, mit dem er offenbar die Arbeitsunwilligen schlagen sollte. Kam sein Chef oder ein sonstiger Vorgesetzter in die Nähe, so gab er ein vereinbartes Signal, und alle begannen so zu tun, als ob sie schwer arbeiteten. War die »Gefahr« vorüber, so kehrte alles zum gleichen lethargischen Tempo wie vorher zurück.

Gegen vier Uhr begannen wir unser Werkzeug zu säubern, um es pünktlich im Geräteschuppen abliefern und heimgehen zu können. Die gleiche Straßenbahn, die uns morgens hergebracht hatte, stand an der nächsten Haltestelle wieder bereit, um uns heimzufahren.

Zu Hause waren alle sehr glücklich, daß ich so viel Glück gehabt hatte, ohne viel Schwierigkeiten einen Arbeitsplatz zu erhalten. Wir beschlossen daher, Vater solle sich ebenfalls dort melden. Ein paar Tage später bekam auch er das wichtige Papier ausgehändigt.

Es war recht traurig, daß unser Wochenlohn von 20 Zloty noch nicht einmal für ein Kilo Schwarzbrot reichte.

So vergingen drei Monate ohne besondere Ereignisse.

Am Ende eines Arbeitstages — es war der 2. März 1942 — verlas der Hauptingenieur eine Liste mit den Namen derjenigen, welche mehr als drei Tage bei der Arbeit gefehlt hatten. Darunter war auch mein Vater, aber wir machten uns deswegen keine Sorgen, weil er für diese Tage von der Krankenkasse arbeitsunfähig geschrieben worden war. Diejenigen, deren Namen verlesen worden waren, sollten anschließend stehen bleiben und sich im Aufseherbüro melden, wer sich drücke, werde einem Zwangsarbeitslager überwiesen. Um sicher zu gehen und Vater etwaige Schwierigkeiten zu ersparen, vereinbarten wir, daß ich statt seiner nach der Löhnung zum Büro ginge. Wir hatten ja den gleichen Namen, und wenn es zu irgendwelchen Komplikationen käme, konnte ich meine einwandfreie Lohnkarte vorweisen und behaupten, es müsse ein Irrtum vorliegen. Es kostete viel Mühe, Vater von der Zweckmäßigkeit meines Planes zu überzeugen. Er glaubte nicht, daß es so leicht sein werde, wie ich mir es vorstellte. Er sollte recht behalten.

Alles ging so schnell, daß wir uns im Augenblick gar nicht der Gefahr bewußt waren, der ich mich aussetzte. Plötzlich kam der Aufseher und führte die Männer in einen Raum seiner Bürobaracke und schloß die Türe von außen zu. Im letzten Augenblick merkte ich, daß hier etwas nicht stimmte. So gelang es mir, unbemerkt zur Seite zu springen und mich am Tor hinzustellen. Von dort konnte ich alles sehen. Ich wollte ja meinen Vater, der so früh wie möglich nach Hause gegangen war, informieren können. Kaum waren die Männer eingeschlossen, da kam auch schon ein Lastwagen mit Askaris (so nannte man — in Anspielung an die eingeborene Schutztruppe in den deutschen Afrikakolonien — hier die russischen Kriegsgefangenen, die sich freiwillig zum SS-Dienst gemeldet hatten), die sogleich vom Fahrzeug sprangen, als ob sie eine bewaffnete Revolte niederzuschlagen hätten. Sie sahen wirklich bedrohlich aus, als sie da zu einem Glied antraten, während zwei deutsche SS-Offiziere die vorhin eingeschlossenen Leute herausführten und auf den LKW klettern ließen. Dabei merkten sie, daß vier Mann fehlten, und da ich am Tor gerade im Sehwinkel der SS-Offiziere stand, holten sie mich wortlos und ließen mich ebenfalls aufsteigen. Ich war so erschrocken, daß ich überhaupt nicht denken konnte. Wie gelähmt und den Kopf gesenkt, hockte ich mich an die Wagenwand. Sie fuhren ab zum Janowska-Lager.

5

Der Lastwagen fuhr in den großen Hof, den ich später noch so gut kennen lernen sollte. Als wir heruntergeklettert waren, knurrte uns jemand an, wir sollten uns an die Wand stellen und die Nasen an die Mauer pressen. Es war sehr kalt. Hinter uns patrouillierten zwei ukrainische Posten auf und ab. Bewegten wir uns auch nur im geringsten, so setzte es ohne Gnade sofort Hiebe. Dann wurden wir einzeln ins Lagerbüro gerufen. Auf dem Weg dorthin begegnete ich einer Jüdin, die mich mitleidig fragte, was denn ein so junger Bursch wie ich hier mache, Häftlinge meines Alters sehe man selten im Lager.

Ich erzählte ihr, was geschehen war, und sie riet mir, mich als Facharbeiter zu melden, falls ich mich in irgendeinem Handwerk auch nur ein wenig auskenne. Im Augenblick fiel mir nur die Glaserei ein, dann lief ich schnell weiter und zum Büro. Da saßen der Lagerkommandant und der Lagersprecher. Ich mußte meine Taschen ausleeren und wurde nach Namen und Beruf gefragt. Ich gab an, ich sei Glaser. Darauf wurde ich zurückgeschickt und nahm wieder meinen Platz an der Mauer ein. Nachdem wir alle vernommen waren, brachte man uns durch ein mit Stacheldraht vergittertes Tor in das eigentliche Lager.

In der Mitte des Hofes stand eine Holzbaracke, die durch Bretterwände in drei Räume aufgeteilt war. Einer diente als Unterkunft, der zweite stand leer, und im dritten befanden sich die Küche und der Waschraum. Zu diesem führten uns die ukrainischen Posten. Einige Juden, die hier arbeiteten, überfielen uns gleich mit Fragen, was draußen in der Welt vor sich gehe, wie es mit dem Krieg stehe und so weiter. Sie waren aber nicht einmal enttäuscht, als wir ihnen sagten, in der Stadt wisse man auch nicht mehr über den Krieg als hier im Lager. Dann mußte ich mich ausziehen und mir von einem Barbier den ganzen Körper rasieren lassen. Anschließend duschte ich, aber es war nicht möglich, sich gründlich zu waschen, denn das Wasser war eiskalt. So eilte sich jeder beim Baden, nur um sich wieder anziehen zu können. »Hallo! Nur langsam! Hier wird alles zu seiner Zeit gemacht — bis aufs Sterben«, rief da ein junger Bursch, der neben einem anderen Juden arbeitete. »Nimm dein bestes Unterzeug, ein Hemd, den Anzug, Socken und Schuhe. Der Rest bleibt hier.« Ich hatte auch einen Sweater gehabt und eine zweite Garnitur Unterzeug sowie einen Mantel. »Aber«, wandte ich ein, »laß mich doch wenigstens meinen Sweater behalten und mein zweites Unterzeug. In dem kalten Wetter kann man ja sterben!« »Aber wo denkst du hin?! Meinst du, ich wollte für deinen Sweater mein Leben riskieren? Glaubst du, du bist draußen bei einer Firma, wo du tun kannst, was du willst? Da hast du dich aber getäuscht. Wenn ein Befehl hier nicht haargenau ausgeführt wird, dann hörst du einen Schuß und schon ist einer mehr im Himmel. Und wenn ich euch gerade sagte, was ihr behalten dürft, dann ist auch das ein Befehl!« Das reichte mir und zitternd vor Kälte zog ich mich an.

Inzwischen hatten sich alle gewaschen. Nun kamen der Koch und ein SS-Mann herüber und sagten, es gebe bald Abendbrot. Wir waren zu zwanzig Mann, und als die beiden nach einer guten Viertelstunde zurückkamen, brachten sie ein fünf Pfund-Brot nebst einer Kanne Kaffee mit. Der SS-Mann fragte uns ironisch, wie es uns hier gefalle. Dann tröstete er uns, er werde dafür sorgen, daß nur die Schuldigen ins Lager kämen. Plötzlich hörte er auf zu sprechen, und es war einen Augenblick so still, daß ich mein Herz klopfen hörte, bis er auf einen der Gruppe zuging und sagte: »Zeig mir mal, wie du angezogen bist. Hast du vielleicht zu viel an, so daß du nicht richtig arbeiten kannst?!« Der Angesprochene knöpfte seine Jacke auf und mußte auch seine Hosen herunterlassen. Dann war der SS-Mann zufrieden. »Es ist gut«, sagte er, als er sah, daß der Mann nach Vorschrift gekleidet war. Nun wandte er sich zu dem jungen Menschen, der uns die Sachen abgenommen hatte und sagte: »Zeig mir, was an Kleidern übrig geblieben ist.« »Melde wie befohlen, daß alles nach Vorschrift eingesammelt wurde«, antwortete der Bursche und deutete auf einen Haufen Kleider und Wäsche. »Na, das ist ja schön«, meinte der SS-Mann; »nimm das Zeug und komm mit mir.« Dann sagte er noch etwas über unser Nachtquartier und ging mit dem schwer beladenen jungen Mann weg.

Bis er wiederkam, hatte der Koch das Brot und den Kaffee ausgeteilt. Dann hieß es: »So, meine Herren, das wär's für heute.« Der junge Mensch führte uns in den Barackenteil, der — wie er sagte — als Krankenrevier bestimmt war. Die Tür schloß er hinter uns ab, und es dauerte einige Zeit, bis wir wußten, wo wir eigentlich waren, denn der ganze Raum war nur kärglich von einer schwachen Birne mitten an der Decke erhellt. An Schlaf war nicht zu denken, wir wären sonst erfroren. Da standen zwar Bettgestelle, aber sie waren leer — es gab weder Strohsäcke noch Decken. So wanderten wir die ganze Nacht herum oder hüpften von einem Bein aufs andere, um die steifen Gelenke wenigstens warm zu halten. Vor allen Dingen tauchten die Gedanken an daheim auf. Nichts lenkte uns davon ab, uns auszumalen, wie zu Hause unsere Eltern und Geschwister sich um ihre Lieben Sorgen machten:

Mein Vater eilte wie gehetzt heim. Meine Mutter wußte sofort, daß etwas passiert war, und das Herz schlug ihr bis zum Halse. Dann wagte sie die Frage zu stellen, die eine Bestätigung ihrer Gedanken bringen würde. Mein Vater sank aufs Sofa und weinte. Noch nie hatte Mutter ihn weinen gesehen. Dann flüsterte er: »Im Lager!«

In aller Eile verließ meine Mutter das Haus und rannte zu der Baufirma, um Aufklärung zu bekommen. Aber natürlich war dort niemand an den brennenden Sorgen einer Jüdin interessiert, und man tröstet sie mit der Versicherung, ich würde wohl bald zurück sein, um sie möglichst schnell los zu werden. Daheim sind alle sehr traurig. Keiner will etwas essen. Und schließlich gehen sie zu Bett. Mutter und Schwester schieben die Plumeaus zur Seite, um es nicht besser zu haben als ich. Noch viele Nächte verbringen sie unter Verzicht auf jede Behaglichkeit.

Am nächsten Morgen, einem Sonntag, geht Mutter wieder zu der Firma. An diesem Tag wird dort nicht gearbeitet, aber sie läßt sich nicht entmutigen und wagt sich zu der Wohnung des Bauleiters vor, doch nur, um wieder mit leeren Trostworten abgewiesen zu werden. Als sie schließlich den Mut verliert und heimkommt, erhält sie vom Judenrat die Nachricht, daß man vom Lagersprecher erfahren habe, ich sei im Janowska-Lager ausfindig gemacht worden.

Jetzt wissen sie alle, sie werden mich nicht so bald wiedersehen. Sie fasten den ganzen Tag, und selbst meine kleinste Schwester ahnt das Ausmaß des großen Unglücks, das über mich gekommen ist und sagt mit ihrer kindlichen Stimme: »Leon ist im Lager — da will ich auch nichts essen.«

Die Nacht schien kein Ende zu nehmen. Um fünf Uhr früh wurde die Tür endlich mit einem Ruck geöffnet; höchst überflüssig brummte jemand von draußen »Aufstehen«, und wir stürzten an die frische Luft.

Eine nach der andern schleppten sich müde Gestalten über den Hof. Man konnte sich kaum vorstellen, daß dies Menschen waren, die noch vor wenigen Wochen gut gekleidet, gesund und voller Energie ihrem Beruf nachgingen. Jetzt hatten sie sich die Füße mit Stroh umwickelt, das von Lappen und Bindfaden zusammengehalten wurde. Die Kleider waren so zerlumpt, daß sie aussahen, als ob sie ihnen nie gehört hätten. An einer Schnur um den Leib hing ein schmutziges Eßgeschirr. So trotteten sie zur Küchenbaracke, um sich der schon wartenden Frühstücksschlange anzuschließen. Das kalte Wetter hatte ihren Gesichtern jeden menschlichen Zug genommen.

Ein schreckliches Durcheinander herrschte in den Latrinen. Jeder drängte sich rücksichtslos hinein, und manche beschmutzten sich sogar gegenseitig. Zwei Aufseher mit Knüppeln versuchten ohne viel Erfolg, die Ordnung wiederherzustellen. Sie schrien fürchterlich, wenn sie jemand erwischten, der den Boden oder die Wände beschmutzt hatte. Als ich hinter mir einen Protest hörte, »Herr Direktor, ich habe wirklich nichts auf den Boden gemacht«, drehte ich mich trotz der schauderhaften Situation erheitert um, denn ich wollte doch sehen, wer dieser »Toilettendirektor« war: Einem dicken, schmierigen alten Mann hatte man diesen Titel verliehen, und jemand sagte mir, er sei einmal der Besitzer der bekannten Schokoladenfabrik Brandstetter gewesen. Wegen seiner praktischen Erfahrung mit bräunlichen Rohstoffen glaubte man wohl, er sei hier am richtigen Platz und übertrug ihm die Verantwortung für die Sauberkeit in den Latrinen.

Das war freilich der einzige Fall von echtem Humor, der mir im Lager begegnet ist, so makaber er auch war.

Um halb sieben war Appell, zu dem wir uns in Gruppen zu zwanzig aufstellen mußten. Mit schweißnasser Stirn bemühte sich Kampf, der Lagersprecher, diese lebenden Leichname in Reih und Glied zu bekommen, um durch Abzählen die Belegschaftsstärke zu ermitteln. Als sich dann zwei SS-Angehörige näherten — die gleichen, die uns am Vortag hergebracht hatten — brüllte er: »Achtung! Mützen ab!« Die beiden Offiziere waren der Lagerkommandant, Obersturmführer Gebauer, und sein Stellvertreter, Untersturmführer Wilhaus. »Herr Obersturmführer«, ließ sich Kampf vernehmen, »ich melde gehorsam, einhundertvierzig Mann und zwanzig Neuzugang, ingesamt einhundertsechzig Mann zur Arbeit angetreten.« In diesem Augenblick tauchten noch zwei SS-Scharführer und ein Zivilist auf, und nun begann eine Szene, die ich nie für möglich gehalten hätte. Der Untersturmführer brüllte: »Mützen auf! Abzählen!« Jeder der eingeschüchterten, kranken, armen Teufel, der sich nun versprach oder nicht schnell genug weiterzählen konnte, wurde von den beiden Scharführern förmlich angefallen und mit Gummiknüppeln bis zur Bewußtlosigkeit verprügelt. Dann fing die Abzählerei von neuem an und wurde solange fortgesetzt, bis ein neues Verhaspeln wieder einen Anlaß zum Niederknüppeln brachte. Dies wiederholte sich etwa zwanzigmal. Dann bekam Kampf den Befehl, uns zwanzigmal »Mützen ab! Mützen auf!« üben zu lassen. In diesem Fall waren die beiden Scharführer nicht weniger geschickt im Gebrauch ihrer Gummiknüppel. Freilich war dies für sie, wie ich herausfand, mehr oder weniger eine Routinesache beim Appell. Es brauchten nicht notwendigerweise »Gründe zur Unzufriedenheit« vorzuliegen. Als die beiden SS-Offiziere ihren Ärger an uns ausgelassen hatten, kam endlich der Befehl zum Aufstellen in Brigadeformation. Die alten Lagerinsassen stellten sich in Kolonnen auf und marschierten zur Arbeit ab.

Wir zwanzig Neuankömmlinge blieben zurück. Nach dem Frühstück wurden wir zur ärztlichen Untersuchung geführt. Der Ordinationsraum befand sich in einem halb eingefallenen Keller. In einem abgeteilten Warteraum machten wir den Oberkörper frei. Dann ging einer nach dem anderen in den anstoßenden Raum. In diesem Zimmer einer ehemaligen Kellerwohnung gab es weder Dielen noch Fensterscheiben. Die Ausstattung war mehr als primitiv. Der Arzt fror selbst und schaute sich die Patienten kaum an, bevor er sie beurteilte. Die »Untersuchung« der sämtlichen zwanzig Mann — viele von ihnen mit erheblich angeschlagener Gesundheit — dauerte nur wenige Minuten. Alle wurden »arbeitsfähig« befunden.

Auf dem Rückweg kamen wir an einer Arbeitsgruppe vorbei, die mit der Erweiterung des Antreteplatzes beschäftigt war. Eine große Anzahl von Pfosten mußte in den gefrorenen Boden gerammt werden. Die mechanischen Bewegungen der Häftlinge wurden von einem russischen Kriegsgefangenen namens Sklarow überwacht. Fast mit der Regelmäßigkeit eines Uhrwerks hieb er mit seinem Knüppel bald diesem, bald jenem in der Gruppe über den Rücken. Er machte den Eindruck, als ob ihn bei dieser Tätigkeit kein Gedanke beschäftige, und wenn er ein Motiv hatte, dann vielleicht nur das, sich warmzuhalten. Die Häftlinge nahmen diese Behandlung ebenfalls völlig leidenschafts- und reaktionslos hin. Es war für sie so selbstverständlich wie irgendeine natürliche Erscheinung, etwa ein unangenehmer Husten oder das Hungergefühl, wenn man nicht genug zu essen hat. Und genauso, wie sie die Schläge ohne Murren hinnahmen, so interessierte sie auch die Erfüllung ihrer Aufgabe nicht im geringsten. Hätte man einen von ihnen gefragt, was für eine Arbeit er denn ausführe oder was für ein Werkzeug er gerade in der Hand halte, er hätte zweifellos erst ein paar Minuten nachdenken müssen, bevor er die Antwort bereit gehabt hätte. Diese ihrer Menschenwürde beraubten Kreaturen lebten nur im Rhythmus der Lagerroutine. Die große Welt draußen existierte für sie nicht länger.

Da der Wohnraum in der Baracke gesäubert wurde, mußten wir im Waschraum warten. Dort trafen wir diejenigen, die am Vortag für »schuldig« erklärt worden waren. Genau wie wir bekamen sie sämtliche Haare abrasiert und duschten gerade. Sie erzählten uns, daß man sie am vorigen Abend aus ihren Wohnungen geholt und ins Lager gebracht habe.

Um zwölf Uhr wurde uns das Mittagessen aufgetischt: eine abstoßend riechende Brühe mit halbverfaulten Rübenschnitzeln darin. Dann verbrachten wir zwei Stunden mit der üblichen Behandlung auf dem Appellplatz. Da es ein Sonntag war, fiel weitere Arbeit aus.

Die Barackenältesten teilten zwar jedem eine hölzerne Bettstelle zu, aber keinen einzigen Fetzen zum Drauflegen oder Zudecken. Die paar friedlichen Stunden benutzten wir unter solchen Umständen so gut es ging zur Entspannung, zum Schlafen oder um uns zu unterhalten. So ergab es sich, daß ich einen Bekannten traf, der schon über drei Monate im Lager war. Er tat mir einen unschätzbaren Gefallen, indem er mich über die wichtigsten Grundregeln des Lagerlebens aufklärte. Mich interessierte brennend, wie ich den Kontakt mit den Meinen daheim aufrechterhalten könnte. Leider gab es auf diese Frage keine ermutigende Antwort. Besuche und Korrespondenz waren nicht erlaubt. Wer mit einem Brief angetroffen wurde, hatte mit dem sicheren Tode zu rechnen. Trotzdem wurden Briefe geschrieben; denn was für einen Grund hatte man hier schon, den Tod zu fürchten? Bedeutete das nicht nur eine Abkürzung der Leiden, die auf jeden Fall mit dem Tod enden würden?

So kam es, daß doch Briefe geschrieben wurden. Arier, die in der Stadt wohnten und im Lager arbeiteten, machten den Botendienst und ließen sich von den Angehörigen der Häftlinge für das Risiko des Postschmuggels entsprechend belohnen. Wer dabei erwischt wurde, bekam erbarmungslos Prügel. Den Gefangenen selbst erwartete das Erschießungskommando. Am sichersten war es daher, erst gar keinen Versuch zu machen. Mein Informant erläuterte mir dann noch, wie Lebensmittelpakete hereingebracht werden konnten. Sie wurden über den Judenrat geleitet, der sie gesammelt ins Lager lieferte, damit sie dort verteilt würden. Es wäre jedoch sinnlos, so fuhr er fort, sich Kleidung oder Bettwäsche schicken zu lassen, denn beides würde konfisziert werden, und das sollte ich meinen Angehörigen klarmachen.

Daß ich mich als Glaser ausgegeben hatte, sei sehr zweckmäßig, meinte er. Da Glaser immer gefragt und nicht immer zu finden seien, hätte ich gute Aussichten, einer Werkstatt zugeteilt zu werden, wo es wenigstens warm sei und die Tagesarbeit nicht unbedingt ständig von Mißhandlungen begleitet werde.

Solchermaßen mit den wesentlichen Zügen des Lagerlebens vertraut, zog ich mich nach einem reichlich frugalen Abendbrot auf mein »Bett« zurück. Gegen acht Uhr abends wurde das Licht ausgeschaltet und die Baracke abgeschlossen.

Obwohl ich so müde war, ließ mir der Gedanke an daheim keine Ruhe, und ich entschloß mich, sofort zu schreiben. Kaum hatte ich begonnen, als die Tür aufgerissen wurde und zwei »Askaris« hereinschwankten, die so betrunken waren, daß sie sich kaum auf den Beinen halten konnten. Als ob sie Amok liefen, schlugen sie mit den Kolben ihrer Karabiner nach rechts und links auf die Häftlinge ein. So vergnügten sie sich fast zwei Stunden lang. Dann machten sie sich wieder davon, nicht ohne die Tür zuzuschließen. Die Häftlinge zeigten sich nicht im geringsten aufgebracht. Sie waren an eine solche Behandlung lange gewöhnt, und ihr Schicksal war so unwiderruflich, daß jede Reaktion sinnlos war.

Sobald ich mich etwas beruhigt hatte, begann ich wieder zu schreiben. Einen Brief nach Hause zu schreiben! Allein diese Vorstellung brachte mir die Hoffnungslosigkeit meiner Lage erneut zum Bewußtsein: Das Lager.. wie wir unter einer solchen Behandlung litten ... die vielen gemarterten Körper um mich her ... Dann kam mir der Gedanke, wie unbedeutend das alles im Vergleich zu der schrecklichen Ungewißheit über mein Schicksal war, die die Lieben daheim quälte. Ich verbannte schließlich alles Wirre aus meinem Geist und konzentrierte meine Gedanken auf den Brief; aber selbst dann schien mir die Hand kaum gehorchen zu wollen. Ich brachte die wesentlichsten Tatsachen zu Papier und noch viele, viele Worte des Trostes für die daheim. Tränen verwischten die Worte, die ich geschrieben hatte. »Ich habe hier die Spuren meiner Küsse hinterlassen«, versicherte ich ihnen ...

Ich steckte den Brief in einen Schuh. Dann fiel ich vor lauter Erschöpfung in Schlaf. Mein letzter Gedanke war: Halt aus! Halt aus! Ich muß meine Eltern wiedersehen!

Ich war zu dieser Zeit noch nicht siebzehn.

6

Da man die Baracke nicht vor dem Wecken verlassen durfte, wurden zwei Kübel an die Tür gestellt, die als Toilette dienen sollten. Viele Häftlinge litten an Ruhr, und so waren die Eimer bald gefüllt, liefen über und standen dann in einer riesigen, stinkenden Pfütze. Die unvermeidliche Folge war, daß die schon grassierende Krankheit sich noch weiter ausbreitete.

Der frühe Morgen brachte wieder den Befehl »Aufstehen!«. Der Barackenälteste befahl mir, meinen Nachbarn zu wecken, der sich noch nicht gerührt hatte. Er war tot. »Der arme Teufel ist tot!« sagte ich. Aber mein derart ausgedrücktes Mitgefühl war fehl am Platz, denn die anderen hielten das für einen Riesenspaß. »Er ist ein verdammt glücklicher Teufel!« berichtigten sie mich. — Meinen Brief vertraute ich meinem Berater vom vorigen Abend an. Er versprach mir, ihn weiterzuleiten.

Dieser Morgen verlief wie der vom Vortag. Wir wurden wieder in zwanzig verschiedene Brigaden aufgeteilt; ich ging mit der Malerkolonne, den Schildermalern, Fassadenanstreichern, Lackierern und Glasern. Man brachte uns zu dem Lagerteil, wo die Werkstätten, Büros und Verwaltungsgebäude standen. Dieser Platz war besonders eingezäunt und von Wachtürmen umgeben, auf denen Askaris standen. Am Tor hielt ukrainische Miliz Wache. Die Werkstatt war ziemlich groß und hatte kleine, gelb mattierte Fenster, wie man sie manchmal in Fabriken sieht. Auf der einen Seite stand ein langer Tisch mit Hockern für die Schildermaler zu beiden Seiten. Gegenüber befand sich ein kleiner Tisch, der für meine Arbeit vorgesehen war. Der Brigadeleiter fragte mich, ob ich wirklich etwas vom Glaserhandwerk verstünde; ich sei hier nämlich der einzige Vertreter dieser Zunft, und es könnte mich keiner ablösen, wenn es Glaserarbeit gäbe. Ich hätte es doch wesentlich leichter — so meinte er — wenn ich mich als Maler hätte registrieren lassen. Sie hätten hier genügend gute Maler, die mich tarnen könnten. Wäre ich mir vielleicht noch im Zweifel gewesen, wie man einen Glaserdiamanten zu halten hat, dann hätte mich dieser Wink gewiß nachdenklich machen können. Aber wahrscheinlich hätte ich mir überhaupt keine Skrupel gemacht, denn für mich war die Hauptsache, daß ich in die Werkstatt gekommen war; die Arbeit draußen hätte ich keinen Monat lang ausgehalten, das wußte ich. Einstweilen gab es aber keine Glaserarbeit zu tun, und ich konnte den Malern helfen.

Um zu verhüten, daß hier in der Werkstatt Häftlinge von Vorgesetzten als »Faulenzer« erwischt und nach einer Tracht Prügel zu einem Arbeitskommando draußen versetzt wurden, bestimmte der Brigadeführer für jede Schicht einen Mann, der uns nach dem »Sechser-Ruf-System« von einem Fenster mit freiem Blick über den Hof aus rechtzeitig warnen konnte, wenn jemand von der SS sich näherte: »Halb Sechs!« kündete einen SS-Mannschafts- oder Unteroffiziersdienstgrad an, »Sechs!« oder »Große Sechs!« galt dem Ober- und Untersturmführer.

Es dauerte nicht lange, da hörten wir auch schon vom Fenster her »Sechs!« rufen. Sofort beschäftigten wir uns alle mit irgendeiner Arbeit und taten so, als ob wir uns ungemein dafür interessierten. Ein SS-Scharführer kam herein, eine Peitsche in der Hand. Es war der Werkstättenleiter Czekala, ein Österreicher. Da ich neu war, wandte er seine Aufmerksamkeit zunächst mir zu. Er fragte, wie ich hierher gekommen sei, und hörte sich meine Geschichte mit so unverhohlenem Abscheu an, wozu er bedauernd mit dem Kopf nickte, daß ich einfach nicht glauben konnte, daß dies nur eine Pose wäre. Später erfuhr ich, daß er ein recht gutartiger Mensch war und man noch nie gehört hatte, daß er in der Werkstatt jemanden geschlagen habe.

Nur draußen beim Appell machte auch er wie die anderen von der Peitsche Gebrauch, aber er tat es nur, um bei seinen Vorgesetzten das Gesicht zu wahren.

Als er gegangen war, wurde die »Sechser-Wache« am Fenster wieder aufgenommen, und kurz darauf kam die Warnung »Große Sechs!«. Von neuem spielten wir die Komödie vom fleißigen Arbeiter. Begleitet von Czekala und zwei Zivilisten kam der Obersturmführer herein. Der Brigadeleiter schnarrte: »Achtung! Mützen ab!« Jeder ließ seine Arbeit fahren, fegte sich die Kappe vom Kopf und stand stramm. Der Kommandant erwiderte unsere Ehrenbezeugung mit einem Kopfnicken und befahl »Weitermachen!« Wir setzten die Mützen auf und waren sofort wieder in unsere Arbeit vertieft. Langsam ging er von Arbeitsplatz zu Arbeitsplatz, schaute sich noch einmal um und verließ die Werkstatt wieder.

Ein Mitgefangener rief mich zum Fenster, damit ich einmal selbst sähe, womit sich die anderen Brigaden beschäftigten. Vor unserem Fenster war eine Brigade dabei, am Boden festgefrorene Schräubchen loszueisen und aufzusammeln. Die Arbeit an sich war gewiß nicht schwierig, aber die Männer hatten keine Handschuhe, und ein SS-Mann in Zivil trieb sie unbarmherzig mit Prügeln an. Er hieß Rerich und hatte einen üblen Ruf. In einiger Entfernung sah ich Männer einen abgewrackten Lastwagen auf den Schultern tragen. Selbst hier, vom Werkstattfenster aus, konnte man die Schläge hören, die den Unglücklichen auf die Köpfe und Schultern hagelten. Ohne Sinn und Zweck zwang man sie, das Riesengewicht im Kreis herumzutragen, nur um sie leiden zu lassen. Ich konnte auch andere Brigaden bei der Arbeit beobachten; überall war es das gleiche: Immer ging es darum, den letzten Rest an Energie aus den Menschen herauszuwringen, ohne die geringste Notwendigkeit und von pausenlosen Schlägen begleitet. Man erfand die demütigendsten Betätigungen, nur um einen Vorwand zu haben, sich durch endloses Prügeln unerschöpfliches Vergnügen zu verschaffen. Hinzu kam noch, daß die Betroffenen erschütternd apathisch wurden, jede Sympathie für ihre Leidensgenossen erstarb in ihnen. Es interessierte sie nur noch die Erfüllung der primitivsten menschlichen Bedürfnisse, zu essen und wieder zu essen ...

Unser »Posten« rief »Essenszeit!« Er hatte gesehen, daß die Schwerarbeit draußen aufgehört und sich an der Baracke eine »Küchenschlange« gebildet hatte. Auch wir gruppierten uns und strebten dem gleichen Ziel zu. Auf der Lagerstraße vor uns standen mehrere SS-Leute und warteten offensichtlich darauf, daß wir vorbeikämen. Unser Brigadeleiter kommandierte sofort: »Achtung! Mützen ab! Die Augen links!« In gerader Haltung, die Kappe in der Hand, marschierten wir mit Blickwendung vorbei. Aber zunächst mußten wir noch einen »Appell« über uns ergehen lassen. Wir hätten nämlich beim Auftauchen des Untersturmführers und seiner Begleiter nicht einschwenken dürfen, sondern hätten stehen bleiben müssen. So jedenfalls wurde die dann folgende »Abreibung« begründet. Anschließend führte man uns zum Lagertor, wo ein Lastwagen mit Päckchen stand.

Vom Lagersprecher und einigen Brigadeleitern assistiert, leitete der Untersturmführer die Verteilung; den Revolver hatte er schußbereit in der Hand, weil es schon vorgekommen war, daß die Häftlinge sich disziplinlos um den Wagen gedrängt hatten, damit jeder ein Päckchen erwische. Bei manchen Sendungen wurden Stichproben gemacht, um zu sehen, ob sie nicht »verbotene« Dinge wie Messer, Stiefelbürsten, Kleidung und dergleichen enthielten. Jeder Name wurde nur einmal aufgerufen. Meldete sich der Adressat nicht sofort, so wurde es zur Seite gelegt und wanderte schließlich in die Küche, wo es abends unter diejenigen aufgeteilt wurde, die verhältnismäßig wenig oder nur eine Spende vom Ältestenrat bekommen hatten, die denen zugedacht war, die von zu Hause gar nichts bekamen. So erhielten sie wenigstens von Zeit zu Zeit ein Pfund Brot, drei Zigaretten und fünfzig Gramm Wurst. Daß die Namen bei der Ausgabe nur ein einziges Mal verlesen wurden, hatte einen besonderen Grund. Die Adressaten waren in vielen Fällen schon tot. Das sollte der LKW-Fahrer jedoch nicht wissen, denn er könnte bei der Rückkehr in die Stadt Gerüchte in Umlauf bringen.

Voller Ungeduld stand ich da und wartete, daß mein Name aufgerufen würde. Ich war fest davon überzeugt, daß etwas von Daheim dabei sein würde. Dann kam der Augenblick. Mein Herz klopfte zum Zerspringen. Ich rannte vor. Der Brigadeführer händigte das Päckchen dem Untersturmführer aus. Dieser inspizierte es, sah mich forschend an und schlug mir — ich hatte schon die Hände ausgestreckt, um es in Empfang zu nehmen — zweimal den Knüppel über den Schädel, warf das Päckchen beiseite und sagte: »Hau ab!« Verwirrt kehrte ich zu meinem Platz in der Kolonne zurück und konnte nur mit Mühe die Tränen zurückhalten. Dann riß ich mich zusammen und beschloß, Himmel und Hölle in Bewegung zu setzen, um mein Päckchen zu bekommen, *mein* Päckchen, das so viele Tränen von den Lieben daheim mitbrachte.

Als die Verteilung beendet war, eilte ich zum Lagersprecher und bat ihn, mir das Päckchen zu geben. Er sagte zwar nichts darauf, gab mir aber mit einem Blick zu verstehen, in die Küche zu kommen. Hier suchte er die Sendung heraus und sah sich den Inhalt an: Etwas selbstgebackenes Brot, ein wenig Butter, ein Päckchen Sacharin, etwas Knoblauch (der hier wegen des Vitaminmangels besonders wichtig war) und . . . Unterwäsche! Nun hatte ich endlich die Erklärung für das Verhalten des Untersturmführers. Kampf ließ mir eine Garnitur Unterwäsche und behielt die andere, weil er an die Wäscherei so viele Garnituren abzuliefern hatte, wie Päckchen vorhanden waren. Ich war natürlich überglücklich, endlich mein Päckchen zu haben. Freilich war die Seligkeit von kurzer Dauer, denn auf dem Taschentuch, das zusammengenäht als Verpackung gedient hatte, stand außer meinem Namen in der Handschrift meiner Mutter — die Buchstaben wie durch Tränen verwischt — nur noch der Absender, von meiner Schwester geschrieben. Ich schloß daraus, daß sie das Päckchen zum Judenrat gebracht hatte, denn dort mußte es signiert werden.

Nun war es zu spät, um noch Essen zu holen. Aber was machte das schon aus! War dies doch das erste Mal seit meiner Ankunft im Lager, daß mich wieder etwas Greifbares und nicht nur quälende Gedanken mit meinen Lieben vereinte.

Für den Rest des Tages verlief die Arbeit in der Werkstatt wie am Vormittag. Einer von uns wurde wieder eingeteilt, die »Sechser-Wache« zu halten.

Die Arbeit endete um sechs Uhr. Der Appell dauerte dieses Mal eine Stunde. Nach dem Abendessen drängte sich alles zu den Latrinen, damit sich der Mißstand mit den Kübeln nicht wiederhole. In der Baracke bot sich ein etwas anderes Bild als sonst. Viele saßen — ihr Päckchen vor sich — und aßen, jeder für sich. In einer Ecke standen einige, die entweder gar kein Päckchen oder nur sehr wenig bekommen hatten. Die Brigadeleiter hatten eine Kommision gebildet, um dafür zu sorgen, daß die Gaben der Gemeinde möglichst gerecht unter den Männern verteilt wurden. Zucker wurde gegen Brot, Brot gegen Süßstoff getauscht —, bis jeder bekommen hatte, was ihm am meisten zusagte. Manche teilten sich ihre Vorräte gewissenhaft ein; andere schauten erst auf, wenn alles verzehrt war. Und das taten die meisten, obwohl jeder wußte, daß er am nächsten Tag krank sein würde. Es ging ihnen nur darum, nichts übrig zu lassen. Wer konnte schon wissen, ob sich eine solche Gelegenheit noch einmal böte? In der Nacht war dann natürlich die Kalamität mit den Kübeln schlimmer als je zuvor.

7

In der Werkstatt fand ich mich am nächsten Tag zur »Sechser-Wache« eingeteilt. Draußen auf dem Gelände, das ich beobachten konnte, wiederholten sich immer wieder die gleichen Szenen. Ich konnte von hier aus die Latrine im Auge behalten, vor der eine Reihe Männer stand. Plötzlich erschien der Obersturmführer und hieb mit der Peitsche auf die Wartenden ein. Dann betrat er die Latrine, und ich konnte hören, wie er auch dort seine Wut ausließ.

Nachdem er den Schauplatz wieder verlassen hatte, tauchte dort ein Mann mit einem übel zugerichteten Schädel auf, kaum fähig, sich fortzuschleppen. Nun konnte ich verstehen, warum einer der Männer in der Werkstatt mir gesagt hatte, er fürchte sich davor, zur Toilette zu gehen. Auf die Dauer war es jedoch gleich, ob der Schauplatz der Mißhandlung der Abtritt oder die Küche, die Werkstatt oder die Unterkunftsbaracke war. Das Schlimmste konnte jederzeit und überall passieren.

Gerade hatte mich jemand auf den berüchtigten »Halbsechser« Rerich aufmerksam gemacht (ich schätzte ihn auf etwas über sechzig, gewöhnlich trug er Zivil), da kam er auch schon mit Werkstattchef Czekala herein und ließ sich herumführen. Man konnte ihm die Genugtuung anmerken, daß er, um einen guten Eindruck zu machen, unterschiedslos hier und dort Peitschenhiebe austeilte. Im gleichen Augenblick kam auch der Werkleiter Bleimes vorbei, der nicht SS-Angehöriger war. Er war etwas über dreißig Jahre alt und sah entschieden gut aus. Meine Kameraden hatten mir erzählt, er sei genauso anständig wie Czekala, vorausgesetzt, daß er mit uns allein sei, denn seine Angst vor dem Obersturmführer war genauso groß.

Einmal — so erzählte man sich — erwischte er einen der Männer beim Rauchen in der Baracke und verwarnte ihn mit den Worten: »Hör zu, persönlich habe ich nichts dagegen, daß du rauchst. Aber eines sage ich dir, wenn das der Obersturmführer erfährt, dann schreite ich selbst ein und prügle gleich ein paar von euch tot!« Untersturmführer Wilhaus und Scharführer Kolanka tauchten selten bei uns auf, da sie sich um ihre eigene Abteilung kümmern mußten. Wilhaus leitete die Lagerverwaltung und Kolanka war sein Stellvertreter, ein mittelgroßer schmächtiger Mensch, der sehr umgänglich wirkte, stets guter Laune war und immer lächelte. Er stammte aus Ratibor und sprach fließend Polnisch.

Bei der Abendinspektion, die wieder über eine Stunde dauerte, suchte der Untersturmführer sechs Mann heraus, die hager aussahen und zweifellos sehr krank waren. Er verbot ihnen, in die Baracke zurückzugehen. Sie sollten vielmehr die Nacht im Freien verbringen. Den Askaris, die auf dem Wachturm Dienst haben würden, machte er ausdrücklich zur Pflicht, auf die Ausführung seines Befehls zu achten. Uns erklärte er, sein Vorgehen geschehe zu »unserem eigenen Besten«, damit wir nicht infiziert würden. Für unsere sechs kranken Kameraden bedeutete dies natürlich den sicheren Tod. Da es streng verboten war, nach acht Uhr sich noch auf dem Hof zu bewegen, blieb diesen Männern nichts anderes übrig, als sich auf den Boden zu legen und sich die ganze Nacht nicht zu rühren. Der Tod durch Erfrieren war dabei unvermeidlich. Da die Askaris das Recht hatten, auf alles zu feuern, was sich im Hof bewegte, war das eine bequeme Art, Menschen nachts zu beseitigen. Es war kein Verstoß gegen das Verbot, jemanden ohne Anlaß zu erschießen; die Handlungsweise war scheinbar gerechtfertigt, und man brauchte sich keine Gewissensbisse zu machen, zur Arbeit Rekrutierte vorschriftswidrig getötet zu haben. Offiziell war das Konzentrationslager nur ein Arbeitsplatz mit Unterkunftsmöglichkeit für die Beschäftigten.

Am nächsten Morgen sahen wir am Zaun unter dem Schnee sechs schmale, stille Körper.

Kranke hätten eigentlich durch Vermittlung des Vorstehers des Judenrates ins Spital geschafft werden müssen. Aber dahin gelangten nur die Leichen der Kranken. Die Erschossenen wurden in aller Eile verscharrt. Aber ihr Name stand nach wie vor beim

Ältestenrat auf der Liste der Lagerinsassen. Es hätte keinen Sinn gehabt, zu versuchen, diese Situation zu ändern — das einzige Ergebnis wäre gewesen, daß die betreffenden Ratsfunktionäre selbst auch ins Lager gewandert wären.

Einige Tage nach meiner Ankunft im Lager bekamen wir das Lagerabzeichen. Es wurde auf der linken Brustseite und auf dem Rücken angenäht und bestand aus einem gelben Dreieck, unter dem ein rotes oder weißes Viereck war. Das letztere trug in Schwarz Buchstaben und Ziffern, die dem Einsatz des Gefangenen entsprachen. Ich hatte zum Beispiel die Bezeichnung »FA 63«. Dies bedeutete, daß ich Facharbeiter oder Handwerker war und unter Nummer 63 registriert wurde. Andere hatten die Buchstaben »HA« und eine Nummer, was sie als Hilfsarbeiter in den Werkstätten kennzeichnete. In diesem Fall war das Viereck rot. Die zu schwerer körperlicher Arbeit eingeteilten Männer hingegen hatten ein weißes Viereck mit den Buchstaben HA und ihrer Nummer.

Die kurze Spanne zwischen dem Abendessen und dem Kommando »Licht aus!« verwendete ich meist auf ein Gespräch mit meinem Freund, denn als solchen betrachtete ich jetzt den Kameraden, der mir wieder einen Kontakt mit daheim und auf Grund seiner dreimonatigen Erfahrung zugleich wertvolle Kenntnisse über das Lagerleben verschafft hatte.

»Du bist zu einer verhältnismäßig günstigen Zeit ins Lager gekommen«, erzählte er mir, »denn zu Anfang, als die ukrainische Miliz den ganzen Wachdienst hier versah, war es noch viel schlimmer. Sie machten — um dir nur ein Beispiel zu geben — jedes Päckchen auf und kassierten alles, was an wertvollen Nahrungsmitteln wie Butter oder Wurst darin war. In der Regel ließen sie nur das Brot zurück, denn davon hatten sie selbst genug. Aber wenn sie dann die halb ausgeplünderten Päckchen auch noch tagelang liegen ließen, ohne sie zu verteilen, war der Rest schließlich ungenießbar. Als die Angehörigen der Häftlinge in der Stadt erfuhren, daß ihre Lieben im Lager die — für beide Teile — schwer verdienten Gaben an Nahrung und Kleidung nicht erhielten, lieferten sie ihre Päckchen nicht mehr beim Ältestenrat ab, sondern brachten sie persönlich zum Lager, das heißt, sie versuchten, sie den Häftlingen durch den Stacheldraht zu geben. Das war natürlich damals genauso streng verboten wie jetzt. In den ersten Tagen feuerten die Wachen nur ein paar Warnschüsse in die Luft. Als aber die Versuche zunahmen, und die Frauen — denn fast nur sie kamen — sich um die Warnung nicht kümmerten, wurde scharf geschossen, und einige wurden ernstlich verwundet. Angst und Unentschlossenheit quälte nun die Frauen. Sie fürchteten den Tod, aber sie liebten ihre Männer und Söhne und wußten, daß es den sicheren Tod bedeutete, so nahe an den Zaun heranzugehen. Trotzdem wagten einige es immer wieder. Ihre Liebe siegte über ihre Angst, aber auch über ihren gesunden Menschenverstand, der sie an ihre übrigen Familienangehörigen daheim hätte erinnern sollen. Erst als die Verteilung der Päckchen so revidiert worden war, daß die Gefangenen wenigstens den größeren Teil des Inhalts bekamen, hörte die persönliche Übermittlung auf.«

»Es schaudert mich«, sagte mein Freund bei einer anderen Gelegenheit, »wenn ich nur an die Wassersituation von damals denke. Wir hatten noch keinen ›Waschraum‹. Der wurde erst vergangenen Monat gebaut. Es gab nur gerade genug Wasser für die Küche. Wir hatten keinerlei Möglichkeit, die Wäsche oder uns selbst zu waschen. Viele Häftlinge wurden damals vom Ungeziefer buchstäblich aufgefressen. Trotzdem mußte man noch sauber und ordentlich aussehen. Es war das gleiche wie jetzt mit den Schuhen. Keiner darf Stiefelwichse und Bürsten haben, aber der Himmel sei dir gnädig, wenn dir wegen schmutziger Schuhe die Hiebe nur so auf den Rücken trommeln. Da man kein Wasser bekam, mußte man die Hälfte des Kaffees — er war ja ohnehin kaum genießbar — zum Waschen nehmen. An einem bitterkalten Januartag suchte sich der Obersturmführer sieben ziemlich gesunde und robuste junge Burschen aus und befahl ihnen — »da ihr Schweine euch ja sonst nicht waschen wollt«, — sich auszuziehen und in ein Faß mit frisch eingefülltem kaltem Wasser zu steigen. Nach zwei Stunden konnte man den Unglücklichen Eiszapfen abbrechen. Wie nicht anders zu erwarten, trugen solche elenden, unhygienischen Verhältnisse zur Ausbreitung von Krankheiten bei. Viele Menschenleben kostete vor allem eine schwere Typhusepidemie.

»Einmal bekamen fünfzig Mann Tagesurlaub nach Hause. Als man sah, daß dies ohne unerfreuliche Zwischenfälle verlief und alle Männer pünktlich ins Lager zurückkehrten, erwarteten wir alle, daß einige Tages päter weitere fünfzig Mann einen solchen Urlaub bekämen. Wir seufzten schon erleichtert auf, denn wenn wir auch das erste Mal noch nicht unter den Glücklichen gewesen waren, rechneten wir doch fest damit, das nächste Mal an der Reihe zu sein. Aber es kam anders. Der Urlaub wurde gestrichen, und wir blieben von der Außenwelt abgeschnitten. Der Grund war folgender: Als der Urlaub genehmigt wurde, verlangten die Besatzungsbehörden vom Judenrat zugleich, sein Stadtviertel in ein Getto zu verwandeln, da die Urlauber aus dem Lager ihre Angehörigen und diese wiederum die arische Bevölkerung mit Typhus infiziert hätten. Einer solchen Gefahr mußte durch eine strikte Isolierung der jüdischen Bevölkerung begegnet werden. Das war wirklich ein harter Schlag für die Gemeinde, und man konnte die Folgen dieser Isolierung leicht voraussehen. Es blieb nur die wenig erfreuliche Wahl, entweder die ganze jüdische Bevölkerung in eine unhaltbare Lage zu bringen oder ihre unglücklichen Glaubensgenossen hinter dem Stacheldraht auch noch des letzten Lichtstrahls aus der Welt draußen zu berauben. Die Gemeinde entschloß sich zum Letzteren und ersuchte dementsprechend den Lagerkommandanten, den Urlaub für die Häftlinge zu streichen. Das war die tragische Erfüllung von Hitlers Prophezeiung, daß die Juden sich zum Werkzeug ihrer eigenen Vernichtung machen würden ...«

So verliefen meine ersten Tage im Lager, und ich merkte zu meinem Entsetzen, daß auch ich schon sehr nahe daran war, genauso stumpf und gleichgültig wie so viele andere hier zu werden. Nur der Gedanke an die daheim und der feste Vorsatz, meine Mutter solle mich lebendig wiedersehen, hielten mich davon ab, nachzugeben, und schenkten mir ein positives Ideal, um dessentwillen man sich bemühen konnte.

In der ersten Woche meiner Gefangenschaft gingen meine Angehörigen jeden Tag zu der Firma, bei der ich gearbeitet hatte, und ließen nichts unversucht, mich frei zu bekommen. Jeden Tag versprach ihnen der Chef aufs neue, Schritte zu unternehmen. Aber er hielt sie damit nur hin. Die Angehörigen der zwanzig Arbeiter, die mit mir interniert worden waren, verkauften alles, was sie entbehren konnten, um gemeinsam dem Firmenchef ein wertvolles Geschenk zu machen, damit er die Angelegenheit gründlicher verfolge. Aber es war alles umsonst. Ich schrieb den Meinen in einem Brief, daß es um jeden Groschen, den sie dafür ausgäben, schade sei, denn der Einfluß dieses Firmeninhabers zähle hier im Lager überhaupt nicht. Aber sie redeten sich ein, es sei nicht an dem, und verdoppelten ihren Eifer. Schließlich versprach ihnen der Chef, er werde uns in der kommende Woche herausholen. Als ich ihren Brief darüber las, konnte ich die Hoffnung, die sie an die Worte dieses Mannes geknüpft hatten, fast körperlich spüren. Aber, mein Gott, ich wußte es besser ...

Bereits vor meiner Internierung waren Gerüchte umgegangen, es sei ein »Auswanderungsprojekt« für die Juden in Vorbereitung. Niemand wußte so recht, was es damit auf sich haben würde, und jeder hatte daher seine eigene Meinung darüber. Nun schien es jedoch, als ob dieser Plan Gestalt annähme. Zur Vorbereitung wurde der Judenrat von einer deutschen Kommission aufgefordert, eine Liste von fünfzehntausend Juden aufzustellen, die für die Auswanderung in Frage kämen. Niemand ahnte, daß diese »Emigration« nur eine schöne Umschreibung für die Tötung all dieser Menschen war. Um sie zu täuschen, hieß es, jeder dürfe bis zu 15 Kilo Gepäck mitnehmen. Diese Fünfzehntausend waren größtenteils ältere Leute, Frauen und Kinder aus den unteren Schichten. Wieder einmal waren es die Armen, die die Opfer bringen mußten. Man könnte wohl fragen, warum der Judenrat gerade diese Leute aussuchte. Aber die Antwort ist einfach: Der Judenrat brauchte Geld, viel Geld, um Bußen, Bestechungen und zahllose andere Ausgaben zu bestreiten. Wenn die Reichen weggeschafft würden — wer blieb dann übrig, um diese Mittel aufzubringen? Und versiegten diese Quellen, dann war auch der Rest der jüdischen Gemeinde bald erledigt. Eine andere und noch stärker bewegende Frage war diese: Warum wurde überhaupt erst langwierig über das Thema »Die Verpflanzung der Juden« diskutiert? Warum wurden die Juden nicht mit einem Schlage ausgelöscht? Warum wurden sie nicht einfach alle zusammengetrieben und en masse liquidiert? Dies hätte die SS doch höchstens einen Wink gekostet. Nun, auch diese Frage ist leicht zu beantworten. Aus Propagandagründen war es erwünscht, das Projekt so aufzuziehen, daß Juden Juden namhaft machten und nachher behauptet werden konnte, die Juden hätten sich tatsächlich gegenseitig ausgelöscht.

Daß eine solche schamlose Intrige aber in der Welt draußen schnell durchschaut werden würde, konnten ihre Organisatoren doch wohl nicht völlig übersehen haben.

Das Unternehmen begann in der Nacht des 14. März 1942. Die Reihenfolge der Liste konnte nicht genau eingehalten werden, da sich viele der vorgesehenen Teilnehmer versteckt hielten. Das Soll wurde dadurch aufgefüllt, daß man willkürlich Menschen aus den Häusern herausholte. Männer und Frauen, die für die Streitkräfte arbeiteten, blieben verschont. Zumeist wurden alte Leute, Mädchen und kleine Kinder abgeholt. Es waren verhältnismäßig wenige junge Männer dabei. In der ersten Woche wurde die »Aktion« nur nachts durchgeführt. In der zweiten Woche benutzte man auch den Tag dazu. Das Zusammentreiben besorgte die jüdische Miliz mit Unterstützung der Gestapo. Während diese von Haus zu Haus ging, hielt vor der Tür ein LKW mit Gestapoleuten zum Abtransport der Juden. Sobald der Wagen voll war, fuhr er zu einer Schule in der Nähe des jüdisches Viertels und setzte seine Fracht ab. An diesem Sammelplatz war eine Kommission für die »Umsiedler« eingesetzt, die die Opfer listenmäßig erfaßte und für die Reiseverpflegung sorgte. Wenn es dann Nacht geworden war, brachte man sie zum Bahnhof, lud sie in einen Zug und schickte sie auf die Reise, deren Ziel niemand kannte. Keiner sah sie jemals wieder.

In der Schule beschränkte sich die Arbeit jedoch nicht darauf, die Transporte zusammenzustellen. Man zog bei dieser Gelegenheit auch alle noch Arbeitsfähigen als Nachwuchs für das Lager heraus. Dies waren zumeist junge Frauen und halbwüchsige Burschen. Es kam hier zu entsetzlichen Szenen. Müttern wurden die Säuglinge buchstäblich von der Brust weggerissen. Geschwister, die sich aneinander klammerten, wurden ebenso getrennt. Kleine Kinder liefen verloren herum und weinten vor Angst. Es schien, als ob jede menschliche Regung aus dieser Welt verbannt worden sei.

Während der zwei Wochen, die diese »Aktion« dauerte, kamen jeden Tag etwa vierzig neue Häftlinge ins Lager. In den Unterkünften herrschte nun eine fürchterliche Enge. Viele Gefangene kamen ums Leben, weil wir die Neuankömmlinge nicht schnell genug über die scharfen Lagerbestimmungen aufklären konnten. In den ersten paar Tagen erhielt eine Reihe von Gefangenen fünfundzwanzig Peitschenhiebe, nach denen sie völlig zusammenbrachen. Einer von ihnen hatte sich zum Beispiel nichts weiter zuschulden kommen lassen, als daß er zu uns in die Werkstatt gekommen war, um sich etwas aufzuwärmen.

Hand in Hand mit der Ausdehnung des Lagers steigerte eine Häufung der Mißhandlungen allgemein die Furcht und den Terror. Kurz nacheinander kam es zu folgenden Zwischenfällen: Ein Jude namens Zudyk, ein früherer Straßensänger, stand am Rand einer Grube und rührte Kalk. In der Überzeugung, daß der Mann zu langsam arbeite, ging der Obersturmführer auf ihn zu und stieß ihn in die Grube, wo der arme Teufel einen qualvollen Tod erlitt. Bei einer Kontrolle aller Brigaden wurde festgestellt, daß ein Mann fehlte, und dem Brigadeführer wurde befohlen, den Mann bei der Abendzählung vorzuführen. Als dieser sich meldete, machte man kurzen Prozeß mit ihm, knüpfte ihn über der Barackentür auf und ließ ihn dort 48 Stunden hängen. Wir alle wurden gezwungen, der Hinrichtung beizuwohnen. Es verging keine Nacht, ohne daß eine Anzahl von Häftlingen in den Schnee hinausgeschickt wurde. Ich erklärte schon, was sie dort erwartete. Eine sogenannte »Zwangsbrigade« wurde gebildet, und ihr zugeteilt zu werden, bedeutete ebenfalls den sicheren Tod. Man brauchte keineswegs einen »Fehler« begangen zu haben, um in sie hineingepreßt zu werden. Für einen »Fehler« bezahlte man auf jeden Fall mit dem Tode. Wie bei den normalen Brigaden, so kam es auch bei diesen Zwangsbrigaden vor, daß dieser oder jener Häftling zu einem »Sonderkommando« eingeteilt wurde. Der Auftrag bestand dann darin, daß eine Trage geschleppt werden mußte, auf der etwa 200 Kilo Steine lagen. Das wurde zwei Männern überlassen! Die Tatsache, daß die Mehrzahl der Gefangenen hier nicht einmal fähig war, die Trage überhaupt vom Boden hochzuheben, geschweige denn, sie herumzutragen, galt als ausreichende Rechtfertigung einer unmenschlichen »Bestrafung«. Der Brigadeführer, dessen Pflicht es war, diese Unglücklichen zu schlagen und anzutreiben, war ein gewisser Ingenieur Schanzer. Er versuchte auf jede erdenkliche Weise sich Gift zu verschaffen, um dieser »Arbeit« zu entrinnen. Dazu fand er zwar keine Gelegenheit, aber an den Prügeln, die er sich von dem Untersturmführer gefallen lassen mußte, weil er angeblich mit seinen Männern zu nachsichtig sei, siechte er dahin. In den letzten paar Tagen sah man, daß der schmächtige, kaum mittelgroße Mann beide Arme gebrochen und bandagiert hatte. Vierzehn Tage später lebte er nicht mehr. Keiner von den dreißig Männern, die zu dieser Brigade gehörten, konnte die Anstrengung länger als acht oder zehn Tage aushalten — daß heißt, wenn er nicht inzwischen schon erschossen worden war. Ein solches Ende war gar nicht so selten, denn wenn der Ober- oder der Untersturmführer Scharfschießen übten, stellten sie sich am Fenster der Bürobaracke auf und benutzten die vorbeikommenden Arbeiter der »Zwangsbrigade« als Schießscheiben. Auch alle anderen Arbeiter, die gerade am Fenster vorbei mußten, konnten als Ziele dienen. Die beiden SS-Offiziere hatten den Ehrgeiz, vor allem auf die Hände, das Genick, das Knie oder die Nase zu schießen. War die »Übung« beendet, ging der Untersturmführer durchs Lager und suchte die Verwundeten, um ihnen den »Gnadenschuß« zu geben. Eine Wunde am Finger genügte als Rechtfertigung für diese Behandlung. Unserer Werkstatt blieben solche Szenen auch nicht erspart. So passierte es, daß einer unserer Männer im Stehen eingeschlafen war und die Warnung, der Obersturmführer komme, überhörte hatte. Mit einem kalten Lächeln ging dieser zu dem Mann und erdrosselte ihn auf der Stelle. So kam es, daß zu Ende der März-»Aktion«, am 1. April, die Gesamtzahl der Häftlinge 550 nicht überstiegen hatte, obwohl jeden Tag neue Gefangene gebracht worden waren.

Was in Lemberg passierte, wiederholte sich in ganz Ostgalizien, obwohl die »Aktion« nicht in der ganzen Provinz die gleichen Formen annahm. In Sambor, zum Beispiel, stellte der Judenrat die angeforderte Quote von achttausend Juden nicht schnell genug zusammen. Die SS griff selbst ein, und so erhöhte sich die Zahl auf zwölftausend. In einigen kleineren Städten wie Grodek-Jagelonski und Przemysl, wurden nur Männer zusammengetrieben und in das Lager gebracht. Ein Teil wurde sofort erschossen, die anderen etwas später. In unser Lager kamen etwa zwölfhundert aus Przemysl und fünfhundert aus Grodek-Jagelonski. Zwischen den Garagen und dem Verwaltungsgebäude wurde ein großer Tisch aufgestellt, um den sich eine Kommission höherer SS-Offiziere setzte, die ich bisher noch nicht gesehen hatte. Vor dem Tisch wurden die Gefangenen in einer Reihe aufgestellt, die Hände hinter dem Kopf gefaltet. Dann drohte man ihnen an, wer die Hände bewege, werde erschossen. Die mitgebrachte private Habe mußten sie ausnahmslos abliefern. Dann wurden sie gruppenweise in den Waschraum geführt, wo ihnen alle Kleidungsstücke, die sie »nicht unbedingt benötigten«, abgenommen wurden. Von dort brachte man sie auf ein Gelände außerhalb des

Stacheldrahtzaunes. Hier mußten sie unter Bewachung von SS-Männern und Askaris drei Tage ohne Nahrung verbringen. Am Ende des dritten Tages waren die Leute schon so weit, daß sie aus Verzweiflung Gras kauten. Dann wurden sie aussortiert; die schwachen — die Mehrheit der Gruppe — wurden erschossen; der Rest wurde ins Lager zurückgebracht und dort behalten.

In einem aus Stanislaw gebrachten Schub von etwa hundert Menschen war auch ein Dutzend Kinder zwischen zwölf und dreizehn Jahren. Sie kamen als Lehrlinge in die Werkstätten. Der Rest des Schubs wurde abtransportiert. Die Schwerarbeitsbrigade von Gabel folgte ihm bald darauf. Wir fragten uns, was das bedeuten könnte, aber es fand sich keine Erklärung. Etwa drei Stunden später kam die Brigade zurück. Viele der Männer trugen nun andere Kleider. Beim Abendbrot bekamen sie eine doppelte Ration. Auf die Frage, wo sie gewesen seien, gaben sie höchst ausweichende Antworten und baten uns, nicht weiter in sie zu dringen. Erst als ich am nächsten Tage einen von der Brigade traf, fand ich heraus, wo sie gewesen waren und was sie zu tun gehabt hatten: »Nicht weit vom Janowskaer Friedhof«, so berichtete er, »stießen wir auf eine Gruppe SS-Männer, die Schnaps tranken und sangen. Um sie herum lagen ungezählte Leichen. Das waren die Leute aus Stanislaw. Wir sammelten die Leichen, hoben ein Massengrab aus und beerdigten alle zusammen. Jeder, der sich bei dieser Operation mit Blut beschmutzt hatte, bekam nachher aus der Lagerkammer andere Kleider. Bevor wir den Platz verließen, wurde uns eingeschärft, daß die ganze Brigade ihr Leben riskiere, wenn auch nur ein Sterbenswort über diese Aktion durchsickere.« Dies war das erste Mal, daß Gefangene zu Arbeiten im Zusammenhang mit einer Massenexekution herangezogen worden waren.

Eines der zwölf Kinder wurde unserer Werkstatt zugeteilt. Auf die Frage, wo er herkomme und was er erlebt habe, antwortete der Junge: »Wir wohnten in einer Stadt in Ungarn nahe der polnischen Grenze. Mein Vater wurde zum Kriegsdienst ›fürs Vaterland‹, wie man uns sagte, eingezogen. Es waren also zu Anfang des Krieges in Ungarn auch Juden einberufen worden. Wir übrigen, meine Mutter, meine zwei älteren Schwestern, mein kleiner Bruder und ich mußten die Stadt verlassen, als die Zeit kam — genauso wie die anderen Einwohner — und dann kamen wir über die Grenze nach Polen. Hinter dem Schlagbaum wartete schon eine ansehnliche Zahl von SS-Männern mit Bauernkarren, die großenteils von Hand gezogen werden mußten, auf uns. Die älteren Leute und die Kinder wurden darauf gesetzt. Die anderen, im Alter zwischen zehn und fünfzig, wurden zusammengescheucht und wie Vieh vorwärtsgetrieben. Die ganze Zeit mußten wir mitten auf der Straße bleiben. Es war Nacht und stockdunkel. Keiner konnte den anderen sehen. Von Zeit zu Zeit traf uns vom Straßenrand her der Strahl einer Taschenlampe — das waren die SS-Männer, die uns bewachten. Wir hörten die Peitschenschläge und bekamen sie auch selbst zu spüren, wenn plötzlich jemand vor Erschöpfung aus der Reihe schwankte und mit Hieben über Kopf und Rücken wieder in die Kolonne zurückgetrieben wurde. An einer Stelle scheuten die Pferde, und meine Mutter und eine meiner Schwestern wurden von den ausschlagenden Hufen getroffen. Man ließ uns kaum Zeit, sie auf der Straßenseite in den Graben zu legen; dann wurde die Menge wieder weitergetrieben. Ich wurde von meiner anderen Schwester getrennt und habe sie nie mehr wiedergesehen. Auch mein jüngerer Bruder ging verloren; er war jedenfalls nicht mehr bei uns, als wir am Morgen Stanislaw erreichten. Hier wurden wir auf einem großen eingezäunten Platz zusammengetrieben und dort, dicht aneinandergedrängt, vier Tage lang gefangengehalten. Wir konnten noch nicht einmal die Beine ausstrecken. Und zu essen und trinken bekamen wir so gut wie nichts. Am vierten Tag wurden dann alle Männer — es waren aber nur alte Männer und Jugendliche — herausgeholt und auf einem Lastwagen hier ins Lager gebracht. So ist mein Vater irgendwo im Krieg; meine Mutter, die Schwestern und der Bruder sind unterwegs zurückgeblieben, und ich bin hier. Was erwartet uns nun? ...« Der Kopf sank ihm auf die Brust bei diesen letzten Worten, die ich kaum noch verstehen konnte. Ein Kind von zwölf Jahren.

8

Als die »Umsiedlungsaktion« auch in der Provinz durchgeführt wurde, wuchs die Zahl der Häftlinge im Lager bald auf zweitausend. Unsere Baracke war so überfüllt, daß viele absolut keinen

Platz fanden, wo sie sich hätten ausstrecken können. Es blieb ihnen nichts anderes übrig, als die ganze Nacht auf der Erde zu hocken. Ein paar hatten noch das zweifelhafte Glück, unter den Holzbetten einen Platz zu erwischen. Da die Bettfüße nur 15—20 cm hoch waren, hatten sie die Wahl, die ganze Nacht entweder auf dem Rücken oder auf dem Bauch zu liegen. Sie konnten bis zum Morgen ihren Platz nicht verlassen, da rings um sie auch schon Körper an Körper lag.

Auch bei der Verpflegungsausgabe ergaben sich Schwierigkeiten, denn hierfür war nach wie vor nur eine Stunde festgesetzt, obwohl sich die Zahl der Häftlinge inzwischen vervierfacht hatte. Die Zeit reichte infolgedessen nicht und jeden Tag gingen sehr viele leer aus. Lebensmittelpäckchen, die bisher in solchen Fällen noch einen gewissen Ausgleich ermöglichten, fielen für die meisten fort, da aus der Provinz keine Päckchen geschickt werden durften. Am Ende war der Hunger so groß, daß manche gezwungen waren, ein Hemd oder ein paar Socken gegen einen Schlag Suppe oder eine Kelle warmen Wassers einzutauschen. Ein Häftling namens Stock wurde von einem SS-Mann erschossen, wiel diesem aufgefallen war, daß Stock sich noch einmal zum Essenfassen angestellt hatte. Ein Maler aus Lemberg, namens Schneck, erlitt das gleiche Schicksal, weil er im Lagergarten einen Kopf Salat ausgerissen hatte, um damit seinen quälenden Hunger zu stillen. Solche Fälle kamen öfters vor. Die SS wurde merklich brutaler. Es schien, als ob sie nichts anderes bezweckte, als mit allen erreichbaren Mitteln die übermäßige Zahl von Lagerinsassen zu verringern.

Eines Tages, Anfang April, hieß es, ein Häftling sei entflohen. So etwas hatte man noch nie erlebt, und wir waren uns darüber im klaren, daß die Folgen für uns unerfreulich sein würden. Beim Abendappell wurde es dem Untersturmführer gemeldet. Dieser blieb erstaunlich gleichgültig und befahl lediglich, wir sollten so, wie wir waren, stehen bleiben, bis der Betreffende gefunden sei. Vom Verwaltungsbüro aus überwachte er die Ausführung seines Befehls. Der Appell hatte um 18 Uhr begonnen. Es wurde 22 Uhr, es wurde 23 Uhr — wir standen immer noch regungslos, so wie wir angetreten waren. Es goß in Strömen, und ein kalter Wind blies durch die dünnen Kleider. Wäre jetzt unerwartet der Befehl zum Wegtreten gekommen, so möchte ich bezweifeln, ob wir prompt reagiert hätten. Eine weitere Stunde verging. Nun war es

Mitternacht. Schließlich stiefelte der Untersturmführer aus dem Verwaltungsbüro und erlaubte uns, das Abendessen zu holen und die Baracke aufzusuchen. Nur langsam wurden wir die Steifheit in den Gliedern wieder los. Jeder hoffte, der Fall sei nun erledigt, aber diese Erwartung erfüllte sich nicht.

Am folgenden Abend mußten wir wieder auf dem Appellplatz antreten. Fünf Mann von der Brigade des Entflohenen wurden herausgezogen und ohne weiteres erschossen. Unter ihnen war auch ein Neunzehnjähriger. Eine Kugel riß ihm den Magen auf und die Eingeweide quollen heraus. In unaussprechlichem Entsetzen und wie betäubt, versuchte er, sie wieder in den Leib zu pressen. Dann stolperte er einen oder zwei Schritte vor wie ein getroffenes Wild, bis eine weitere Kugel ihm ein Ende machte. In diesem Augenblick fiel einem der SS-Männer plötzlich wieder ein, daß er kürzlich während der Arbeitszeit einen Häftling beim Rauchen erwischt hatte, ohne ihn zu bestrafen. Von dem unerwarteten Blutvergießen wie berauscht, kam er auf den Einfall, sich jetzt sein Opfer vorzunehmen. Reihe für Reihe suchte er die ganze Brigade ab, bis er den Mann gefunden hatte, und winkte ihn mit dem Revolver heraus. Kaum stand der Häftling kreideweiß vor der Front, als auch schon eine Kugel seinen Schädel durchschlug und er hinstürzte. Nachdem die Hinrichtung damit erledigt war, machte uns der Untersturmführer klar, daß er für dieses Mal den Schlußstrich bei fünf Opfern gezogen habe. Sollte aber jemand dies zu leicht nehmen, dann könnten wir mit zehn Opfern als Repressalie rechnen.

Diese Drohung machte keinen Eindruck auf uns, wohl aber die Tatsache, daß die Flucht gelungen war. Zwei Tage später wurde noch ein Versuch gemacht — einer der Neuankömmlinge wagte sein Leben für die Freiheit. Er hatte den Stacheldrahtzaun bereits hinter sich, als er erschossen wurde. Am Tage darauf kam es zu einem dritten Versuch. Er glückte! Aber dann fuhr vor dem Haus dieses Mannes ein Lastwagen vor und holte die ganze Familie ins Lager, einschließlich aller, die zufällig auch dort gewesen waren. Drei Tage ließ man sie bei Dunkelhaft hungern, bis der Flüchtling, den sein Gewissen plagte, sich stellte. Erst dann ließ man die Geiseln wieder frei. Der Mann aber wurde so gnadenlos verprügelt, daß er nicht mehr zu Bewußtsein kam. Da man die Familie entlassen hatte, ohne sie weiter zu belästigen, trat die Furcht, eine solche Behandlung könnte sich wiederholen, in den Hintergrund,

und ein vierter Mann wagte die Flucht. Als er sich nach drei Tagen noch nicht gemeldet hatte, wurden seine Mutter, seine Schwester mit ihrem Kind, seine Schwägerin und das Kind einer Nachbarin, kurz, alle, die zu der Zeit gerade in dem Haus waren, erschossen. Diese massive Repressalie erweckte unter den Häftlingen ein Gefühl des Grauens, das ausreichte, um auf lange Zeit alle Fluchtgedanken zu bannen.

Um die gleiche Zeit brachte man von einer Razzia am Theodorplatz in Lemberg dreihundert Polen ins Lager. Infolgedessen stieg die Zahl der Häftlinge derart, daß nicht alle im Lager beschäftigt werden konnten. Man begann daher, Gefangene auch zur Arbeit in die Stadt zu schicken. Die ersten dafür ausgewählten Arbeitsplätze waren der Persenkowka-Bahnhof und die Sykstuska-Straße, wo Häuser abgebrochen werden sollten. Wo nicht wie am Bahnhof, der seine eigene Polizei hatte, eine ähnliche Wachtruppe verfügbar war, wurde diese Aufgabe gemeinsam von der jüdischen Miliz (die dabei mit dem eigenen Leben haftete) und den Askaris erledigt. Bald wurden auch noch andere Arbeitsplätze außerhalb des Lagers genehmigt, zum Beispiel der jüdische Friedhof, wo Grabsteine zu entfernen waren.

Ein paar Tage vor der allgemeinen Einführung der Stadtarbeit für die Häftlinge bekam ich den Auftrag, in dem Haus Wloscionska-Straße 24 — nicht weit vom Lager — Fenster zu verglasen. Ein Askari führte mich hin und überließ mich dann mir selbst. Sofort kam mir der Gedanke, hier wäre endlich eine Möglichkeit, meine Mutter wiederzusehen. Nachdem ich es mir kurz überlegt hatte, bat ich die Bewohnerin des Hauses — der man dort ein Zimmer gelassen hatte —, meine Familie zu verständigen, daß man mich um sechs Uhr, wenn es für mich Zeit war, ins Lager zurückgeführt zu werden, sehen könne. Es war nicht früher möglich, da Askaris das Haus bewachten.

Je später es wurde, desto aufgeregter wurde ich. Kurz vor vier Uhr sah ich meine Mutter mit meinem Bruder und meiner ältesten Schwester die Janowska-Straße entlangkommen; mehrere Frauen, die ich nicht kannte, begleiteten sie. Sollte ich wirklich noch zwei volle Stunden warten, bis ich meine Lieben aus der Nähe sehen konnte und vielleicht sogar Gelegenheit hätte, mit ihnen zu sprechen? Nein. Ich faßte mir ein Herz und bat einen Askari, der in der Nähe stand und vertrauenswürdig aussah, mich in eine Nebenstraße zu führen. Zur Erklärung sagte ich ihm, meine Mutter, mein Bruder und meine Schwester seien gerade da. Er verstand mich sofort und mein Herz zersprang schier vor Freude, als ich merkte, daß er mir nichts in den Weg legte, sondern ein Wiedersehen wirklich ermöglichen wollte. Er führte mich in einen Schuppen und ging dann zu den Frauen, sagte weiter nichts als »Weliczker« und deutete in meiner Richtung. Als sie den Askari auf sich zukommen sahen, war ihr erster Impuls, kehrt zu machen und zu fliehen. Dann aber merkten sie, daß sie nichts zu fürchten hatten. Wenige Sekunden später war ich von meinen Lieben und den Fremden umringt, und tausend Fragen stürmten auf mich ein. Jede der Frauen wollte etwas über ihren Mann oder ihren Sohn im Lager wissen, wie es ihm gehe und ob er überhaupt noch lebe. Auf manche dieser Fragen gab ich wider besseres Wissen eine beruhigende Antwort, obwohl es mir fast die Stimme verschlug, weil ich wußte, daß der Betreffende schon tot war. So kam es, daß ich kaum eine Möglichkeit gehabt hatte, mit meinen eigenen Angehörigen ein paar Worte zu wechseln, als der Askari kam und sie alle wegschickte, weil er fürchtete, ein SS-Mann könne unerwartet auftauchen. Die Frauen gaben mir noch Päckchen für ihre Angehörigen mit und gingen. Es war tatsächlich höchste Zeit, denn ich war kaum wieder bei meiner Arbeit, als Scharführer Kolanka erschien. Als er die noch weinenden Frauen abziehen sah, erfaßte er sofort die Situation und sagte: »Mir ist es ja egal, aber wenn der Untersturmführer hier wäre, könntest du Gift darauf nehmen, daß ich dich auf der Stelle zusammengeschlagen hätte.« Aber mich konnte nichts erschüttern. Ich hatte meine Mutter wiedergesehen. Es war der glücklichste Tag in meinem Leben für lange, lange Zeit.

9

Eines Tages erschien über dem Lagerhaupttor ein neues Schild mit der Inschrift DEUTSCHE AUSRÜSTUNGSWERKE, abgekürzt D. A. W. Diese Veränderung hatte sich durch eine formale Trennung der Werkstätten vom Lagerbetrieb ergeben, und wir arbeiteten dort jetzt nicht mehr nach den Weisungen des Kommandanten, sondern nach denen, die der Leiter dieses neuen, selbständigen Unternehmens erteilte. Es wurden dort zwar nach wie vor die gleichen Leute beschäftigt, aber die Lagerverwaltung lieh sie gewissermaßen an die D. A. W. aus, genauso wie es bei den Lemberger Stadtwerken gewesen war. Die Tatsache, daß die Werkstätten sich innerhalb der Lagergrenzen befanden, war nur ein Zufall. Zum Leiter dieses neuen Geschäftsbetriebes wurde Obersturmführer Gebauer bestellt. Untersturmführer Wilhaus wurde Lagerkommandant.

Es ist ziemlich sicher, daß diese Art der Aufteilung des Lagerbetriebes weitgehend auf die persönlichen Spannungen zwischen Gebauer und Wilhaus zurückzuführen war. Wir Häftlinge hatten schon eine ganze Weile beobachtet, daß Wilhaus bewußt Gebauer aus dem Wege ging, und daß sie sich gegenseitig, wenn sie schon zusammen waren, kaum so benahmen, wie es das militärische Decorum erforderte. Wilhaus nannte beispielsweise seinen Hund »Fritz«, nach Gebauers Vornamen — kein Wunder, daß es zwischen beiden nicht zu einem besseren Einvernehmen kam.

Fritz Gebauer war etwa 35 Jahre alt und kam aus Berlin. Er sah überdurchschnittlich gut aus und machte eine glänzende Figur. Groß und breitschultrig, hielt er sich meist leicht nach vorn gebeugt, was ihm einen aristokratischen Anstrich verlieh. Am stärksten beeindruckten seine pechschwarzen Augen, die in einem scharf und interessant geschnittenen Gesicht blitzten. Er hatte eine sehr angenehme, melodische Stimme mit einem betont maskulinen Timbre.

Wilhaus war gebürtiger Saarbrücker und ein paar Jahre jünger als Gebauer. Obwohl er mit diesem manchen äußeren Zug gemeinsam hatte, war der Gesamteindruck ganz anders. Er hatte nichts an sich, das, wie bei Gebauer, den Eindruck eines tiefen, verinnerlichten Wesens erweckt hätte. Wilhaus war primitiv und oberflächlich. Sein Äußeres wirkte bei einem solchen Mangel an prägnanten Zügen uninteressant und glich eher dem einer Wachsfigur. Was seine Erscheinung noch unsympathischer und sogar furchterregend machte, war das beharrliche, kalte, ironische Lächeln, das so unveränderlich war, als hätte man es einer Maske eingeprägt. Sein Schwager war der Generalmajor Katzmann, SS- und Polizeichef von Galizien, und die Möglichkeit kann nicht ausgeschlossen werden, daß diese Verwandtschaft eine gewisse Rolle in den Veränderungen in der Lagerverwaltung spielte.

Hier ist wohl auch eine Andeutung am Platz, wie wenig die SS geneigt war, als Bannerträger des Nationalsozialismus dessen Rassentheorie in die Praxis umzusetzen, wenn ihr Privatleben davon berührt wurde. Gebauer hatte zum Beispiel ein Verhältnis mit einer Jüdin. Das Mädchen brachte es fertig, schon in kurzer Zeit seine Zukunft zu sichern. Frau Gebauer tröstete sich mit einem jüdischen Chauffeur. Ähnliche Beziehungen waren auch bei anderen SS-Angehörigen keineswegs eine Ausnahme.

Nachdem Wilhaus nun Kommandant geworden war, erhielt den Stellvertreterposten ein Neuankömmling, der Untersturmführer Rokita. Dieser war klein, dick, etwa 40 Jahre alt, und machte einen recht günstigen Eindruck. Er war aus Schlesien gebürtig und von Beruf Musiker. Als solcher war er fast überall in Polen herumgekommen und fand, wie es der Zufall wollte, in unserem Lagersprecher Kampf einen alten Kollegen, mit dem er lange Zeit im gleichen Orchester gespielt hatte.

Seit er im Lager war, besserten sich die Zustände in mancher Hinsicht und waren nicht mehr ganz so katastrophal. Er kontrollierte beispielsweise täglich den Küchenbetrieb und erreichte dadurch eine sofortige Verbesserung der Mahlzeiten. Er sorgte auch für die Ordnung bei der Essenausgabe, so daß endlich jeder Mann wirklich seinen Teil bekam. Daß jedoch auch er die SS-Methoden beherrschte, wurde uns deutlich genug demonstriert, als es wegen einer Reform, die nicht durchgeführt worden war, einen Zwischenfall gab. Er hatte nämlich angeordnet, daß bei den Schlafgelegenheiten jeder mindestens so viel Platz haben solle, wie er — Rokita — errechnet hatte, so daß diejenigen, welche bisher recht gut dran gewesen waren, nicht gezwungen wurden, mehr als ein Mindestmaß an Raum aufzugeben. Der Gedanke war natürlich löblich. In der Praxis erwies er sich aber als verfehlt, da Rokita den Raum unter den Betten bei weitem überschätzt hatte. Eines Nachts erschien er zu einer Inspektion in der Baracke. Als er merkte, daß sein Befehl für die Platzzuteilung nicht durchgeführt war, begann er wild um sich zu schießen und verwundete eine ganze Reihe von Häftlingen.

Bei einer Gelegenheit erklärte er, unsere Verpflegung mache ihm so viel Sorge, weil die Pakete von der jüdischen Gemeinde so klein seien. Um hier für Abhilfe zu sorgen, habe er den Judenrat gebeten, ein paar Vertreter zu schicken, damit diese sich tagsüber einmal ansehen könnten, wie im Lager gearbeitet werde. Uns legte er nahe, diesen Besuchern dann klarzumachen, wie empört wir über den Geiz der Gemeinde seien.

Etwa zwei Stunden später wollte ich vom Lager zum Krankenrevier gehen, um dort Fensterscheiben einzusetzen. Am Tor traf ich Rokita, der sich gerade mit Abgesandten des Ältestenrates unterhielt. Er rief mich zu sich und fragte mich, ob es nicht zutreffe, daß die Verpflegung sich seit seiner Ankunft wesentlich gebessert habe. Ich stotterte einige Bemerkungen zusammen und wollte meines Weges gehen. Er hielt mich jedoch zurück und fragte, warum ich mich so eile und ob ich etwa vor ihm Angst hätte. Ich sagte »nein«, aber ich hätte eine Menge Arbeit. Dann rief er einen anderen Internierten zu sich, forderte die Juden aus der Stadt auf, sich diesen Mann genau anzusehen, und hielt ihnen vor, dies sei sonst ein ausgezeichneter Arbeiter; es gehe ihm gesundheitlich nur deshalb so schlecht, weil den Lemberger Juden das Wohlergehen der Häftlinge so gleichgültig sei. Der Häftling bestätigte dies und klagte über das mangelnde Interesse der Gemeinde. Gewiß, er tat es gezwungenermaßen, aber wir waren auch unter uns der Ansicht, daß der Rat sich zu wenig um uns kümmere. Wir hatten die Last zu tragen, während die anderen ihre Freiheit noch genossen und bei ihrer Familie bleiben durften. Überlegte man jedoch, was zugunsten des Ältestenrates sprach, so war zu berücksichtigen, daß die Beziehungen zwischen Lager und Rat von der SS bestimmt wurden, und daß die Juden, wenn sie die strikten Anordnungen der SS nicht ausführten, gnadenlos gehängt wurden. Es konnte keine Rede davon sein, den Judenrat zu steinigen.

Wie sich später herausstellte, hatte Rokita diese Szene nur arrangiert, um den Ältestenrat von seinem Wohlwollen gegenüber den Juden im Lager zu überzeugen und sie dafür gefügig zu machen, ihn bei der Zuteilung der »Geschenke« entsprechend großzügig zu bedenken.

Um unser überbelegtes Lager zu entlasten, wurde eine Zahl von Gefangenen eingesetzt, um auf dem Platz zwischen der Janowska-Straße und dem früheren Pulvermagazin ein neues Camp zu errichten. Im Büro hing ein Plan, nach dem dieses zehntausend Mann fassen sollte.

Zur gleichen Zeit ging das Gerücht, diejenigen, welche schon länger als drei Monate im Lager seien, dürften demnächst daheim schlafen. Eines Abends gegen Ende April ließ Rokita die Gruppe, zu der auch ich gehörte, antreten. Die anderen beneideten uns. Aber die Enttäuschung ließ nicht lange auf sich warten, denn es wurden vom Magazin einige Brote gebracht, und Rokita teilte sie als Sonderration an uns aus, um dann Befehl zum Wegtreten zu geben.

Ein paar Tage später wurden wir jedoch wieder zusammengeholt und zu unserer großen Überraschung mit einer Askari-Eskorte zum Haupttor hinausgeführt. Der Kolonne folgte langsam ein Wagen, in dem Wilhaus saß. Keiner hatte eine Ahnung, was vor sich ging. An der Ecke der Janowska-Straße wartete eine Abteilung jüdischer Miliz; sie umringte und begleitete uns. Auf den Straßen sah man nur Frauen und Kinder. Sie steckten uns sogleich Brot, Butter und Zigaretten zu. Wir konnten nur dankbar nicken, denn es war verboten, auf dem Marsch zu sprechen. Plötzlich wurde einem der Häftlinge von einem Mann ein Butterbrot in die Hand gedrückt. Einen Mann hier auf der Straße zu sehen, kam uns völlig unerwartet, da sich sonst nur Frauen und Kinder zeigten. Wilhaus, der neben uns herfuhr, bemerkte dies und zwang den Mann, sich der Kolonne einzureihen und mitzumarschieren. Es war ein Apotheker, der ordnungsgemäß registriert war und deshalb das Recht hatte, sich frei zu bewegen, wie es sein Beruf erforderte. Wilhaus hatte auch nicht die Absicht, seinen willkürlichen Befehl aufrechtzuerhalten. Nachdem er ihm das Versprechen abgepreßt hatte, eine Sechs-Zimmer-Wohnung komplett einzurichten, ließ er den Apotheker laufen.

Vor den Bädern des jüdischen Viertels an der Balonowa-Straße wurde haltgemacht. Man führte uns in einen Hof, der sofort von Askaris abgeriegelt wurde. Sie bekamen Befehl, nicht nur uns zu bewachen, sondern auch auf alle zu schießen, die sich unbefugt auf dem Platz herumtrieben. Zunächst wurden häufig Warnschüsse abgefeuert, da sich immer wieder Frauen herandrängten, um zu sehen, ob in unserer Gruppe Verwandte von ihnen wären. Kurz darauf hörte jedoch das Schießen auf, und die Askaris gaben zu verstehen, Wilhaus sei weggefahren, und sie hätten nichts dagegen, wenn wir durch das Hofgitter mit unseren Angehörigen sprächen. Darauf bahnte sich ein ganzer Schwarm Menschen — alle mit Päckchen in der Hand — über die Straße einen Weg zu uns. Wie ein Lauffeuer hatte sich in der Stadt die Nachricht verbreitet, daß

Internierte aus dem Lager herausgeführt worden seien. Die herbeigeeilte Menge bestand nicht nur aus Juden; auch Arier hatten sich ihr aus Neugier zugesellt. Mein Vater und meine Mutter kamen ebenfalls und brachten mir einige Päckchen. Die Frauen weinten samt und sonders, als sie ihre Männer und Söhne wiedersahen. Dann feuerte ein Askari, als er Wilhaus zurückkommen sah, einen Warnschuß ab und wir sagten uns hastig Lebewohl.

Eine Stunde später wurde Verpflegung ausgegeben. Jeder erhielt gesüßten Tee, 700 Gramm Brot und ein wenig Hackfleisch. Den Tag über badeten wir gruppenweise. Sobald eine Gruppe fertig war, mußte sie antreten und wurde weggeführt. Meine Gruppe war am Nachmittag soweit. Von weitem konnte ich meine Mutter sehen, sie stand immer noch da. Rokita führte uns mit gezogenem Revolver aus dem Hof. Als wir von der Badeanstalt so weit entfernt waren, daß Wilhaus uns nicht mehr sehen konnte, erlaubte Rokita den Frauen, die der Gruppe gefolgt waren, mit ihren Angehörigen zu sprechen. Als ein fremder SS-Mann auftauchte, verscheuchte er sie jedoch mit einem Warnschuß.

Plötzlich stellten wir erregt fest, daß wir gar nicht in unser altes Lager zurückgeführt wurden. Unser Ziel wurde uns jedoch bald klar, denn die Kolonne bewegte sich unmißverständlich in Richtung des neuen Lagers. In dieser neuen Umgebung sollte unsere Leidenszeit fortdauern.

Das Lager erstreckte sich über ein Gebiet von zweihundert Meter Länge und sechzig Meter Breite. Es war lückenlos von einem dreifachen Stacheldrahtzaun umgeben. Eine Kette von Lampen, die in Abständen von zwei Metern angebracht waren, beleuchtete das ganze Gebiet, sobald die Dunkelheit hereinbrach. Dazu kam noch eine Reihe von Wachtürmen mit Scheinwerfern und Maschinengewehren, die von Askaris besetzt wurden. Im Inneren teilte ein Stacheldrahtzaun das Terrain in zwei Hälften.

In die erste Abteilung gelangte man durch ein Tor an der Janowska-Straße. Beim Eingang standen die Bunker und die Verwaltungsgebäude. Von dort führte die Lagerstraße zum Eingang der zweiten Abteilung, der von einem eigenen Wachturm flankiert war. Etwa dreißig Meter vom Haupteingang lag zur Linken ein rund fünfzehnhundert Quadratmeter großer, besonders eingezäunter Hof, der sogenannte »Todesplatz«. Hier wurden die zur »Liquidation« bestimmten Häftlinge vor dem Abtransport versammelt. Im zweiten Teil des Lagers befanden sich die hohen, finster wirkenden Baracken und die ausgedehnten Antreteplätze.

Dort wurden wir nun in Brigaden eingeteilt und zu einem Maler geführt, der mit einer Büchse roter Farbe, mit Pinseln und Schablonen bereitstand. Jeder Internierte bekam eine Stammrollennummer auf die rechte Brustseite, den Rücken und das rechte Knie gemalt.

Schließlich ging es zu unserer neuen Unterkunft. Eine Treppe führte zum ersten Stock und weiter zum Dachboden. In einem Teil des Gebäudes waren Arier untergebracht, in anderen Teilen Küche und Waschraum. In unserem Quartier standen drei Reihen dreistöckiger Betten. Jedes trug eine Nummer, die mit der Stammrollennummer des Bettinhabers übereinstimmte. Ich muß zugeben, auf den ersten Blick wirkte das Quartier recht ordentlich oder wenigstens besser als die Baracke im alten Lager. Aber schon bald zeigten sich manche Mängel, so daß wir vor allem nachts weder Ruhe noch Frieden fanden. Am Tage war es übermäßig heiß und drückend in den Räumen, nachts hingegen so kalt, daß wir uns oft mit allen Kleidern zu Bett legten. Der Fußboden des Obergeschosses bestand nur aus dünnen, rissigen Brettern. Infolgedessen trieb ständig Staub und Sand durch die Ritzen und setzte sich in unsere Betten; nicht selten wurde uns beides in die Augen getrieben, so daß sie unangenehm schmerzten. Wenn man nicht gerade im obersten Stockwerk untergebracht war, blieb es einem auch nicht erspart, eine Gratisdusche von oben zu bekommen, denn es war besonders schwierig, den Weg zum Abort zu finden, sobald die Dunkelheit hereingebrochen war. Die Askaris waren nicht nur auf den Wachtürmen, sondern — nachts — auch innerhalb des Lagers postiert, und wenn jemand aus der Unterkunft hinaus wollte, mußte er sich beim Posten melden.

Schon am ersten Abend erfuhr ich am eigenen Leibe, was man dabei erleben konnte. Als ich in der Barackentür stand, wurde ein Posten gleich in der Nähe auf mich aufmerksam, rief mich heran und schickte mich zum nächsten Posten, der ein Stück weiter weg stand. Als ich zu diesem kam, sah ich zu meinem Entsetzen auf dem Boden eine ganze Reihe Männer liegen, die wie ich nur mit dem Nachthemd bekleidet waren. Der Askari befahl mir, mich wie die anderen flach hinzulegen. Drei Stunden lagen wir dort und wurden in dem nassen Gras starr vor Kälte. Von Zeit zu Zeit ging der Posten die Reihe auf und ab und versetzte jedem von uns einen Peitschenhieb über den Rücken. Schließlich erlaubte er uns wieder aufzustehen, aber jeweils nur einer. Dieser mußte dann den anderen auf die Köpfe urinieren. Eine halbe Stunde später war die Prozedur beendet und wir zogen uns wieder in die Baracke zurück. Solche Zwischenfälle ereigneten sich freilich nicht jede Nacht, aber immer, wenn eben diese Askaris Dienst hatten. Eines Nachts verliehen sie ihrer Behandlung noch eine besondere »Raffinesse«, indem sie jeden Mann zwangen, dem andern in den Mund zu pissen. Es gab absolut keine Möglichkeit, gegen eine solche abstoßende Barbarei etwas zu unternehmen. Da wir am Tage eine Menge Wasser tranken, um uns über den Hunger wegzutäuschen, und da unsere Suppe praktisch auch aus nicht viel mehr als lauwarmem Wasser bestand, mußten die meisten Männer nachts mehrere Male aufstehen, und wenn sie nicht den Ausweg wählten, sich innerhalb der Baracke zu erleichtern, liefen sie Gefahr, solchen Askaris in die Hände zu fallen.

Nach diesen ersten Erfahrungen in unserer neuen Umgebung sahen wir schon, wie die Dinge sich entwickelten, und mußten zugeben, daß die beiden Lager einander nichts nachgaben. Tagsüber arbeitete ich weiter für die D. A. W. als Glaser. Eines Tages kam Rokita in die Werkstatt und suchte Fachkräfte zur Renovierung seiner Wohnung, eines Vierzimmerhauses in der Nähe des Lagers. Angesichts seiner nicht allzu herzlichen Beziehung zum Obersturmführer, dem Chef der D. A. W., wandte er sich direkt an uns und forderte auch mich auf, seiner Arbeitsgruppe beizutreten. Da wir nicht wagen konnten, uns tagsüber aus den Werkstätten zu entfernen, ließ Rokita uns durch ein paar Askaris nach dem Abendappell in sein Haus bringen. Dort arbeiteten wir die ganze Nacht und wurden am frühen Morgen ins Lager zurückgebracht, um rechtzeitig bei der Morgenzählung zu sein. Diese zusätzliche Arbeit bot einen interessanten Einblick in Rokitas Privatleben.

Im Lager wußte jeder, daß es Rokita besonderes Vergnügen bereitete, auf Menschen zu schießen. Es verging kaum ein Tag, an dem seinem Revolver nicht jemand zum Opfer fiel. Eines Abends eskortierte er uns nach dem Appell, an dem er teilgenommen hatte, selbst zu seinem Haus. Der Weg führte uns am Todesplatz vorbei. Dort hockte eine Anzahl Gefangener, aufgedunsen und praktisch schon verwesend. Mit dumpfem, verlorenem Ausdruck warteten sie auf ihr Ende. Rokita befahl einem Askari, ihnen etwas zu essen zu bringen. Soweit die unglücklichen Kreaturen überhaupt noch denken konnten, mußte ihnen dies die Illusion geben, sie würden gerettet oder könnten sich wenigstens an etwas Eßbarem erfreuen. Aber schon als sie den ersten Bissen in den Mund schoben, gab Rokita den beiden Askaris einen Wink, das Feuer zu eröffnen. Nach wenigen Minuten lagen die Gefangenen regungslos in einer großen Blutlache. Als ob nicht das geringste passiert sei, kam Rokita wieder zu uns und knurrte: »Los, gehen wir!« Als er sah, wie erschüttert und sprachlos ich mich neben ihm in Bewegung setzte, sagte er zu mir: »Du brauchst keine Angst zu haben. Dich rühre ich nicht an. Du bist doch gesund! Diese Kerle waren krank. Es war eine Erlösung für sie. Ich habe eben meine Befehle auszuführen. Schließlich bin ich SS-Mann und kein Zivilist.« Dann gingen wir schweigend weiter. Als ich es überdachte, mußte ich ihm wenigstens zugeben, daß er die Hinrichtung beschleunigt und nicht erst — wie Wilhaus — die Opfer gefoltert hatte. Dieser machte es sich zur Regel, ihnen seinen Revolver erst noch lange vor der Nase hin und her zu schwenken und sie zwischen Furcht und Hoffnung schweben zu lassen, bevor er sie endgültig erledigte.

Wenn wir zu Rokitas Haus kamen, machten wir uns sofort an die Arbeit. Um 23 Uhr gingen wir in die Askari-Küche, um die Mahlzeit einzunehmen, die dort auf Rokitas Befehl für uns bereitstand. So hatten wir Gelegenheit, mit diesen Wachmannschaften, unter denen die verschiedensten Charaktere waren, ganz zwanglos Kontakt zu bekommen. Einige von ihnen waren wirklich noch schlimmer als die SS-Leute. Andererseits gab es viele darunter, die diese Arbeit nur taten, um ein besseres Leben zu haben. Sie hatten sehr wenig persönliche Freiheit. Wer ein paar Stunden Urlaub haben wollte, mußte sich erst an Wilhaus wenden und bekam ihn nur unter vielen Schwierigkeiten. Sie waren auch nicht davor sicher, geschlagen zu werden. Ich sah selbst einmal, wie Wilhaus einem Askari einen Dachziegel über den Schädel schlug, weil er meinte, dieser Mann erledige seine Arbeit zu phlegmatisch.

Nach dem Essen, etwa gegen Mitternacht, gingen wir wieder zu Rokitas Haus und schliefen abwechselnd, wobei jeweils einer von uns Wache stand, um die anderen zu wecken, wenn Rokita kam.

In der Regel tauchte er sehr spät auf. Einmal war es drei Uhr früh, und ich schlief so fest, daß mein Freund mich nicht wach bekam. Als Rokita dies sah, beugte er sich über mich, um mich selbst zu wecken. Er zog eine Stablampe aus der Tasche und wollte mir gerade ins Gesicht leuchten, damit ich aufwachte. Mein Kamerad dachte, es sei ein Revolver, bekam einen Mordsschrecken und weckte mich mit einem jähen und nicht allzu sanften Tritt. Rokita schrie ihn daraufhin an, was er sich dabei denke? Aber ich war selbst auch überzeugt, daß meine letzte Stunde geschlagen habe, als ich die Augen öffnete und Rokita über mich gebeugt sah. Er merkte das an meinem entsetzten Ausdruck und sagte beruhigend: »Du brauchst doch keine Angst zu haben! Habe ich dir nicht schon gesagt, daß ich dich nicht anrühre?« Jede Nacht brachte er eine andere Frau mit, und meistens war er mehr oder weniger betrunken. Wenn es vier Uhr wurde, kehrten wir ins Lager zurück.

10

Die Erweiterung des Lagers machte rasche Fortschritte. Laufend wurden neue Baracken aufgestellt. Wie schon erwähnt, war geplant, das Fassungsvermögen der Unterkünfte auf zehntausend Betten zu erhöhen. Wir mußten bei diesen Arbeiten mithelfen, obwohl wir den ganzen Tag über in den D. A. W.-Werkstätten zu tun hatten. Nach dem Abendappell wurden wir zum Güterbahnhof geschickt, um Baumaterial abzuladen. SS-Männer und Askaris mit Peitschen und Eisenstangen patrouillierten die ganze Zeit beiderseits der Straße, die vom Lager über die Kleparowska-Brücke zur Bahn führte. Von Hieben und plötzlichem Anbrüllen begleitet, brachten wir tagein, tagaus durch diese Postenallee unsere Ladungen Ziegelsteine, Balken und anderes Baumaterial. Eine solche Doppelschicht vom frühen Morgen bis in die späte Nacht war zu viel. Da wir nichts mehr zu verlieren hatten, geschah das Unglaubliche: kleine Gruppen rotteten sich zusammen und erklärten, diese Extraarbeiten machten sie nicht länger mit. Wie zu erwarten, antwortete die SS mit der Maschinenpistole. Viele, die nicht rechtzeitig in Deckung gehen konnten, wurden erschossen. Die übrigen wurden mehr oder weniger schwer verwundet. Ich erwischte nur eine oberflächliche Kopfverletzung. Dann ging es weiter, Tag für Tag, Nacht für Nacht.

In diesem Zusammenhang ist die Frage angebracht: Kam es jemals vorher zu einer ähnlichen Bewegung der Häftlinge auf größerer Basis? Fand sich in dieser Schar unterdrückter Kreaturen jemals ein Führer, der fähig gewesen wäre, gegen solche Tyrannei einen Aufstand zu organisieren? Die Antwort ist ja. Eine solche Organisation kam tatsächlich einmal zustande. Ihren Kern bildeten mehrere extreme Vorkämpfer, die der Meinung waren, es sei besser, einmal endgültig zwischen Freiheit und Tod zu wählen, statt in endloser Gefangenschaft zu schmachten, die alle Hoffnung langsam, aber sicher zerfraß. Ihr Ziel war, die Freiheit durch einen allgemeinen Aufstand zurückzugewinnen, und es gab keinen Gefangenen, der nicht von dem Plan wußte. Manche billigten ihn. Andere verwarfen ihn — sie ließen sich dabei weitgehend vom Verantwortungsbewußtsein einflußreicher Persönlichkeiten beeindrucken, die es vorzogen, es bei den derzeitigen Zuständen zu belassen. Es war ein Veranwortungsbewußtsein, das sie in erster Linie an ihre eigenen Familien denken ließ, aber auch ihre Mitinternierten und schließlich ganz allgemein an die Juden in ihrer Stadt. Man konnte ja nur mutmaßen, welche Folgen eine Meuterei im Lager für alle diese Menschen haben würde. Selbst wenn ich von den bisher erlebten Pogromen ausging, war ich doch im Zweifel, ob ich genau voraussagen könnte, was das nächste Pogrom alles bringen würde. Der Plan wurde daher fallen gelassen, eine Entscheidung, mit der man allgemein einverstanden war. Hätten wir vorhergesehen, welches Los uns ohnehin erwartete, so hätten wir vielleicht nicht so gezögert, unser Vorhaben durchzuführen. Als eine beträchtliche Zeit danach auch der letzte Jude in der Stadt und ihrer Umgebung liquidiert war, und also die Gründe zur Aufgabe des Planes nicht länger existierten, gab niemand mehr den Anstoß zu einer Revolte. Geistig und physisch zermürbt, vegetierten die Gefangenen in einer Atmosphäre von Kleinmut dahin. Niemand war mehr fähig, eine revolutionäre Idee zu entwickeln.

Die anhaltende physische Überanstrengung konnte nicht ohne Folgen bleiben. Typhus und Ruhr breiteten sich ungehemmt aus. Die Lagerbehörden machten sich allmählich Sorgen und beschlossen, die Baracken zu desinfizieren und uns gründlich baden zu lassen. Die primäre Überlegung, ihre unmenschlichen Anforderungen an uns aufzugeben, kam ihnen nie, oder zumindest wehrten sie sich dagegen. An einem Samstag wurden wir zum Baden geführt. Gegen elf Uhr abends kamen wir zurück, mußten aber die ganze Nacht im Freien verbringen, weil die Baracken inzwischen noch nicht desinfiziert worden waren. Die Prozedur dauerte länger als erwartet, und das Ergebnis war, daß wir auch den ganzen Sonntag noch im Freien bleiben mußten, gnadenlos Wind und Wetter ausgesetzt. Bei dieser absurden Organisation breiteten sich die Seuchen natürlich noch weiter aus.

Am folgenden Donnerstag durften wir nicht zur Arbeit gehen, sondern wurden unter Quarantäne gestellt. Brigadenweise marschierten wir zu einer Grube, in der ein riesiger Kübel Lysollösung stand. Wir mußten alles ausziehen und mehrere Male in der Flüssigkeit untertauchen. Alle Kleider wurden verbrannt. Dann führte man uns auf ein anderes Terrain, wo wir uns flach hinlegen mußten. Wer den Kopf hob, wurde erschossen. Tagsüber brannte gnadenlos die Sonne auf uns herab. Als der Abend kam und es kalt wurde, lagen wir noch immer da. Bei höchst mageren Rationen waren wir dieser Mißhandlung bis Montag früh unterworfen. So mancher stand nicht mehr auf. Dann kam der Appell. Vor dem Wegtreten bekam jeder ein Hemd, einen Anzug und ein paar Holzschuhe. Zu dieser Zeit litten sechshundert der zweitausend Lagerinsassen an Typhus und Ruhr.

Ich merkte, daß die Krankheit auch mich gepackt hatte, als ich ein Päckchen von daheim öffnete und plötzlich feststellte, daß ich überhaupt keinen Appetit spürte. Ich schrieb meiner Familie, daß es mir nicht gut gehe. Daraufhin brachte mir mein Bruder sogleich etwas Diätkost — Zucker, leichtes Backwerk und dergleichen. Außerdem ließen mich die Eltern wissen, daß sie alle nur möglichen Anstrengungen machten, damit ich ins städtische Krankenhaus eingeliefert würde. Ich hatte aber wenig Hoffnung, daß sich dies verwirklichen ließe. Meine einzige Sorge war, alle Energie aufzubieten, um beim Appell antreten zu können und nicht auf die Krankenliste gesetzt zu werden.

Ich kann mich nicht auf den Beinen halten. Ich mache mir schon tagelang nicht mehr die Mühe, zum Morgenkaffee anzustehen. Ich kann weder essen noch trinken und fühle, wie meine Energie von Stunde zu Stunde nachläßt. Als es sechs Uhr früh wird, schleppe ich mich zum Antreteplatz. Ich stelle mich auf meinen üblichen Fleck, kann mich aber nicht allein aufrecht halten. Ich werde ohnmächtig, sinke zu Boden und liege regungslos da. Das Abzählen beginnt und mein Platz wird übersprungen. Die Brigaden formieren sich und marschieren zur Arbeit ab. Ich nehme meine letzten Reserven an Willenskraft zusammen, versuche mich auf die Beine zu stellen und schließe mich den anderen an. Aber Glieder und Gehirn sind nicht länger koordiniert. Unfähig, mich zu bewegen, beobachte ich, wie der Platz sich allmählich leert. Dann packt mich jemand und schleppt mich zum Todesplatz. In meiner Fieberglut verschwimmt mir der Anblick der fünfhundert Mitgefangenen, die hier den Tod erwarten, vor den Augen, und es beeindruckt mich kaum, daß man auch mich hierhin gelegt hat. Der Kopf fällt mir zur Seite, und ich falle in Schlaf.

Ein plötzlicher Stoß in die Hüfte bringt mich wieder zum Bewußtsein. Wilhaus steht vor mir, blickt mich unverwandt an, das charakteristische gefrorene, ironische Lächeln auf den Lippen. Ich habe das sonderbare Gefühl, als ob etwas von der überschüssigen Gesundheit hinter dieser Fassade meinen Körper durchdringt. Fast mechanisch zieht mich ein plötzlicher Strom von Energie auf die Beine. Ich halte mich aufrecht. Meine Gedanken sind fern und unerreichbar. Wie eine Puppe starre ich alles an, was sich meinen Blicken bietet. Erst als ich den jüdischen Arzt erkenne, der sich in aller Eile um uns zu schaffen macht, um zu retten, was in den Körpern ringsum an Leben übrig ist, erst dann gewinne ich den Sinn für die Wirklichkeit wieder.

Etwa einhundertachtzig dieser lebenden Leichname, die sich noch auf den Beinen halten können — darunter ich — werden nun in einer Reihe aufgestellt. Wilhaus geht mit einer Liste herum, fragt jeden nach Namen und Brigade und macht dann einen Strich durch die Eintragung. Wo noch ein Hoffnungsfunke — und sei er noch so schwach — in uns geglimmt hatte, nun ist er ausgelöscht — wir sind uns klar, was wir jetzt zu erwarten haben. Viele der Männer läßt die Verzweiflung in hemmungsloses Weinen ausbrechen. Ich kann nicht weinen. Ich kann nicht an daheim denken. Wo mein Herz sein sollte, ist ein grenzenloser Abgrund, eine Leere, gegen die nur das inbrünstige Gebet helfen kann, daß Gott mir einen schnellen Tod schicken möge.

Wir werden dem SS-Mann Blum übergeben, dem die Askaris

unterstehen. Dann marschieren wir ab. Wir treffen auf die »Scharrbrigade«, die die Gräber für die im Lager Ermordeten auszuheben hat. Die sechs Mann schließen sich uns an. Wir werden zum »Sand« hinausgeführt, einem freien Gelände außerhalb der Lagergrenzen. Wir gehorchen dem Befehl, alle Kleider abzulegen, und dann werden Schaufeln verteilt. Die letzte, extremste Steigerung seelischer Folterung, die man uns auferlegen kann, müssen wir noch durchmachen: unsere eigenen Gräber zu graben. Vor Fieber zitternd und von dem ausdörrenden Durst geschwächt, beginnen die Männer die Erdschollen umzustechen, obwohl sie sich kaum auf den Beinen halten können. Ringsum ist alles still, man hört das Kratzen der Schaufeln am Boden und den matten Schlag der Erdschollen, wenn sie zur Seite fallen. Kein Laut mehr von denen, die geweint hatten — es ist, als ob sie schon tot seien und ihre zerprügelten und ausgemergelten Arme bestimmt wären, unaufhörlich weiterzuarbeiten. Nun ist die Grube tief genug. Die ersten zwei werden hineingestoßen und müssen sich säuberlich nebeneinander legen. Dann werden sie erschossen. Die nächsten zwei werden quer darüber gelegt. Das dritte Paar wieder wie das erste, das vierte wie das zweite und so weiter — ein grausiges Arrangement.

Seit die ersten Schüsse gefallen sind, stehe ich mit geschlossenen Augen da und fühle mein Leben Stück um Stück von mir gleiten, als ob ich mich selbst ein zweites Mal auszöge . . . Und mit jedem Stück weicht etwas von meiner Pein, und an ihre Stelle tritt ein Sehnen nach dem Augenblick, wo ich von allem entblößt sein werde. Ich höre, wie mein Name gerufen wird, und weiß, der nächste Schritt bringt die Erfüllung. Mit einem unbeschreiblichen Gefühl der Beschwingtheit kann ich nun dem Grab entgegengehen.

Da faßt mich jemand scharf am Arm, und mit einem Schock bin ich wieder auf der Erde. Ein Askari, ein Stück weiter weg, winkt mich zu sich. Ich solle meine Hose anziehen, sagt er; ich tue es mechanisch, und erst als er mich ins Lager zurückführt, komme ich wieder ganz zur Besinnung. Wir betreten das Lager durch eine kleine Seitentür. Er führt mich an der Küche vorbei, wo ich in Eile einen Trunk Wasser bekomme. Dann bleibt er plötzlich stehen, deutet auf eine Leiche, die an der Seite liegt, und sagt, »Der muß zum ›Sand‹ hinüber und mit dem Rest von euch begraben werden!« Für den Bruchteil eines Augenblicks wird alles schwarz vor meinen Augen.

Er befiehlt mir, den Toten hinter mir herzuziehen, und geht schon ein paar Schritte voraus. In meinem Zustand komme ich nur sehr langsam vorwärts, und der Abstand zwischen uns wird immer größer. Da nehmen plötzlich — als ob mich ein Blitz durchfährt — alle Lebensimpulse wieder Besitz von mir und mit ihnen der Gedanke »Flieh!« Ich hatte nichts, absolut nichts zu verlieren, aber alles zu gewinnen. Mit einem schnellen Blick auf den Askari lasse ich den Toten fallen, rase wie besessen ins Lager zurück und mische mich unter eine Arbeitergruppe. Mein Herz schlägt so rasend, als ob es zerspringen wolle. Schon höre ich, wie der Askari meinen Namen ruft. Drei-, viermal ruft er ... Dann wieder Schweigen. Er hat Angst, man könnte darauf aufmerksam werden, daß ihm ein Häftling entkommen ist. Eine solche Nachlässigkeit könnte ihm eine schwere Strafe einbringen.

Während der nächsten paar Minuten bewege ich mich mit größter Vorsicht. Es wird zwölf Uhr und die Brigaden formieren sich zum Essenfassen. Mein Freund Feder, der gerade von den D.A.W.-Werkstätten herüberkommt, gibt mir sein Hemd und sagt, mein Bruder warte draußen mit einem Päckchen für mich. Nach dem Essen eile ich mit meinem Freund zu den D.A.W. Unterwegs sehe ich, daß mein Bruder immer noch auf mich wartet. Ich gebe ihm durch Gesten zu verstehen, daß es mir gesundheitlich wieder besser geht und ich für die nächsten Tage keine Päckchen brauche. Er ist so glücklich, mich wiederzusehen, daß ihm die Tränen kommen.

Als ich die Werkstatt erreiche, berichten mir meine Kameraden, der Werkleiter wisse auch schon, daß man mich zum Erschießen hinausgebracht habe. Ich wage deswegen nicht, mich hier sehen zu lassen und verstecke mich während der Arbeitszeit in einer Kiste. Ich zittere bei dem Gedanken, daß mich irgendein SS-Mann entdecken könnte.

Nun ist es klar, daß ich es mir nicht leisten kann, mich hier noch länger herumzudrücken, wenn ich mich nicht binnen kurzem wieder in der gleichen Lage wie heute morgen befinden will. Ich möchte aber herausfinden, ob es bekannt ist, daß ich dem Askari entlaufen bin und nicht erschossen wurde. In diesem Fall nämlich, und wenn ich nicht gefunden würde, hätte man bestimmt gegen meine Familie Repressalien ergriffen. So bleibe ich während des

Abendappells in der Werkstatt und warte auf Nachricht von meinen Kameraden. Für den Fall, daß meine Flucht bekannt gegeben wird, haben wir vereinbart, daß sie melden, ich hätte mich in der Werkstatt versteckt. Nun liege ich hier ganz still und rechne schon damit, jeden Augenblick den Revolver eines SS-Mannes auf mich gerichtet zu sehen. Aber es kommt anders. Als am nächsten Morgen meine Kameraden zur Arbeit kommen, erfahre ich, daß ich tatsächlich für tot gehalten werde.

Nun ist keine Zeit zu verlieren. Wie von der Hand der Vorsehung geleitet, entgehe ich allen Gefahren. Die Askari-Patrouille glaubt, ich hätte einen Passierschein für Rokitas Haus und läßt mich ungehindert gehen. Noch ein paar Minuten und ich bin — wie in einem Traum — draußen auf der Straße und auf dem Weg zu meinen Eltern, zu meiner Familie.

II

Als ich durch die Straßen ging, nicht mehr bewacht, nicht mehr als Gefangener, sondern frei, nur meinem eigenen Willen folgend, erschien mir Lembergs Antlitz verändert, überschattet von gramvollem Schweigen. Wo früher um diese Morgenstunde schon geschäftiger Verkehr herrschte, war es jetzt trüb und beinahe ausgestorben. Es kam mir wie eine Ewigkeit vor, daß ich hier zuletzt hergegangen war. Dabei waren es erst ein paar Monate . . .

Ehe ich bei uns ins Haus schlüpfte, schaute ich mich mißtrauisch um. Wurde ich auch nicht beobachtet? Wenn nicht alles umsonst gewesen sein sollte, wenn nicht noch größeres Unglück über uns kommen sollte, als es mein Tod im Lager gewesen wäre, dann durfte mich jetzt niemand sehen. Ich stürzte die Treppen hinauf und klopfte an unsere Tür. Drinnen hörte ich Geschirr klappern und jemand näherkommen. Meine Mutter öffnete die Tür. Als sie mich erkannte, war eine Sekunde lang Totenstille. Aber als ihr dann die Teller, die sie eben noch gehalten hatte, aus der Hand fielen und auf dem Fliesenboden zerschellten, da kam sie aus der Erstarrung wieder zu sich. Noch keines Wortes fähig, führte sie mich in die Stube, den einzigen Raum, der der Beschlagnahme entgangen war. Fast schüchtern, als wäre ich hier ein Fremder, schaute ich mich um. Meines Vaters Haar war grau geworden, und er war sehr dünn. Ich merkte auch, wie verhärmt meine Mutter infolge der ständigen Sorge und Angst um mich aussah. Auch mein Vater war einen Augenblick vor Überraschung stumm und starrte mich ungläubig an. Als er sich wieder gefaßt hatte, bat er mich, ihnen zu erzählen, was alles geschehen war. Nun ging es mir allerdings so, daß ich kaum sprechen konnte, denn ich begann die Reaktion auf die unmenschlichen Anstrengungen der vergangenen Stunden und die wie ein Wunder überstandene Krise der gerade durchgemachten Krankheit zu empfinden. Ich berichtete nur mit wenigen Worten, was geschehen war, fiel aufs Bett und sank in einen tiefen Erschöpfungsschlaf.

Als ich aufwachte, sah ich wie durch einen Nebel meine Mutter an meinem Bett stehen und mich von einem Teller füttern. Dann schlief ich wieder ein. Spät nachts wurde ich wieder geweckt. Draußen war Lärm und es wurde auch an die Tür geklopft, so daß meine Eltern irgendeine neue »Aktion« befürchteten. Ich mußte mich unter dem Bett verstecken und dort eine geraume Weile bleiben. Als alles wieder ruhig war, durfte ich wieder ins Bett zurückkehren. Wenn tagsüber Besuch kam, wurde ich mit Bettzeug zugedeckt, damit mich niemand sah. Unter solchen Umständen konnte ich natürlich keinesfalls länger daheim bleiben, um so mehr, als ich wieder krank wurde und mit hohem Fieber fast bewußtlos lag. So blieb nichts anderes übrig, als mich ins Krankenhaus zu bringen, obwohl Vater starke Bedenken hatte, ich könnte im Fieber Dinge erwähnen, die besser ungesagt blieben. Es wurde tatsächlich Typhus festgestellt, und dazu noch eine doppelseitige Lungenentzündung.

In diesem Zustand lag ich viele Tage und kann mich nur noch erinnern, daß ich quälende Erstickungsanfälle hatte. Neunzehn Tage vergingen, ehe ich wieder ganz zu Bewußtsein kam. An einem Mittwoch durfte ich zum erstenmal wieder aufstehen und wurde ins Besuchszimmer geführt, um meine Angehörigen zu sehen. Leider nur sehen, denn Patienten und Besucher waren wegen der Ansteckungsgefahr durch eine Glaswand voneinander getrennt. Meine Mutter und Jakob erwarteten mich. Mutter war sehr blaß, und als sie mir zulächelte, fiel mir auf, daß ihre Vorderzähne fehlten. Später erfuhr ich, daß sie ihre Goldbrücke verkauft hatte, um mir Lebensmittelpäckchen ins Lager schicken zu können.

Ein paar Tage später wurde ich aus dem Krankenhaus entlassen. Ich war jedoch noch so schwach, daß man mich die Treppe hinuntertragen mußte zu dem Wagen, den Mutter — der Himmel weiß, wie — aufgetrieben hatte. Zu Hause fand ich nur meine Brüder Aaron und Jakob vor. Meine Schwestern waren seit einigen Wochen in Stojanow. Abends kam Vater von der Arbeit heim. Ich war noch sehr schwach und mußte noch einige Wochen das Bett hüten. Natürlich gab es nie ein wirkliches Ausruhen und die Stille, die ich für meine Gesundung dringend brauchte. Nachts lag ich gezwungenermaßen häufiger unter dem Bett als darin, und tagsüber steckte ich viel zu sehr unter dicken Kissen, als daß Sonne und frische Luft an mich herankonnten. Es gab praktisch keinen Augenblick ohne die akute Gefahr, daß mich jemand sehen und verraten konnte. Das hätte das Ende bedeutet, nicht allein für mich, sondern auch für meine Familie. So lebten wir in ständiger Angst, um so mehr, als gerade nachts immer wieder Gerüchte von einer bevorstehenden größeren »Aktion« umgingen. Es gab freilich — so unglaublich dies scheinen mag — noch eine ganze Reihe von Juden, die den Ernst der Lage immer noch nicht zugeben wollten. Sie waren sich zwar darüber im klaren, daß in den Lagern harte Zwangsarbeit zu leisten war, aber sie wollten einfach nicht glauben, daß dort auch Folterungen und Hinrichtungen an der Tagesordnung waren, wie es den besser Informierten allgemein bekannt war. Gewiß, gerade sie und ihre Familien waren wunderbarerweise bisher ungeschoren geblieben.

Wir waren uns bald völlig klar, daß ich so nicht weiterleben konnte. Die ständige Angst wurde für uns alle zuviel. Ein Möbelstück nach dem anderen verschwand, um gegen Lebensmittel eingehandelt zu werden. Bei diesen ständigen Sorgen konnte ich nicht genesen; ich wurde im Gegenteil immer kränker. So entschloß ich mich, Lemberg um jeden Preis zu verlassen. Natürlich war die Frage, wo ich hin sollte. Vielleicht nach Stojanow?

Ich fragte meinen Vater um Rat. Aber er wollte mir keinen Rat geben. »Was ich dir auch immer vorschlagen würde«, antwortete er, »könnte dir Unglück bringen. Ich würde mir mein Leben lang Vorwürfe machen, wenn solch ein Rat zu deinem Nachteil ausschlüge. In Zeiten wie den unseren kann man auf niemanden hören, nicht einmal auf die eigene Mutter oder den Vater. Verlaß dich, wie bisher, auf deinen gesunden Menschenverstand. Vertraue auch in Zukunft auf Gott; dann wird schon alles gut enden.« Das waren Vaters Worte, und ich merkte nur zu gut, wie schwer es ihm fiel, so zu reden. Ich wußte, er konnte nicht anders. Doch während ich noch überlegte, was ich tun sollte, und alle Möglichkeiten ins Auge faßte, bot mir mein Bruder Jakob an, mich nach Stojanow zu begleiten. Er war dreizehn Jahre alt.

Dieses unerwartete Angebot erschien mir wie eine himmlische Fügung. So machte ich mir weiter keine Gedanken über all die Gefahren, die schlechten Straßen und meinen körperlichen Zustand, sondern beschloß, keinen einzigen Tag länger zu warten und mit Zweifeln zu vertun. Am nächsten Morgen sagten wir schon früh Lebewohl und machten uns auf den Weg. Zu dieser Stunde war weniger Gefahr, auf der Straße verhaftet zu werden, da so viele Juden unterwegs zur Arbeit waren. Der Abschied war herzzerreißend, und Mutter bestand darauf, uns ein paar Kilometer aus Lemberg hinaus zu begleiten. Mit Tränen in den Augen schaute sie uns nach, bis wir um die nächste Ecke bogen.

Die Angst war unser ständiger Gefährte. So schnell meine Kräfte es erlaubten, marschierten wir durch Wälder, Dörfer und Städte, immer auf der Landstraße, denn ein Umweg wäre zu anstrengend und auch zu gefährlich gewesen. Auf offener Chaussee erregten wir auch weniger Verdacht als auf Nebenwegen. Gegen Abend kamen wir durch Kamionka-Strumilova, eine kleine Stadt, die recht friedlich aussah. Wir begegneten mehreren Juden. Als wir nach Einbruch der Dunkelheit das nächste Dorf erreichten, fanden wir in einigem Abstand von der Straße eine Scheune und krochen dort ins Heu. Ich fühlte mich sehr krank, aber mein letzter Gedanke vor dem Einschlafen war, »ich muß durchhalten, bis wir nach Stojanow kommen!«

Bei Sonnenaufgang wanderten wir weiter. Vor Mittag erreichten wir Cholojow, wo wir die gewisse Atmosphäre verspürten, die uns von Lemberg her so vertraut war: Die Einwohner schlichen verschüchtert durch die Straßen, wie von einer unsichtbaren Last gebeugt. Die Angst, die sie alle empfanden, hing schwer, wie eine dicke, ungesunde Wolke über dem Ort. In einem jüdischen Hause rasteten wir eine Weile, und am Nachmittag näherten wir uns unserem Ziel.

Wir kamen an einem Bauplatz vorbei und sahen, wie sich dort Juden schinden mußten, und wie die Vorarbeiter ihre Peitschen schwangen. Wir hörten, wie die Schläge knallten und unterdrücktes Stöhnen.

Sämtliche Schrecken des Lagers kamen mir wieder in Erinnerung. Genauso hatte auch ich gearbeitet, genauso schwer hatten mich die Hiebe der Wachen getroffen, und auch ich hatte meine Schreie nur mühsam unterdrückt. Aber ich nahm mich zusammen. Ohne mit der Wimper zu zucken und ohne die Schritte zu beschleunigen, ging ich neben meinem Bruder an dem Bauplatz vorbei.

Wir waren vielleicht noch vier oder fünf Kilometer von Stojanow entfernt, als plötzlich ein Pferdewagen vor uns auftauchte und zwar so unvermitttelt, daß wir nicht mehr ausweichen und unbemerkt vorbeikommen konnten. Ein SS-Führer saß in dem Fahrzeug, und nebenher lief ein riesiger deutscher Schäferhund. Was tun? Ehe wir überhaupt nachdenken konnten, rief der Mann uns schon an. Nun, wir durften uns nichts anmerken lassen, denn jedes andere Verhalten hätte uns verdächtig gemacht. Mehr tot als lebendig gingen wir zu dem Wagen. Der SS-Führer fragte, wie wir hießen, wo wir herkämen und wo wir hinwollten. Ich sah mich schon auf dem Weg zurück ins Lager, und hatte keinerlei Hoffnung, noch einmal davonzukommen. Ich machte daher nicht den geringsten Versuch, erst eine lange Geschichte aufzutischen, sondern sagte mehr oder weniger die Wahrheit: Wir kämen von Lemberg und gingen nach Stojanow arbeiten, wo wir Verwandte hätten. Der Mann sah uns forschend an. Wir mußten unsere Säcke aufmachen, und er schien zufrieden, daß nur etwas Brot darin war. Er notierte sich unsere Namen, sah uns prüfend von oben bis unten an, und ließ uns dann unseren Weg fortsetzen. Wir seufzten hörbar erleichtert auf und eilten weiter. Schließlich kamen wir noch Stojanow, machten aber einen Umweg zu Großvaters Haus, denn es sollte niemand etwas von unserer Anwesenheit wissen. Auch für ihn war es ein Risiko. Wir hatten uns auch kaum hingesetzt, als tatsächlich die Ratsältesten der Gemeinde mit zwei Juden erschienen und die erschreckende Nachricht brachten, der Bürgermeister habe bereits von unserer Ankunft erfahren und wünsche uns sofort zu sehen. Ich dachte gleich an unsere Begegnung mit dem SS-Führer, und es lief mir kalt über den Rücken. Ein sonderbares Zusammentreffen! Meine Schwestern brachen in Tränen aus, und die übrigen Verwandten, die sich inzwischen eingefunden hatten, trugen zu der allgemeinen Aufregung nur noch bei. Die Nachricht von unserer Ankunft hatte sich ganz gegen unseren Willen wie ein Lauffeuer verbreitet. Wir überlegten hin und her, ob wir wirklich zum Bürgermeister gehen sollten, konnten aber zu keinem Entschluß kommen. Als meine älteste Schwester von der Arbeit heimkam, wurde schließlich etwas unternommen. Sie machte sich sofort auf den Weg, um beim Judenrat herauszufinden, was der Bürgermeister wirklich vorhatte. Es war schon lange Nacht, als sie endlich zurückkam. Das war sehr gefährlich, denn die Juden durften sich nach Einbruch der Dunkelheit nicht auf der Straße sehen lassen.

Zum Glück brachte sie gute Nachricht. Der Bürgermeister war bereit, unseren illegalen Aufenthalt in Stojanow zu dulden, wenn wir ihm dafür einige Vorhänge und ein Sofa überließen. Im Augenblick wußten wir zwar noch nicht, wo wir die Dinge hernehmen sollten, aber darüber machten wir uns keine großen Sorgen. Solche Erpressungen waren an der Tagesordnung und wurden im allgemeinen vom jüdischen Ältestenrat geregelt. Im Augenblick waren wir von dem anstrengenden Marsch zu übermüdet, um noch irgendeines Gedankens fähig zu sein, und schliefen schon bald fest ein.

12

Am folgenden Morgen verabschiedete sich Jakob wieder, um zu unseren Eltern nach Lemberg zurückzukehren. Rachel und Judith, die zu dieser Zeit zwölf und zehn Jahre waren, mußten arbeiten gehen. Klein Bina hatte ich als ein recht lebhaftes Kind in Erinnerung, aber sie hatte sich inzwischen so verändert, daß es ein Jammer war. Unglücklich und traurig ging sie umher und sagte kaum ein Wort. Abends sprach ich mit Rachel und Judith über sie, und erfuhr, daß Bina sich seit ihrer Trennung von Mutter so gewandelt hatte. Obwohl alle im Hause sich liebevoll um sie bemühten, wollte sie weder sprechen noch lachen noch spielen. Es war wirklich traurig, und wir konnten nur hoffen, daß die Zeit ihr Heimweh allmählich heilen würde. Sie war damals sieben Jahre alt. Mutter konnte Lemberg nicht verlassen, weil sie Vater, Aaron und Jakob versorgen mußte. Davon abgesehen, hatte sie es auch meinetwegen abgelehnt, obwohl ich im Lager war. Wenn ich Bina ansah, empfand ich die Trennung von Mutter umso stärker. Daß ich mit meinen Schwestern und den Großeltern zusammen war, half mir über meine Sehnsucht nach Mutter nicht hinweg.

Das Leben in Stojanow schien — verglichen mit dem in Lemberg — ziemlich friedlich. Im großen und ganzen hatte man die Juden hier bisher in Ruhe gelassen. Nur während des Einmarsches der deutschen Truppen war eine »Aktion« durchgeführt worden, die mehrere Juden, unter anderem auch einen Vetter meines Vaters, das Leben kostete. Aber das betrachtete man noch als reine »Unfälle«, die mit den »Aktionen« in Lemberg nichts gemein hatten, wenn sie auch den Juden hier einen gewissen Vorgeschmack davon gaben, was sie schon bald zu erwarten hatten. Seitdem war es aber verhältnismäßig ruhig geblieben und nur zu viele hatten diese Vorkommnisse schon wieder vergessen.

Die Juden mußten natürlich alle arbeiten, wurden von Zeit zu Zeit erpreßt, und dann war alles wieder ruhig. Eine gewisse Unruhe erfaßte freilich die Stadt, wenn dem einen oder anderen Lager eine bestimmte Anzahl Juden zugewiesen werden mußte. So lange es möglich war, regelte dies der jüdische Rat meist in der Weise, daß jede Familie dafür nur einen Angehörigen herzugeben hatte. So traurig dessen Schicksal dann auch war, so wurden durch dieses Verfahren doch wenigstens die größten Härten vermieden. Auch Vetter Pessach mußte sich für seine Familie opfern. Es ist aber kein einziger Fall bekannt geworden, wo sich eine Familie beim Ältestenrat über diese Auswahl beschwert hätte. Jeder war sich der Notwendigkeit und sogar der »Brauchbarkeit« dieser Methode bewußt. So verstrichen die Tage in selten unterbrochener Ruhe, und mancher dachte schon, so werde es bleiben, und den Deutschen genüge es, daß die Juden eine gelbe Armbinde trügen, und sich mit ihren mageren Rationen ebenso wie mit den vielen Verboten und der Zwangsarbeit abfänden. Die Weitsichtigeren jedoch — und das war die Mehrzahl — lebten in ständiger Angst vor einer »Aktion«, deren schrecklicher Verlauf ihnen — sei es auf Grund von Berichten, oder durch persönliche Beobachtung — kein Geheimnis war.

Außer in der Stadt fanden die Juden aber auch — gruppenweise — Arbeit in den umliegenden Dörfern. Sie blieben dann die ganze Woche beim Bauern und verbrachten nur den Sonntag daheim. Trotzdem war die Arbeit auf dem Land viel populärer als die in der Stadt. Nach vierzehn Tagen Ruhe und Erholung fing auch ich wieder an zu arbeiten und erhielt einen Beschäftigungs-Ausweis, mit dem ich mich viel sicherer fühlte. Freunde nahmen mich mit in ein Dorf, wo ich auf den Feldern arbeiten mußte. Jede Gruppe von fünf bis sechs Juden hatte einen ukrainischen Aufseher. Der unsere war ein brutaler, übelgelaunter Mensch, der uns viel und hart prügelte, obwohl dies verboten war. Wir beklagten uns deshalb beim Ältestenrat. Dieser nahm sich der Sache auch sofort an und erreichte tatsächlich, daß der Ukrainer als Judenaufseher abgelöst wurde. Eine Woche später versetzte man mich in ein anderes Dorf, nach Byszow, wo die Arbeitsbedingungen entschieden besser waren. Ich wurde einem älteren Polen zugeteilt, dessen Kühe ich zu hüten hatte, und der sich nicht vorstellen konnte, daß jemand in seinem Leben etwas anderes tun könnte. Von meiner anfänglichen Ungeschicklichkeit war er ganz und gar nicht erbaut. Jeden Augenblick fand er etwas anderes an mir auszusetzen. Es paßte ihm nicht, daß ich Schuhe trug; damit könnte ich nicht schnell genug laufen, meinte er. Ich mußte sie also auslassen, aber meine Füße waren so etwas nicht gewöhnt, und bald konnte ich nur noch qualvoll humpeln. Ein andermal ärgerte er sich darüber, daß bei mir die Kühe taten, was sie wollten, während sie ihm stets gehorchten. Am wütendsten war er, wenn meine Kühe in das anstoßende Rübenfeld spazierten. Selbst wenn es mir gelang, sie nach viel Geschrei auf ihre Weide zurückzubringen, bearbeitete mich der alte Mann mit Schlägen, sobald er meiner habhaft werden konnte. Aber das war alles nicht so schlimm, und ich war durchaus bereit es hinzunehmen, denn ich hatte ja im übrigen meine Ruhe. Als Vorteil kam noch hinzu, daß ich an jedem Wochenende etwas Obst und Weizen nach Stojanow mit heimnehmen konnte und so unser Versorgungsproblem ein wenig erleichterte.

Jeden Samstagabend kam ich — wie all die anderen — nach Hause. Und stets war meine erste Frage: »Ist Post da von daheim?« Jeden Tag hatte ich nach Lemberg geschrieben, aber die Wochen vergingen, und es kam keine Antwort. Gerüchte über eine großangelegte »Aktion« gingen um. Ich fürchtete das Schlimmste. Wir hatten vor meiner Abreise vereinbart, daß jeder Brief von sämtlichen Familienangehörigen mitunterschrieben werden solle, denn die scharfe Zensur machte es unmöglich, Einzelheiten zu erwähnen. Fehlte dann jemals eine Unterschrift, so wußte ich, daß dem Betreffenden etwas zugestoßen sein mußte. Daß die Briefe nun ganz ausblieben, machte mir schreckliche Sorge. War der Postverkehr etwa unterbunden worden? Wollte mir meine Familie die Entdeckung ersparen, daß eine Unterschrift fehlte? Oder war überhaupt nichts Schlimmes passiert?

Eines Tages kamen mehrere Juden über die ukrainisch-galizische Grenze. Sie berichteten, es sei dort in der Ukraine lange Zeit recht ruhig gewesen. Plötzlich seien aber wie aus heiterem Himmel SS-Leute erschienen, hätten alle Juden zusammengetrieben, mitten in der Stadt erschossen, und alle übrigen für »geächtet« erklärt. Dieser Bericht brachte große Angst und Sorge nach Stojanow. Für uns kam noch hinzu, daß gerade am Vorabend des Rosch-Haschana — des jüdischen Neujahrfestes — mein Großvater verhaftet wurde. Bei einer Haussuchung hatte man bei ihm einen Mühlstein gefunden. Dessen Besitz war jedoch streng verboten. Zum Glück wurde Großvater am gleichen Abend wieder freigelassen und mußte als »Lösegeld« Silberbestecke liefern. Da einer meiner Onkel noch etwas besaß, kamen wir dieser Auflage schleunigst nach. Dann begingen wir das Neujahr, aber natürlich daheim, denn es wäre zu gefährlich gewesen, zur Synagoge zu gehen. Unsere Gebete waren darum nicht weniger inbrünstig als früher in der festlichen Synagoge.

Die allgemeine Angst, in der wir seit dem Bericht der ukrainischen Juden und Großvaters Verhaftung lebten, machten es mir sehr schwer, nach Byszow zurückzukehren. Ich überlegte mir schon, ob ich nicht wenigstens eine meiner Schwestern — Rachel oder Judith, denn Bina war noch zu klein — mitnehmen sollte, denn auf dem Dorf war es zweifellos sicherer als in der Stadt. Aber keine von beiden wollte mit Bina und den Großeltern allein zurückbleiben. So ging ich schweren Herzens ohne sie.

Die folgende Nacht hatte ich einen schrecklichen Traum, der meine Ungewißheit zur schieren Folter werden ließ. Ich sah mich einen Brief aus Lemberg öffnen und in Tränen ausbrechen. Darin stand, man habe eine weitere »Aktion« durchgeführt und Mutter weggeholt. Ich wäre am liebsten sofort nach Stojanow zurückgekehrt, um festzustellen, ob dieser Traum auf Wahrheit beruhte. Aber ich mußte noch warten, denn es war streng verboten, den Arbeitsplatz außer der Reihe zu verlassen.

Gegen Ende der Woche erzählte man sich, auch in Stojanow sei eine »Aktion« gemacht worden. Obwohl Byszow nur zwölf Kilometer von der Stadt entfernt war, konnten wir nichts Genaues in Erfahrung bringen. Am nächsten Sonntag ging ich jedoch nicht heim, da den Dienstag darauf Jom-Kipur war und ich meinen freien Tag an diesem Feiertag haben sollte. Ich hatte keinen Augenblick Ruhe. Was ging in Lemberg vor? Und was in Stojanow? Jeden Augenblick konnte sich die »Aktion« — wenn sie tatsächlich stattgefunden hatte — auch auf die umliegenden Dörfer ausdehnen. Ich verbrachte die Tage bis Montag in ständiger Angst. Dauernd dachte ich daran, daß bei den Großeltern etwas passiert sein müsse, und auch mein Traum wollte mir nicht aus dem Kopf gehen.

Am Montag war ich schon mittags in Stojanow. Die Straßen lagen verlassen. Man sah weder Erwachsene noch Kinder, noch nicht einmal einen Hund oder eine Katze. Nur ein paar Spatzen zankten sich wie gewöhnlich um ein paar Krumen und das verstärkte noch den Eindruck der lähmenden Angst, die in der Luft lag. Auf dem Weg zu meinen Großeltern kam ich an der Wohnung eines Freundes vorbei, der mich begleitete. Schweigend gingen wir die Treppe hinauf. Aus keiner Wohnung kam auch nur ein einziger Laut. Er klopfte an seiner Tür, wieder und wieder, immer verzweifelter. Niemand kam. Er sank auf die Treppenstufen und brach in hemmungsloses Schluchzen aus. Wie von Peitschenhieben gejagt, rannte ich treppab, auf die Straße und auf unser Zuhause zu. Als ich an Onkel Jakobs Haus vorbeikam, beschloß ich, zuerst einmal hier nachzufragen. Ich öffnete die Tür und trat ein. Zunächst konnte ich nichts erkennen, da die Vorhänge zugezogen waren und die Augen noch von der Mittagssonne draußen geblendet waren. Alles war still. Erst nach ein paar Sekunden merkte ich, daß ich nicht allein war und konnte den Onkel und seine Familie erkennen, und auch den Großvater, der am Tisch saß. Keiner sprach. Bewegungslos stand ich in der Tür. Die Kehle war mir wie zugeschnürt. Nein, es war auch gar nicht nötig, etwas zu sagen, ich wußte schon genug. Ein paar Minuten vergingen. Dann setzte ich mich schweigend neben Großvater hin. Er schaute mich traurig an und sagte mit gebrochener Stimme: »Ja, mein Junge, wir hier sind die letzten.« Was konnte ich schon sagen? Ich konnte nicht sprechen, Tränen schossen mir in die Augen. Als Onkel Mordechai und sein Sohn kamen, wurde das Schweigen gebrochen. Soweit man noch die Kraft dazu fühlte, war jeder von Herzen froh, die beiden zu sehen. Nach einer Weile fragte ich Großvater ängstlich »irgendein Brief aus Lemberg?« »Ja«, sagte er — sonst nichts. »Wann?« fragte ich weiter. »Einen Tag vor der ›Aktion‹«, sagte er. Jetzt erriet ich schon, was ich noch weiter hören würde, aber ich zwang mich zu fragen: »Nun, und was ist daheim geschehen?« Alle schwiegen. Dann legte Großvater die Hand auf meinen Arm und sagte — »deine Mutter, die haben sie vor neun Wochen weggeholt.«

Was dachte, was fühlte ich in diesem Augenblick? Ich weiß es nicht. Unfähig, mich länger zu beherrschen, griff ich nach einem Messer und versuchte, mir die Pulsadern zu öffnen. Aber der Schnitt ging daneben. Die anderen sprangen auf, nahmen mir das Messer weg und verbanden mein Handgelenk. Ich kann mich nur noch erinnern, was zwei Stunden später geschah. Es wurde gegessen, aber ich konnte keinen einzigen Bissen hinunterbringen und trank nur wie ein Verdurstender. Kein Überredungsversuch half. Ich glaube, ich wäre erstickt, wenn ich versucht hätte zu essen. Als die anderen fertig waren, setzte sich Onkel Jakob neben mich und redete mir liebevoll zu. Er versuchte mir klarzumachen, daß ich nicht das Recht hätte, Selbstmord zu begehen. »Vielleicht«, sagte er, »ist es dir bestimmt, als einziger unserer Familie am Leben zu bleiben. Vielleicht bist du dazu bestimmt, als einziger die Familie vor dem Aussterben zu bewahren!« Ich versprach, vernünftig zu sein. Dann gingen wir auseinander. Da Großvater nicht in sein altes Haus zurückkehren wollte, blieb er bei Onkel Jakob, und ich ging zu Onkel Mordechai, der bei dieser »Aktion« seine Frau und zwei Söhne verloren hatte. Als wir in sein Haus kamen, zündete er zwei Kerzen an und begann zu beten. Ich saß schweigend dabei und starrte in das aufgeschlagene Gebetbuch auf meinen Knien. Aber die Buchstaben drehten sich dauernd vor meinen Augen. Der Onkel merkte, daß dies nicht die Zeit für lange Gebete war und machte eiligst Schluß. Dann gingen wir zu Bett. Ich fühlte mich wie leblos und betäubt. Das volle Ausmaß meines Verlustes vermochte ich noch gar nicht zu fassen. Nur ein Gedanke kehrte immer und immer wieder: »Ich werde Mutter nie wiedersehen . . .«. Ich wurde krank und mußte mehrere Tage im Bett bleiben. Als ich wieder aufstehen konnte, brachte ich es nicht fertig, zur Arbeit zurückzukehren. Mein Fehlen würde wohl kaum bemerkt werden und sie würden sicher annehmen, ich sei ebenfalls der »Aktion« zum Opfer gefallen.

Ganz allmählich wagten sich die Juden wieder auf die Straße. In ganz Stojanow waren — wie sich nun herausstellte — nur dreißig Juden verschont geblieben. Aber sie lebten in ständiger Angst. Es dauerte lange, bis sich das Grauen, das über diese kleine Stadt gekommen war, wieder legte. Eine Woche später kam ein Brief von meinem Vater. Ich hatte mich nun aus meiner Benommenheit langsam wieder aufgerafft und wollte wissen, wie alles vor sich gegangen war.

Eines Morgens hatte es sich wie ein Lauffeuer rundgesprochen, daß die Deutschen eine »Aktion« planten. Meine älteste Schwester und Bina hatten sich auf einem Bauernhof versteckt. Die beiden anderen Mädchen waren bei den Großeltern geblieben. Das schreckliche Schicksal nahm seinen Lauf. Die »Aktion« wurde hauptsächlich von Ukrainern und — traurig zu sagen — unseren eigenen Mitbürgern durchgeführt. Die SS-Truppen überwachten das Ganze nur und gaben die Befehle. Sie fanden genug willige Helfer. Früh am Morgen drangen diese in die jüdischen Wohnungen und plünderten und zerstörten alles. Die Juden wurden mit Peitschen und Knüppeln auf dem Markt zusammengetrieben. Nur wer in der Landwirtschaft arbeitete, blieb noch verschont. Onkel Jakob hatte sich mit seiner Familie versteckt und Großvater war bei ihnen. Der Rest der Familie hatte sich zwar auch verborgen, wurde aber bald aufgestöbert. Vom Marktplatz wurden sie dann unter ständigen Mißhandlungen zwölf Kilometer weit zu Fuß zum Bahnhof getrieben, wo sie zwei Tage und zwei Nächte lang völlig nackt und ohne Essen oder Trinken stehen bleiben mußten. Schließlich verlud man sie in Viehwaggons und schickte sie in die Gaskammern von Belzec bei Lublin. Unter ihnen waren auch meine vier Schwestern, denn der heimtückische Bauer hatte auch die älteste und die jüngste sowie die Großmutter und meine Tante Hannah mit ihren beiden Kindern ausgeliefert.

In Stojanow waren wir — wie schon erwähnt — nach dieser Aktion nur noch dreißig Juden, dreißig arme, elende Wesen, mehr tot als lebendig. Aber selbst diese dreißig mit all ihrem Gram und Kummer durften dort nicht bleiben. Fast alle mußten nach Radziechow ziehen, einer kleinen Stadt, wo die überlebenden Juden des Bezirks gesammelt wurden. Die »Aktion« war in gesamt Ostgalizien gleichzeitig durchgeführt worden. Auch ich durfte nicht in Stojanow bleiben, weil mein Aufenthalt für die Stadt nicht lebenswichtig gewesen wäre. Man duldete nur unentbehrliche Arbeitskräfte. Vor meinem Aufbruch nach Radziechow ging ich zum Haus meiner Großeltern, um zu sehen, ob ich vielleicht noch ein Erinnerungsstück fände. Schon von weitem konnte ich sehen, daß die Fenster und Türen eingeschlagen waren. Im Hause herrschte Chaos. Betten, Kissen, Sofas — alles war aufgeschlitzt und wild umhergestreut. Nichts, was auch nur den geringsten Wert hatte, war übriggeblieben. Es sah aus, als ob hier ein Taifun gewütet hätte. Verzweifelt rannte ich fort und schrieb meinem Vater die wenigen Zeilen: »Schicke nichts mehr hierher. Stojanow ist tot, und meine Schwestern sind es auch.« Bald darauf schulterte ich abends einen Sack mit meinen Habseligkeiten und machte mich auf den Weg. Es waren zwar nur zwölf Kilometer nach Radziechow, aber ich war völlig erschöpft, als ich in der Frühe dort ankam.

In dieser Stadt hatten sich alle noch überlebenden Juden sammeln müssen. Bei der in ganz Ostgalizien gleichzeitig durchgeführten Maßnahme hatten die Deutschen folgende Taktik angewandt: Zunächst wurden in einfachen »Aktionen« weite Gebiete durchkämmt. Die Überlebenden mußten in bestimmte Städte ziehen. Dann wurden diese Städte weiteren »Aktionen« unterzogen, und wiederum mußten sich die überlebenden Juden in Marsch setzen. Auf diese Weise zog sich der Kreis enger und enger. Aus ihm konnten sie nicht mehr heraus, zogen von Stadt zu Stadt und konnten schon voraussehen, wann er bis auf einen einzigen Punkt zusammengeschrumpft sein würde.

13

Meine erste Nacht in Radziechow verbrachte ich bei Freunden meines Vaters. Am nächsten Tag bezog ich mit einem Kameraden und dessen zwei Brüdern ein Zimmer, das einem Juden gehört hatte und nun leerstand. Es hatte sogar einen geräumigen Balkon und hätte seinen Zweck erfüllt, wären nicht alle Fenster zerschlagen gewesen und hätte nicht irgendjemand das ganze Mobiliar weggeschafft. Wir richteten uns ein, so gut es ging, dichteten die

Fenster mit Pappdeckel und beschafften uns etwas Stroh sowie ein paar Decken.

Mein Kamerad und einer seiner Brüder gingen arbeiten, während der andere und ich den Haushalt führten. Es gab keine Küche; so mußten wir den Ofen in unserem Zimmer zum Kochen benutzen. Es war etwas mühsam, aber wir kamen doch damit zurecht. Diese Zeit war nicht einmal so schlecht. Niemand nahm von uns Notiz, ich brauchte nicht zu arbeiten, und trotz der ständigen Angst erschien uns das Leben halbwegs erträglich. Eines Morgens war das alte Gespenst jedoch wieder da: Eine »Aktion« stand bevor. Was sollten wir tun? Wir kamen auf die Idee, den Anschein zu erwecken, als ob unser Zimmer seit der letzten Plünderung immer noch leer stünde. Das war nicht schwierig. Wir brauchten nur unsere paar Kochtöpfe zu verstecken, das Stroh herumzuwirbeln und die Tür weit offenstehen zu lassen. Aber wo sollten wir uns verstecken? Schließlich krochen wir zwischen die Doppeltüren des Balkons. Wir wußten zwar, daß dies eine ziemlich unsichere Zuflucht war, aber wir fanden nichts Besseres und durften nur hoffen, daß unser Zimmer überhaupt unbeachtet blieb. So hockten wir den ganzen Tag dort zwischen den Türen. Schon beim geringsten Geräusch bekamen wir Herzklopfen. Wir wagten uns überhaupt nicht hinaus und blieben zwei Tage in unserem Versteck. Erst am Abend des zweiten Tages krochen wir schüchtern heraus und erfuhren, daß die »Aktion« wirklich stattgefunden hatte, aber nun vorüber war. Ich hatte wieder einmal Glück gehabt.

Ein paar Tage später wurde das jüdische Viertel erheblich eingeschränkt und wir mußten unser Zimmer aufgeben, da es außerhalb des jüdischen Viertels lag. Ich zog in das Haus eines Onkels meines Vaters. Diese Veränderung hatte große Vorteile für mich, denn nun bekam ich wieder regelmäßige Mahlzeiten, gehörte zur Familie und fühlte mich — soweit das unter den Verhältnissen möglich war — wie zu Hause. Mein Vetter Chaim wohnte hier, und bald darauf kamen auch Großvater und Onkel Jakob mit seiner Familie zu uns. Wir waren in dieser Wohnung — ein Zimmer und eine Küche — nun zu zwölf Personen, und obwohl wir uns gewiß kaum rühren konnten, lebten wir in Frieden und Eintracht. Ich kann mich nicht an einen einzigen Streit erinnern. Ich ging nun auch wieder jeden Tag arbeiten. Es gab Holz zu hacken oder Rüben auszugraben. Ab und zu lief einer oder auch eine ganze Gruppe weg, um sich im Wald zu verstecken, denn wir lebten alle in der ständigen Angst vor einer neuen »Aktion«. Einige, denen man die jüdische Abstammung nicht so sehr ansah, ließen sich unter einem angenommenen Namen und mit gefälschten Papieren zur Arbeit in Deutschland anwerben. Es hatte sich nämlich herumgesprochen, daß man als Jude — vorausgesetzt, man war nicht als solcher bekannt — nirgends so sicher sei wie in Deutschland, dem Land, von dem die ganze Verfolgung ausging.

Unser Leben war ganz erträglich. Wir hatten mehr oder weniger unsere Ruhe, wenn man von den dauernden Anforderungen, bald dies, bald jenes zu liefern, absah; aber daran hatten wir uns schon gewöhnt. Vetter Chaim ging ziemlich oft nachts nach Stojanow und kam in den frühen Morgenstunden zurück. Sein Vater, mein Onkel Mordechai, wohnte immer noch dort und bekam von den Bauern hin und wieder einige Lebensmittel. Diese teilte er mit Vetter Chaim, der sie dann zu uns brachte. Mit dieser zusätzlichen Versorgung kamen wir ganz gut zurecht.

Onkel Mordechai und fünf andere Juden waren in Stojanow allein zurückgeblieben. Der Onkel war nämlich ein Eierfachmann, und da es in Stojanow große Eierlagerhäuser gab, wurde er dort gebraucht. Die anderen fünf hatten ebenfalls Stellungen, in denen sie schwer zu ersetzen waren. Diese kleine Gruppe, der klägliche Rest einer Gemeinde von über tausend Juden, wohnte auch zusammen.

Eines Tages erfuhr ich von einer neuen »Aktion« in Lemberg. Die Sorge um Vater, von dem ich schon die ganze Zeit nichts gehört hatte, wurde immer größer. Natürlich war ich mir klar darüber, daß es fast unmöglich war, jetzt noch Briefe von Stojanow nach Lemberg und umgekehrt zu schicken. Früher war das leicht gewesen, wenn man eine arische Deckadresse hatte. Das war jetzt unmöglich, denn die jüdischen Wohnviertel waren — besonders in Lemberg — von den arischen streng getrennt. Ich kannte die Schwierigkeiten und wußte genau, daß keine Aussicht bestand, von Vater etwas zu hören. Trotzdem stieg meine Angst um ihn ständig.

Dann kam die Nachricht, daß Kamionka-Strumilowa als »judenfrei« erklärt worden war. Wir wußten, welch namenloser Kummer sich hinter dieser nüchternen Ankündigung verbarg. Zur Aufräumung des dortigen Gettos hatten wir 45 Mann abzustellen.

Viele Juden meldeten sich freiwillig, denn sie dachten, diese Tätigkeit bringe eine gewisse, zeitweilige Sicherheit mit sich, und so riet mir der Onkel, mich zu beteiligen. Ich tat es jedoch nicht, denn meine Erfahrung im Konzentrationslager hatte mich gelehrt, mich niemals freiwillig zu irgend etwas zu melden, denn es kam nie etwas Besseres nach.

Und wieder kursierten Gerüchte über eine bevorstehende Aktion. Dieses Mal erwiesen sich unsere Befürchtungen allerdings als unbegründet. Die Vorbereitungen waren offensichtlich genug. Sie dienten der Einrichtung eines Gettos, und nicht der unmittelbaren Vernichtung. Bei uns machte sich trotzdem niemand irgendwelche Illusionen über die Zukunft: Zuerst kam immer ein scharf bewachter Stacheldrahtzaun, als Nächstes eine Anforderung nach der anderen für die Arbeitslager, und schließlich kamen die Maschinengewehre, die das letzte, entscheidende Wort sprachen. Manche von uns beeilten sich daher, jetzt ein Versteck in den Wäldern zu finden. Dies bot aber nur alleinstehenden Männern eine Chance, denn den Härten eines Waldlebens waren Frauen und Kinder nicht gewachsen. Daher verzichteten viele Männer, deren Familien noch lebten, auf diese Aussicht auf Sicherheit.

Ein Versteck in den Wäldern bot natürlich keine absolute Sicherheit. Viele Juden fanden auch dort den Tod, aber weniger durch die Kugeln der SS als vielmehr die der ukrainischen und polnischen Partisanen, von denen sie genauso gehaßt wurden wie die Deutschen. Ukrainer wie Polen bekämpften sich aber auch gegenseitig, weil die Polen für ihr altes Vaterland fochten, zu dem ein Teil der Ukraine — Ostgalizien — gehörte, den die faschistischen Ukrainer in ihren Nationalstaat einbeziehen wollten, für den sie kämpften. Der bei jeder Gelegenheit durchbrechende Judenhaß der Ukrainer war alteingewurzelt, der der polnischen Partisanen hatte andere Gründe. Sie konnten bei ihrer geheimen und beweglichen Kriegsführung keine Juden in ihren Reihen brauchen, weil diese durch ihr Aussehen zu leicht auffielen und nicht beliebig auf- und untertauchen konnten. Diese verwickelte Situation zwang daher die Juden, in den Wäldern vor den Deutschen, den Ukrainern und den Polen gleichermaßen auf der Hut zu sein.

Am 16. November 1942 kam einer der sechs in Stojanow zurückgebliebenen Juden und brachte uns traurige Nachrichten. Am vergangenen Freitag abend war ein ukrainischer Polizist zu meinem Onkel gekommen, der gerade daheim beim Essen saß, und hatte ihm gesagt, der Landrat wünsche ihn zu sprechen und warte vor der Tür auf ihn. Der Onkel ging ohne Böses zu ahnen hinaus, wo der Landrat von ihm den Schlüssel zum Eierlager verlangte. Der Onkel händigte ihn aus und wandte sich um, die Hand schon auf der Türklinke. Da zog der Landrat seinen Revolver und erschoß ihn. Polizisten drangen darauf ins Haus und töteten die restlichen Juden. Nur dem Überbringer dieser schlimmen Botschaft war es gelungen zu fliehen. Nun war auch Stojanow »judenfrei«.

In dem neuen Getto war die Arbeit hart, aber trotz der scharfen Bewachung rissen viele aus. Gegen Ende November erging ein Befehl, sämtliche Juden hätten bis zum ersten Dezember die Stadt zu verlassen. Es wurde ihnen freigestellt, nach Sokol, Brody oder Busk zu ziehen.

Das war erneute, wenn auch einstweilen unblutige Verfolgung. In Galizien gab es jetzt insgesamt fünfzehn Städte, in denen sich Juden aufhalten durften. Es waren dort überall Gettos eingerichtet worden. Der Ring um uns hatte sich damit beträchtlich enger gezogen.

Es gab in Radziechow wohl kaum einen Juden, der sich nicht scheute, die Stadt zu verlassen. Man wußte ja nicht, welche Falle dieser Räumungsbefehl noch enthielt. Da sich keiner entschließen konnte, warteten die meisten bis zum letzten Tag. Als es dann höchste Zeit wurde, gingen viele in die umliegenden Dörfer und versuchten, von den Bauern einen Wagen zu mieten. Nachts räumten sie ihre Habseligkeiten aus, mußten aber vorsichtig sein, nicht dabei erwischt zu werden, denn ihnen drohte, zusammengeschlagen zu werden. Am nächsten Morgen verließen diese Familien dann mit den Wagen die Stadt. Die Ukrainer waren im Bilde. Sie warteten, bis die Wagen ein Stück des Weges gefahren waren, hielten sie dann auf und plünderten sie aus. Die Bauern schickten sie heim, und die Juden mußten völlig mittellos ihren Weg zu Fuß fortsetzen.

Mein Onkel und seine Familie entschieden sich für Sokol und verließen Radziechow an einem der letzten Tage. Ich hatte noch keinen Entschluß gefaßt und blieb zurück. Ich dachte, es sei doch vielleicht am besten, in die Wälder zu gehen, wollte aber noch zuwarten. Am allerletzten Tag stellte die Stadtverwaltung den Juden, die Radziechow noch nicht verlassen hatten, Fahrzeuge zur Verfügung und überließen ihnen die Wahl des Zielortes. Es waren meist arme Leute, die sich keinen Wagen leisten konnten. Sie durften auch Gepäck mitnehmen und kamen unbehelligt an dem neuen Ort an. Nur vierzig Juden, alles unersetzliche Spezialisten, durften in Radziechow zurückbleiben. Ich entschloß mich zu guter Letzt, mit einem Freund in die Wälder zu gehen.

Nun begann für mich ein neues Leben, wie ich es bisher nur vom Hörensagen kannte. Was man so erzählt hatte, hielt ich meist für übertrieben, aber die Wirklichkeit war weit schlimmer. Schießereien waren an der Tagesordnung, und jeder Schritt war gefährlich. Wir durften weder den Deutschen, noch den Ukrainern, noch den Polen in die Quere kommen. Ja, es kam sogar vor, daß man unversehens von einer jüdischen Gruppe beschossen wurde. Hier kämpfte jeder gegen jeden. Tagsüber lag ich gut getarnt in einem Erdloch; bei Nacht zog ich los, um auf den umliegenden Feldern oder in einem nahen Dorf mir Lebensmittel zu »organisieren«. Ich lebte fast wie ein Tier, und mußte meine ganze Willenskraft aufbieten, um nicht völlig demoralisiert zu werden. Auch quälte mich die ständige Angst um meinen Vater und die Brüder. Die Trennung von ihnen zu ertragen, empfand ich immer härter. Täglich wurde ich es mehr leid, so ganz allein zu sein. Die Idee, nach Lemberg zu ihnen zurückzukehren und ihr Schicksal — mochte es sein, wie es wolle — zu teilen, ergriff immer mehr Besitz von mir und wurde schließlich so zwingend, daß ich mich Mitte Dezember auf den Weg machte.

Meine Schuhe — schon vorher reparaturbedürftig — waren im Wald völlig zerrissen und unbrauchbar geworden. Barfuß zog ich durch den Schnee. Tagsüber versteckte ich mich, nachts wanderte ich — immer in Richtung Lemberg. Ich kam nach Busk. Hier war das Getto noch nicht geschlossen. Ich ging hinein, um mich etwas auszuruhen. In den Straßen sah ich nur Armut und Elend. Zerlumpte Kinder bettelten um ein paar Brotrinden; halb verhungerte Gestalten lungerten an den Straßenecken, und über ihnen allen hing die Angst vor dem noch ungewissen, aber wohl fürchterlichen Schicksal. Ich blieb hier einen Tag. Dann wanderte ich weiter, froh, dem schrecklichen Anblick zu entrinnen. Ich kam nach Jaryczov, wo es gleichfalls ein jüdisches Viertel gab. Hier führte mich der Zufall mit der Mutter meiner Tante Rywka zusammen. Sie berichtete, daß auch hier die Familie — ein Onkel mit seiner Frau und vier Kindern — ermordet worden sei. Ich marschierte weiter, die ganze nächste Nacht hindurch. Gegen Morgengrauen kam ich nach Lemberg. Wie in einem Traum ging ich auf die Suche nach unserem alten Heim. Aber dort wohnten keine Juden mehr. Das Getto fing erst eine Straße weiter an, bei der Zamarstynowska. Ich stand vor dem langen Zaun. In regelmäßigen Abständen patrouillierten hier bewaffnete Wachen. Mir schwirrte der Kopf. Ich sah das Lemberg von einst wieder vor mir, und Stojanow, das Haus meiner Großeltern, und meine Schwestern, den Brief meines Vaters, den schrecklichen Brief, der mir von Mutters Schicksal berichtet hatte... Dort, hinter diesem Zaun war mein Vater. Wie konnte ich zu ihm kommen? Ein Zaun trennte uns. Aber wo sollte ich sonst hin? Vater, was soll ich tun, wenn sie mir den Weg zu dir versperren?! Die Welt ist so groß, und dennoch ist für uns kein Platz darin! Die Wachen patrouillierten weiter, die Nacht kam, die Dunkelheit. Scheinwerfer wurden eingeschaltet. Der Zaun war hoch. Nein, für mich war der Zaun nicht mehr zu hoch. Jetzt war gerade kein Posten in der Nähe. Eine seltsame Kraft drängte mich. Ich kletterte den Zaun hoch, höher und immer höher. Dann sprang ich. Ich war im Getto.

14

Ich kam unter einem ungünstigen Stern ins Getto, denn schon am nächsten Tag fand wieder eine »Aktion« statt, bei der ich auch prompt verhaftet wurde. Doch nicht für lange, denn die Wachmannschaften waren nachlässig, und ich konnte bald entfliehen. Es war vier Uhr nachmittags. Ich stand auf der Straße und wußte nicht wohin. Ich konnte mir gar nicht vorstellen, wo mein Vater und die Brüder sein mochten — wenn sie überhaupt noch am Leben waren. Vielleicht war ich ganz umsonst hergekommen? Traurigkeit überkam mich. Aber während ich mir noch überlegte, was ich nun tun sollte, sah ich meinen Bruder Jakob daherkommen. Als er mich bemerkte und freudig auf mich zulief, trat ich einen Schritt auf ihn zu und wir begrüßten uns schweigend. Ebenso wortlos nahm mich mein Bruder dann mit nach Haus.

Wir mußten durch einen langen dunklen Gang, Jakob führte mich an der Hand. Fast am Ende des Korridors betraten wir einen Raum. Bestürzt sah ich mich um. Die Dielen waren herausgerissen, die Fenster zerbrochen. Drei schäbige Betten, ein wackliger Tisch, ein beschädigter Schrank und einige auch nicht mehr standfeste Stühle waren die ganze Einrichtung. Vater konnte ich nicht entdecken. Ich wagte kaum nach ihm zu fragen. »Vor fünf Wochen«, sagte Jakob, »bei der November-Aktion«. Ich war wie versteinert, unfähig, Schock oder Kummer zu empfinden; alles in mir war wie erstarrt. Erst Mutter, und nun auch Vater! All mein Kummer, alles, was ich durchgemacht hatte, war vergebens gewesen. Dann sah ich meine Brüder vor mir — sie brauchten mich noch. Ich fühlte, wie das Leben in mich zurückkehrte und war wieder fähig, die Situation klar zu erkennen. »Warum seid ihr nicht untergetaucht?« fragte ich. »Ihr könnt doch jeden Tag erwischt werden!« Ihre Antwort bestürzte mich — so kindisch war sie: »Es war uns ganz egal. Vater und Mutter waren tot, du warst weg ... warum sollte uns ein besseres Schicksal erwarten als die anderen?! Da haben wir alles verkauft und uns mal richtig an Schokolade und Bonbons sattgegessen. Und jetzt warten wir halt auf die nächste ›Aktion‹ ...«. Jakob war 13, Aaron 15 Jahre alt.

Das war mir genug. Nun wußte ich, was ich zu tun hatte. Zuerst sagte ich ihnen einmal gründlich die Meinung. Dann schaute ich mich bestürzt in dem Raum um: Schmutz häufte sich auf — eine ernste Gefahr für die Gesundheit. Es wohnte auch eine Frau hier; aber sie war krank, ein Wrack, physisch wie seelisch, völlig apathisch. Ferner teilte die Behausung ein Freund meines Bruders, der einzige Überlebende seiner Familie. An diesem Abend zerschlug ich einen Stuhl und machte Feuer. Ich machte etwas Wasser warm, und eine gründliche Wäsche folgte. Am nächsten Morgen holte ich einen Friseur. Ich hatte noch etwas Geld. Dann ging ich mutig gegen den Schmutz an. Ich heuerte eine Putzfrau und reinigte mit ihr zusammen gründlich den Raum. Es machte mich glücklich, als ich merkte, daß diese äußere Reinigung meine Brüder auch innerlich belebte. Das bewies mir, daß ich das Richtige tat.

Am Morgen darauf war meine erste Aufgabe, Arbeit zu finden. Ich konnte sonst überhaupt nicht wagen, das Haus zu verlassen, ja, nicht einmal drinnen würde ich sicher sein. Ich suchte den Chef der Gettoverwaltung auf, um zu fragen, ob ein Glaser gebraucht werde. Das klingt ganz harmlos: hingehen, fragen, eine Antwort bekommen und dann arbeiten gehen. Tatsächlich war es jedoch ein recht gewagtes Unternehmen, denn die Gettoverwaltung mußte Tag für Tag fünfzig Juden ausliefern, die dann sofort erschossen wurden. Dafür wählte man natürlich zunächst solche Leute aus, die nicht arbeiteten. Hätte ich Pech gehabt und wäre gerade in dem Augenblick ins Gettobüro gekommen, als die 50 Todeskandidaten noch nicht zusammengestellt waren, und man hätte gerade keinen Glaser gebraucht, dann wäre mein Schicksal besiegelt gewesen. Und doch mußte ich es wagen. Ich hatte kein Geld, mir einen Arbeitsplatz zu »kaufen«, und ohne den gab es keine Hoffnung für mich. So hatte ich wenigstens eine Chance. Das unwahrscheinlichste aller Wunder geschah: Sie brauchten einen Glaser und waren sogar froh, mich zu bekommen. Am nächsten Morgen begann ich zu arbeiten. Und nun verliefen die Tage einer wie der andere. Ich arbeitete bis vier oder halb fünf Uhr nachmittags. Dann ging ich heim, räumte auf und hatte sogar noch Gelegenheit, durch Wasserholen oder Holzhacken etwas nebenbei zu verdienen. So führten wir ein einigermaßen geregeltes Leben und waren so zufrieden, wie wir es unter den Umständen überhaupt sein konnten.

Ich mußte erst ein paar Tage verstreichen lassen, ehe ich mich stark genug fühlte, nach den Einzelheiten des Schicksals meiner Eltern zu fragen. Im August hatte in Lemberg eine Großaktion stattgefunden, bei der 60 000 Juden — die sämtlich nicht arbeiteten— vernichtet wurden. Zwei Wochen lang hatte namenloser Terror in der Stadt geherrscht. Mutter hatte sich mit einem meiner Brüder so gut versteckt, daß man nicht zu befürchten brauchte, daß sie entdeckt würden. Durch einen Einstiegschacht konnten sie in eine größere Ausweitung des Abwässerkanals neben einem Keller gelangen, der von dem benachbarten Lagerhaus der SS aus nicht zugänglich war. Dieses Versteck verließ sie erst am allerletzten Tag der Aktion, als sie glaubte, alles sei wieder ruhig. Als sie erfuhr, daß die Aktion doch noch im Gange sei, kehrte sie in ihre Zuflucht zurück, aber eine Polin hatte sie dabei beobachtet und denunzierte sie, als das Haus von Gestapo und ukrainischer Miliz durchsucht wurde. Die Polizisten stiegen nicht einmal in den Keller hinunter, sondern riefen nur: »Alles rauskommen!« Die Unglücklichen ließen sich einschüchtern und gehorchten dem Befehl.

Während die Miliz das Haus brandschatzte, mußten die Gefangenen unter Polizeibewachung im Hof bleiben. Sobald die Ukrainer fort waren, wandten sich die Polizisten ab und ließen es zu, daß wenigstens die Kinder sich davonmachten. Mutter wurde jedoch mitgenommen.

Vater wurde am 19. November 1942 bei einer zweitägigen »Aktion« im Getto gefangen. In der Annahme, als Arbeiter ziemlich sicher zu sein, ging er an jenem Morgen wie gewöhnlich zum Betrieb. Dort wurden aber bereits am Tor willkürlich ganze Gruppen angehalten und abtransportiert, darunter die Gruppe meines Vaters. In diesen zwei Tagen wurden 20 000 Juden zur Vernichtung weggeschafft. Von den 150 000 Juden Lembergs blieben nur 15 000 übrig.

Ich hatte noch nicht lang als Glaser gearbeitet, als ein reicher Mann kam und meinen Arbeitsplatz kaufte. Ich mußte als sein Gehilfe weiterarbeiten. Als ich hörte, daß ein Kutscher gebraucht wurde, meldete ich mich sofort für diese Stelle. Hätte man einen Lokomotivführer oder einen Dentisten gesucht, ich hätte mich vermutlich genauso beworben. Das wichtigste war für mich, eine Ganztagsstelle zu haben, weil das die größte Sicherheit bot. Alles andere regelte sich dann irgendwie von selbst. Ich wurde als Kutscher eingestellt und begann auch sogleich mit meiner neuen Tätigkeit. Die Gäule waren bestimmt nicht mit mir zufrieden, denn ich wußte nicht einmal, wie man sie an- und wieder abschirrt, ganz zu schweigen davon, wie man richtig fährt. Als es mir nach langen Versuchen endlich gelungen war, sie anzuschirren, ließ ich die armen Kreaturen gleich volle vierzehn Tage im Geschirr. Gewiß taten sie mir leid, aber ich war ganz und gar nicht sicher, ob ich es fertig brächte, sie wieder aufzuzäumen. Wäre man dahinter gekommen, daß ich vom Kutschieren genauso wenig verstand wie die Rosse vom Glaserhandwerk, dann wären meine Tage gezählt gewesen. Nach einiger Zeit gewöhnte ich mich jedoch an meine neue Arbeit und es folgten ruhigere Tage, die nur durch kleine, wenn auch aufregende Zwischenfälle unterbrochen wurden. So hatte ich beispielsweise 180 Zloty gespart, den Gegenwert von etwa zehn Pfund Brot. Eines Tages war das Geld verschwunden. Wir stellten das ganze Zimmer auf den Kopf. Es war vergebens. Das Geld kam nicht mehr zum Vorschein.

Und wieder drohte eine neue »Aktion«. Wir begannen fieberhaft ein Versteck zu bauen, indem wir den Keller unter unserem Zimmer von den anstoßenden Kellern abtrennten und diese mit loser Erde auffüllten, so daß unsere Kellerwände nicht nachgeprüft werden konnten. Im Fußboden unseres Zimmers machten wir eine kleine Öffnung, durch die wir in den Keller gelangen konnten. Ein Freund, der einen guten Arbeitsplatz hatte und nicht mit einer Verhaftung zu rechnen brauchte, schloß das Loch hinter uns und rückte den Schrank darüber. Nach unseren Informationen sollte die »Aktion« am 2. Januar 1943 um halb zwölf Uhr nachts beginnen. Mit mehreren Hausgenossen saßen wir bis elf Uhr in unserem Zimmer und gingen dann in unser Versteck hinunter. Der Keller maß zwölf Quadratmeter und wir waren vierzehn Personen. Jeder hatte für zwei Tage Lebensmittel mitgebracht; mein Vorrat bestand allerdings nur aus ein paar Rüben. Die beiden Tage verbrachten wir in völliger Dunkelheit, da die Öllampe wegen Sauerstoffmangels nicht brannte. Dann war die »Aktion« vorüber und wir konnten wieder nach oben steigen. Viele Häuser in der Stadt brannten, und der Geruch versengten Fleisches vermischte sich schaudererregend mit dem allgemeinen Brandgestank.

Am nächsten Tag wagten wir uns auch wieder auf die Straße. Es war ein grausiger Anblick. Überall lagen Leichen. Menschen, die zu fliehen versucht hatten. Viele Wohnungen waren leer. Sie machten einen chaotischen Eindruck, als ob ein Wirbelsturm dort gewütet hätte. Hier und da sahen wir Leichen noch in ihren Betten liegen, Kranke, die man gleich an Ort und Stelle erschossen hatte. Sie hatten noch den friedlichsten Tod gehabt.

Zwei Tage später fing ich wieder an zu arbeiten.

15

Wie im Lager, so war es auch im Getto Vorschrift, ein Erkennungsabzeichen auf der Brust zu tragen. Rüstungsarbeiter bekamen ein ›R‹; wer für die Wehrmacht schaffte, ein ›W‹, und die sogenannten Facharbeiter ein ›FA‹. Die Getto-Führer, Obersturmführer Tiller und Untersturmführer Mansfeld, hatten es sich zur Gewohnheit gemacht, auf der Straße auf jeden zu schießen, dessen Abzeichen nicht deutlich genug sichtbar war oder gar fehlte. Glücklicherweise hatte ich in der Werkstatt, wo ich nun als Monteur beschäftigt war, sofort das ›FA‹-Abzeichen bekommen.

Eines Tages wurde das Getto in JULAG (= Judenlager) umbenannt. Gleichzeitig wurde verfügt, daß nur, wer nicht arbeitet, zu vernichten sei. Die Putzfrauen — je eine für drei Häuser — und die Hausmeisterinnen — je eine für fünf Häuser — wurden ausnahmsweise als ›Facharbeiterinnen‹ eingestuft. Mit der Neuregelung zogen lähmende Furcht und Schweigen ins Getto ein. Man sah keine Kinder mehr und nur sehr wenige Frauen. Da meine Brüder zu jung waren, um zu arbeiten, und sich auch nicht mehr auf die Straße wagen konnten, mußte ich nun alle Besorgungen selbst machen. Das war bis jetzt die Aufgabe der Buben gewesen. Jeden Tag hatte ich bis Mitternacht zu tun. Die Kinder durften unser Zimmer überhaupt nicht mehr verlassen und mußten sich absolut ruhig verhalten, denn niemand im Hause sollte von ihrer Anwesenheit wissen. Ganz abgesehen von einer Denunzierung konnte schon ein unbedachtes lautes Wort böse Folgen haben. Die Lagerführer kamen freilich bald dahinter, daß es trotz ihrer neuen Vorschriften noch Leute im Getto gab, die nicht für irgendeine Arbeit eingesetzt waren. Daher blieb die alte Vorschrift, nach der die jüdische Polizei jeden Tag 30—50 Personen zur Liquidierung aufzubringen hatte, immer noch in Kraft. Jetzt kamen die Männer der Gettomiliz zum erstenmal selbst in eine üble Lage. Bisher waren sie die einzigen gewesen, die ihre Familien bei sich behalten durften. Nach der neuen Regelung mußten sie jedoch, wenn die tägliche Quote nicht erfüllt war, auch eigene Familienangehörige zur Hinrichtung abliefern.

Durch all diese Maßnahmen wurde die Gettobevölkerung erheblich dezimiert. Außerdem hatten die Einwohner jetzt — je nach ihrem Arbeitseinsatz — in bestimmte Häuserblocks zu ziehen. Dies erleichterte erheblich die Kontrolle durch die SS und machte einen illegalen Aufenthalt fast unmöglich. Trotzdem brachten es einige Leute fertig, ihren Angehörigen wenigstens noch für eine gewisse Zeit Zuflucht zu gewähren. Auch ich hatte in dieser Hinsicht Erfolg. Der Umzug war schwierig. Tagsüber durfte sich keiner auf der Straße sehen lassen, da ja alle bei der Arbeit zu sein hatten. Und nachts war es verboten, draußen zu sein. Was sollten wir tun? Wir wählten das geringere Übel und vertrauten uns dem Schutz der Dunkelheit an. Es kam zu mancher Tragödie. Familien wurden auseinandergerissen, durften aber schließlich leben. Aber was passierte, wenn ein oder mehrere Mitglieder einer Familie keinen Arbeitsplatz hatten, auch wenn sie vorerst noch am Leben blieben? Im allgemeinen mußten sich zehn bis zwölf Personen in ein Zimmer teilen. Das machte es schon räumlich unmöglich, irgendwelche nicht arbeitenden Verwandten zu verbergen. Dennoch hatte ich auch dieses Mal Glück. Ich bekam mit nur drei Männern zusammen eine Unterkunft zugewiesen und konnte es auf diese Weise riskieren, meine Brüder bei mir zu behalten. Zwei meiner Zimmergenossen hatten ebenfalls Verwandte bei sich, der eine seine Frau und seine Tochter, der andere eine Schwester. Wir waren insgesamt neun Personen. Wir bauten Kisten, die wir unter die vier Betten schoben.

Tag für Tag durchsuchte nun die Polizei das Getto nach illegalen Bewohnern. Man lebte daher in ständiger Angst. Die Verhafteten wurden ins Gefängnis gebracht und, wenn mehrere hundert zusammen waren, abtransportiert und erschossen.

Anfang Februar wurden unsere beiden Getto-Chefs zum Janowska-Lager versetzt. An ihre Stelle kam Obersturmführer Heinisch. Unter seiner Herrschaft wurde es zwar etwas ruhiger. Das tägliche Liquidierungssoll blieb aber gleich hoch, denn dies war ein Befehl ›von oben‹. Daran hätte auch der neue Kommandeur nichts ändern können, selbst wenn er gewollt hätte. Trotzdem atmeten wir alle auf, freilich nicht für lange. Am 19. Februar wurde Heinisch durch Obersturmführer Grzymek abgelöst, einen deutschen Staatsangehörigen, der im früheren Polen Polizeichef gewesen war, sich zur SS gemeldet hatte und ein »Getto-Liquidator« übelsten Rufes wurde. Er kam jetzt aus Rawa Russka, wo kein einziger Jude am Leben geblieben war.

Seine Herrschaft im Getto begann mit einem Morgenappell aller Arbeiter. Jede Gruppe mußte getrennt antreten. Nachdem wir eine Weile gestanden und gewartet hatten, fuhr Grzymek in seinem Wagen vor, sehr elegant, lässig ein Bein über dem Wagenrand baumelnd. Sein Fahrer war Jude. Ihn und den jüdischen Hauptbuchhalter hatte Grzymek als einzige Überlebende aus Rawa Russka mitgebracht. Langsam schaute Grzymek sich um. Dabei fiel ihm ein Milizmann auf, der nach seiner Ansicht wohl nicht stramm genug dastand. Er rief ihn vor die Front und verabfolgte ihm fünfundzwanzig schwere Hiebe. Es herrschte Grabesstille.

Schweigend ging Grzymek dann auf und ab. Schweigend musterte er uns. Eine geschlagene Stunde ließ er uns so stehen; dann wurden wir zur Arbeit geführt. Dieser Tag war der Auftakt zum Ende. Niemand zweifelte daran, daß nun die Liquidation des Gettos bevorstand.

Der erste und oberste Grundsatz unseres neuen Chefs lautete: »Vor allem Ordnung!« Wir hörten diese Phrase während seiner Herrschaft unzählige Male und sie wurde auch unverzüglich praktisch angewandt. Die ganze Gettobevölkerung wurde eingesetzt, um das Stadtviertel zu säubern und aufzuräumen. Nicht das kleinste Stückchen Papier durfte auf dem Straßenpflaster herumliegen. Alle Fenster mußten blitzblank geputzt sein, und wenn Grzymek eines bemerkte, das ihm nicht tadellos erschien, zerschoß und zerschlug er sämtliche Fenster des Hauses. Am gefährlichsten war seine persönliche Inspektion von Haus zu Haus und Zimmer zu Zimmer. War er der Meinung, daß ein Raum nicht ordentlich genug aufgeräumt war, so wurden seine Bewohner auf der Stelle erschossen. Traf er irgend jemand, der nicht bei der Arbeit war, so wurde das unglückliche Opfer abgeführt, und seine Familie hatte einen neuen Todesfall zu betrauern.

Von nun an mußten alle illegalen Bewohner des Gettos auch tagsüber in ihren Verstecken bleiben. Überall erschienen große Plakate, auf denen die Leute zur Reinlichkeit ermahnt wurden. Bald war das Straßenpflaster so sauber und glänzend, daß man davon hätte essen können. Hier wurde eine Maßnahme, die an sich empfehlenswert war, buchstäblich zu Tode geritten, denn auf der anderen Seite wurde kein Versuch gemacht, die erschreckend unsanitären Verhältnisse zu bessern.

Es hatte schon immer Seuchen im Getto gegeben, und sie wurden vor allem durch die ungenügende Ernährung begünstigt. Aber nun breiteten sich Typhus und Ruhr immer mehr aus, und so kam es zu einer neuen Verordnung: Jeder Kranke oder Seuchenverdächtige mußte sofort ins Krankenhaus. Zur schärferen Kontrolle wurde für jeden Häuserblock ein Arzt mit vier jüdischen Polizisten als Helfer eingeteilt. Fanden sie einen Bettlägerigen oder hörten sie von einer Erkrankung, und schafften den Patienten nicht sofort ins Krankenhaus, so hatten sie mit sofortiger Erschießung zu rechnen. Infolgedessen waren die Inspektionen äußerst genau und alle lebten ständig in der Angst, krank zu werden.

Jeder wußte, was ihn im Krankenhaus erwartete. Gegen Ende Februar bekamen meine beiden Brüder Typhus und Ruhr. Das Wichtigste war, sie gut zu verstecken. Ich grub in einem Abwässerkanal ein geräumiges Loch, wo sie den Tag über ungestört liegen konnten. Wenn ich abends, von der Arbeit völlig erschöpft, heimkam, mußte ich Kleider waschen, kochen und alles für den nächsten Tag vorbereiten. Das erforderte äußerste Anstrengungen und ich war oft drauf und dran, zusammenzuklappen. Aber ich wußte, daß ich weitermachen mußte.

Kurz nach Grzymeks Ankunft begannen größere Aktionen am Gettotor. Dieses Tor war die einzige Öffnung in dem zweieinhalb Meter hohen Holzzaun, der das ganze Lager umgab. An diesem Ausgang machten Volksdeutsche »Sonderdienst« als Wachposten, während den Zaun entlang und im Lager selbst ebenfalls Gruppen dieses »Sonderdienstes« patrouillierten. Diese Volksdeutschen benahmen sich wirklich weit schlimmer als ihre Volksgenossen aus dem Reich selbst. Sie hatten nur eine gute Seite: sie waren leicht mit Schnaps und Geld zu bestechen. An diesem Tor pflegte Grzymek nun morgens zu stehen, wenn die Arbeitsbrigaden ausrückten. Leute, die seiner Meinung nach zu müde marschierten oder ihm aus sonst einem Grund auffielen, ließ er anhalten. Manchmal schickte er ganze Arbeitsbrigaden ins Getto zurück. Wer auf diese Weise »abgelehnt« wurde, wanderte ins Gefängnis, und von dort ins Freie, wo er erschossen wurde. Auf die Straße zu gehen, war jetzt nicht mehr so riskant wie das Passieren des Gettotores. Alle beneideten diejenigen, die ihren Arbeitsplatz im Lager selbst hatten.

Tauchten neue Gerüchte über eine bevorstehende »Aktion« auf, so folgte jedesmal eine fieberhafte Geschäftigkeit. Alle gruben sich, so schnell sie konnten, ein Versteck. Ich benutzte die Gelegenheit, um nebenbei etwas Geld zu verdienen, indem ich für andere arbeitete. Gewiß, ich kam dadurch kaum mehr zum Schlafen, aber wir brauchten dringend Geld, und so schob ich alle Bedenken beiseite. Anfang März war es soweit. Die Aktion begann am Tor. Ein paar Arbeitergruppen, welche beizeiten gemerkt hatten, was vor sich ging, weigerten sich hinauszugehen und versteckten sich. Als es auffiel, daß weniger Männer als sonst ausrückten, dehnte sich die Aktion auf das Getto selbst aus. Dies war das erste Mal, daß es zu Zusammenstößen zwischen der SS und Juden kam. Aus dem

Haus Zamarstynowska-Straße 72 wurden Schüsse abgegeben, die zwei ukrainische Polizisten töteten. Die Werkstatt, in der ich arbeitete, lag im Keller eines Hauses, dessen Hof als Sammelpunkt für alle Verhafteten benutzt wurde. Von unserem Fenster aus konnten wir sehen, wie diese Unglückseligen, halbtot vor Angst und Schmerzen, unter den Hieben der SS und der Ukrainer stöhnten. Wir waren außerstande, ihnen zu Hilfe zu kommen. Plötzlich brach einer von ihnen aus und sprang durch unser Fenster in den Keller. Fieberhaft erregt, wie auch wir waren, versteckten wir ihn irgendwie. Schon wurde von draußen hereingeschossen, und Kugeln bohrten sich in die Wände. Grzymek und einige SS-Männer stürmten herein. Wir mußten uns aufstellen und dann krempelten die SS-Leute die ganze Werkstatt um. Der Flüchtling wurde schnell entdeckt und unter einem Hagel von Schlägen die Treppe hinaufgezerrt. Wie durch ein Wunder blieben wir in der allgemeinen Verwirrung ungeschoren. Wieder schaute ich durchs Fenster, denn ich machte mir um meine Brüder Sorge. Es war mir, als ob die Zeit stillstünde und es überhaupt nicht Abend würde. Schließlich war es soweit und ich konnte heimeilen. Gott sei Dank! Sie waren immer noch sicher und wohlgeborgen in ihrem Versteck. Welch eine Erleichterung!

16

Mitte März sollte ein besonderer Appell für die »Siedlungsarbeiter« stattfinden, das heißt für diejenigen, die das Dreiecksabzeichen trugen. Wir waren uns alle klar darüber, was das bedeutete, denn die Zahl dieser Arbeiter sollte hundert nicht überschreiten; wir waren jedoch siebenhundert! Mansfeld, der frühere JULAG-Führer, hatte diese Abzeichen für fünftausend Reichsmark das Stück verkauft. Nun war er nicht mehr da, und sein Nachfolger respektierte diesen Handel nicht. Es waren also sechshundert zu viel. Über sein Schicksal machte sich keiner eine Illusion; alle quälte Ungewißheit und Angst gleichermaßen, denn niemand wußte, ob gerade sein Name auf dieser Liste der hundert stand. Ich nahm jedoch in aller Ruhe an dem Appell teil, denn ich sagte mir immer wieder: Bin ich unter den hundert, dann ist alles in Ordnung. Wenn nicht, dann ist sowieso alles verloren und ich finde wenigstens einen schnellen Tod. Zu dem Appell erschien eine große Zahl von SS-Männern, unter ihnen auch meine früheren Lagerkommandeure von der Janowska-Straße, Gebauer und Wilhaus. Beide kannten mich recht gut. Ich versuchte mich so weit wie möglich hinter den anderen zu verstecken. Der Appell begann. Der erste Lagerälteste erschien mit Getto-Chef Grzymek und rief die Namen in der Liste auf. Die Männer traten vor die Front und bekamen von Grzymek ein neues Abzeichen, ein ›W‹. Ich war nicht darunter. Der Rest wurde in zwei Gruppen aufgeteilt, von denen eine zur Versetzung ins Janowska-Lager vorgesehen war, während die andere sofort erschossen werden sollte. Jeder versuchte, für die erste Gruppe angenommen zu werden. Auch ich wurde dieser Gruppe zugeteilt, schloß mich aber absichtlich den Todeskandidaten an. Ich dachte mir nämlich, sie würden mich im Janowska-Lager wiedererkennen, und die dortigen Methoden waren mir nur allzu vertraut: sie bedeuteten den langsamen Foltertod. Ich zog die Chance eines schnellen Endes vor. Der Gedanke an den Schritt ins Jenseits war mir jetzt so vertraut, daß ich keinerlei Gemütsbewegung mehr dabei empfand, nur Trauer — Trauer um meine Brüder. Apathisch blickte ich über den Antreteplatz, auf die verschiedenen Gruppen, die sich gebildet hatten, und die Reihen der ausgesuchten hundert Mann, an die Grzymek noch die Abzeichen verteilte. Plötzlich merkte ich, daß es ja noch keine hundert Mann waren und ein paar fehlten. Die Apathie war mit einem Schlag verflogen und mein Gehirn arbeitete fieberhaft. Kurz entschlossen ging ich zu dem Lagerältesten. Der war vor Erstaunen sprachlos und winkte nur kurz »passiert«. Im Inneren triumphierend meldete ich mich bei Grzymek und erhielt mein ›W‹. Wieder einmal war ich durch ein Wunder gerettet.

Als die Nacht kam, war alles ruhig. Bei meiner Rückkehr fand ich die Buben in großer Angst und Sorge um mich vor. Zwei Wochen später wurde wieder eine »Aktion«, dieses Mal in noch größerem Maßstab durchgeführt. Wieder war der Hof vor meinem Arbeitsplatz der Sammelpunkt, wieder war er von jüdischen Gefangenen überfüllt. In den Straßen und vor unserem Werkstattfenster knallten Schüsse. Am Abend lagen die Straßen voller Leichen. Als ich heimging, stürzte sich gerade vor mir aus dem vierten Stock eines Hauses eine Frau auf die Straße. Später erfuhr ich, daß ihr Mann am Tor den Todeskandidaten zugeteilt worden war. Immer größere Gruppen wurden — meist nachts — vom Krankenhaus abgeholt, um sofort erschossen zu werden. Wir waren uns alle klar, daß das Ende jetzt nahe bevorstand. Plötzlich wurde Blausäure ein begehrter Handelsartikel. Allzu oft war es jedoch nur ein unzuverlässiger Ersatz. Trotzdem wurden große Mengen davon umgesetzt.

Ende März wurde einer der übelsten SS-Männer in der Czwartakow-Straße von einem Juden erschossen. Ein paar Stunden später erschien SS im Getto und ließ die jüdische Polizei antreten. Ohne viel Federlesens suchten sie sich zwölf Mann heraus und hingen einen nach dem anderen an Balkonen in der Loketka-Straße auf. Die Leichen ließ man dort 48 Stunden über den Köpfen der Passanten baumeln.

Auf meinem Heimweg von der Arbeit hielt mich eines Abends ein jüdischer Polizist an und befahl mir, zum Büro des Gettokommandeurs mitzukommen. Da ich mir nichts hatte zuschulden kommen lassen, folgte ich ihm ohne Bedenken. In dem Büro warteten schon zwei andere Juden, und der Kommandeur bot mir höflich einen Stuhl an. Eine halbe Stunde später kamen zwei SS-Männer, und wir hörten zu unserem Entsetzen: »Drei Mann bereit fürs Lager.« Kaum hatten wir begriffen, was das bedeutete, da hatte man uns auch schon auf einen Lastwagen befördert, der dann den altbekannten Weg einschlug. Hatte mein guter Stern mich verlassen? Ich konnte und wollte es nicht glauben — wenn auch nur um meiner Brüder willen. Ohne Zaudern sprang ich von dem fahrenden Wagen und hatte Glück, denn die SS-Leute machten nicht kehrt. Die Kugeln, die sie mir nachsandten, verfehlten mich, und ein paar Stunden später war ich wieder zu Hause.

Nun war auch ich ein »Springer« geworden. Es gab deren eine ganze Menge im Getto, denn zuweilen gelang es dem einen oder anderen Todeskandidaten, auf der Strecke nach Belzek, dem Vernichtungslager, auszureißen. Am Bahnhof mußten sich die Opfer völlig ausziehen und wurden zu achtzig bis hundert Personen in Viehwagen gepackt, deren winzige Fenster mit Stacheldraht verspannt waren. SS-Männer standen mit schußbereiten Pistolen in den Bremserhäuschen und paßten während der Fahrt auf. Obwohl jeder dies wußte, kam es gelegentlich vor, daß der Stacheldraht von einem Fenster abgerissen wurde, und einer der Gefangenen hinaussprang. Aber die Flucht gelang nur wenigen. Meist wurden sie erschossen oder brachen sich beim Sturz die Glieder. Wer trotzdem Glück hatte, kehrte ins Getto zurück — wo sollte er auch anders hin? Dort nannte man ihn dann einen »Springer«. Manche von ihnen waren schon drei- oder viermal »gesprungen«.

Die folgenden Wochen waren etwas ruhiger. Aber das konnte uns nicht täuschen und wir wußten alle, wie bald das Ganze zu Ende sein werde. Jeder träumte von Flucht, alles andere erschien unwichtig. Aber viele wollten ihre Familie nicht im Stich lassen. Eines Tages fand man bei einem Juden, als er am Tor untersucht wurde, eine Pistole. Es wurde aber nichts weiter unternommen. Das war ein neuer Beweis, daß die Dinge nicht mehr lange so weitergehen würden. Auch Fluchtversuche waren aussichtsslos, weil die Stadt ringsum abgeriegelt war. So warteten wir alle nur auf das Ende.

Der 31. Mai kam, und als es Nacht wurde, fuhren sechzig Lastwagen voll SS-Leute ins Getto: Das war der Auftakt. Nun war keiner auf Grund seines Arbeitsplatzes mehr sicher, und auch das beste Versteck konnte nur einen Aufschub bieten. Ich überlegte, ob ich mich in der Kanalisation verbergen sollte, konnte mich aber doch nicht dafür entschließen, weil ich dann meine Brüder hätte im Stich lassen müssen. So blieb ich. Um sechs Uhr früh holte uns die SS ab. Wir wurden zu der Stelle gebracht, die schon so viele tausend jüdische Opfer gesehen hatte. SS-Trupps trieben Männer, Frauen und Kinder vor sich her. Die meisten von uns waren ruhig und gesammelt; viele Frauen sangen. Wir wurden auf Straßenbahnwagen geladen und zum Janowska-Lager gefahren. Dort trieb man uns auf den Appellplatz, den letzten Sammelpunkt so vieler Tausender. Von SS- und Askaris bewacht, blieben wir hier einen Tag und eine Nacht. Sobald es dunkel wurde, richtete man Scheinwerfer auf uns. Bei der geringsten Bewegung wurde schon geschossen. Es kamen immer mehr. Schließlich zählten wir achttausend. Ich war froh, diese letzten Stunden mit meinen Brüdern verbringen zu können. Jakob, der jüngere, hatte keine Angst mehr. Er war sicher, daß ihm nichts passieren würde, solange ich da war. In unserer Nähe saß ein Vater mit seinem verängstigten Töchterchen. Er versuchte es zu beruhigen: »Hab keine Angst, mein Kleines, dir passiert doch nichts. Bald wirst du im Himmel sein bei deiner lieben Mama und den Brüdern, und die Engel spielen mit dir. Bald werden wir alle unseren Frieden haben, und es wird uns nichts mehr zuleide getan.« So redete er auf das kleine Mädchen ein, bis es sich beruhigte und sagte »ja, Pappi«. Plötzlich fiel ein Schuß und eine Frau neben uns sank von einer Kugel getroffen um. Die kleine Rachel schluchzte laut auf und ihr Vater sagte leise: »Schau nur, Liebling, die Frau ist jetzt in den Himmel gegangen . . .« Mit großen Augen sah Rachel ihren Vater an und war ruhig.

Am zweiten Tag erscheint gegen zehn Uhr Wilhaus mit mehreren SS-Männern. »Habt keine Angst«, sagt er, »wir schießen euch nicht tot. Ihr bleibt im Lager.« Dann ein Befehl: »Erwachsene über sechzig und Kinder unter fünf heraustreten!« Alle wissen, was das bedeutet. Mütter bleiben bei ihren Kindern und treten mit an. Ein paar Kinder versuchen wegzulaufen. SS-Männer kreisen sie ein und schießen sie nieder. Die Opfer müssen sich ausziehen und werden dann weggebracht. Als nächstes heißt es »Erwachsene über fünfzig und Kinder unter acht Jahren heraustreten. Der Rest geht ins Lager!« Wieder kommt es zu den gleichen Szenen. Ein Mann und eine Frau neben uns schlucken Blausäure. Aber es ist kein echtes Gift und sie erbrechen es. (Ich möchte hier erwähnen, daß der Ehemann nicht starb, sondern heute noch lebt.) Jakob, unser jüngster Bruder, versucht sich zu verstecken und kriecht zum Zaun. Er will sich ganz klein machen und hofft, die SS-Männer bemerkten ihn nicht. Aber sie tun es und erschießen ihn. Und dann geht es wieder los: ». . . über dem und dem Alter und unter dem und dem Alter, heraustreten! Der Rest bleibt im Lager.«

Der Befehl wird noch viele Male wiederholt. Zuletzt bleiben achthundert Juden übrig — von achttausend! Bare achthundert, im Alter von vierzehn bis dreißig Jahren. Wir werden in zwei Gruppen aufgeteilt, eine rechts, eine links. Ich werde dabei von Aaron getrennt, dem letzten von allen meinen Geschwistern. Ich soll ihn nie mehr wiedersehen. Dann wird uns der Zweck dieser Teilung klar. Die Gruppe meines Bruders wird zur Hinrichtung weggeführt. Seine Augen suchen mich noch einmal. Ein letztes Mal nickt er mir zu und muß dann mit den anderen die Straße gehen, die schon so unendlich viele vor ihm gingen, auch Vater und unsere ganze Familie. Er trägt den Kopf hoch. Schließlich verliere ich ihn aus den Augen. Jemand stößt mich an. Wir marschieren ins Lager.

Die Lagerroutine war immer noch die gleiche. Zuerst ins Waschhaus, dann zum Appell. Unsere Habe wurde uns restlos abgenommen. Dann kam die Einweisung in die Baracken und die Aufteilung in die Brigaden — daran hatte sich nichts geändert. Nur das Lager selbst war größer geworden und faßte jetzt 15 000 Mann. Ich treffe Leute, die ich schon kannte. Allmählich fügte ich mich wieder in das Lagerleben ein. Und doch war jetzt alles anders. Während meines ersten Aufenthalts hier hatte mir der Gedanke, daß daheim meine Lieben auf mich warten, geholfen, alle Härten auszuhalten. Später im Getto hatte ich wenigstens die Möglichkeit, für meine Brüder zu sorgen. Nun waren sie alle tot. Dieser Gedanke quälte mich unablässig. Ich wurde vor Kummer fast wahnsinnig.

Doch eines Tages kam eine Veränderung über mich. Die Worte meines Onkels kamen mir wieder in den Sinn: »Vielleicht bist du der einzige, der die Familie vor dem Aussterben bewahrt . . .« Vielleicht hatte er recht. Was er gesagt hatte, gab mir nun wieder Zuversicht und neue Ausdauer. Der Wille zum Leben hatte sich behauptet.

Und dann kam schließlich der Tag, der für mich der letzte in diesem Lager sein sollte.

Teil III *Todesbrigade*

I

15. Juni 1943

Der Tag begann wie üblich: Vier Uhr Wecken. Das bedeutet, sich schnell anziehen und hinaus aus der Baracke, sich durch die vielen Menschen drängen, lauter ausgemergelte Häftlinge in schmutzigen, oft noch durchnäßten Lumpen. Jeder hat es eilig, denn es ist bald Zeit zum Antreten. Unterwegs kann man von allen Seiten Angebote hören: »Butterportion?«, ». . . einen Zloty . . .«, »Heißer Kaffee?«, »Zucker«, »Wurst?«, »ein Viertel Brot?« Da das Geld bei den »Geschäftsleuten« ebenso knapp ist wie bei den »Kunden«, wird das Brot in Hundertgrammportionen gehandelt. Das entspricht unserer Tagesration im Lager. Unter der Hand kostet sie hier zwei Zloty (der vierzigfache Normalverbraucherpreis!), so daß man beim Verkauf eines ganzen Brotes zu zehn Portionen eine Ration »Profit« machen kann.

Wie auch die anderen, habe ich es eilig, zur Latrine zu kommen, wo sich schon eine Schlange gebildet hat. Chaotische Zustände herrschen hier, niemand kann hinein, niemand heraus. Endlich bin ich wenigstens drinnen. Hier geht es noch schlimmer zu. »Schiff' mich doch nicht an!«, »Schmeiß mich nicht um!«, »He! Eil' dich! Kannst später bei der Arbeit fertigsch . . .!« — Der letztere Ruf gilt einem, der sich schon seinen Platz erobert hat, während sich die dicht vor ihm Wartenden — die Hosen in der Hand — untereinander streiten. Es fehlt auch nicht an Drohungen: »Los, steh' auf oder ich kipp' dich 'rein!« Der nächste schickt sich gerade an, den umkämpften Platz einzunehmen, da kauft ihm ein anderer den Rang gegen ein Stück Papier ab (hier wird mit allem gehandelt), und schon geht das Geplänkel von neuem los, dieses Mal vielleicht mit weniger Erfolg, da der geschäftstüchtige »Hokker« sturer ist . . .

Endlich bin ich aus der Abortbaracke wieder heraus und bahne mir, so schnell ich kann, durch die Menge einen Weg zum Waschraum. Hier geht alles drunter und drüber; aber man kann sich für ein paar Groschen ein Kochgeschirr voll Wasser von irgendeinem anderen armen Teufel kaufen, der sich mit Erfolg durchgedrängelt hat. Für den eigenen Bedarf bleibt ihm nichts, denn er ist auf die Einnahme angewiesen. Von den hundert Gramm Brot und dem Liter Wassersuppe mit ein paar Bohnen darin kann er nicht arbeitsfähig bleiben. Mangels »Geschäftskapital« für einen einträglichen Handel hilft er sich auf diese Weise. Hat er einen »guten Tag« mit einem Umsatz von fünf oder sechs Geschirren Wasser, dann langt es vielleicht zu einer Extraration Brot. Ja, wenn er nicht in der »Lagerbrigade«, sondern in einem Kommando draußen arbeitete, dann könnte er vielleicht etwas ins Lager schmuggeln ...

Ich erstehe mir also ein Geschirr voll Wasser und wasche mich. Dann gebe ich noch einen halben Zloty für Kaffee aus, denn es ist unmöglich, sich dafür noch anzustellen. Dieser Zwischenhandel ist ein Monopol der Ärmsten, so daß einem nichts anderes übrigbleibt, als den Morgenkaffee bei ihnen zu kaufen. Zudem riskiert man Prügel von der Lagerpolizei, wenn man sich nur in die Nähe der Küche wagt, weil sie meinen, man wolle eine zweite Portion »nachfassen«.

Nun muß ich mich beeilen, daß ich den Vorarbeiter finde, denn er »faßt« jeweils für seine ganze Gruppe die Brotrationen. Ich finde ihn auf dem Appellplatz, wo man schon dabei ist, in Fünferreihen anzutreten. Jede Brigade hat ihren bestimmten Platz. Die Lagerpolizei hilft mit dem Gummiknüppel nach.

»Brigadeführer, meine Brotration, bitte.«

»Hast du die denn noch nicht?« Er schaut auf seinem Zettel nach, denn manche versuchen, eine zweite Ration zu bekommen.

Ich nehme meinen Platz in der Reihe ein und beginne gleich zu essen. Aber kaum habe ich den ersten Bissen im Mund, als mich ein anderer Häftling um etwas Brot bittet, obwohl er dadurch vielleicht zu spät an seinen Platz kommt und einen Hieb mit dem Knüppel einstecken muß.

Schließlich steht alles zum Appell bereit. Ein unheilvolles Schweigen herrscht. Wir sind in Fünferreihen angetreten, jede Brigade für sich, das Ganze in Hufeisenform mit Blickrichtung zur Platzmitte.

Rechts neben jeder Brigade steht ein einzelner Häftling. Am linken Arm trägt er eine gelbe, blaue, rote oder weiße Binde. Das ist der Vormann oder Brigadier. Man kann an den Gesichtern und der Kleidung der Männer unschwer erkennen, wo und wie die einzelnen Gruppen beschäftigt sind. Die bei der Ostbahn arbeiten, sehen von dem Ruß immer schwarz aus und sind sehr mager, denn die Arbeit ist dort sehr hart, und die Männer werden ständig geschlagen. Sie haben da kaum eine Möglichkeit, Geschäfte zu machen. Ohne zusätzliches Einkommen sind sie aber auf die Normalverpflegung im Lager angewiesen. Andere Brigaden sind hingegen besser gekleidet und sehen sauberer aus. Sie arbeiten irgendwo in der Stadt unter günstigeren Verhältnissen.

Ungeduldig erwarten wir den Augenblick, wo wir aus dem Lager heraus sind. Vor dem Tor beginnt die Musik zu spielen. Es ist ein Orchester von sechzig Mann, sämtlich Lagerinsassen, darunter Künstler von internationalem Ruf. Sie spielen uns immer auf, wenn wir zur Arbeit ausrücken, wenn wir abends heimkommen oder wenn eine Gruppe zum Erschießen hinausgebracht wird. Dann stimmen sie den »Todestango« an, Tag für Tag. Wir wissen, daß er auch heute wieder so manchem von uns gelten wird.

Endlich öffnet sich das Tor und drei SS-Männer kommen herein, auf dem linken Arm die Maschinenpistole, in der rechten Hand die Peitsche, und als Begleitung einen großen Hund.

Ein kurzes Kommando: »Achtung, Mützen ab!«, und schon reißen wir wie eine für die Parade gedrillte Mannschaft mit der rechten Hand unsere Mützen herunter. Auf den Gesichtern erstarrt jeder Ausdruck, denn die geringste Bewegung, ja schon irgendeine Laune dieser Mörder genügt, und sie knallen wieder Dutzende oder gar Hunderte nieder.

Plötzlich hören wir das Kommando »Nieder!« Alle werfen sich zu Boden, bis wieder »Aufstehen!« befohlen wird. Das Ganze wiederholt sich viele Male, dann folgt eine lange Pause, und erst danach hören wir endlich das Signal zum Abmarsch für die erste Brigade, anschließend das für die zweite, die dritte und so weiter.

Jeder wartet mit Ungeduld darauf, das Tor hinter sich zu lassen. Schließlich sind auch wir an der Reihe: »Links um, im Gleichschritt marsch!« Wir marschieren wie Soldaten. Nachdem wir das Tor passiert haben, heißt es »Kolonne halt!« Vor uns stehen unsere Mörder mit ihrem ewigen, halb versteckten Lächeln, Lagerkommandant Wilhaus, neben ihm zwei SS-Männer — auch sie feixen ironisch — und ein Trupp Askaris in ihren schwarzen Uniformen. Gleich werden sie wohl auf seinen Wink uns einrahmen und den bekannten Weg führen, den unter den gleichen Klängen schon

Tausende gingen. Es ist ja längst kein Geheimnis mehr, was uns dann erwartet. Wir hören schon im Geist das Kommando »Ausziehen!« und dann »Dreh dich um!«, dem nur noch der Schuß in den Hinterkopf folgt.

Unser Vormann meldet die Mannschaftsstärke unserer Gruppe. Ein SS-Mann prüft die Zahl nach, und dann kommt der Befehl zum Abrücken. Auf dem uns zugewiesenen Arbeitsplatz warten schon einige Brigaden. Der Ingenieur, der jeden Tag kommt, sucht sich mit einigen SS-Leuten aus sämtlichen Gruppen 75 Mann heraus, darunter auch mich. Dann sagt er, wir sollten auf einen LKW warten, der uns zu einer Straßenbaustelle zwischen Kulikow und Zolkiew bringe. Wir warten ein paar Minuten, aber der Wagen kommt nicht. Inzwischen müssen wir Ziegelsteine schleppen und werden angewiesen, uns an einem bestimmten Platz zu sammeln, wenn »Straßenbau Zolkiew-Kulikow« ausgerufen werde. Groß, unser neuer Vormann, war früher ein bekannter Boxer. Wilhaus hatte ihn schon mehrere Male vor dem Tode bewahrt, wenn seine Brigade zum »Sand« abrückte, wo die Hinrichtungen stattfanden.

Es beginnt sacht zu regnen. Auf einen Wink des Ingenieurs gehe ich statt Ziegel zu schleppen in die Klempnerwerkstatt, wo ich gewöhnlich arbeite. Ob sie uns mit dieser angeblichen Fahrt nach Zolkiew nur hinters Licht führen wollen? Ich frage die Kameraden, was sie davon halten. Vom Fenster aus beobachte ich den Platz, wo wir uns sammeln sollen, aber der LKW kommt nicht. Die Köpfe gesenkt, Trauer in den Zügen, schleppen die Männer draußen in langer Reihe die Ziegel, jeder fünf Stück. Ich kann auch sehen, wie die Zeiger der Lagertoruhr langsam vorrücken.

Es geht auf Mittag zu. Der dünne Regen hat nicht aufgehört. Die Tropfen fallen den Gefangenen, die ihre Ziegel tragen, auf das Gesicht und rollen wie Tränen die Wangen herab. Es ist, als ob die Natur durch diese Menschen weinte.

Es ist zwölf Uhr. Der Vorarbeiter sammelt alle zum Essenfassen, und wir schlurfen zur Küche. Plötzlich hören wir das Stichwort »Sechs!« Das bedeutet, daß sich ein SS-Mann nähert. In Sekundenschnelle und ohne uns umzuwenden formieren wir uns in Fünferreihen. Der Vormann kommandiert »Achtung, Mützen ab!«; automatisch gehorchen wir und marschieren wie Soldaten. Kurz darauf ertönt das beruhigende »Mützen auf!«, und wir stülpen die Mützen wieder auf. Die Marschordnung behalten wir noch eine Weile bei, bis der SS-Mann verschwunden ist.

Am Tor zählt uns die Wache und gibt dem Vormann einen Zettel mit der Zahl der zu Verpflegenden. Und weiter geht es zu dem Teil des Hofes, wo wir wohnen und essen. Überall ist es sauber. Die Baracken sind von Gärtchen umgeben. Hier und dort begegnet man den Kameraden vom Reinigungsdienst und den mit Gummiknüppeln ausgerüsteten »Ordnern«. Unsere Schritte sind deutlich hörbar, denn die Wege sind hier mit Grabsteinen vom jüdischen Friedhof in Lemberg ausgelegt. Man kann noch die Inschriften lesen. Die Steine wurden von der sogenannten »Friedhofskolonne« hergebracht, hier dienen sie zum Straßenbau.

Jetzt sind wir am Küchenbau. Das Eßgeschirr in der Hand, treten wir in langer Reihe vor einem der Fenster an. Daneben steht unser Vorarbeiter und paßt auf, daß niemand einen zweiten Schlag faßt. Jeder starrt auf die Suppenkelle, um zu sehen, ob er eine Bohne oder gar ein Kartoffelstückchen erwischt.

Nun habe ich meine Suppe und schaue mich schnell um, ob ich ein Stück Brot kaufen kann. Die Suppe ist kaum mehr als ein guter halber Liter gekochtes Wasser, aber nur wenige können es sich leisten, etwas hinzuzukaufen. Es ist auch schwierig, überhaupt etwas zu bekommen, höchstens beim Latrinenreiniger ein paar Zigaretten. Endlich kommt auch die Friedhofskolonne, und einem von ihren Leuten kann ich ein Stück Brot abkaufen. Aber meine »Suppe« ist inzwischen kalt geworden. Ich setze mich — wie alle anderen — in der Nähe der Küche auf die Erde und esse. Einem Kameraden, der gerade vorbeigeht, ist es doch gelungen, eine zweite Portion Suppe zu bekommen. Nun hält er nach einem Kunden Ausschau, der sie ihm abkauft, so daß er sich selbst noch eine Ration Brot leisten kann. Ich esse meinen Topf leer und gehe zum Waschraum, um das Geschirr zu spülen. Hier ist es jetzt leer. Den sauberen Napf hänge ich mir an den Gürtel. Das ist hier so üblich. Die halbe Stunde Mittagspause ist um. Wir sammeln uns, um wieder zur Arbeit auszurücken. Aufs neue passieren wir das Tor. Und hier draußen ist gegenüber der Wachtturmuhr an einem Pfosten ein Junge von 18 Jahren angebunden. Er ist blau und schwarz und still. Er ist so festgebunden, daß er nicht mehr die Erde berührt, sondern in der Luft hängt. Ehe er angebunden wurde, bekam er 25 Peitschenhiebe. Das bedeutet sein Ende, denn nach dieser Bestrafung wird er nicht mehr arbeitsfähig sein. Er ist dann »kaputt« und wird erschossen.

Wir gehen alle wieder an unsere Arbeit vom Vormittag, aber vorher ermahnt uns der Vormann noch, wir sollten schnell kommen, wenn er rufe, damit er nicht auf uns zu warten brauche. Ich bin nun wieder in der Klempnerwerkstatt und überlege mit den Kameraden hin und her, ob ich mitgehen soll oder nicht. Wollen sie uns hinters Licht führen? Wenn die Reise schon zum »Sand« gehen soll, warum haben sie uns dann nicht am Morgen hingebracht, wie sie es mit all den anderen gemacht haben? Wozu brauchen sie dann noch einen LKW? Könnten wir nicht genau so gut laufen? Die Kameraden raten mir alle zu mitzugehen. Sie wissen wohl, daß ich bei der ersten besten Gelegenheit ausreiße. Bin ich erst einmal aus dem Lager und aus der Stadt hinaus, dann ergibt sich auf einem LKW die beste Chance dazu.

2

Während wir in der Werkstatt noch diskutieren, erscheinen draußen auf dem Hof zwei Lastwagen. Da ich zufällig aus dem Fenster sehe, merke ich, daß unsere Brigade sich sammelt und aufzusteigen beginnt. Ich frage mich wieder: soll ich mitfahren oder nicht? Schließlich sage ich mir: Wenn Groß, den Wilhaus so oft vor dem Tod bewahrt hat, geht, kann auch ich die Chance wahrnehmen.

Eiligst verlasse ich die Werkstatt und springe auf den Wagen, auf dem auch Groß ist. Aus dem Führerhaus steigt ein hochgewachsener, schlanker SS-Mann in Scharführerrang, und fragt, wer von uns Zimmermann sei. Spontan melden sich alle und behaupten, sich gegenseitig überschreiend, sie seien Zimmerer, Maurer, Maler und noch alles mögliche. Aber wozu braucht man ein Handwerk, wenn man erschossen werden soll? Von der anderen Seite höre ich eine Stimme »Genug, genug!« Ich schaue mich nach dem Sprecher um. Es ist ein robuster, gut aussehender Mann mit den Abzeichen eines Untersturmführers. Später stellt sich heraus, daß er unser neuer Boss ist. Er zählt uns — statt 75 sind nur 44 da — und erklärt, das genüge einstweilen, und er hole sich morgen mehr. Dann steigt er vorn ein, und der Wagen fährt ohne eine Bewachung ab.

Das schwere Eisengitter vor uns öffnet sich. Jetzt rollen wir schon auf der Hauptstraße, aber niemand ist sicher, ob es tatsächlich nach Zolkiew geht. Es regnet immer noch leise. Jeder zerbricht sich den Kopf, wo der Wagen wohl hinfährt. Als wir an die Pilichowsky-Straße kommen, die zum »Sand« führt, stellen wir mit Entsetzen fest, daß der Winker in diese Richtung zeigt und der Wagen dann auch tatsächlich einbiegt. Wie aus einem Munde sagen wir: »Da wird abgesprungen!« Groß, unser Vormann, springt als erster, ein zweiter folgt, ein dritter, ich habe auch schon ein Bein über der Rückwand, da taucht unversehens ein großer LKW mit Schupos auf. Es müssen etwa achtzig Mann sein. Wir hören Schüsse, und unser Wagen stoppt. Die beiden, welche nach Groß abgesprungen waren, steigen schleunigst wieder auf. Doch warum, wenn wir ohnehin zum »Sand« fahren? Ist es da nicht besser, beim Fluchtversuch getötet zu werden, als sich ausziehen zu müssen, um dann vor dem Feuer zu stehen, das die anderen Opfer schon verbrannt hat? Der LKW fährt weiter; der Scharführer steht jetzt auf dem Trittbrett, die Pistole schußbereit auf unsere Köpfe gerichtet. Hinter uns kommt der Wagen mit den Schupos — er hatte uns an der Ecke der Pilichowsky-Straße erwartet.

Kopf hoch, Mensch! Spuck' diesen Mördern ins Gesicht! — Aber niemand tut es, denn es ist nichts dabei zu gewinnen. Im Gegenteil, sie werden einen vor dem Tod nur noch foltern. Aber das beschleunigt vielleicht das Ende? Vielleicht sollte man doch nicht so bald aufgeben? Es geschehen Wunder, und womöglich werden wir gerettet? Aber schon seit zwei Jahren warten Hunderttausende auf ein Wunder, und es ist immer noch nicht gekommen. Passiert es dann etwa in den nächsten paar Minuten?

Vieles geht mir während dieser Fahrt durch den Sinn. Welcher Sünde habe ich mich denn schuldig gemacht, daß ich den Tod meiner Eltern und meiner Geschwister erleben mußte? Warum ging ich nicht wenigstens mit meinen beiden Brüdern in den Tod, statt, wie jetzt, ganz allein. Ein Feigling wie ich, der sich vor dem Ende fürchtete, »rettete« sich für das Konzentrationslager und sah zu, wie sich seine Brüder auszogen, um sich erschießen zu lassen. Hier bin ich nun, zwölf Tage später, und gehe den gleichen Weg. Und doch segnete ich, wie alle um mich herum, jeden Tag, an dem ich noch lebendig war, und hoffte jeden Tag auf Rettung. Wir sagten zwar immer, sie sei nahe, aber unglücklicherweise war der Tod näher.

Immer noch nieselt es.

Der LKW hält, und schon stehen die Schupos und die SS-Männer mit ihren Maschinenpistolen um uns herum. Der Untersturmführer kommandiert »Absteigen!« Wir springen herunter und stellen uns in Fünferreihen auf. Aus einer tiefen, über dreihundert Meter langen Schlucht vor uns steigt stinkender schwarzer Rauch hoch. Diese Schlucht ist ein Massengrab mit Tausenden von Leichen. Am Hang liegen große Holzstapel. Unten in der Schlucht steht eine Maschine, die von einem Schupo in schwarzem Arbeitsanzug bedient wird. Sie ist an Fässer angeschlossen, aus denen sie durch eine Rohrleitung Öl in das prasselnde Feuer pumpt. Das Feuer zischt. Vielleicht zischen auch die brennenden Körper? Vielleicht verbrennt man diese Menschen lebendig? In wenigen Minuten werde ich die Antwort wissen.

»Habt keine Angst!«, beginnt der Untersturmführer seine Ansprache. »Ihr werdet hier arbeiten, und wenn die Arbeit getan ist, kommt ihr wieder ins Lager.«

Wir hören das mit Mißtrauen. Wir kennen diese Reden schon. Sollten nicht alle, die umgebracht wurden, nur zur Arbeit gehen?

Dann heißt es, wir sollen alles, was wir in den Taschen haben — außer Schnupftüchern und Zigaretten — abgeben. Sie sagten, daß sie zu suchen verstünden, und wüßten, wo man etwas verbirgt. Es habe gar keinen Zweck, etwas zu verstecken und dafür eine Kugel zu riskieren. Wahllos werfen wir alles — auch die Taschentücher und Zigaretten — vor uns auf die Erde. Sie werden uns ja doch töten. »Wer von euch war Vorarbeiter?« wird gefragt. Ein blonder Junge namens Herches — unser zukünftiger »Oberjude« — tritt vor, und noch ein zweiter, ein gewisser Lustmann, etwa vierzig Jahre alt. Na, diese Tricks kennt jeder! Ich bin sicher, diese beiden Männer werden jeder eine Gruppe zum Feuer führen. Es gibt zwei Feuer.

»Wer von euch ist Tischler?« fragt der Untersturmführer. Ohne nachzudenken hebe ich die Hand. Ich habe nichts zu verlieren. Vielleicht schicken sie mich zur Arbeit in die Pelczynska-Straße, wo das Hauptquartier ist. Leichen brauchen keinen Zimmerer mehr. Was ich dann unternehme, werde ich mir später noch überlegen. Dort bleibe ich jedenfalls auch nicht lange, denn bei der ersten Gelegenheit mache ich wieder einen Fluchtversuch. Mit mir heben auch noch ein paar andere Häftlinge die Hand. Weil ich der größte in der Gruppe bin, wählt man mich zuerst aus und dann noch zwei andere. Von zwei Schupos und dem Scharführer mit seiner MP bewacht, werden wir zu unserem Arbeitsplatz geführt. Die anderen bleiben zurück. Ich denke gar nicht erst darüber nach, ob ich nun richtig oder falsch gehandelt habe. Schlimmer als dies kann nichts sein. Eine Flucht ist jetzt unmöglich. Wir sind da.

»Hier«, erläutert der Untersturmführer, »bauen wir die Unterkunft, in der ihr dann wohnt.«

Der Platz, einige hundert Quadratmeter groß und beiderseits von steilen Abhängen eingefaßt, liegt nicht weit von der Schlucht. Als erstes fällt mir auf, daß hier mit dem Bau bereits begonnen wurde und ein Teil der Unterkunft schon steht. Man hatte mir im Lager erzählt, daß schon drei Brigaden hier gewesen seien. Keine habe jedoch länger als drei Tage gearbeitet. Nun weiß ich genau, woran ich bin. Der Scharführer sagt uns noch, wir sollten sorgfältig arbeiten, denn wir müßten selbst dort wohnen. Nun kenne ich die ganze Wahrheit — wir bauen in drei Tagen so viel wie möglich, und dann werden wir verbrannt. Nach uns erzählt man einer neuen Brigade von Opfern, sie kämen nach Zolkiew oder Bobrka, und auch sie werden an diesem verdammten Ort enden.

Wir erhalten Handwerkszeug und bekommen vom Scharführer einige allgemeine Anweisungen über das Aussehen der Unterkunft. Fragend schauen wir uns gegenseitig an: Bist du vielleicht ein Zimmermann? Jeder scheint den gleichen Gedanken zu haben: Vielleicht ist der andere vom Fach, und ich mache als Gehilfe mit . . . Aber keiner von uns war Zimmerer. Plötzlich wendet sich einer an den Scharführer, der inzwischen auch gemerkt hat, daß wir samt und sonders nicht die geringste Ahnung haben, und sagt ihm, bei den anderen sei ein wirklicher Zimmermann. Er gibt auch den Namen an, und einige Minuten später kommt der Mann. Unter seiner Anleitung beginnen wir zu bauen. Auch er versteht nicht allzu viel davon, aber die Arbeit geht doch irgendwie voran. Jeder möchte gern wissen, was mit unseren anderen Kameraden geschehen ist, aber wegen des Sprechverbots haben wir zu viel

Angst zu fragen. Wir hören nur, wie der Zimmerer murmelt, »Das ist die Hölle.«

Plötzlich befiehlt uns der Scharführer, die Arbeit zu unterbrechen und das Werkzeug zusammenzulegen. Wir stellen uns auf und gehen mit unserer Bewachung zur Schlucht hinunter. Die Flammen schlagen uns bis ins Gesicht, der Rauch beißt in den Augen, und der Gestank schnürt uns die Kehle zu. Einige der Leichen in dem prasselnden und zischenden Feuer halten die Hand ausgestreckt. Es sieht aus, als ob sie uns anflehten, sie herauszuholen. Viele Tote liegen mit offenem Mund da. Vielleicht wollten sie sagen: »Wir sind eure eigenen Mütter und Väter, die euch aufgezogen und umsorgt haben. Nun werft ihr uns ins Feuer und verbrennt uns.« Hätten sie reden können, dies hätten sie vielleicht gesagt. Aber auch sie haben Sprechverbot . . . sie werden bewacht. Vielleicht würden sie uns verzeihen? Sie wissen, daß die gleichen Mörder, die sie getötet haben, auch uns zwingen, dies zu tun, immer unter dem Druck ihrer Knuten und Maschinenpistolen. Sie würden uns vergeben, denn es sind ja unsere Väter und Mütter, die hier liegen, und sie würden die ärgsten Martern ertragen, wenn sie wüßten, daß es ihren Kindern hülfe. Aber was sollten wir tun?

> Vater, kamst du schon hierher,
> warum konnte ich nicht mit dir gehen?
> Überwunden wäre alles.
> Ich stünde nicht allein an deinem Grabe
> um erst deinen Körper zu verbrennen,
> vor dem eignen Ende.

Fuß an Fuß stehen wir in Blutlachen zwischen den Toten und warten. Aber worauf? Vielleicht auf das Ende? Oder schickt man uns etwa in die »Todeszelle« zurück, wo wir, wie die Brigaden vor uns, schlafen werden.

Auf der Anhöhe um uns herum stehen die Schupos mit Maschinenpistolen. Sie sind bewaffnet, als ob sie an der Front einen Angriff erwarteten. Wir hören, wie einer den anderen fragt: »Hast du genug Kugeln?« Wir starren einander an. Gilt das uns?

Unser Oberjude Herches meldet unsere Stärke. Wir sind zweiundvierzig. Wir hören das Kommando »Rechts um!« Die Wendung fällt nicht ganz so exakt aus wie im Lager, denn wir stehen auf Leichen.

Dann kommt der Befehl »Unterhaken«, und so klettern wir zu fünft den steilen, schlüpfrigen Abhang hinauf. Man hatte uns gewarnt, wir würden erschossen, wenn nur einer es wage, seinen Nebenmann lozulassen. Kurz darauf stehen wir wieder am oberen Rand der Schlucht, wie vor drei Stunden. Die Männer haben jetzt wenigstens wieder Mut zu atmen. Der Führer der Schupos gibt uns Instruktionen, an die wir uns beim Gehen zu halten haben. Wir können beim geringsten Fehler abgeknallt werden.

1. Jeder muß den Nebenmann unterhaken
2. Der Abstand zwischen den einzelnen Fünfergruppen darf nicht mehr als 45 cm betragen
3. Es ist verboten sich umzusehen
4. Beim Gehen ist der Kopf gesenkt zu halten
5. Es ist verboten zu sprechen

Noch einmal schärft uns der Schupoführer ein, daß der geringste Verstoß gegen diese Vorschriften oder nur der Verdacht darauf genüge für eine Kugel. Wieder werden wir gezählt und bekommen dann den Befehl »Vorwärts!«, mit der Einschränkung »aber langsam!« Langsam gehen wir zu fünft auf dem schlüpfrigen Lehmgrund und der pfützenübersäten, holprigen Straße. Wie wir daherschlurfen, die Köpfe gesenkt und Arm in Arm, sieht es aus, als ob wir einem Leichenwagen folgten. Wir nehmen nicht den gleichen Weg wie der Lastwagen, mit dem wir kamen, sondern die direkte Verbindungsstraße vom »Sand« zum Lager. Das Ganze ist wie ein Massengrab, ein Abflußkanal, der auch uns verschlukken möchte, als ob er immer noch nicht genug habe. Vielleicht würde dieser Ort, wenn er sprechen könnte, sagen: »Es tut mir leid, aber ich bin in den gleichen Händen wie ihr.«

Wir gehen weiter. Noch immer fällt leichter Regen. Schon kann man den Lagerturm mit dem Askariposten sehen. Ob wir etwa im Lager schlafen? Dann sieht man mich bestimmt nicht wieder — ich werde schon irgendwie ausreißen.

Wir kommen zum Lagerhof. Häftlinge sitzen am Boden und sortieren Kartoffeln. Es sind auch einige dabei, die mit uns nach »Zolkiew« fahren sollten, aber gerissen genug waren, sich zu drükken. Man befiehlt uns, den Kopf abzuwenden, denn die Gesichter von Rückkehrern aus dem »Sand« darf niemand sehen.

Vor dem Lagerzaun machen wir halt. Bei dem kleinen Tor, durch das jeden Tag die Todeskandidaten geführt werden, läßt man uns hinein, um uns nach einer Rechtsschwenkung durch ein zweites Tor auf ein stacheldrahtumzogenes Terrain zu führen. Die hier mit einem Meter Abstand aufgestellten Baracken gehören zum Frauenwohnbezirk. Ihre Insassen arbeiten in der Wäscherei und den DAW (Deutsche Ausrüstungswerke). Jede der Baracken ist 15 m lang und 6 m breit. Sie sind in drei Räume unterteilt, von denen jeder eine Tür ins Freie und drei Fenster hat. Die erste Baracke gegenüber dem Tor, durch das wir kamen, hat vergitterte Fenster. Sie ist die sogenannte »Todeszelle.« Jeder, der in diese Zelle kommt, muß sterben. Die Baracken stehen auf Pfeilern, so daß zwischen Fußboden und Erde 40 cm Raum bleibt. Der Platz zwischen der Baracke und dem Zaun ist rund 17 m lang und 3 m breit. Hier hocken wir uns im Türkensitz auf die Erde oder — genauer ausgedrückt — in den Dreck.

Ich überlege mir, ob es einen Zweck hat, schon jetzt zu fliehen, indem ich mich zunächst einmal unter einer Baracke verkrieche. Nein. Ich werde warten, bis es Nacht geworden ist und wir allein sind. Dann, so plane ich, werde ich eine Diele des Fußbodens hochheben und hindurchschlüpfen. Ich hoffe, daß die Wachen nicht die ganze Nacht bei uns bleiben, sondern uns nur einschließen und dann weggehen.

Ein Schupo geht Wasser besorgen, damit wir uns waschen können. Wir sitzen und warten. Durch die vergitterten Fenster der beiden anderen »Todeszellen« schauen verängstigte Gefangene, die Augen schwarz unterlaufen, das Gesicht geschwollen und dunkel verfärbt. Diese Leute wurden aus den arischen Stadtvierteln Lembergs hergebracht. Sie hatten sich dort verborgen oder als Arier ausgegeben. Im Lager werden sie dann verhört und bis zur Bewußtlosigkeit gefoltert. Fällt das Opfer dann halbtot zu Boden, wird es gewaltsam wieder zum Bewußtsein gebracht, und die Marter beginnt auf neue. Man möchte herausbekommen, wo sich noch andere Juden versteckt halten. Während wir warten, bringt ein großer, schlanker einarmiger SS-Mann — der Scharführer Heine — einen hochgewachsenen, korpulenten Mann, dessen Kleidung offensichtlich elegant war. Er wurde bis zur Unkenntlichkeit zusammengeschlagen. Heine ist allgemein als Sadist schlimmsten Kalibers bekannt. Seine größte Befriedigung findet er darin, seine

Opfer mit Messern bei lebendigem Leibe zu verstümmeln. Er ist hier der Vernehmungsoffizier.

Der Schupo kommt mit einigen Frauen zurück, die das Wasser bringen. Sie haben die Frauenbaracken zu säubern. Einen Augenblick bleiben sie stehen und schauen uns an, wie man neue Opfer anschaut. Dann holen sie uns Waschschüsseln. Sie möchten wohl noch eine Weile bei uns stehen bleiben, aber der Polizist scheucht sie fort. Zum Waschen entkleiden wir uns noch im Sitzen bis zum Gürtel. Fünf Mann dürfen sich jeweils säubern; die anderen müssen so lange hocken bleiben. Verängstigt gehe ich zur Waschschüssel. Die Schupos schlagen aus dem geringsten Anlaß. Vielleicht steht man nicht richtig da, oder man wäscht sich nicht gründlich genug. Auch ohne die mindeste Schuld kann man eine Tracht Prügel bekommen.

Nun sind wir mit dem Waschen fertig. Unsere Verpflegung kommt auf einem Wagen an. Sie wird draußen vor dem Zaun abgeladen, denn die Fahrer dürfen diesen Lagerteil nicht betreten. Vier Mann holen sie unter Bewachung herein, und einer der Schupos kommandiert: »Der Brandmeister und der Zähler werden das Essen verteilen!« Ich werde stutzig, denn diese Bezeichnungen habe ich noch nie gehört. Ich kannte die neuen Tätigkeiten im »Sand« noch nicht. Jeder erhält zweieinviertel Liter Suppe (viel dicker als die im Lager!), 150 Gramm Brot und einen Löffel Marmelade. Ich hätte gern darauf verzichtet! Nach dem Essen gehen wir in die dritte der Gefängniszellen. Sie ist leer. Hinter uns wird die Tür abgeschlossen.

Die Zelle ist etwa 6 Meter breit, fast 7 Meter lang und hat drei vergitterte Fenster. Von der Nachbarzelle trennt uns eine dreiviertelhohe Holzwand. Man könnte hinüberklettern. An den Wänden liegen ringsum Strohsäcke, und neben der Tür stehen zwei Abortkübel. Da wir seit Mittag keine Gelegenheit zum Austreten mehr hatten (wir hatten Angst gehabt, um Erlaubnis zu bitten), reichen die Eimer natürlich nicht, und unsere Zelle wird zur Kloake. Ein Schupo ruft von draußen: »Was ist hier los? Sofort Ruhe!« Zwei Schüsse knallen und gehen in die Barackendecke. »Sofort liegt alles!« Beklommenes Schweigen. Wir teilen uns zu zweit in einen Strohsack. Stumm liegen wir da. Nebenan hören wir Kinder weinen. Sie werden Hunger und Durst haben. Männer und Frauen stöhnen. Sie können nach den unmenschlichen Prügeln weder sitzen, noch stehen, noch liegen. Drei Tage verbringen sie schon in den Zellen. Sie warten nur noch darauf, sobald genügend zusammen sind, von den SS-Männern abgeholt und zum »Sand« geschickt zu werden.

Nach einigen Minuten beginne ich eine Unterhaltung mit meinem Nachbarn, dessen Kleider durch die Arbeit mit den Leichen einen Verwesungsgeruch ausströmen. Nicht einmal mehr den Gestank von den Kübeln riechen wir, da der Verwesungsgeruch an den Kleidern soviel stärker ist. Schon als wir in unsere Zelle kamen, hörten wir die Nachbarn sagen, »Pfui, das stinkt aber!« »Was riecht denn hier nur so schrecklich?« Dabei erledigen auch sie ihre Notdurft in der Baracke.

Die erste Frage an den Nachbarn ist natürlich: »Wie kommen wir hier wieder heraus?« Allmählich kommen wir auf die Ereignisse während der zwei Stunden seiner Arbeit in der Schlucht zu sprechen, und mein Nachbar berichtet.

»Es war die reine Hölle. Wir waren gerade zur Schlucht hinuntergestiegen, als zwei Mann wieder nach oben gerufen wurden. Da stand ein Lastwagen, und darauf lag eine Leiche, von Kugeln durchsiebt. Es war Groß, unser Vorarbeiter. Die beiden nahmen ihn je an einem Bein, zogen ihn in die Schlucht hinunter und warfen ihn in die Flammen. Zur gleichen Zeit beging ein Arzt in unserer Gruppe Selbstmord; er schluckte eine Blausäurekapsel und starb sofort. Nun waren von den 44 nur noch 42 Mann übrig. Eine Gruppe arbeitete mit Schaufeln, das heißt, sie mußte die Toten ausgraben. Eine andere hatte dann mit den Leichen selbst zu tun.

Das war schauderhaft. Man packte die Körper bei den Händen oder Füßen und zog sie heraus. Sehr oft glitten sie einem aus der Hand oder die Haut löste sich und blieb einem zwischen den Fingern hängen. Dabei bekam man von der Anhöhe dauernd zu hören: »Los, warum so langsam?!« und »Du da, kommt mal schnell her!« Der Angerufene kriegte es mit der Angst zu tun und lief hinauf, obwohl er wußte, daß ihn oben 25 Peitschenhiebe erwarteten. Es war nicht seine Schuld, wenn ihm die Last ausrutscht. Aber hier läßt man keine Entschuldigung gelten. Sie zogen daher die Körper zu zweit heraus; einer packte die Arme, der andere die Beine. Es war jeweils ein Gewicht von 70 bis 80 Kilo. Die Leichen waren ziemlich frisch, etwa zwei Wochen alt. Sie müssen aus dem

Endstadium der Gettoliquidierung stammen. (Wer weiß, ob meine zwei Brüder darunter waren?)

Die Körper wurden ins Feuer geworfen. Auf der einen Seite stand der »Brandmeister«. Er hatte dafür zu sorgen, daß das Feuer richtig brennt, die Körper richtig liegen und daß das Feuer nicht ausgeht. Er legt Holz zu und schaufelt die Asche weg. An der anderen Seite steht der »Zähler« mit Papier und Bleistift. Er führt Buch, darf aber nicht einmal den Schupos sagen, wieviel Menschen hier täglich verbrannt werden. Abends meldet er dem Untersturmführer die genaue Zahl, um sie pflichtgemäß sofort zu vergessen. Fragt ihn der Untersturmführer am nächsten Tag, »Wieviel Figuren wurden gestern verbrannt?«, so hat der Zähler zu antworten: »Ich weiß es nicht.« Die Leichen werden hier »Figuren« genannt.

Um die Toten ins Feuer zu werfen, mußte man praktisch so nahe herangehen, daß es einem Hände, Gesicht und Haare ansengte. War der erste Körper ins Feuer geworfen, mußte man zur nächsten Leiche rennen, denn es genügte nicht einmal, daß man schnell ging. Jeder hat Angst von dem vertrauten: ›Schneller! Warum geht die Arbeit so langsam?‹

Noch solch ein Tag, dann brauchen sie uns gar nicht erst zu erschießen, denn das hält niemand aus.« So endete der Bericht meines Nachbars, mit dem ich den Strohsack teilte.

Wir schwiegen und schauten uns an. Keiner hatte den Mut, das Schweigen oder die Gedanken des anderen zu unterbrechen. Vielleicht denkt er gerade an seine Eltern oder an seine Familie — die letzten Träume Verurteilter. Hätte man einen von uns nach seinem letzten Wunsch gefragt, so bin ich sicher, daß er sich ein Wiedersehen mit den Dahingegangenen, Vater, Mutter, Frau, Kinder, Bruder, Schwester gewünscht hätte. Mutter, meine Mutter, die ihre Goldzähne opferte, um Päckchen ins Konzentrationslager zu schicken, damit ihr Kind nicht hungerte!

Von fern klingt Musik herüber. Sie wird für die von der Arbeit heimkehrenden Häftlinge gespielt. Langsam erhebt sich hier und da einer von seinem Lager und geht lautlos und vorsichtig in der Zelle umher. Die Schmerzen von den Peitschenhieben, die wir im Lauf des Tages einstecken mußten, machen sich zu sehr bemerkbar, als daß man noch länger liegen könnte. Wir wagen uns etwas näher ans Fenster heran. In der Ferne sehen wir die Baracken des

Lagers. Dort ist jetzt alles mögliche zu haben. Jeder handelt mit irgendetwas, der eine mit Wasser, der andere mit Kaffee, ein dritter mit Brot — ja, sogar Gold und Juwelen werden umgesetzt. Niemand verscheucht uns vom Fenster. Der Vorgesetzte der Polizisten ist nicht mehr zu sehen. Die Schupos kommen zu uns ans Fenster, nachdem sie sich vergewissert haben, daß kein SS-Mann sie dabei beobachtet. Sie geben uns Zigaretten und versuchen uns zu beruhigen. Wir brauchten uns keine Sorgen zu machen, erklären sie; man werde uns nicht umbringen.

Aber vielleicht sagen sie das nur, um uns von Fluchtgedanken abzubringen?

Gegenüber von unserer Baracke sind die Frauenbaracken. Die Frauen schauen aus den Fenstern und möchten uns gern etwas zukommen lassen, aber sie fürchten sich vor den Schupos. Diese bemerken das, gehen zu den Frauen und fragen, ob sie uns Brot geben wollen. Wir geben aber durch Gesten zu verstehen, daß wir lieber Zigaretten hätten. Manche von uns rufen ihre Namen hinüber, weil uns viel daran liegt, daß unsere Freunde und Verwandten erfahren, daß wir noch leben.

Die Nacht kommt. Jeder legt sich wieder auf seinen Platz. Draußen halten zwei Schupos Wache. Was würde wohl passieren, wenn ich die Tür aufsprengte? Sie würden schießen, aber sie sind nur zu zweit und würden nur wenige von uns treffen. Die anderen entkämen, aber nur bis zu dem dichten, über drei Meter hohen, doppelten Stacheldrahtzaun. Es wäre schwer, ihn zu übersteigen. Alle zwei bis drei Meter steht auf einem hohen Pfahl ein Scheinwerfer. Käme man aus unserer Umzäunung wirklich heraus, so stünde man erst im Werkstatthof. Der aber ist gut beleuchtet und hat an jeder Ecke einen Wachtturm.

Aber etwas müssen wir tun! Inzwischen bewachen uns immer noch unsere Schupos. Ob sie später weggehen? Mit diesen Gedanken schlafe ich ein und träume von den Eltern: Sie weinen, weil die gleichen Mörder, die ihre übrigen Kinder getötet haben, auch das letzte noch umbringen wollen. Ich erwache. Ich sollte doch einen Fluchtversuch machen! Ich nähere mich dem Fenster und höre die Schupos sich unterhalten. Ich versuche, meine Kameraden zu wecken, aber sie schlafen tief und fest. So lege ich mich wieder hin und grüble weiter, was getan werden könnte. Darüber schlafe ich wieder ein. In einem neuen Traum erlebe ich, wie man meine

Mutter abholt, um sie zu töten. Ich höre ihre Klage, daß sie sieben Kinder zurücklasse und daß ich nun elf Monate später vor dem gleichen Ende wie ihre übrigen Kinder stehe. Das läßt mich in Rührung vergehen — ich beginne zu weinen, wache darüber auf, nicke wieder ein und träume weiter von meiner Mutter, von Vater und den Geschwistern.

3

Ich erwache, der Tag bricht an. Die Nacht, die meine einzige Hoffnung war, in der ich hätte fliehen sollen, ist vorbei. Nun bin ich endgültig verloren. Langsam beginnen alle wachzuwerden; man hört Stöhnen. Wieder der verfluchte Tag. Oh Gott, was taten wir, um dies zu verdienen? Hätten wir in dieser Nacht eines natürlichen Todes sterben können, wir hätten alles hinter uns gehabt. So wartet ein Tag mit neuen Foltern auf uns und sicher unser letzter . . .

Ich gehe zum Fenster. Durch die Gitter kann man die Lagerküche sehen. Dort ist der Morgen wie immer. Gewiß, hier brauche ich mich nicht mehr zur Latrine zu drängen, und auch nicht mehr zu hasten, damit ich zum Appell nicht zu spät komme. Überflüssig ist jetzt auch die Furcht von dem »Todestor«, bei dessen Anblick ich immer dachte: Wenn du das doch nicht mehr zu passieren brauchtest! Heute ist der Tag. Man hört auch Musik von dem Orchester, das gestern vergaß, uns den Todestango zu spielen — als ob sie gewußt hätten, daß unsere Stunde noch nicht gekommen war.

Sieben Uhr. Die Tür wird aufgeschlossen und wir hören den Zugführer der Schupos »Heraus!« brüllen. Wie gestern abend müssen wir uns wieder vor der Baracke auf die Erde setzen. Der Zugführer zählt uns; die Zahl stimmt noch. Als Frühstück steht eine große Kanne Kaffee und ein Kasten mit Brot von uns. Wir bekommen eine doppelte Brotration — 200 g — und einen halben Liter gesüßten schwarzen Kaffee. Eine Henkersmahlzeit, wie man so sagt.

Das Frühstück ist beendet; wir stehen auf. Erneut werden uns die Verhaltungsrichtlinien für den Marsch eingeschärft; wir haken uns unter und rücken ab, 42 Mann, begleitet von 40 Polizisten mit schußbereiten MPs, den Finger am Abzug. Wir gehen durch das kleine Tor, durch das wir gestern hereinkamen. Draußen müssen wir warten. Vom Lager her kommen drei Scharführer, darunter Heine, der bei jeder Hinrichtung dabei ist, und zahlreiche Askaris. Die Leute, die wir gestern abend in den beiden anderen Zellen unserer Baracke sahen, schließen sich uns an. Die Männer werden von den Frauen und Kindern getrennt. Die Bewachung wird auf etwa hundert Polizisten erhöht; vierzig waren also noch nicht genug? Nun ist es auch für uns soweit, denn Frauen und Kinder werden sicher nicht zur Arbeit geschickt. Manche von uns werfen ihre Mäntel und Jacken fort, damit das Ausziehen auf dem »Sand« schneller geht. Vielleicht haben sie in ihrer Angst auch das Gefühl zu ersticken und ertragen die Kleidung nicht mehr.

Wir gehen den gleichen Weg wie gestern. Ungefähr fünfzig Meter vor der Schlucht bleiben die Frauen und Kinder mit den Askaris zurück. Die Männer — es sind 43 — kommen mit uns. Wir gehen zu der Schlucht hinunter, in der wir gestern arbeiteten. Die Schupos verteilen sich oben am Rand zu einem geschlossenen Kreis um uns. In der Schlucht müssen wir uns — jeweils zu fünft — auf die Leichen setzen — wie auf Bänke — und warten. Die Feuchtigkeit der sich zersetzenden Körper dringt durch unsere Hosen. Zwei Wagen kommen. Ihnen entsteigen außer unserem neuen Chef, einem Untersturmführer, ein Sturmscharführer, zwei Hauptscharführer, zwei Scharführer und ein Sturmmann.

Wir erheben uns. Wir werden gezählt: 85 Mann. Der Scharführer, der gestern den Unterkunftsbau leitete, ruft uns auf und verstärkt unsere Gruppe auf zwanzig. In Fünferreihen steigen wir den Hang hoch und gehen zu unserem Arbeitsplatz. Heute haben wir einen tüchtigen Zimmermann dabei, der dem Scharführer sogleich erklärt, daß unsere Arbeit von gestern nichts tauge. So wird beschlossen, alles wieder abzubrechen und unter seiner Anleitung neu aufzubauen.

Heute ist ein junger Bursche von etwa 19 Jahren dabei. Er ist groß, blond, und trägt hohe Stiefel. Mit Vornamen heißt er Marek; an seinen Nachnamen kann ich mich nicht erinnern. Er hatte sich in Lemberg bisher als Arier getarnt. Wegen seines netten Aussehens wurde der Sturmführer angewiesen, ihm eine leichte Arbeit zu geben und ihn nicht zu schlagen. So wurde er dem Maschinisten, der das Öl pumpt, als Helfer zugeteilt. Der Scharführer gab ihm Zigaretten, Brot, Butter und Schinken. Alle mögen den Jungen gern und betrachten ihn als einen Glückspilz. Als ihn der Scharführer verschiedentlich fragte, ob er ihm nicht helfen könne, andere versteckte Juden zu finden, hatte er stets geantwortet: »Wenn Sie, Herr Scharführer, an meiner Stelle wären und wüßten, daß man Sie auf jeden Fall umbringt, würden Sie dann Ihre Brüder verraten?« Er gehe dem Scharführer jedenfalls nicht auf den Leim, so sagte Marek uns. Das Ende sei ihm ja sicher.

Unser Scharführer ist ziemlich groß, schlank und sieht gut aus. Er ist von Beruf Bauhandwerker. Auch versteht er sich etwas auf Maschinen. Er ist keiner von den ausgesprochenen Sadisten und schlägt die Häftlinge weniger als andere. Er nennt sich Jelitko, aber ich glaube, daß er diesen Namen erst in der Partei angenommen hat. Wie die meisten SS-Leute hier stammt er aus Berlin. Kommt einer seiner Kollegen hinzu, dann brüllt auch er uns an und treibt zur Arbeit.

Auf unserer Baustelle taucht häufig ein Schupo namens König auf. Er ist für die Ölpumpe verantwortlich. Er prügelt alle ohne Unterschied, ob sie arbeiten oder nicht. Er sieht brutal aus, ist mittelgroß, eher korpulent, und kommt aus der Umgebung von Berlin. Er bespitzelt sogar seine eigenen Kollegen und denunziert sie beim Sicherheitsdienst, so daß ihn die Schupos nicht ausstehen können. Sämtliche Offiziere gehören hier zum SD.

Im Lauf des Vormittags passierte mir folgendes: Ich schleppte gerade unter Aufsicht von König einen etwa sieben Meter langen Balken. Auf dem Bauplatz standen zwei Scharführer, ein Hauptscharführer und der Untersturmführer. Zufällig rutschte mir der Balken von der Schulter und fiel ausgerechnet dahin, wo die SS-Leute standen. Die schrien wie wahnsinnig auf; ich wollte mich entschuldigen, aber es half nichts. Von jedem mußte ich zehn Peitschenhiebe einstecken. Ich war sicher, daß sie mich erschießen würden, aber das war mir gleich — ich hätte es dann hinter mir. Aber statt eines Schusses hörte ich nur »Hau ab!« Mit dem letzten Rest an Energie schleppte ich mich weiter und griff mir ein Stück Balken, damit es so aussah, als reiche ich es dem Zimmerer und arbeite weiter. So half ich mir einigermaßen durch, bis es Mittag wurde.

Zwölf Uhr. Auf Kommando des Scharführers stellen wir die

Arbeit ein, werden gezählt und gehen zur Schlucht hinunter. Der Geruch aus der Grube verschlägt einem den Atem. Es ist schwer, sich diesen Gestank vorzustellen. Sogar die nächsten Dörfer, die immerhin einige Kilometer entfernt liegen, beklagen sich über den Gestank. Auch die Häftlinge in der Schlucht hören auf zu arbeiten. Der Schweiß strömt ihnen wie Wasser vom Gesicht. Ihre Hände sind von dem Sekret der Leichen so verklebt, daß man ihre Hände kaum mehr von denen der Toten unterscheiden kann. Nur hier und dort erkennt man unter der dicken gräulichen Schicht getrockneten Eiters noch ein Stück Haut.

Sie stehen schon angetreten, und wir schließen uns ihnen an. Es wird abgezählt: 82. Aber ich erinnere mich, daß wir heute morgen 85 waren. Ob sie es vergessen haben? Mich geht es jedenfalls nichts an. Nach der Zählung heißt es »Hinsetzen!« Zehn Leute werden hinaufgerufen, und die beiden ersten Fünferreihen steigen hoch. Sie entladen von einem LKW Suppenkessel, die vom Lager herübergebracht wurden, und schleppen sie in die Schlucht hinunter. Hier stehen sie nun zwischen den Leichen. Der Brandmeister und der Zähler teilen die Portionen auch heute aus. Einzeln stehen wir auf und kehren mit unserer Suppe an unsere Plätze zurück. Niemand kann sich die Hände waschen, denn man gab uns kein Wasser. Es wäre ein Irrtum anzunehmen, daß man sich in der Mittagspause von den Prügeln hätte erholen können. Alle Augenblicke wird jemand den Hügel hinaufgerufen und bekommt ein paar Peitschenhiebe. Wir wissen nicht warum; die oben wohl auch nicht. Wir werden geschlagen, und das ist alles. Ich vermute, es geschieht, um uns in dauernder Spannung zu halten und nicht zum Nachdenken kommen zu lassen.

Ein Uhr — die Mittagspause ist zu Ende. Wir stellen uns auf, werden erneut gezählt, und dann geht jede Gruppe wieder an ihre Arbeit vom Vormittag. Wir Bautruppleute werden dabei von acht Polizisten eskortiert.

Um fünf Uhr ist Feierabend. Antreten, zählen, hinuntergehen unter Bewachung — die anderen stehen schon bereit. Hier ergibt die Zählung 79. Wieder müssen wir uns hinsetzen und warten. Worauf nur? Auf den Tod — was sonst? Wir hocken auf den Leichen wie auf Bänken. Totenstille. Keiner regt sich. Jeder ist wie abgestorben. Auf allen Gesichtern der gleiche Ausdruck. Den Kopf gesenkt, den Blick nach innen gekehrt, haben wir offenbar jedes

Denken eingestellt. Plötzlich hören wir das Kommando »Aufstehen!« Wir erheben uns zwar, aber ohne Leben. Keiner hebt den Kopf, auch nicht als der Befehl kommt, hochzusteigen. Die übliche Erinnerung an die Vorschriften fehlt auch dieses Mal nicht.

Wir stehen oben, werden abermals gezählt, und setzen uns auf Kommando des Untersturmführers langsam in Marsch. Heute war es also noch nicht soweit.

Wir gehen die gleiche Straße, die wir heute morgen nahmen; wir kommen zu dem gleichen Platz wie gestern abend, waschen uns und empfangen unser Abendessen. Alles wiederholt sich. Nur ist die Gefängnisbaracke heute ganz leer. Die Menschen, die man im Lauf des Tages aus den »arischen« Stadtteilen Lembergs hergebracht hat, sind draußen vor dem Zaun untergebracht, wo man sonst eine größere Zahl von Menschen unterbringt, die zum Tod bestimmt sind, wie zuletzt vor vierzehn Tagen bei der Auflösung des Gettos. Die Gefängnisbaracke ist dafür zu klein.

Wir werden heute auf zwei Zellen verteilt, in der einen vierzig Mann, in der anderen der Rest. Die Baracke ist zwar gesäubert worden, bietet aber nach dem Sturm auf die Latrinenkübel wieder das gleiche Bild wie gestern. Aber das ist uns nun gleich . . . Wir legen uns auf die Strohsäcke. Als Nachbarn zur Linken habe ich einen stattlichen Mann, der uns heute morgen zugeteilt wurde. Er ist etwa 46 Jahre alt, an den Schläfen schon grau, und heißt Brill. Vor dem Kriege hatte er eine gutgehende Mehlhandlung und wohnte in der Lyczakowska-Straße in Lemberg. Auf der anderen Seite von mir liegt der junge Roth, Jahrgang 1925, groß und schlank. Sein Vater, ein Rechtsanwalt, war Vertreter einer amerikanischen Ölfirma in Polen. Wir liegen regungslos. Das Schweigen wird nur hier und dort von Stöhnen unterbrochen.

Ich wende mich zu Brill. »Was sollen wir tun?« fragte ich. »Ich möchte sterben . . . « antwortet er. Aber dann beginnt er doch zu sprechen und berichtet, was heute in der Schlucht geschah. Die Worte kommen sehr langsam und stockend, als wollte er sich überzeugen, daß er, Brill, noch existiere. Nach jedem Wort seufzt er: »oi«, und oft stirbt ihm die Stimme mitten im Satz ab.

»Ich und meine zwei Töchter, die eine siebzehn, die andere fünfzehn, arbeiteten bei ›Federn und Daunen‹ in der Zrodlana-Straße 5. Nach der Liquidation des Gettos versteckte man uns in der Fabrik. Aber ein paar Tage später nahm uns der Direktor alles, was wir gerettet hatten, fort. Und dann kam die Gestapo und brachte uns hierher, meine beiden Kinder und mich. (Eine lange Pause.) Das war vor ein paar Tagen. Heute führten sie uns mit euch zusammen zum ›Sand‹, und ich wurde von meinen Töchtern getrennt. (Pause)

Ich mußte, wie alle anderen auch, in die Schlucht hinuntersteigen. Nach einiger Zeit — ich weiß nicht, wie lange — wurden rund fünfzehn Leute ausgesucht — darunter ich — und zu dem Platz gebracht, wo wir morgens die Frauen und Kinder zurückgelassen hatten. (Pause) Und dort, dort ... (mit schrecklich gequälter Stimme) dort lagen sie alle ... auch meine beiden Kinder, tot, erschossen. Was für Mädchen! Schön und intelligent! Was hätte ich nicht alles für sie getan ...

Sie befahlen uns, ein Feuer anzuzünden, und wir warfen alle Leichen hinein ... auch meine Kinder ... «

Was er noch sagte, ging in einem Stöhnen unter, und er gestikulierte dabei mit Händen und Füßen wie ein Geistesgestörter, aber ich hörte ihm nicht länger zu. Wie sollte ich ihm auch helfen?

Es ist Nacht und draußen gießt es in Strömen. In der Baracke ist es still und dunkel; ab und zu stöhnt der eine und andere im Schlaf. Aus der Ferne hört man gedämpft Kinder weinen, die auf der anderen Seite des Zaunes sitzen und auf den Tod warten. Ich stehe auf und gehe zum Fenster. Die Strahlen der Scheinwerfer brechen sich in dem strömenden Regen. Dicht an der Baracke entlang drehen die Schupos ihre Wachrunden. Ich kehre zu meinem Platz zurück und frage Brill: »Vielleicht sollten wir ausbrechen?« Er antwortet: »Wozu? Ich will sterben ...« Nach einer Weile fange ich noch einmal an: »Wenn wir ausbrechen, finden wir wenigstens einen Tod in Ehren!« Pause. Dann: »Was habe ich schon davon, Ehre oder keine Ehre ... das ist doch alles gleich — ich will sterben.«

Ja, ja, sagte ich zu mir selbst, gestern dachte dieser Mann wahrscheinlich noch anders und trug sich bestimmt mit Fluchtgedanken. Aber er hatte Angst, das Leben einer seiner Töchter zu gefährden. Sie hatten sich dafür entschieden, gemeinsam zu sterben, und heute existiert dieser Mann zwar noch, aber er lebt nicht mehr.

Langsam schlafe ich wieder ein und träume vom Seder-Abend am Osterfest. Die ganze Familie sitzt bei Tisch. Mutter füllt uns die Teller und schenkt jedem von uns Kindern dabei ein freundliches Lächeln. Die Kerzen leuchten so schön ... Vater fragt uns alles mögliche, aber ich gebe gar keine Antwort, sondern lächle nur glücklich und ... wache auf. Der Regen trommelt aufs Dach, und jenseits des Zaunes sitzen Leute mit kleinen Kindern — man kann sie weinen hören. Sie warten auf ihren Retter, und das wird der Tod sein. Wieder eingeschlafen, träume ich von dem Platz hinterm Zaun. Ich sitze dort mit meinen Brüdern und versuche, Jakob zu trösten, denn er fürchtet sich und weint. Ich mache ihm begreiflich, daß der Tod sehr schnell kommt und er später mit Mutter, Vater und den Schwestern vereint ist. Er antwortet: »Ach, wie sehr möchte ich das!« Dann erlebe ich im Traum eine Szene, die ich tatsächlich mitangesehen hatte. Sie hatten eine Mutter erschossen, und in der Blutlache neben ihr sitzt ihr Kind, den Kopf auf ihrer Brust, und schläft. Ein SS-Mann kommt und versetzt ihm einen Peitschenhieb, denn es soll mit den anderen Kindern zum »Sand« gehen. Das Kind schreit: »Mutter, das tut weh!« und will weglaufen, aber der SS-Mann setzt ihm nach. Das Kind schreit, und der Mörder beschließt, es auf der Stelle zu töten. Er langt nach der Pistole, schießt, und von dem Schuß erwache ich. Vielleicht war wirklich gerade ein Schuß gefallen. Man hört bis hierher das Weinen und Klagen der Menschen dort drüben. Sie warten.

4

Der Morgen graut. Einer nach dem anderen stehen wir auf. Langsam gehen wir in der Baracke auf und ab, aber auch das hört bald wieder auf, als Musik herüberklingt. Sicher spielen sie den »Todestango« heute für uns. Der dritte Tag! Nach den Erfahrungen der Brigaden vor uns muß das unser letzter sein.

Die Tür geht auf, wir hören das übliche »Heraus!« Vor der Baracke werden wir wie am Morgen zuvor im Sitzen gezählt — es fehlt keiner. Nun lassen sie die Leute aus der anderen Zelle heraus; sie setzen sich hinter uns. Wir frühstücken. Darauf Abmarsch unter schwerer Bewachung. Draußen vor dem Tor warten 48 Häftlinge auf uns, die bis gestern im Heeres-Kraftfahr-Park arbeiteten. Statt wie gewohnt durchs Haupttor zum H. K. P. zu marschieren, treten sie heute mit uns den Weg zum »Sand« an.

So wächst unsere Brigade auf 129 Mann an. Der Tag vergeht wie die vorigen, und am Abend kehren wir in unsere Todesbaracke zurück. In dieser Nacht erhängt sich einer von uns mit seinem Gürtel an einem Dachsparren. Am Morgen tragen ihn vier Mann auf Befehl des SS-Mannes vor dem Abrücken hinaus und werfen ihn hinter die Latrine. Eine Stunde später wird er mit den anderen Leichen vom Lager zur Schlucht gebracht. So zählen wir nur noch 128.

Donnerstag und Freitag vergehen mit harter Arbeit. Unsere Brigade öffnet ein weiteres Massengrab mit 1450 Toten. Viele von ihnen haben keine Einschußwunden, aber den Mund offen und die Zunge herausgestreckt. Sie müssen also wohl lebend begraben worden sein.

Abends erzählt mir mein Nachbar Roth die Geschichte seiner letzten Tage in der Freiheit. Als Nichtjude getarnt, hatte er zehn Monate im arischen Stadtteil Lembergs gelebt, bis er eines Tages einem Schulfreund begegnete, der ihn auf der Stelle bei der Gestapo denunzierte. So wurde er samt seinen beiden jüngeren Schwestern verhaftet, die er vor zwei Tagen selbst ins Feuer warf.

So vergeht die Nacht. Wir sprechen, schlafen, sprechen dann wieder. Das Thema »Flucht« taucht auf. Um unsere Situation und unsere Erfolgsaussichten klarzustellen, will ich hier die Lage unseres Arbeitsplatzes und die sich daraus ergebenden Bedingungen genauer schildern.

Im westlichen Teil von Lemberg liegt die Janowska-Straße und an ihrem Ende ein etwa sechseinhalb Quadratkilometer großes Gebiet mit Sandbrüchen, »Janowska-Sand« genannt. Es ist ein ziemlich wild zerklüftetes Terrain, zu dem der Zutritt streng verboten ist. Entsprechende Schilder in polnischer, ukrainischer und deutscher Sprache drohen sogar an: »Das Betreten dieses Gebietes ist streng verboten. Jeder, der sich diesem Gebiet auf mehr als 50 Meter von diesem Schild nähert, wird erschossen!« Sie tragen die Unterschrift des SS- und Polizeichefs. In Abständen von etwa hundert Metern halten Schupos Wache. Auf dem höchsten Hügel ist ein Beobachtungsstand errichtet. Dort befindet sich in einem Zelt ständig eine Mannschafts- und Munitionsreserve der Schutzpolizei. Fernsprecher verbinden diesen Stand mit dem Lager und den Dienststellen in der Stadt. Die Häuser an der Peripherie des Janowska-Sandes sind evakuiert und von den Schupos besetzt worden, die hier Dienst tun. Das über hundert Mann starke Kommando ist in zwei Gruppen eingeteilt, von denen jede abwechselnd 24 Stunden Dienst und 24 Stunden Freizeit hat. Außerdem gibt es hier eine Menge SD-Leute.

Nach langen Diskussionen mit Roth über Fluchtmöglichkeiten schlafe ich schließlich ein.

Um sechs Uhr früh weckt man uns. Ein neuer Tag der Folterungen beginnt und, vielleicht, unser letzter. In dieser Meinung bestärkt uns der Umstand, daß es der letzte Tag der Woche ist.

Er beginnt wie sonst. Jeder geht an seine Arbeit. Von unserer Brigade werden der Zimmermann und einer seiner Gehilfen zu Reparaturen in eines der Schupohäuser abkommandiert. Zwölf Uhr, unsere Brigade geht wie üblich zum Mittagessen zur Schlucht hinunter. Aber statt zwanzig sind wir nur achtzehn heute, weil die beiden noch nicht vom Haus der Schupos zurück sind. Wir sind angetreten und warten auf die Zählung. Nur auf die Zählung? Doch wohl auf unser Ende — was sonst? Wir alle wissen, daß heute der letzte Arbeitstag der Woche ist. Wir schauen direkt ins Feuer — unser Schicksal. Wenn wir's doch schon hinter uns hätten! Aber es geschieht nichts. Vielleicht warten wir noch auf die beiden? Aber wenn wir doch wieder zu unserer Arbeit gehen sollen, dann könnten wir inzwischen doch essen, und die beiden kämen eben später. Alles in allem betrachtet, sieht es so aus, als ob wir überhaupt nicht zu unserer Arbeit zurückkehren, sondern erschossen werden sollten. Plötzlich sehen wir den Schupo und den Zimmermann oben über der Schlucht auftauchen, aber der Gehilfe ist nicht dabei. Sie werden vom Untersturmführer, dem Oberscharführer, dem Scharführer und dem Sturmmann in Empfang genommen. Der Zimmerer steht nun mitten zwischen ihnen. Ein kurzer Wortwechsel zwischen dem Untersturmführer und dem Schupo und anschließend mit dem Zimmermann, dann ein Griff zur Pistole, und der Zimmermann sinkt zu Boden. Wir alle wissen: der Gehilfe des Zimmermanns mußte geflohen sein. Etwas später ein kurzer Befehl: »Zwei Mann herauf!« Zwei von uns laufen die Böschung hoch, holen die Leiche und werfen sie in die Flammen. Nun kommt der Untersturmführer selbst in die Schlucht hinunter. Wortlos, nur mit einem Wink, sucht er sich vier Häftlinge heraus, meistens ältere Männer über fünfzig, und deutet ihnen an, sich in einer Reihe aufzustellen. Dann fragt er uns: »Na, wer von euch möchte sich beschweren?« Ein Mann von etwa 35 Jahren tritt vor. »Ich«, sagt er, und fügt gelassen hinzu: »Vielleicht erspare ich mir dadurch weitere Torturen.«

Der Untersturmführer gibt ihm einen Wink, sich den anderen anzuschließen, und sucht sich noch einen Häftling heraus. Jetzt sind es sechs. Sie stehen vor dem Feuer und schauen in die Glut. Uns drehen sie den Rücken zu. Nun wendet sich der Untersturmführer an uns:

»Einer von euch ist geflohen. Wegen ihm werden diese Leute erschossen. Von jetzt an werde ich für jeden, der dasselbe versucht, zwanzig von euch umlegen. Und wenn ich herausbekomme, daß ihr eine Flucht vorbereitet, werdet ihr alle erschossen.« Nach dieser Ansprache wendet er sich den sechs Kameraden am Feuer zu und schießt sie der Reihe nach nieder, alle nach der gleichen Methode: Eine Kugel in den Hinterkopf und einen Tritt, damit der Körper ihm nicht entgegenfällt. Als er fertig ist, befiehlt er vier Leuten, die Toten in die Flammen zu werfen.

Während die vier seiner Weisung nachkommen, wandert der Untersturmführer um uns herum, als ob er noch jemanden suche. Plötzlich deutet er auf Marek und sagt: »Komm!«

Marek fragt: »Ich?!«

»Ja du, du!« antwortet der Untersturmführer.

Dem Jungen steigen die Tränen in die Augen. Während er auf die Stelle zugeht, wo eben noch die sechs Mann gestanden hatten, fragt er noch einmal mit Tränen in der Stimme: »Warum denn ich?«

»Ach, quatsch nicht so viel! Dreh dich um!« bekommt er zur Antwort. Marek gehorcht und eine Minute später ist es auch für ihn vorbei. Zwei Mann müssen ihm die Stiefel ausziehen — »So gute Stiefel wollen wir doch nicht vergeuden«, sagt der Untersturmführer — und läßt ihn dann den sechs anderen nachschicken.

Nun kann die Zählung stattfinden — 122 Mann —, und wir bekommen unser Mittagessen. Dann dürfen wir zu unserer Gefängnisbaracke zurückmarschieren. Heute haben wir nur einen halben Tag gearbeitet.

5

An diesem Samstagnachmittag und -abend drehte sich unser Gespräch um die Flucht unseres Kameraden und den Tod Mareks. Dem Entflohenen wünschte jeder von Herzen Glück. Mochte sich wenigstens einer von uns retten und am Leben bleiben, damit er der Welt berichten konnte, was hier mit uns geschah. Früher oder später würden sie uns ja doch alle umbringen. Wir waren uns darüber einig, daß ohne Rücksicht auf die Androhung des Untersturmführers, zwanzig Mann zu erschießen, jede erdenkliche Gelegenheit zur Flucht wahrgenommen werden sollte. Marek war uns ein Symbol. Der Untersturmführer könnte uns noch so viel Sympathie zeigen, ein »langes Leben« versprechen und für reichliche Verpflegung sorgen — unser Ende würde sich in nichts von dem Mareks unterscheiden: ein plötzlicher Tod. Und wer unter uns wie er fragte: »Warum denn ich?«, konnte sich die Antwort selbst geben: »Weil du ein Jude bist!«

Einige kamen auf den letzten Samstag im Lager zu sprechen. Verglichen mit heute war das ein glücklicher Tag. Aber so ist es nun einmal: Glück wie Unglück sind nur relative Begriffe. Samstag und Sonntag gehen vorbei. Vor uns liegt eine neue Woche voller Leiden und harter Arbeit. Doch wer weiß — vielleicht wird es nicht einmal eine volle Woche? Womöglich sind es nur ein paar Tage oder gar nur wenige Stunden?

Wieder ein Tag, wieder eine Nacht ... der Befreiung näher, aber auch dem Tode viel näher.

Montag, 21. Juni

Der Tag begann mit dem Frühstück und dem Marsch hinüber zur Schlucht. Wieder mußten wir uns auf die Leichen hocken und die Befehle abwarten. Dann ging jeder an seine Arbeit wie in der letzten Woche. Um zehn Uhr kam ein Lastwagen; er brachte Grabsteine vom jüdischen Friedhof, die wir abladen mußten. Jeder dieser großen $4^1/_2$ bis $6^1/_2$ Zentner schweren Blöcke mußte in die Schlucht hinuntergeschafft werden. Wehe denen, die einen Stein fallen gelassen hätten!

Der Transport verlief zum Glück ohne Zwischenfall. Wir legten die Steine zu einem Viereck und füllten die Fugen mit Zement aus. Ein paar Schritte davon entfernt ebneten wir einen Platz ein, wo die aus dem Feuer geholten Knochen verbrannt werden sollten, auf der anderen Seite des Vierecks ein gleiches Stück für die Asche, auf der dritten einen Platz für die Knochen, die nicht durch das Sieb gingen, und auf der vierten Seite schließlich errichteten wir eine Sitzbank. Das war nun der Arbeitsplatz für die neu hinzugekommene, sogenannte »Aschkolonne«. Diese Gruppe hatte die Aufgabe, die Knochen zu Staub zu zerstoßen und daraus alle Metallgegenstände auszusortieren, aus denen dann später wieder Edelmetalle wie Gold, Platin usw. herausgesucht wurden. Diese kamen in ein Sieb nahe der Bank. Der Vormann brachte das Sieb abends zum Untersturmführer, der den Inhalt in einen Leinenbeutel ausleerte und das Sieb zurückgab.

Die Arbeit ging folgendermaßen vor sich: In Körben wird zunächst die Asche von den Feuern zum Aschenplatz gebracht, hier in Mehlsiebe — wie sie auch im Haushalt verwendet werden — gefüllt und auf dem nächsten Platz so lange geschüttelt, bis die Siebe nichts mehr durchlassen. Dann setzt man sich auf die Bank, sucht aus dem groben Rückstand alle Metallteile heraus, wobei Edelmetalle extra gesammelt werden. Die übriggebliebenen Knochen werden auf dem Steinboden mit harten Holzstampfern zu Staub zerkleinert, der zusammengekehrt und zum Aschenplatz gebracht wird, um nochmals gesiebt zu werden. Knochen, die dann noch übrig bleiben, werden verbrannt.

Für die Häftlinge ist es eine Qual, in diesem Staub zu arbeiten. Kohlschwarz kommen sie abends von der Schicht zurück.

Dienstag, 22. Juni

Sieht ein Gefangener hinter Gittern draußen Menschen, so quält es ihn, daß er nicht frei ist. Viel schlimmer ist es aber, wie auf einer Insel von der übrigen Welt völlig abgeschnitten zu sein. Hier, wo wir arbeiten, gibt es nur die Leichen, unsere Mörder, das Feuer, die Hügel, den Sand und sonst nichts. Man hat das Gefühl, als ob man — außer uns selbst und unseren Schindern — nie mehr eine lebende Seele sehen werde. Selbst die Verbindung zu der Gemeinschaft im Lager fehlt. Wir einhundertzweiundzwanzig Häftlinge haben das gleiche Schicksal, die gleiche Arbeit und die gleichen Gedanken. Jeder grübelt, wie er gerettet werden könnte, damit er den Tod seiner Lieben rächen kann.

Wie an jedem Tag verließen wir unsere Gefängniszellen. Keiner der SS-Männer sagte uns, daß wir nie mehr hierhin zurückkehren würden. Zwei Schupos hatten es uns zwar verraten, aber die wenigsten wollten es glauben. Die übrigen wollten nicht einmal daran denken. Unsere Gruppe ging zum Bauplatz, dessen Stacheldrahteinfriedigung fertig werden sollte. Gespannt warteten wir auf den Feierabend. Tatsächlich hält um halb fünf Uhr vor dem Gittertor bei unserem Bunker ein Wagen mit einem der Schupos aus unserer Wachmannschaft. Er bringt uns das Essen und das bedeutet, daß wir hier bleiben.

In diesem Bunker sollen wir also leben. Er ist etwa 10 Meter lang, knapp sieben Meter breit und nur einen Meter und sechzig Zentimeter hoch. Es sieht so aus, als ob er absichtlich so niedrig gehalten wurde, damit wir ständig unsere Köpfe beugen mußten. Vom Eingang führen ein paar Stufen hinunter ins Innere. Die Rückwand bildet der steile Hügel. Die anderen Wände sind aus Holz und an der Außenseite bis zum Dach mit Lehm und Sand abgedeckt. Vom Hauptweg führen sechs Stufen zu dem Hof hinunter, in dem unser Bunker liegt. Er ist ringsum mit Stacheldraht eingezäunt. Dessen Abstand zu den Seitenwänden beträgt etwa 4,5 Meter und der zur Vorderwand mit der Tür 2 Meter. In Höhe der Bunkertür liegt auch das Zauntor. Das Bunkerdach hat drei Öffnungen, um Licht und Luft hereinzulassen. Der Bunker ist in zwei Teile geteilt; der eine ist doppelt so groß wie der andere. Dazwischen hat man einen Gang von 25 cm Breite gelassen.

Hier werden wir heute übernachten, aber im Bunker geht alles drunter und drüber; jeder streitet sich um einen Platz. Schließlich liegen wir wie die Sardinen seitlich nebeneinander, um Platz zu sparen mit angezogenen Beinen. Da die Öffnungen im Dach noch nicht fertig sind, ist die Tür die einzige Licht- und Luftquelle, aber sie erfüllt diesen Zweck so unzulänglich, daß wir fast erstikken und entsetzlich schwitzen. Aus Raummangel liegen einige Häftlinge sogar vor der Tür, und man kann weder herein noch hinaus. Die Tür ist hier ständig offen, und man darf jederzeit zur Latrine. Nur muß man sich beim Schupo vom Wachdienst melden. Dieser verfolgt den Nachtwandler dann mit seinem Scheinwerfer bis zu dem offenen Abort. Man muß sich dabei aber dicht an der

Bunkerwand halten und darf sich nicht dem Zaun nähern. Etwa 30 Meter von unserem Bunkerhof haben die Schupos, die uns bewachen, ein Zelt, wo sie sich aufhalten, in dem sie auch ihre Munitionsreserven verwahren.

Mittwoch, 23. Juni

Um sieben Uhr früh war im Hof Antreten in fünf Gliedern zur ersten Zählung. Herches meldete den Schupos die Anzahl der Angetretenen: 121 Mann, plus er selbst. Nach dem Wegtreten brachte ein SS-Mann vom Lager das Frühstück herüber. Zehn Mann gingen hinaus, um es abzuladen. Dabei stellten wir fest, daß der Wagen uns außerdem noch die Leichen der gestern im Lager erschossenen Häftlinge mitbrachte. So werden wir also nun jeden Morgen mit dem Frühstück auch Leichen erhalten. Ohne einen Befehl abzuwarten, trugen unsere Leute die Toten gleich zur Schlucht hinunter. Die übrigen holten inzwischen das Frühstück herein. Es wurde ausgeteilt und eingenommen. Dann traten wir zur zweiten Zählung an, zu der um acht Uhr der Untersturmführer und der Scharführer erschienen. Unser Bautrupp wurde auf die anderen Gruppen aufgeteilt bis auf einen Mann, der noch die Öffnungen im Bunkerdach zu machen hatte. Da ich mich vor der Arbeit mit den Leichen fürchtete, drückte ich mich während der Verteilung der Leute und blieb ohne besondere Erlaubnis beim Bunker, wo ich fleißig aufräumte und alles säuberte. Was konnten sie mir schon anhaben? Vor dem Erschießen fürchte ich mich nicht.

Es wurde zwölf Uhr. Das Mittagessen gab es nicht in der Schlucht, sondern im Bunkerhof, wo sich alle Gruppen sammelten. Wir mußten antreten, und Herches meldete die Stärke dieses Mal dem Hauptscharführer Rauch als dem Vertreter des Untersturmführers. Rauch, ein Münchner, war schlank und mittelgroß, 21 Jahre alt und recht kindisch.

Als nach dem Essen und dem obligaten Zählappell alles wieder an die Arbeit gegangen war, kam ein LKW mit Stroh. Es hatte im Lager schon zum Abdecken der Kartoffeln gedient und roch faulig. Ein paar Leute wurden aus der Schlucht heraufgerufen und halfen, das Stroh abzuladen und im Bunker auszubreiten. Der verrottete Geruch des Strohs war aber nicht so schlimm wie der Gestank, den die Leute von der Schlucht mitbrachten, denn ihre Schuhe starrten von Verwesungsresten und Leichensekret. Dieser fürchterliche Geruch wurde von dem Stroh aufgenommen. Dazu kam noch unsere eigene Ausdünstung, denn es gab keinerlei Ventilation.

Um fünf Uhr war Arbeitsschluß mit dem üblichen Antreten und Zählen. Wir erhielten Eimer und Schüsseln. Obwohl jeder das dringende Bedürfnis hatte, sich zu waschen, wollte sich niemand so recht die Mühe machen, Wasser zu holen. Der Weg zum Brunnen ist weit und beschwerlich, denn er führt bergauf. Der Vormann rekrutierte 10 junge Leute, die sich dann unter Bewachung auf den Weg machten. Nach einer Stunde kehrten sie mit 20 Eimern zurück und jeder bekommt einen reichlichen Liter. Da aber alle so durstig waren, trinken sie die Hälfte davon. Zum Abendbrot gab es 180 Liter Kaffee, ebensoviel Suppe und etwa 60 Pfund Brot. Mangels Tischen und Bänken setzten wir uns dazu im Hof auf die Erde.

Wir saßen noch bis acht Uhr im Hof, wurden noch einmal gezählt, und dann gingen alle in den Bunker. Nach dem Zapfenstreich um acht durfte sich niemand mehr im Hof aufhalten. Es begann zu regnen und bald kam so viel Nässe durch die Ventilationsluken im Dach, daß wir zusammenrücken mußten, um nicht im Wasser zu liegen. Es war eine echte Kalamität. Wir waren erschöpft, schläfrig und dazu noch durchnäßt. Bekommt man nach einem harten Arbeitstag auch nachts keine Ruhe, dann hat man für den nächsten Tag auch nicht viel Kraft. Und ist man schwach, sind die Aussichten auf Prügel um so größer. In den frühen Morgenstunden hörte der Regen auf, und wir schlummerten ein.

Donnerstag, 24. Juni

Der Vormittag verlief ohne besondere Ereignisse. Der Untersturmführer war mit der Arbeitsleistung des Vortages recht zufrieden — es wurden über 2000 Leichen eingeäschert — und hielt eine Ansprache.

Er war ein Mann von etwa vierzig Jahren, massiv gebaut, mittelgroß, mit glasigen, unsteten Augen, immer betrunken, aber niemals rowdyhaft. Er kam aus Berlin; seine Familie, das heißt seine Frau und ein Sohn von sieben Jahren, wohnten in Lemberg. Er war gerissen und ein ausgezeichneter Verwaltungspraktiker.

Er begann seine Ansprache mit einer Redensart, die bei uns zum geflügelten Wort wurde: »Nur anständig und sauber.« Unter »sauber« versteht er auch ein sauberes Gewissen, weswegen ein

Häftling, der auszureißen versucht und damit die Erschießung von zwanzig seiner Kameraden verursacht, nicht »sauber« sein kann. »Wenn ihr diese beiden Dinge beherzigt, könnt ihr hundert Jahre alt werden. Aber«, und hier hob er die Hand, deutete mit dem Finger auf uns und kniff die leicht schielenden Augen halb zusammen, »ich werde für euch sorgen wie ein Vater für seine Kinder!« Dann wollte er von uns wissen, ob wir mit dem Frühstück und auch mit dem Abendessen von gestern zufrieden seien, und versicherte uns, dies sei noch gar nichts im Vergleich zu dem, was wir schon in der nächsten Zukunft bekämen. Er versprach uns neue Anzüge und Schuhe, damit wir uns nach der Arbeit umziehen könnten. Sogar für Wasser wolle er sorgen, damit wir es nicht so weit zu schleppen brauchten. Was freilich die Löcher im Bunkerdach und die Überschwemmung anginge, so müßten wir uns daran gewöhnen, denn »unglücklicherweise« habe er dafür keine Lösung!

Am Tor wurde ein großes Becken mit Wasser und Lysol aufgestellt, damit wir uns die Hände waschen konnten. Auch ein Sprüher mit reinem Lysol wurde geliefert, um die Schuhe damit zu desinfizieren, ehe wir den Bunker betraten. Von jetzt ab besprühen wir auch den Bunker jeden Tag.

Der Fahrer, der uns den Kaffee und das Brot gebracht hatte, ist ein SD-Mann im Rang eines Hauptscharführers. Man hat ihn mitsamt seinem LKW für diese Transporte besonders ausgewählt. Sein Name ist Ulmer. Er ist mittelgroß, nicht zu schlank, und trägt eine Brille. Er ist von Beruf Lastwagenfahrer. Man sagt, er gehöre schon zwölf Jahre zur Partei, seit vor 1933 also. Wenn er einen von uns verprügelt, drischt er rücksichtslos so lange auf das Opfer ein, bis es bewußtlos wird. Wenn er Menschenblut sieht, beginnen seine Augen zu leuchten. Er ist einer von den Blutdürstigen.

Er hatte die Kaffeekannen wieder mitgenommen und brachte eine Stunde später Wasser. Das sollte ich vor dem Essen verteilen und auch etwas zum Geschirrwaschen zurückbehalten. Von nun an wird hier ein geregelter »Haushalt« geführt, dafür braucht man einen Hausmeister, und der bin ich.

12 Uhr: Die Brigaden kamen alle zum Mittagessen. Auf Befehl des Untersturmführers stellte ich mich mit einem jungen Mann ans Tor, und wir hielten jeden an, sich die Hände im Lysolwasser-

becken zu waschen. Anschließend mußten vor Betreten des Hofes die Schuhe eingesprüht und an dem Kratzer, den ich am Tor hergerichtet hatte, abgestreift werden. Wenige Minuten später stand alles zur Zählung bereit. Das Ergebnis wurde dem Sturmmann gemeldet. Da er hier den niedrigsten Rang bekleidet, möchte er beweisen, daß er ein »guter« SD-Mann ist. Das bedeutete natürlich, daß er uns am übelsten behandelte. Er war etwa dreißig Jahre alt, kam aus Bolechow in Galizien und sprach gut Polnisch und Ukrainisch. Sein Name war Raiss.

Nach der Zählung mußte sich jeder die Hände gründlich waschen und mit Sand abreiben. Aber der Leichengeruch haftet ungemein hartnäckig. Selbst wenn man die Hände mit Lysol, Chlor oder Benzin wusch, war er am nächsten Tag noch zu spüren.

Nach dem Mittagessen brachte Ulmer zwölf Wasserbehälter mit insgesamt 450 Liter. So war auch heute abend für jeden genug Wasser da.

So ging der Donnerstag vorbei.

6

Freitag, 25. Juni

Der Morgen verlief wie üblich. Heute begann eine Gruppe, weitere Massengräber freizulegen. Es sind drei Gruben, etwa zwanzig Meter von unserem Hofzaun entfernt; sie bergen über 700 Tote. Als wir heute früh zur Arbeit abmarschierten, erklärte uns der Chef, er wünsche, daß wir vom kommenden Montag ab auf dem Weg zur Arbeit sängen.

Die Gräber sind wie das umliegende Gelände mit Gras bewachsen, aber der Sicherheitsdienst hat einen genauen Lageplan. Außerdem waren einige der zu uns kommandierten SD-Leute bei den Hinrichtungen zugegen. Wenn einem die ungefähre Lage eines solches Grabes angegeben wird, ist es nicht schwer, die Stelle genau auszumachen, denn dort zeigt der Boden feine Risse und ist auch lockerer als der Grund ringsum.

Die Leichen waren noch bekleidet. Man hatte sie wahllos übereinander geschichtet und dann mit einem reichlichen Meter Erde bedeckt. Darin waren allerdings noch — nur zwanzig Zentimeter unter der Oberfläche — vereinzelte Tote eingebettet, die man offenbar erst nachher begraben hatte. Es waren nur Männer, und höchstwahrscheinlich hatten sie den anderen als Totengräber gedient. Damit keine lebenden Zeugen übrigbleiben, waren sie erschossen und von den Deutschen an Ort und Stelle verscharrt worden.

Wir errichteten eine neue Brandstelle. Dazu wurde ein Viereck von etwa 46 Quadratmetern planiert und darauf als Unterlage ein Rost aus schweren Holzbohlen gelegt, so daß die Körper nicht mehr den Boden berührten und durch den Luftzutritt von unten schneller brannten. Rings um die Feuerstätte bauten wir in etwa einem Meter Höhe einen Laufsteg mit Treppen an beiden Enden. Unterdessen wurden die drei Gruben freigelegt und alles vorbereitet, um die Leichen herauszuheben und zur Brandstelle zu transportieren. Lange Haken, wie man sie zum Hantieren mit großen Eisblöcken verwendet, sowie Tragbahren wurden gebracht. Mit den Haken sollten die Leichen herausgezogen werden. Mit diesen Vorbereitungen, für die 20 Mann eingesetzt waren, verging der Freitag.

Samstag, 26. Juni

Nach dem Wecken um sieben Uhr suchte Herches auf Befehl des Untersturmführers noch verschiedene Leute zur Verstärkung der Arbeitskolonne an den drei Gräbern aus. Die übrigen gingen zur Schlucht hinunter. Alle Leichen dort waren bereits verbrannt, nur die Erde mußte noch einmal umgewendet werden, um sicherzugehen, daß keinerlei Spuren blieben. Als wir fertig waren, prüfte der Untersturmführer unsere Arbeit sehr genau nach. Für den Fall, daß doch noch irgend etwas gefunden wurde, und sei es nur ein Haar, hatte jeder Häftling in dieser Gruppe 25 Hiebe mit der neunschwänzigen Katze zu erwarten, und das war genau so schmerzhaft wie hundert Peitschenhiebe.

Bei den drei Gruben ging die Arbeit folgendermaßen vor sich: Drei Mann stiegen mit dem Eishaken in das Grab hinunter, und zwei andere stellten sich mit einem weiteren Haken oben am Rand auf. Die drei unten schlugen ihren Haken in die jeweils herauszuholende Leiche und zogen sie damit soweit aus ihrer bisherigen Lage, daß die beiden Männer oben mit ihrem Haken die Leiche erreichen und hochziehen konnten. Dabei mußte sehr vorsichtig hantiert werden, weil die Körper der Toten dabei auseinanderreißen konnten. Die Träger legten dann zwei bis vier Tote — je nach der Größe — auf ihre Tragbahren und schleppten sie zur »Brandstelle«, die dicht bei den Gruben lag.

Dort hatte der »Brandmeister« inzwischen Benzin und Öl auf den Balkenrost gegossen und das Feuer angezündet. Die Träger kletterten mit den Bahren die paar Stufen zum Laufsteg hinauf und kippten die Leichen in das Feuer, um den Steg dann über die Treppe an dem anderen Ende wieder zu verlassen. Über die erste Treppe war inzwischen schon ein anderes Trägerpaar hinaufgestiegen. Die Arbeit konnte daher auf allen vier Seiten der Brandstelle reibungslos ablaufen. Die Träger mußten freilich dabei immer wieder die Hände in Sand reiben, weil die Hände wie die Bahrenholme von den Leichen glitschig wurden.

Angesengt und schwarz vor Ruß überwachte unterdessen der Brandmeister, mit einem großen Schürhaken bewaffnet, das Feuer. Er hatte einen Helfer zur Seite, der jeweils die Asche und die verkohlten Knochen wegschaufelte und Holz nachlegte. Damit das Feuer nicht erstickte, mußten die Leichen immer genau an der Stelle in die Glut geworfen werden, die der Brandmeister den Trägern angab. Gnade Gott denen, die einen Toten an die falsche Stelle brachten! Sie mußten dann beinahe ins Feuer hineinsteigen, um die Leiche wieder herauszuzerren und richtig zu plazieren. Eine leichtere, aber wegen der ungeheuren Hitze und Rauchentwicklung ebensowenig beneidenswerte Tätigkeit hatte der Zähler. Auch er mußte sich dort oben aufhalten.

Sobald die Leichen abtransportiert waren, durchsuchte eine Spezialgruppe von Häftlingen das ausgeräumte Grab auf Knochen, Haare und dergleichen. Alles wurde mit der Hand in Eimer gesammelt und anschließend verbrannt. Nachdem auch der Untersturmführer die Grube kontrolliert hatte, wurden die von den Leichen grünlich verfärbten Wände zur Geruchsbekämpfung mit Chlor besprüht.

Dann wurde die Grube aufgefüllt, eingeebnet, noch einmal gepflügt (den Pflug mußten wir selbst ziehen!) und mit Gras besät. Wenige Wochen später ist nicht mehr zu erkennen, wo ein Grab war.

Wie vergangenen Samstag arbeiteten wir auch jetzt nur bis Mittag. Nach dem Essen holten jeweils zehn Mann vom Brunnen Wasser. Wir waschen unsere Wäsche — und auch uns selbst.

7

Sonntag, 27. Juni

Wir brauchten nicht zu arbeiten, durften uns auf dem Hof aufhalten und versuchten, uns dem Zaun zu nähern, um mit den Schupos, die uns bewachen, einen Flüsterkontakt aufzunehmen. Sie schauten sich zwar ständig um, ob auch niemand etwas merkte, denn es war ihnen verboten, sich mit den Häftlingen zu unterhalten. Da uns tatsächlich niemand störte, konnten wir aufs »Geschäft« zu sprechen kommen. Die Polizisten erklärten sich bereit, uns Butter, Wurst, Eier, Wodka, Zigaretten, kurz alles, was wir brauchen könnten, zu besorgen. Diese Lieferungen sollten wir mit Gold bezahlen. Wir werden also etwas von dem Gold unterschlagen, das unsere Aschkolonne täglich an den Untersturmführer abliefern muß. Diese Transaktion mit den Schupos wird ein Vorarbeiter oder ein speziell dafür ausgewählter Mann durchführen. Wer das sein wird, bestimmen jedenfalls wir. Wir wählten einen Ausschuß, welcher zu entscheiden hatte, wie im einzelnen vorgegangen werden sollte.

Wer im Besitz von Gold ertappt wird, kann erschossen werden. Entdeckt der Sicherheitsdienst, daß wir mit den Polizisten Geschäfte machen, so kann die ganze Brigade liquidiert werden. Es ist daher wesentlich, daß man weiß, mit welchem Schupo man sich einlassen kann und mit wem nicht. Zur Zeit sind uns Zigaretten am wichtigsten, denn wir haben genug zu essen. Für manche von uns ist Rauchen wichtiger als Essen.

Unsere Schupos sind keine Berufspolizisten, sie sind zum Sonderdienst abgestellt. Die meisten von ihnen kommen aus Berlin und Umgebung und waren im Zivilleben Handwerker. Sie haben sich nicht freiwillig gemeldet; sie gehören zum 23. SS Polizei-Schützenregiment, das gegen die Partisanen eingesetzt ist. An Hinrichtungen nehmen sie nicht teil. Einige erzählten uns, daß sie vor 1933 der SPD angehört hätten. Ihre jetzige Tätigkeit schätzten sie nicht, aber es bleibe ihnen keine andere Wahl — sich an die Front zu melden wäre ja Selbstmord. Was tut man nicht alles, um am Leben zu bleiben? Einige versprechen sogar, uns zu verständigen, wenn es politische Veränderungen geben sollte. Manche Schupos kümmern sich nicht einmal darum, ob wir arbeiten oder nicht, wenn die Leute vom SD gegangen sind. Sie warnen uns auch zuweilen, wenn ein SD-Mann auftaucht. Viele unter ihnen handeln gewiß aus Egoismus. Sie haben nur einen Sold von RM 3,60 pro Tag, und wenn sie von uns Gold bekommen, haben sie ein gutes Nebeneinkommen. Sie gaben uns den Rat, immer ein zufriedenes Gesicht zu zeigen. Andernfalls würde man uns erschießen.

Der Vormittag verging. Wer Wasser hatte, wusch sich; andere säuberten ihre Kleider. Nach dem Mittagessen inspizierte uns ein Oberleutnant der Schupos. Wir wurden durchsucht, ob wir auch keine Schußwaffen, Messer oder ähnliches hätten. Im Bunker und auf dem Hof stöberten die Polizisten nach Schaufeln und Knüppeln. Nach dem Abendessen studierten wir ein Marschlied ein, um den Untersturmführer nicht zu enttäuschen. So ging unser Ruhetag zu Ende, und eine neue, harte Woche beginnt.

Montag, 28. Juni

Morgens ereignete sich nichts. Um acht Uhr rückten wir zur Arbeit aus. Es ging zu den gleichen Plätzen wie am Samstag. Auf dem Marsch sangen wir:

»Hej, j . . . twoju mat	(»He, alte Hure,
Czomus me rody la	Warum hast du mich geboren?
Taki zywot, taki zywot	Was für ein Leben, was für ein Leben!
Ne powereny la!«	Hättest mich besser gleich verloren!«)

Die Deutschen nannten dieses Lied »Die russische Karawane«. Es tat weh innen — aber man sang.

Wir haben in unserer Brigade keinen Arzt, wohl aber einen Apotheker. Er wird von nun an im Bunker Dienst tun und ist, wie der Untersturmführer sagt, für die Gesundheit der Brigade verantwortlich. Der Untersturmführer wünscht keine Krankheiten. Wir bekamen auch Medikamente und Verbandzeug geliefert. Abends bekommt jeder Verletzte ein Pflaster. Einem der Schupos — sein Dienstgrad ist Zugführer — wurde die Aufsicht über die hygienischen Einrichtungen übertragen. Er versteht sich auch auf Erste Hilfe. Aber obwohl er eine leichte Hand bei der Wundversorgung hat, fürchten sich alle davor, seine Hilfe in Anspruch zu nehmen, weil er ein großer Sadist ist.

Es war ein sehr heißer Tag und das machte die Arbeit am Feuer noch unerträglicher. Wir arbeiteten ohne Rock und Hemd, und die meisten holten sich fast einen Hitzschlag. Auf dem Heimweg konnten wir kaum noch die Füße heben. Der Apotheker tat sein Bestes, um zu helfen, aber mit wenig Erfolg. Viele aßen abends überhaupt nichts, wir fiebern. Die Nacht war stickig und heiß. Die Kameraden wanden sich vor Schmerzen. Schließlich siegte aber die Erschöpfung, und wir sanken in Schlaf. Als der Tag dämmerte, schlich sich einer nach dem anderen aus dem Bunker und schlief im Hof weiter. So verging die Nacht.

Dienstag, 29. Juni

Zur gewohnten Stunde ging es wieder zur Arbeit. Ein paar Häftlinge konnten sich kaum auf den Beinen halten. Es waren vorerst nur drei, und sie blieben bei mir im Bunker, wo ich für Ordnung sorge. Dem Untersturmführer sagten wir, heute wäre Großreinemachen, und wir hielten dafür ein paar Leute zurück. Von jetzt ab teilte der Vormann die Leute für die einzelnen Arbeiten ein, denn der Untersturmführer war nur am Ergebnis interessiert und ließ uns in dieser Hinsicht mehr freie Hand. Es wäre nicht so schlimm gewesen, wenn nur die paar Leute im Bunker hätten zurückbleiben müssen, aber die Krankheit breitete sich aus, und wir konnten nicht, ohne aufzufallen, noch mehr Leute zum Revierreinigen einteilen.

Die Arbeit an den drei Gräbern, die am Freitag begonnen worden war, konnte beendet werden. Das Feuer ging aus und die Leute wurden damit beschäftigt, die Asche in Kisten zur Aschkolonne zu tragen.

Der Untersturmführer kam immer wieder und fragte, ob wir auch zufrieden seien. Nun, jeder, dem sein Leben lieb ist, weiß ja, daß er nicht NEIN sagen darf. Trifft Scherlack jemanden, der gerade vergißt, »glücklich und zufrieden« auszusehen, dann fragt er ihn, ob es ihm hier etwa nicht gefalle? Wenn ja, dann könne er sich ins Lager zurückschicken lassen. Was das bedeutete, ist nur zu klar. Und so denken wir an den Rat des Schupos und spielen die Komödie des glücklichen und zufriedenen Häftlings.

Wir machten um vier Uhr Feierabend. Wie üblich wurde nach

der Arbeit angetreten und abgezählt. Dann begannen wir uns zu waschen. Aber plötzlich hieß es: »Aufhören! Alles in den Bunker!« Wir mußten sogar den Eingang mit einem Mantel zuhängen. Der Grund: »Fliegeralarm . . .« Die Schupos warnten uns, sie würden auf uns schießen, wenn auch nur einer herausschaue. Wir wünschten uns alle, es fiele tatsächlich eine Bombe, denn wenn sie uns auch tötete, so müßten die Deutschen wenigstens mit daran glauben.

Plötzlich hörten wir Hunde bellen und dann Füßescharren und Peitschenhiebe. Wir horchten auf. »Ausziehen!« Einige von uns lugten durch Spalten im Dach und berichteten, was draußen vor sich ging: Eine große Anzahl von Menschen, die sich ausziehen. Schupos stehen um sie herum und dreschen auf sie ein. »Los, los!« hören wir brüllen. Plötzlich ein Aufschrei. Eines der Opfer hat sich umgedreht und einer der Polizeihunde hat ihm nach dem Bein geschnappt. Dann kommt der Befehl »Zu fünft antreten!« Nackte Menschen falten die Hände im Genick und marschieren in Fünferreihen zum Feuer. All das geschieht draußen vor unserem Hof . . .

Bei der Brandstelle steht der Scharführer vom Lager. Er hält sich ein Taschentuch vor die Nase, um den Gestank abzuhalten. Die Fünferreihen rücken vor. Die ersten bleiben stehen. SS-Männer treten hinter die Opfer, durchsieben ihnen die Schädel mit Schüssen und geben ihnen gleichzeitig einen Tritt, damit sie vornüber fallen. Die anderen sehen es und gehen trotzdem wie die Lämmer zum Feuer. Niemand setzt sich zur Wehr. Sie sind völlig apathisch. Was würde ein Widerstand auch helfen? Die Marter dauerte noch länger, und der Tod würde nur verzögert.

Eine halbe Stunde später war alles vorbei. Wir hörten die Stimme des Schupos, der vor unserem Tor Wache hielt: »Herches, schnell!« Herches ging hinaus. Dann seine Stimme: »Alles heraus!« Alle gingen hinaus. Herches bekam den Befehl, aus den zwanzig Robustesten sowie dem Brandmeister und seinem Gehilfen eine Mannschaft zusammenzustellen. Sie sollte sofort alle diese Leichen ins Feuer werfen. Vier Häftlinge hatten die Kleidungsstücke zu sortieren und die Taschen auszuleeren. Die Schupos schauten entzückt zu. Einer requirierte sich ein paar Schuhe, ein anderer einen Anzug. An Geld, Silber, Gold und Brillanten sammelten wir insgesamt vier Eimer voll.

Eine Stunde später standen alle Leichen in Flammen. Es waren zweihundertfünfundsiebzig ...

Aber es war etwas Entsetzliches passiert. Als einer der Körper ins Feuer geworfen wurde, gellte ein Schrei — der Mensch hatte noch gelebt. Bei all dieser Hetze konnte man nicht absolut sicher sein, daß alle wirklich tot waren. Die Deutschen, die wußten, wie nervös wir Häftlinge bei dieser Arbeit waren, trieben uns an, noch schneller fertig zu werden. Die Opfer hatten bei der Firma »Zela 19« — einem deutschen Privatunternehmen, das für die Wehrmacht Fahrzeugreparaturen ausführte — gearbeitet. Sie waren, wie jeden Tag, nach Feierabend ins Lager zurückgekommen und ahnten nicht, was sie erwartete, als sie das Haupttor passiert hatten. Es ging nämlich nicht zur Wohn- und Verpflegungsbaracke, sondern durch das kleine Tor hinaus zum »Sand«. Unter ihnen waren auch zwei Mann, die vor 14 Tagen mit uns hätten gehen sollen. Da hatten sie es jedoch fertiggebracht, in die Brigade für »Zela 19« zu kommen, wo ihr Schwager Vorarbeiter war. Es war sehr schwer, jemanden in diese Gruppe zu lancieren, denn »Zela 19« war ein guter Arbeitsplatz, und alle hatten diese Leute beneidet. Das war nun ihr Ende.

Mittwoch, 30. Juni

Um acht Uhr brachen wir zur Arbeit auf. Eine große Gruppe ging zu einem neuen Arbeitsplatz. Er lag etwa zehn Meter von der Schlucht in entgegengesetzter Richtung zur Pilichowsky-Straße. Die Gräber dort waren etwa zwei Monate alt. Das Erdreich war aber feucht, und die Leichen waren schon in Verwesung übergegangen. Die Arbeit ging viel langsamer voran, weil man statt ganzer Körper nur Teile herausziehen konnte. Gewöhnlich lösten sich die Köpfe dabei vom Rumpf. Wir zählten nur die Schädel. Die Körper ohne Kopf wurden nicht berücksichtigt. Der Inhalt eines der Gräber war schon derart zersetzt, daß auch die Skelette auseinandergefallen waren. Die Arbeit war grauenhaft. Die Männer standen bis zu den Knien in dem Leichenmorast. Mit bloßen Händen mußten sie die Gebeine in die Eimer packen, zum Brandplatz hinübertragen und ins Feuer kippen. Inzwischen sortierten im Hof vier Häftlinge Kleider und Schuhe. Die Anzüge wurden genau durchsucht, um sicherzugehen, daß auch nichts übersehen wurde.

Beim Abendappell war der Untersturmführer anwesend und hielt wieder eine Ansprache. »Alle diese Kleider, die da vor euch liegen, gehören euch! Morgen früh möchte ich jeden nett angezogen sehen. Alle müssen einen Anzug und ein paar Schuhe für die Arbeit und eine weitere Garnitur für den Feierabend haben, so daß ihr den Bunker nicht in eurer Arbeitskleidung betretet.« Und wieder hob er hervor: »Alles werde ich für euch besorgen, aber anständig und sauber müßt ihr sein! Nur diese zwei Sachen verlange ich von euch; dann werde ich für euch sorgen wie ein Vater für seine Kinder. Wenn ihr mich aber enttäuscht, werde ich unbarmherzig sein.«

Wie üblich gestikulierte er dabei mit den Händen, kniff die Augen zusammen und fügte mit einem breiten Lächeln hinzu: »Paßt nur auf, ihr werdet zwanzig . . . aber was sage ich! . . . hundert Jahre werdet ihr leben! Arbeit haben wir noch viel. Wir werden noch nach Mexiko fahren. Nur aufpassen, nur sauber und anständig! Herches, paß auf, du sollst die Sachen gut verteilen!«

Zum Schluß fragte er: »Habt ihr verstanden, was ich zu euch gesprochen habe? Also gut.« Mit der linken Hand zum Abschied winkend, ging er. »Ein wirklicher Vater.« Ein guter Komödiant. Vor ein paar Tagen hatte er uns Kleider versprochen, und er hatte Wort gehalten.

Jeder bekam Hemden, Unterwäsche, einen Anzug und ein Paar Schuhe. Die besten Sachen nahmen sich die Polizisten. Wir hätten ein solches Geschenk gern entbehrt. Aber hätten wir die Sachen nicht angezogen, sie hätten uns erschossen, denn man könnte uns ein solches Verhalten als Trotz auslegen.

8

Um Wiederholungen zu vermeiden, will ich von nun an nicht mehr täglich berichten, sondern mich auf die wesentlicheren Ereignisse im Leben unserer Brigade beschränken, und insbesondere die Arbeitsplätze schildern, auf denen wir eingesetzt waren.

Ich beginne mit Donnerstag, dem 1. Juli 1943. Untersturmführer Scherlack erschien strahlend zum Morgenappell. Wir hatten alle »neue« Anzüge an. »Na, ich werde noch mehr für euch sorgen.

Nur anständig und sauber! Ja, laßt zur Arbeit antreten, zur Arbeit, Kinder, zur Arbeit.«

Wir gingen an die Arbeit. Einige konnten sich kaum auf den Beinen halten. Sie hatten nun schon den sechsten oder siebenten Tag Typhus. Wir mußten aufpassen, daß die Deutschen es nicht merkten. Wenn die Kranken wenigstens den Weg bis zum Arbeitsplatz schafften, konnten wir ihnen eine sitzende Beschäftigung in der Aschkolonne geben. Beim Goldsuchen aus dem Sieb brauchten sie sich nicht anzustrengen, und die Gesunden konnten die Arbeiten tun, bei denen man auf den Beinen bleiben mußte. Die Schupos merkten, daß sie krank waren; aber mit ihnen wurden wir fertig, der Vormann erkaufte ihr Schweigen mit Gold. Im Bunker, wo ich nun offiziell als Unterkunftsverwalter eingesetzt bin, packen wir in eine Ecke etwas mehr Stroh, so daß die Kranken dort bequem lagen und schlafen konnten. Ich stand nachts öfters auf, um ihnen kalte Umschläge zu machen. Jedem Patienten teilte ich einen gesunden Kameraden zu, der ihn wusch, ihm das Essen holte und ihn auch sonst versorgte. Alle halfen bereitwilligst, auch auf die Gefahr hin, dabei ihr eigenes Leben zu riskieren. Aber die Krise kam, und die Kranken konnten nicht einmal mehr bei der Zählung aufrecht stehen. Sie schwankten und fielen um. Der Untersturmführer wollte wissen, was passiert sei. Der Vormann erklärte, bei der gestrigen Hitze hätten verschiedene einen Sonnenstich bekommen. Die Kranken durften sich in den Bunker zurückziehen und den Tag über ruhen. Aber nun begann der Untersturmführer uns genauer zu beobachten. Es fiel ihm auf, daß einige von uns schwankten und am Ende ihrer Kräfte waren. Beim Abendappell fragte er nach den Patienten, und Herches antwortete, sie fühlten sich schon wieder besser. Der Untersturmführer war jedoch mißtrauisch, ging in den Bunker und fand die Männer dort fieberglühend, stöhnend und sogar bewußtlos. Ohne ein Wort darüber zu verlieren, schickte der Untersturmführer uns samt und sonders in den Bunker.

Abends kam ein LKW. Der Untersturmführer befahl uns, die Kranken ordentlich anzuziehen und herauszuführen, denn sie kämen ins Krankenhaus. Wir trauerten um unsere Brüder. Sie hatten ihre Krankheit so lange bekämpft. Ein oder zwei Ruhetage hätten genügt, um die Krise zu überwinden. Nun sollten sie ins »Krankenhaus«.

Der Wagen fuhr mit dem Heck bis ans Feuer. Die Klappe wurde herabgelassen. Die Männer standen am Rand und schauten in die Flammen. Ein Schuß des Scharführers und ein Stoß beförderte sie ins »Krankenhaus«. Am Morgen war nur noch Asche übrig.

Beim Frühappell fragte der SD-Mann, wer krank sei. Er versprach uns Medikamente und riet uns, nicht erst zu warten, bis es zu spät sei. Herches wurde eingeschärft, er sei für die Kranken verantwortlich und müsse jeden Morgen beim Antreten darüber Meldung machen.

Der nächste Morgen kam, und Herches forderte unter dem Druck der Schupos alle, die etwa krank seien, auf, vorzutreten. Wir hatten aber unter uns ausgemacht, wir wollten uns nicht krank melden, denn zum Genickschuß ist es nie zu spät. So trat also keiner vor. Und auch auf Scherlacks Frage, ob jemand krank sei, antwortete Herches: »Keiner; ich habe gefragt, und es hat sich keiner gemeldet«. Selbst als er etwas später nochmals zur Rede gestellt wurde, warum er die Kranken nicht gemeldet habe, erklärte Herches, die Schupos seien Zeugen, daß er gefragt habe, ob jemand krank sei, und daß sich niemand gemeldet habe.

Scherlack befahl nun dem Schupo-Zugführer, dem er die Verantwortung für die sanitären Verhältnisse bei uns übertragen hatte, jeden Morgen nach dem Wecken die Häftlinge zu untersuchen, ob sie krank seien. Der Schupo befahl uns daraufhin, die Zunge herauszustrecken. Jeder, der eine belegte Zunge hatte, wurde mit dem LKW ins »Krankenhaus« befördert. Wir verloren Dutzende von Leuten wegen belegter Zungen, denn es machte keinen Unterschied, ob der weiße Belag auf der Zunge von einer Erkrankung herrührte oder einen weit harmloseren Grund hatte. Wir fanden auch für dieses Problem eine Lösung. Die Häftlinge rieben sich vor dem Wecken die Zunge mit einem harten Stück Brot ab, so daß jeder eine rote Zunge hatte. So fiel bei der »Zungenparade« niemand auf, aber bei der Arbeit kippten doch wieder einige um. Darauf erklärte der Untersturmführer, wenn sich die Kranken nicht selbst meldeten, sondern von ihm entdeckt würden, dann werde er sie nicht mehr zuvor ins Krankenhaus schicken. Und er hielt Wort. Samstag — kurz vor dem Mittagessen — befahl er einem Kameraden namens Jaffe, sich auszuziehen, und erschoß ihn vor unseren Augen. Zwei Männer schleppten den Toten weg und übergaben ihn den Flammen.

Auf diese Weise waren bald von den 122 Mann unserer Brigade nur noch 94 übrig. Da wir nun zu knapp an Arbeitskräften waren, rückte ich eines Donnerstags auch mit aus.

9

Ein neuer Arbeitsplatz — der vierte. Er liegt an dem Weg zwischen unserem Bunker und dem Konzentrationslager, etwa 30 Meter von der Schlucht entfernt. Hier ist die Arbeit eine Schinderei. Man muß tief graben, ehe man ein paar Leichen findet. Die Toten sind bekleidet. Es muß sechs bis acht Monate her sein, daß sie im Lager waren. Zu dreißig bis fünfzig liegen sie Schicht auf Schicht mit jeweils einem halben bis einem Meter Erdreich dazwischen. Das Grab hat etwa eine Tiefe von acht Metern und eine Länge von fünfundzwanzig Metern. Da dieser Platz vom Janowska-Lager aus eingesehen werden kann, errichten wir aus langen Stangen, einem Riesennetz und vielen belaubten Zweigen eine Blende von gut viereinhalb Meter Höhe. Als ob vom Lager aus nicht ohne weiteres erkennbar wäre, was wir hier machen! Die Häftlinge sehen von dort aus den Rauch und riechen den Gestank. Auch kann man uns deutlich neben dem Grab hin- und herlaufen sehen. Und schließlich können sie uns auch auf dem Weg zur Arbeit singen hören.

Wir arbeiten hier am laufenden Band. Jede Schaufel Erde wandert eine lange Kette entlang von Hand zu Hand bis zu der Stelle, wo sie einstweilen liegen bleiben soll. So bilden sich beiderseits des Massengrabes zwei Hügel von etwa zwei Meter Höhe. Die Brandstelle haben wir nicht weit davon nach der großen Schlucht hin errichtet. Da das Massengrab von zwei Hügeln begrenzt ist, weht der Rauch bis zu unserer Arbeitsstelle. Wir müssen uns etwas ausdenken, um den Qualm zur entgegengesetzten Seite abzulenken, einstweilen aber haben wir keine andere Wahl, als im Rauch zu arbeiten.

An dieser Brandstelle haben wir eine etwas andere Arbeitsmethode entwickelt. Der Rost ist hier so konstruiert, daß wir jeweils vier große, schwere Holzscheite mit einem Abstand von einem Meter parallel zueinander angeordnet haben. Dazwischen haben wir ebenso lange aber dünnere Scheite gepackt. Wir verteilen nun die Leichen Fuß an Fuß, wobei wir die schwereren Körper außen herum plazieren, damit die Leichen nicht abrutschen können. So legen wir Schichten aus Holz und Schichten aus Körpern wechselweise übereinander.

Der menschliche Turm — wie eine Pyramide aussehend — wird höher und höher. Wir hatten zunächst jeweils fünfhundert Körper aufschichten wollen. Aber nach einiger Zeit brachten wir es auf siebenhundertfünfzig. Doch auch diese Zahl steigerten wir später bis auf zweitausend und darüber. Die Träger bringen ihre Lasten über Laufbretter mit Querlatten wie bei einem Baugerüst hinauf. Oben stehen zwei sogenannte »Leger« und plazieren die Leichen, wobei Größe und Gewicht ausschlaggebend sind.

Die Exhumierung geht nur langsam voran, da wir manchmal einen ganzen Tag graben müssen, bis wir die nächste Schicht von dreißig bis vierzig Leichen freigelegt haben. So kostet es uns eine ganze Woche, um einen Scheiterhaufen zu errichten, und wir können erst samstags das Feuer anzünden.

Dazu gießen wir über die Spitze und die Seiten der Pyramide Benzin. Im hohen Bogen werfen wir eine Fackel auf den Riesenstoß. Es gibt eine Explosion, und der Himmel wird schwarz von Rauch. Als wir diese Art des Anzündens das erste Mal ausprobierten, hatten wir allerdings keinen Erfolg. Die ganze Pyramide fiel auseinander, und das Feuer ging aus. Wir pumpten nun Öl darauf, legten Reisig bei, zogen sämtliche Leichen mit den großen eisernen Haken wieder heraus, und warfen sie, als das Feuer brannte, von neuem hinein. Die Höhe eines solchen Scheiterhaufens hängt auch davon ab, ob die Leichen frisch oder verwest sind und ob es nur Männer oder auch Frauen- und Kinderkörper sind.

Wie lange so ein Scheiterhaufen brennt, hängt davon ab, ob die Leichen bekleidet oder nackt sind. Bekleidete Leichen verbrennen langsamer. Im gleichen Sinne wirkt sich die zunehmende Verwesung aus. Frische Leichen brennen schneller als schon verwesende, deren Verbrennung bis zu einem Tag länger dauert. Am meisten hängt die Verbrennung jedoch von der Erfahrung im Herrichten der Scheiterhaufen ab. Im Anfang brauchten wir für den Bau eine ganze Woche und benötigten ziemlich viel Öl. Jetzt hingegen kommen wir mit zwei Tagen für die Herrichtung und mit einem Viertel der Ölmenge aus.

Auf diesem Arbeitsplatz hat Scharführer Mozaiko die Aufsicht. Er ist mittelgroß und hat eine rote Nase. Auch er trägt seinen Namen erst seit dem Eintritt in die Partei. Er prügelt uns ständig.

Der Untersturmführer besucht uns auch hier häufig und fragt, ob wir etwa ins Lager zurückmöchten? Der Erfüllung eines solchen Wunsches stehe nichts im Wege. Ob wir etwa nicht glücklich seien? Aber jeder ist »glücklich«. Er verspricht uns auch wieder neue Anzüge. Unsere jetzigen begännen ja schon zu verschleißen, meint er. Wir alle wissen, wo die »neuen« Kleidungsstücke herkommen werden.

10

In der großen Schlucht ist überall Gras gesät, und von dem, was hier einmal war, ist nichts mehr zu erkennen. Hier und dort ist der Boden gesprungen — die Erde war ja blutgetränkt. Es sind Büsche gepflanzt worden. Nur eine Stelle ist noch kahl: der Arbeitsplatz der Aschkolonne oder — wie der Untersturmführer sie nennt — der »Goldsucher von Alaska«.

Vom Lager werden nun keine Leichen mehr herübergebracht. Jetzt schafft man die Insassen lebendig her, läßt sie sich ausziehen und erschießt sie unmittelbar an der Feuerstelle. Jedesmal, wenn wir morgens zur Arbeit kommen, finden wir hier Dutzende neuer Leichen. Um sie dreht sich auch die tägliche Unterhaltung bei uns. »Wie viele haben sie denn heute morgen gebracht?« — »Waren das Leute von der arischen Seite oder aus dem Lager?« — »Habt ihr irgendjemand erkannt?« — War das letztere der Fall, dann erzählt man die Lebensgeschichte des Toten bis in alle Einzelheiten — welche Schule er besucht hatte, wo er wohnte, mit wem er verwandt war und dergleichen mehr. Das sind für uns die Neuigkeiten des Tages. Es sieht fast so aus, als freuten wir uns darauf, unter den Toten ein bekanntes Gesicht zu entdecken. Wir haben uns alle so ans Arbeiten gewöhnt, daß wir uns selbst am Sonntag, unserem Ruhetag, irgendeine Beschäftigung suchen. Abends singen wir im Bunker bis zehn Uhr. Wir entwickeln auch einen eigenen Humor: »Heute habe ich eine Leiche gesehen — ich möchte schwören, daß du mal so aussehen wirst!« »Iß nicht so viel! Die Träger haben's sonst zu schwer, dich auf den Haufen raufzuschleppen.« — »Ja, du hast gerade das richtige Gewicht für eine ideale Randleiche« usw. Wie sollen wir auch sonst weiterleben? Die Toten halten wir in jedem Fall für glücklicher als uns. Sie haben alles hinter sich ... uns aber erwartet das Ende noch.

Eines Morgens sahen wir zwei SS-Männer auf die kleine Schlucht zubummeln. Sie hatten Hilda bei sich, eines der schönsten Mädchen im Lager, eine blonde Wienerin, groß und gut gewachsen, Mitte zwanzig. Sie führten sie durch die Pilichowska-Straße, so daß wir sie alle sehen konnten. Hilda arbeitete im Lagerbüro und war für ihre Liebschaften mit SS-Männern bekannt. Aber hier gibt es ein Gesetz: Je mehr man mit den Deutschen zu tun hat, desto schneller findet man den Tod. Da es den SS-Angehörigen verboten ist, sich mit Juden einzulassen, hatte Hilda ein Druckmittel gegen sie und mußte zum Schweigen gebracht werden. — Als wir heute morgen zu unserem Arbeitsplatz bei der Brandstätte kamen, fanden wir eine nackte, tote Hilda. Ihre Kleider lagen nicht weit davon.

Für die nächsten Tage steht wieder ein größerer Transport nach hier bevor. Wir sind schon im Bilde — der Untersturmführer hat uns wieder einen Kleiderwechsel in Aussicht gestellt.

An einem der nächsten Abende — es kann Donnerstag, der 15. Juli gewesen sein — sahen wir gegen acht Uhr vor dem Zelt der Schupos Leute vom Sicherheitsdienst auf der Bank sitzen und eifrig bechern. Wir dachten uns gleich, daß sie da ein »freudiges Ereignis« begossen. Es war uns zwar nichts Besonderes aufgefallen, da die Exekutionen in der Schlucht stattfanden und es schwer war, selbst auf eine Entfernung von nur hundert oder hundertzwanzig Meter Schüsse zu hören. Das ganze Terrain war hügelig.

Der Freitag kam und wir schliefen noch. Plötzlich — es war erst vier Uhr früh — wurden wir durch eine Stimme wachgerüttelt, die in unseren Bunker hineinbellte: »Was ist? Ihr schlaft noch?!« Wir sprangen auf, rannten hinaus — war etwa unser Ende gekommen? — und zogen uns dann hastig an, denn wir sollten sofort antreten. Dann ging es zum Hof hinaus; die Aschkolonne mußte gesondert marschieren, begleitete uns aber noch ein Stück. Ungefähr 120 Meter vor der Schlucht lag ein Berg Leichen. Wir hielten, die Aschkolonne zog weiter. Eine Gruppe begann sofort die Kleider zu sortieren; eine andere bereitete drei Meter weiter eine Brandstelle vor. Holzscheite waren schon ausreichend vorhanden; sie waren vor einigen Tagen gebracht worden. Die obenauf liegenden Körper hatten, da sie von Gas aufgetrieben waren, das Doppelte ihres normalen Volumens. Die darunter liegenden hatten durch den Druck der anderen Körper ihr normales Ausmaß behalten. Die Leichen, fast nur Männer, waren schwer. Um neun Uhr war die Hauptarbeit erledigt, alle Leichen lagen fertig aufgetürmt zum Verbrennen. Der Scheiterhaufen bestand aus 425 Toten; in der Größe entsprach er einem aus 800 exhumierten Leichen errichteten Stapel. Damit die Pyramide nicht auseinanderfiel, hatten wir diesmal die Körper miteinander verflochten, indem wir jeweils die Hand einer Leiche unter die nächste legten. Das Feuer wurde wie üblich angezündet; der Brandmeister und sein Gehilfe blieben dabei, und wir übrigen gingen wieder an die Arbeit vom Vortag.

Bei der Rückkehr von der Arbeit fanden wir im Hof Bündel von Kleidern und Schuhen. In einer Ecke des Bunkers lagen Pakete mit Brot, Sardinen, Schokolade — mit einem Wort, alles, was man sich nur wünschen konnte, sogar eine gebratene Ente war dabei. Von der Gruppe, die Kleider sortierte, erfuhren wir, daß die Opfer teils vom »Beutepark« (einer Arbeitsstelle beim Flughafen) kamen, teils in der Stadt aufgegriffen worden waren. Die Nahrungsmittelpakete deuteten darauf hin, daß diese Menschen unter dem Vorwand der Versetzung zu einem anderen Arbeitsplatz abgeführt worden waren. Sie hatten sich Lebensmittel wie Bohnen und Mehl eingepackt, die erst zubereitet werden mußten. Offensichtlich waren es wohlhabende Leute gewesen. Denn arme Teufel konnten sich ohne entsprechende Bestechung solche Stellungen gar nicht besorgen. Sie hatten Arbeitsplätze, wo sie nicht bewacht wurden, und lebten unter normalen Bedingungen, ohne vor Appellen und dem »Todestor« zittern zu müssen.

Wie nach früheren Hinrichtungen, kam auch jetzt der Untersturmführer, um zu sehen, was für ein ›Gesicht‹ wir machten. Vielleicht waren wir nicht ›glücklich‹, und eine weitere Exekution war nötig? Er kam in unseren Hof (den nur die Leute vom Sicherheitsdienst betreten durften) und schaute erst nach der einen Seite, dann nach der anderen. Auf der einen lagen Kleider und Schuhe, auf der anderen standen wir und wuschen uns. Wir hörten das Kommando: »Achtung! Mützen ab!« Langsam ging er weiter und schaute dabei jedem in die Augen, als ob er unsere Gedanken lesen wolle. Und schon lächelte alles. Hinter ihm ging, wie immer, Herches. Am Ende des Hofes angekommen, drehte er sich um und fragte den ersten, der dort stand: »Bist du zufrieden oder willst du vielleicht zurück ins Lager?« Nun, diese Melodie kannte jeder hier auswendig.

»Aber, Herr Untersturmführer, ich habe doch hier zu essen und zu trinken!« »Aber ich weiß doch, daß du zurück ins Lager willst! Jemand von euch hat mir gesagt, daß du zurück willst.« Während er sprach, verengten sich seine glänzenden Augen. Lächelnd drohte er mit dem Finger und lauerte auf die Reaktion des Häftlings. Aber wir waren allen seinen Tricks gewachsen. Langsam ging der Untersturmführer ein paar Schritte weiter und schaute immer noch jeden einzelnen prüfend an. Bei einem Mann, der seiner Meinung nach nicht so ›glücklich‹ aussah, wie er sollte, blieb er stehen. Dieser Gesichtsausdruck, sagte er, zeige ihm, daß der Mann nicht zufrieden sei. Er wolle unbedingt die Wahrheit wissen. Der Häftling versuchte es mit Entschuldigungen und behauptete, er schaue immer ernst aus, wenn er jemandem in die Augen blicke. Aber der Untersturmführer beklagte sich kopfschüttelnd, daß wir ihn alle belögen. Dann wiederholte er sein ewiges »anständig und sauber«, und daß er »wie ein Vater« zu uns sei, und dafür sorgen wolle, daß wir alles bekämen, was wir brauchten. Er verlange ja im Grunde nur, daß wir ihm unsere Anerkennung zeigten. Er wisse sehr wohl, daß Erlebnisse wie die heute eine ungünstige Wirkung auf uns ausübten, aber diese Vorgänge hätten mit uns nichts zu tun. Da handle es sich um Befehle, die er, genau wie wir, ausführen müßte.

Langsam und nach jedem Schritt stehen bleibend, ging er weiter und schaute uns in die Augen, während wir, die Mütze in der Hand, in Habtachtstellung dastanden. So näherte er sich allmählich dem Platz, wo die Kleider lagen. Und hier wechselte er geschmeidig das Thema. Er erinnerte uns daran, daß er sein Versprechen gehalten habe, obwohl diese Kleider eigentlich an die Lagerkammer abgeliefert werden müßten. Er sagte Herches, daß er jeden in einem frischen Anzug sehen wolle. Dann fiel ihm die Verpflegung ein, die wir erhalten hatten, und er ging in den Bunker, um sie sich anzusehen. Beim Anblick all der guten Sachen nickte er, lächelte und meinte: »Ihr habt es besser als wir. Solch eine Verpflegung bekommen wir nicht. Ihr müßt sie aber gerecht unter euch aufteilen!« Dann folgte noch das obligate »sauber und anständig!«, und mit einem »Gute Nacht!« verließ er den Bunker. Am Tor wandte er sich noch einmal um und forderte den Nächststehenden auf, ihm mit zwei Eimern zu folgen. Ein paar Minuten später kam der Häftling zurück, beide Eimer voll Bier.

Nun machten wir uns daran, die Anzüge und Schuhe zu verteilen. Ehe es Nacht wurde, lagen an Stelle der neuen unsere alten, verschlissenen Sachen da, denn was sollten wir noch mit ihnen? Die Lebensmittel verteilten wir hingegen noch nicht, denn wir hatten mehr als genug zu essen. Jeder erhielt zu dieser Zeit eine doppelte Ration, da wir die Verpflegung für 150 Häftlinge bekamen, aber nur 94 Personen waren, von denen noch 20 krank waren und leichtere Kost brauchten. Wir gaben uns jede erdenkliche Mühe, von allem das Beste für die Kranken aufzuheben. Wenn die mit dem Sortieren der Kleidungsstücke betrauten Kameraden irgendetwas fanden, das nach ihrer Meinung den Kranken gut täte, steckten sie es in die Tasche, auch wenn sie damit Folter oder gar Tod riskierten, denn zwischen uns herrschte eine echte Kameradschaft.

Der Samstagmorgen verging ohne besondere Ereignisse. Bei der Arbeit erwähnte der Untersturmführer, wir bekämen in Kürze neue Freunde. Die Brigade werde wieder auf 125 Mann vergrößert. Er denke zwar schon seit einigen Tagen über dieses Problem nach, sei sich aber noch nicht schlüssig, ob er tatsächlich neue Leute hinzunehmen solle. Ihm wäre es eigentlich lieber, wenn wir unter uns blieben. Als er vorgestern im Lager nach Freiwilligen gefragt habe, hätten sich so viele gemeldet, daß er nicht gewußt habe, wen er nehmen sollte, und daher habe er niemanden genommen.

Am Nachmittag erhielten wir ein Faß Bier. Sonntags improvisierten wir im Hof eine Festtafel mit Kuchen, Schokolade und belegten Broten. Dann zapften wir das Faß Bier an und ließen es uns schmecken. Wir sangen sogar. Das Ganze war mit Absicht auf dem Hof inszeniert, damit die Polizisten es sahen und dem Untersturmführer davon berichten konnten.

11

Es war Dienstagnachmittag, und wir arbeiteten in der Schlucht, als vom Lager dreizehn Häftlinge in unseren Bunkerhof gebracht wurden, um erschossen zu werden. Am Morgen war im Lager eine Razzia gewesen. Bei einigen Häftlingen hatte man Waffen gefunden, andere waren verdächtig, einen Fluchtversuch organisieren zu wollen. Sie wurden gefoltert und dann zum Sand hinausgeschickt. Als sie ankamen, waren jedoch verschiedene von uns an der Brandstelle, und da man die Opfer nie in unserer Gegenwart erschoß, brachte man die dreizehn Mann einstweilen in unseren Hof. Dort teilte man sie jedoch kurzerhand unserer Brigade zu, weil wir gerade Leute brauchten. Aber waren sie darum besser dran? Früher oder später würden sie doch umgebracht werden. Hier kam niemand lebend heraus. – Am Abend wurden wieder zwei unserer Kameraden ins »Krankenhaus« eingeliefert. Ich sah, wie sie zum Feuer geführt wurden, denn wir waren zu viert beim Blutverbrennen und hatten eine Stunde länger gearbeitet. Bei den Hinrichtungen läuft das Blut in einen besonderen Graben. Darüber wird dann Benzin gegossen und angezündet. Das Blut verbrennt; etwaige Rückstände werden mit Erde vermischt und zur Einebnung dieser Gräben benutzt.

Um den 18. August herum wurden wir mit den Arbeiten in der Schlucht fertig, und unser Arbeitsplatz wurde zu der letzten Hinrichtungsstätte verlegt. Dort hatten wir etwa anderthalb Wochen zu tun. 1500 Leichen waren einzuäschern. In drei Tagen bauten wir einen Scheiterhaufen mit 750 Toten. Die Aschkolonne, die bisher in der großen Schlucht gearbeitet hatte, wurde ebenfalls hierher verlegt. Zugleich wurde eine neue Gruppe aufgestellt, die »Säleute«.

Sie hatten die feingesiebte Asche überall im »Sand« zu verteilen, damit keine auffälligen Aschenhaufen gefunden werden konnten. Unsere Kameraden sehen dabei wie Bauern aus, die mit der Hand säen. In der großen Schlucht hat man auch die Grabsteine wieder entfernt. So blieb dort weiter nichts zurück als ein Haufen kleiner Knochen, die weder verbrannt noch zerrieben werden konnten.

Am Sonntag, dem 22. August, wurden unserer Brigade weitere neun Mann zugeteilt. Die meisten von ihnen waren vor dem Krieg Droschkenkutscher gewesen. Ihresgleichen galt als »Draufgänger«, und mancher von uns dachte, wir könnten von ihnen etwas lernen. Kein Weichling mehr zu sein, das gäbe ein Gefühl der Sicherheit. Aber was waren das schon für »Draufgänger«, wenn auch sie hierher gekommen waren, um sich widerstandslos lebendig zum Scheiterhaufen schleppen zu lassen! Sie hatten nicht gemeutert, als einem von ihnen der Sohn von der Seite gerissen und vor des Vaters Augen erschossen worden war. Wußten sie nicht, daß auch die Zuteilung zu unserer Brigade den sicheren Tod bedeutet? Sind sie nicht genau solche Waschlappen wie wir?

Am Morgen waren sie wie sonst vom Lager zur Arbeit abgefahren, als bei einer routinemäßigen Kontrolle die SS auf dem einen Wagen zwei versteckte Mäntel fand. Das genügte, um sie des Fluchtversuchs zu beschuldigen. Zunächst schlug man sie übel zusammen, dann schickte man sie hierher. Unter den dreizehn war auch ein Ingenieur, sowie ein Rechtsanwalt namens Abend aus Tarnopol. Der Ingenieur und der Anwalt waren auf der arischen Seite Lembergs gefaßt worden, kamen in die Todeszelle und dann zu uns.

Den Neuankömmlingen erschien im Anfang alles grauenhaft. Sie konnten einfach nicht glauben, daß man es hier lang aushielte. Doch langsam gewöhnten auch sie sich daran. Von ihnen erfuhren wir auch etwas über das Schicksal des Zimmerergehilfen, der entflohen war, aber nach vier Wochen gefangen und hier verbrannt wurde. Nach seiner Flucht kam er wieder ins Lager. Dort wußten die SS-Leute nicht, daß er bei uns ausgerissen war, denn der Untersturmführer hatte den Schupos befohlen, es geheim zu halten, weil es seinem Ansehen schaden könnte. Zwei Wochen später floh der Zimmerergehilfe auch aus dem Lager und machte sich auf den Weg in die Wälder, wurde aber aufgegriffen, in die Todeszelle gesteckt und dann hierher gebracht.

Diese Woche kamen sechs weitere Juden von der »arischen« Seite. Zwei von ihnen wurden erschossen, und die anderen vier teilte man unserer Brigade zu. Nun zählten wir 118 Häftlinge.

Nachdem die Arbeiten auf dem letzten Gräberfeld beendet waren, begannen wir auf einem neuen, das etwa 25 Meter näher zur Pilichowska-Straße liegt. Hier waren etwa 15 Gruben, jede rund 55 Meter lang. Sie bargen insgesamt neuntausend Tote. Diese waren noch bekleidet und lagen seit etwa einem Jahr dort. Wir fanden unter ihnen auch die jüdischen Milizsoldaten aus dem Getto, die im August des letzten Jahres bei der Aktion in der Lokietka-Straße gehenkt wurden. In jeder Grube lagen — etwa 65 Zentimeter unter der Oberfläche — die Leichen von ein paar Männern, die die anderen Toten begraben hatten und anschließend selbst von den Deutschen verscharrt wurden. In einem der Gräben fanden wir auch eine ganze Gruppe von sogenannten »schwarzen Krähen«. So nannte man wegen ihrer Uniformen die ukrainischen Faschisten in der SS-Division. Sie hatten an den Hinrichtungen teilgenommen und wurden als unerwünschte Zeugen ebenfalls liquidiert. Man begrub sie in ihren Uniformen; auf dem Boden unter ihnen fanden wir auch ihre Helme. Zeugen sind aber auch wir! Wie sollten wir da mit dem Leben davonkommen?

Wir errichteten zwei »Brandstellen«, auf denen wir abwechselnd die Scheiterhaufen aufbauten und abbrannten. Jetzt brachten wir es sogar auf Pyramiden von tausend und mehr Leichen. Dabei hatten wir Anweisung, immer weniger Öl zu verwenden. Scherlack sagte uns, die Arbeit an diesen Gräbern müsse bis September beendet sein. Dann würden wir unsere Tätigkeit nach Lyczakow im Krzywicki-Wald verlegen. Kurz darauf ging er für 14 Tage in Urlaub.

Mir fiel auf, daß ein paar Häftlinge insgeheim mit den Schupos Geschäfte machten. Einer von ihnen war Lufko, ein ehemaliger Metzger aus der Sloneczna-Straße in Lemberg, der viele Polen und Ukrainer kannte. Er hatte sich an einen Polizisten namens Schneider herangemacht, einen Volksdeutschen aus Lodz, der gut Polnisch sprach. Beim Kleidersortieren nach der letzten Hinrichtung hatte sich Lufko tausend Zloty beiseite gesteckt und bot sie nun Schneider an, damit dieser ihm von Freunden in der Stadt, bei denen Lufko eine Menge Geld zurückgelassen hatte, verschiedene Sachen mitbrächte. Schneider sagte zu. Als wir am nächsten Morgen im Hof standen, sahen wir, wie Schneider in Gegenwart eines anderen Schupos Lufko über den Zaun anrief und ihm Brot, Butter und etwas Zucker gab. Lufko nahm dies entgegen und ging zu Herches, um ihm zu erklären, um was es sich handle. Natürlich hatte er Angst, denn er hatte ja gegen das Abkommen verstoßen, daß nur bestimmte Häftlinge mit den Schupos Handel treiben durften, zu denen Lufko nicht gehörte. Herches sah, daß Lufko das »Gesetz« schon gebrochen hatte und jetzt nichts mehr daran zu ändern war. So ließ er Lufko einfach stehen, ohne ihn überhaupt anzuhören.

Beim Mittagsappell am gleichen Tag näherte sich Schneider dem Hauptscharführer Rauch, der Scherlack vertrat und den Appell abnahm — auch alle anderen SD-Leute waren zugegen —, deutete auf Lufko und flüsterte Rauch etwas zu. Dieser rief Lufko sofort heraus, und ein paar Minuten später kehrte eine reichlich zusammengeschlagene Gestalt in unsere Reihen zurück. Nun rief der Hauptscharführer Herches zu sich und verlangte von ihm kategorisch, er solle die tausend Zloty herbeischaffen, die Lufko nach Schneiders Angabe besitze. Lufko stritt aber ab, das Geld zu besitzen und erklärte, er habe ihm das Geld nur in der Hoffnung versprochen, daß seine Freunde in der Stadt, die eine Menge seines Geldes besäßen, ihm etwas davon schicken würden, so daß er die tausend Zloty hätte bezahlen können. Der Hauptscharführer drohte Herches, falls er ihm das Geld nach dem Mittagessen nicht abliefere, werde er den Bunker durchsuchen. Finde er das Geld, so ergehe es uns tausendmal schlimmer. Finde er es hingegen nicht, so sei er sicher, daß wir irgendein Versteck hätten, das er nicht entdecken könne, und in diesem Falle müßten alle, die Kleider sortierten, die Folgen tragen.

Herches ging sofort an die Arbeit. Er machte Lufko klar, worum es gehe. Als der Fleischer abstritt, das Geld zu haben, begann Herches ihn zu verprügeln. Er schlug so erbarmungslos zu, daß schließlich einer von uns zu Lufko ging und ihm nochmals klarmachte, daß er das Geld herausrücken müsse, da er sonst totgeschlagen werde. Das half. Lufko holte das Geld aus dem Versteck und gab es Herches. Nach der Mittagspause erschien Rauch wieder mit seinen SD-Freunden, und seine ersten Worte waren: »Herches, was hört man?« Herches antwortete, die tausend Zloty seien da, und händigte sie ihm aus.

Nun kamen alle SD-Männer in den Hof, bis auf Scharführer Jelitko. Rauch schilderte uns den Vorfall und erklärte, der Untersturmführer werde, wenn er hinter derartige Geschäfte mit den Schupos komme, uns samt und sonders abknallen. Dann ließ er den Holzsägebock herbeiholen und Lufko mußte sich darüberlegen. Die Hände wurden auf der einen Seite des Bocks, die Füße auf der anderen festgebunden, sein Rumpf lag da, wo man normalerweise das Holz durchsägt. Sein Kopf hing herab.

Der Reihe nach kamen nun — bis auf Jelitko — die SD-Männer und verabfolgten Lufko mit einer »neunschwänzigen Katze« je zehn Hiebe; der letzte sogar auch noch die für Jelitko. Dann begoß man den Geprügelten mit kaltem Wasser, bis er wieder zu sich kam, und band ihn los. Man mußte schon stärker als Eisen sein, um das auszuhalten. Lufko stand auf und stolperte zum Hof hinaus. Fünf Meter vom Zaun blieb er stehen. Wir mußten Front zu ihm machen und nun schossen aus einer Entfernung von dreißig Schritt die SS-Männer auf seine Hände, Finger und so weiter. Lufko stand noch immer.

Sie feuerten weiter, immer wieder. Schließlich zog Jelitko seine Pistole und schoß Lufko direkt ins Herz. Jetzt erst sank Lufko um. Zwei Träger brachten seine Leiche zum Feuer hinüber.

12

Seit der Sache mit Lufko wurden wir häufig vor dem Mittagessen, ehe noch jemand den Bunker betreten konnte, durchsucht. Dazu kam der Hauptscharführer mit dem Sturmmann in den Hof, ließ uns antreten und filzte jeden einzelnen von uns.

Als die zwei Urlaubswochen vorbei waren, kam der Untersturmführer zurück. Er fand alles in bester Ordnung vor. Von der Angelegenheit mit Lufko hatte man ihm nichts gesagt. Er brachte eine neue Idee mit: Wir müßten auch Musik haben, meinte er, die unsere Moral höbe, wenn wir zur Arbeit ausrückten, und uns begrüßte, wenn wir heimkämen, und uns an den Abenden und Wochenenden unterhielte. Er hatte sogar gleich eine Geige und eine Harmonika mitgebracht. Alles dies geschah, um uns geistig zu beschäftigen und den Eindruck zu erwecken, als hätten wir eine Dauerstellung.

In unserer Brigade waren drei Sattler, die schon bisher im Zelt der Schupos dies und jenes gearbeitet hatten. Nun mußten sie auf Anordnung des Untersturmführers dem Brandmeister und seinem Gehilfen Kappen mit Teufelshörnern machen! Damit ausstaffiert und die Schürhaken geschultert, zogen die beiden Brandmeister uns auf dem Marsch zur Arbeit voran, leibhaftige Teufel. Da sie vom Feuer immer wieder angesengt und vom Qualm geschwärzt wurden, außerdem schwarze Arbeitsanzüge und schwarze Stiefel trugen, wirkten die großen schlanken Gestalten tatsächlich teufelsähnlich. Sie durften nichts anderes mehr tragen, hatten aber zwei Garnituren, so daß sie sich nach der Arbeit wenigstens umziehen konnten.

Auf dem ersten Arbeitsplatz der Aschkolonne in der großen Schlucht war — wie schon erwähnt — ein grauer Haufen von lauter kleinen Knochen übriggeblieben, die sich weder zerdrücken noch verbrennen ließen. Der Untersturmführer fand jedoch auch für dieses Problem eine Lösung. Eines Tages wurde eine Maschine hergebracht, die wie ein Zementmischer aussah und von einem Dieselmotor angetrieben wurde. In der großen Quetschtrommel befanden sich dicke eiserne Kugeln, die die Knochen zerkleinerten. Ein Sieb filterte den Staub und hielt größere Stücke fest, die dann nochmals in die Trommel gegeben wurden. Der feine Staub wurde auf die Felder in der Umgebung ausgesät. Die Häftlinge, die an dieser Maschine arbeiteten, waren von dem Staub stets kohlrabenschwarz. Die Maschine mahlte nur sehr langsam. Um bis 1. September fertigzuwerden, mußten wir sie von 5 Uhr früh bis 9 Uhr abends laufen lassen. Durch die Überlastung und den Staub, aber auch das Alter und den schlechten Zustand des Motors fiel die Maschine oft aus. In der Frühe dauerte es meist ein paar Stunden, bis sie überhaupt in Gang kam, und einmal streikte sie sogar einen ganzen Tag. Eines Morgens ließ der Untersturmführer versuchsweise die ganz kleinen Knochen auf die benachbarten Felder ausstreuen, die dem Bauern von Malego Holoska gehören. Anschließend pflügten wir das Feld um, aber die Knochenspuren waren doch nicht vollständig vertilgt. So mußten wir Geduld haben und warten, bis die Maschine sie wieder mahlte.

Am letzten Samstag im August beendeten wir die Arbeit. Alles war eingeebnet und besät; nur der letzte Brandplatz existierte noch. Über den Grund hierfür zerbrachen sich alle den Kopf. Sollte er für uns übriggelassen worden sein? Die Arbeit war zu Ende, aber kein Anzeichen für den Umzug zu einem anderen Platz in Sicht. Sollte die Feuerstelle etwa für die Insassen des Konzentrationslagers sein? Oder sollte sie noch so lange bestehen, wie die Aschkolonne zu tun hatte?

Inzwischen begannen wir, das ganze Gebiet systematisch zu säubern. Außer den Männern von der Aschkolonne mußten alle, mit Eimern bewaffnet, in einer dichten Kette langsam das ganze Terrain durchkämmen, um jede geringste Kleinigkeit, die unsere Arbeit verraten könnte, zu beseitigen — sogar Zündhölzer und

Papierschnitzel. Wir suchten selbst Plätze ab, wo wir nie gearbeitet hatten, wohin aber der Wind solche Reste getragen haben konnte.

Diese Aufräumungstätigkeit nahm eine Woche in Anspruch. Nun blieb nur noch die Brandstelle — wo die Aschkolonne und die Kugelmühle arbeiteten — aufzuräumen und anzusäen.

Dann saßen wir im Hof und taten nichts; nur unsere 20 Kameraden von der Kugelmühle und der Säkolonne gingen nach wie vor zur Arbeit. Die Geige und die Harmonika, die Scherlack mitbrachte, hingen ungenutzt an der Bunkerwand und warteten auf bessere Zeiten.

Die Sattler bekamen neue Arbeit. Zwei große Zelte wurden gebracht und mußten instand gesetzt werden. Sie sollten auf unserem nächsten Arbeitsplatz aufgestellt werden.

13

Jeden Tag fuhren ein paar Häftlinge zu dem neuen Arbeitsplatz im Krzywicki-Wald. Sie stellten um das ganze Gebiet herum Schilder in Polnisch, Ukrainisch und Deutsch auf:

»Das Betreten dieses Gebiets ist streng verboten!
Nach hundert Metern Scharfschützen!«

Es gab auch noch ältere dreisprachige Schilder: »Das Betreten des Waldes ist verboten!« Das Gebiet wurde bisher nicht von Deutschen, sondern von einem örtlichen Förster bewacht. Als dieser unsere Vorbereitungen sah, fragte er neugierig, was hier denn beabsichtigt sei? Er bekam zur Antwort, es komme bald ein Zirkus, und der Wald werde für die Akrobaten gebraucht. Die Schilder seien nötig, damit die Leute aus der Nachbarschaft nichts von dem, was inzwischen hergeschafft werde, stählen. Er bekomme bei dem Zirkus dann eine Anstellung als Portier. Inzwischen sei er für das dort gelagerte Material verantwortlich.

Unsere Gespräche drehten sich seitdem um den neuen Arbeitsplatz, und darum, wie es jetzt in der Stadt aussah. Wenn die Häftlinge aus dem Wald zurückkamen, scharte sich alles um sie, und sie mußten berichten, wie die Stadt und die neue Gegend sei.

Darüber diskutierten wir dann ausgiebig; wovon hätten wir auch sonst reden sollen?

Eines Morgens ließ uns der Hauptscharführer morgens beim Antreten wissen, wer Zahnschmerzen habe, solle sich am nächsten Tag in sauberem Anzug melden. Er werde dann zum Lagerkrankenhaus gebracht, wo die Zähne entweder gezogen oder behandelt würden. Er ließ keinen Zweifel daran, daß sich eine derartige Gelegenheit später nicht mehr biete. Am nächsten Tag meldeten sich allerdings nur drei Kameraden, obwohl viel mehr Zahnbeschwerden hatten. Aber nur diese drei hatten so große Schmerzen, daß sie bereit waren, ihr Leben zu riskieren. Die anderen, die sich vor dem »Krankenhaus« fürchteten, meldeten sich nicht. Als die drei vor die Front traten, rief Rauch auch einen Häftling namens Schoenfeld sowie Herches heraus. Dann bestiegen sie einen LKW. Es war der gleiche, der die anderen zum »Krankenhaus« gebracht hatte. Dieses Mal wurden sie jedoch tatsächlich zum Krankenrevier im Lager gefahren.

Als mittags der Verpflegungswagen kam, brachte er auch unsere Kameraden wieder mit. Sie sahen glücklich aus, denn sie hatten endlich einmal ihre Familie und ihre Freunde wiedersehen können. Kaum waren sie im Bunker, da teilte sich die Brigade spontan in fünf Gruppen, und jede kreiste einen der Zurückgekehrten ein. Ich war auch in einer der Gruppen und hörte, was uns der Kamerad berichtete:

»Zuerst ging's zum Krankenhaus. Es liegt außerhalb des Lagers und war früher ein Spital für Unheilbare. Dort brachte uns der Hauptscharführer zum Dentisten und schärfte uns ein, nur deutsch zu sprechen. Der Dentist ist wie alle in diesem Hospital Beschäftigten ein Häftling. Als er den SD-Scharführer sah, war er daher so verängstigt, daß er uns die Zähne herauszuziehen begann, ohne erst nachzusehen, ob sie wirklich schlecht waren. Er wollte uns so schnell wie möglich wieder aus dem Ordinationsraum heraushaben. Nach der Behandlung stiegen wir wieder auf den LKW und fuhren ins Konzentrationslager. Der Hauptscharführer instruierte uns vorher, wir sollten auf alle Fragen, wo wir gewesen seien, lediglich antworten: Nur im Krankenhaus. Das gelte auch dann, wenn der Untersturmführer erfahren sollte, daß wir ins Lager gefahren wurden. Der Himmel möge es verhüten, daß der Untersturmführer bemerke, daß wir ins Lager dürften.«

Als der Erzähler so weit gekommen war, konnten wir es kaum erwarten, etwas von unseren Freunden zu hören, die dort noch am Leben waren.

»Wir fuhren geradeswegs zur Küche. Dort waren nur die Ordner und das Reinigungspersonal vor der Baracke zu sehen. Wir luden die Mittagsverpflegung auf, und Lagervormann Orland brachte uns über tausend Zigaretten. Sie wußten alle, wo wir herkamen. Die Putzer hatten uns kaum gesichtet, als sie schon davonliefen und sich versteckten. Auch Orland machte sich unsichtbar. Sie dachten, wir kämen, um weitere Leute zu requirieren. Der Hauptscharführer rief Orland heraus, und dieser kam mit den Zigaretten in der Hand an, als wollte er damit sein Leben freikaufen. Von der Küche fuhren wir zur Schreinerei, und der Hauptscharführer nahm Schoenfeld mit in die Werkstatt. Schoenfeld war es übrigens zu verdanken, daß wir zum Krankenhaus geschickt wurden. Der Vorarbeiter der Schneider war nämlich ein guter Freund Schoenfelds, und hatte dem Hauptscharführer manches für den Privatbedarf gemacht. Daher fühlte sich Rauch ihm verpflichtet und arrangierte diesen Besuch Schoenfelds in der Werkstatt.

Anschließend brachte man uns auf Herches' Bitten zu den DAW, und Herches konnte dort seine Mutter und seine Schwester wiedersehen.«

Von nun an wurden wir häufiger zum Krankenhaus und ins Lager gebracht.

Was der Untersturmführer uns versprach, erfüllte er auch. Eines Tages nahm er sich vor, uns Frauen zu besorgen. Er hatte uns nämlich immerzu gefragt, ob uns noch etwas fehle; so wollten wir ihm wenigstens zeigen, daß wir sonst mit allem zufrieden seien, und brachten das Gespräch darauf, daß auch so viele hübsche Frauen zum Feuer gebracht würden. Man könnte doch einige stattdessen zu uns schicken. Sie könnten als Putzfrauen in der Küche arbeiten, unsere Kleider und die Wäsche reinigen, und wir würden auch Frauen haben. Vielleicht konnten wir ein paar Frauen retten? Wer weiß, was später passierte? Solange man lebt, hofft man. Wir hatten erfahren, daß kurz zuvor die Italiener kapituliert hatten. Womöglich kam es mit den Deutschen auch bald so weit?

Am Donnerstag, dem 26. August, hielt tatsächlich ein LKW mit 24 Frauen vor unserem Tor. Sie warteten noch auf den Befehl des

Untersturmführers, der jeden Augenblick kommen mußte. Da hörten wir plötzlich Schüsse, und schon wendete der LKW und fuhr in Richtung der Brandstelle fort, die noch vorhanden war. Eine halbe Stunde später wurden der Brandmeister, sein Gehilfe und vier Träger gerufen. Eine Viertelstunde später kamen sie zurück — sie hatten die Frauen ins Feuer geworfen. Von den Schupos erfuhren wir Genaueres. Es waren 24 Mädchen im Alter von 17 bis 20 gewesen, die hübschesten im Lager. In der vergangenen Nacht hatten die dortigen SS-Leute sie zu einer Party geholt, was streng verboten war. Die Mädchen blieben die ganze Nacht dort und wurden am Morgen als unerwünschte Zeugen kurzerhand zum Sand gebracht. Da sie jung und gesund waren, wollten unsere SS-Leute sie als Putzfrauen für uns und die Schupos hierbehalten. Als nun der LKW hielt und man auf den Untersturmführer wartete, sprang eines der Mädchen vom Wagen und versuchte zu fliehen. Hier war es aber zu spät dazu. So kam es zu dem plötzlichen Schießen. Als der Hauptscharführer sah, daß die Mädchen hier nicht leben wollten und den Tod vorzogen, gab er Befehl, sie zum Feuer zu bringen.

Die Maschine war mit dem Knochenmahlen fertig. Wir begannen zu packen.

Eines Nachmittags kam der Scharführer zum Bunker und forderte fünfzig Mann mit Spaten an, die sofort mitkommen sollten. Wir gingen den Weg, den wir in der ersten Zeit von der Todeszelle aus genommen hatten. Als wir in die Nähe des Lagerwaschraumes und des Wachturmes mit dem Askariposten kamen, ließ der Scharführer uns halten. Hier müßten zwei Gräber sein, erklärte er, und zeigte uns den Platz. Da stand ich nun auf der gleichen Stelle wie am 8. Juni 1942, als ich — schon nackt und bloß — mit 179 anderen Häftlingen zusammen erschossen werden sollte. Wie wenig hatte doch gefehlt, und ich wäre heute mit ausgegraben worden! Als die Häftlinge im Lager uns in ihrer Richtung kommen sahen, rannten sie in ihre Baracken. Uns kränkte es, daß jeder schon bei unserem bloßen Anblick einen solchen Schrecken bekäme. So grauenerregend sahen wir doch nicht aus, wenn auch die beiden Brandmeister mit ihren Teufelshörnern und den Feuerhaken einen gruseligen Anblick boten.

Wir begannen unsere Arbeit. Zunächst bauten wir eine etwa vier Meter hohe Bretterwand, um unsere Tätigkeit den Blicken der Lagerinsassen zu entziehen. Der Posten auf dem Turm wurde durch einen Schupo ersetzt, denn auch die Askaris durften nicht sehen, was vor sich ging. Mit der Freilegung der Gräber kamen wir an diesem Tag allerdings nicht mehr weit. Dafür fingen wir am nächsten Morgen schon in aller Frühe an. Die Kameraden im Lager durften ihre Baracken erst verlassen, nachdem wir unsere Arbeitsstelle erreicht hatten.

Ungefähr gegen Mittag waren alle Leichen herausgezogen, eine Brandstelle war gebaut und angezündet, und die beiden Gruben waren wieder mit Erde aufgefüllt. Die Leichen hatten hier schichtweise gelegen; ab und zu hatte man Erde dazwischen gefüllt. Obwohl diese trocken war, hatten sich die Körper infolge der langen Liegezeit und da sie unbekleidet waren, bereits zersetzt.

Es waren 275 Tote. Nun fragte es sich, was wir mit den unverbrennbaren Knochen tun sollten. Die Aschkolonne hatte ihre Arbeit schon abgeschlossen, und die Knochenmühle desgleichen. Es blieb keine Zeit mehr, dies alles noch einmal in Gang zu bringen, denn der Termin unseres Stellungswechsels lag bereits fest. So hoben wir eine besonders tiefe Grube aus und beerdigten die übriggebliebenen Knochen.

Die Arbeit an diesen zwei Gräbern war unsere letzte hier.

14

Dienstag, 7. September

Um fünf Uhr morgens verließen alle den Bunker. Jeder hatte seine Sachen in eine Decke gepackt, die wir in den letzten Tagen bekommen hatten, und dieses Bündel draußen am Zaun bereitgelegt. Eine Gruppe von zwanzig Mann fuhr zu dem neuen Platz, um die Zelte aufzuschlagen und den Hof dort mit Stacheldraht einzuzäunen. Die übrigen blieben noch hier, um den Bunker und den Zaun abzubauen und das Terrain zu pflügen und einzusäen. Als wir vor zwölf Wochen diese Unterkunft hier auszubauen begannen, hätte ich nicht geglaubt, daß ich auch den Abbruch noch erleben würde.

Diese Arbeit war bis Mittag durchgeführt und zwei Stunden später der ganze Bereich eingeebnet und besät. Nun hatte die

Gegend wieder ihr altes Gesicht. Zum Schluß säuberten wir das ganze Areal noch einmal sorgfältigst, um auch nicht das kleinste Stückchen Papier zurückzulassen.

Nun begann die Übersiedlung. Von jeweils fünf Polizisten bewacht, fuhren wir in Gruppen von 21 (20 Häftlinge und ein Vormann) zu dem neuen Arbeitsplatz. Auf einem der LKWs fungierte ich selbst als Vormann. Ich saß auf der Seitenwand, während die anderen untergehakt auf dem Boden des Wagens in Fünferreihen hockten. Auch ich durfte nicht aufstehen oder herumschauen. Ich mußte genauso wie sie den Kopf gesenkt halten. So erhaschten wir bei der Fahrt nur flüchtige Bilder von größeren Bauten und Menschen, die sich frei bewegen durften.

So mancherlei Gedanken gingen einem dabei durch den Kopf. Wie glücklich dürfte man sich schätzen, wäre man wenigstens frei! Dieser Mann zum Beispiel, der dort drüben bei der Kirche sitzt — er hat nur noch ein Bein, und bettelnd streckt er seine Hand aus —, sollte glücklich sein. Er hat nicht wie wir dauernd den Tod und Leichen vor den Augen. Er darf bei seiner Familie sein. Fragte man den Mann, der auf der anderen Seite mit seiner Frau und seinen zwei Kinder geht, ob er glücklich sei, würde er vielleicht »nein« sagen, weil er noch diesen und jenen Wunsch hat. Er weiß nicht, wie froh er sein kann, daß er seine Freiheit hat und bei seinen Lieben sein darf. Und uns bleibt noch nicht einmal die Hoffnung darauf, denn wir haben unsere Lieben schon verloren. Vom Wagen zu springen hätte keinen Sinn, denn wir sind gut bewacht, und zudem würde man als Jude doch bald wieder gefangen. O Gott, wo bin ich vom rechten Weg abgewichen? Warum konntest nicht du selbst mich bestrafen, statt mich den Händen dieser Mörder auszuliefern?

Während solche Gedanken mich quälten, rollte der LKW durch die Lyczakowska-Straße. Dann bogen wir in die Glinanskier Landstraße ein und näherten uns dem Krzywicki-Wald.

Schon auf der Glinanskier Chaussee fielen uns manche Veränderungen auf. Schupos schauten aus den Fenstern. Alle komfortableren Häuser hatte man für sie beschlagnahmt, und am Tag zuvor waren sie hier eingezogen. Sie mußten in der Nähe des Arbeitsplatzes wohnen, um auch außerhalb der Dienstzeit immer erreichbar zu sein. Wenn sie einen Schuß in der Nacht hörten, hatten sie sich sofort zu melden. Sie gehörten alle zu unserer

Dienststelle, die die Bezeichnung »Sonderkommando 1005« trägt. Von der Chaussee führte ein Weg direkt durch den Krzywicki-Wald. An der Abzweigung wurden ein Wachlokal und ein Schlagbaum errichtet. Nicht weit davon stand im Wald eine Villa, deren Bewohner bereits die Woche zuvor evakuiert worden waren. Sie diente den Schupos nun als Küche, Kasino und Dienstwohnung für ihren Einheitsführer.

Von hier aus konnte man auch schon unsere Zelte sehen, die aus der Entfernung wirklich den Eindruck eines Zirkus machten. Wir stiegen vom Wagen und begannen den Aufstieg zu unserem Zeltplatz, der etwa 230 Meter entfernt war. Ein dichtverflochtener Doppelzaun von 60 Zentimeter Tiefe und fast dreieinhalb Meter Höhe umgab hier ein Viereck von etwa 25 Metern Kantenlänge. Auf zwei entgegengesetzten Seiten waren Tore, und bei jedem stand vor dem Zaun ein Schilderhaus, wo sich die Schupos bei Regen unterstellen konnten. In diesem Hof standen in einem Abstand von zweieinhalb Metern die beiden Zelte, jeweils drei Meter von den Zauntoren entfernt. Jedes Zelt hatte zwei Ausgänge, von denen je einer nach dem nächsten Tor zu lag. Auf der einen Seite des Hofes richteten wir einen Sägeplatz ein. Das Holz wurde für unsere eigene Küche und die der Schupos sowie für deren Kamin gebraucht. Die Nächte begannen kühl zu werden.

Ich möchte hier das neue Lager und seine Umgebung näher beschreiben. In einer Ecke des eingezäunten Platzes stand eine Feldküche und nicht weit davon befanden sich Bänke, auf denen Waschbecken standen. In der anderen Ecke war eine offene Latrine. Jedes Zelt war knapp zehn Meter lang und gut acht Meter breit. In dem einen waren achtzig Häftlinge untergebracht, in dem anderen die restlichen. Hier wohnten der Vormann und die Gruppenführer, das Lagerreinigungspersonal, die drei Sattler sowie ein paar Leute von der Aschkolonne. Leute also, die nicht rochen, die keinen direkten Kontakt mit den Leichen hatten, im wesentlichen der »Stab«. Ein Drittel dieses zweiten Zeltes war durch eine Wand abgetrennt und diente als Werkstatt. Die Betten — Doppeldecker — standen zu beiden Seiten an den Außenwänden. In der Mitte war ein langer Tisch mit Bänken. Wir hatten dort auch elektrisches Licht. Scheinwerfer an allen vier Ecken des Zaunes beleuchteten das Areal die ganze Nacht hindurch.

Seitlich vom Lager ragte in einiger Entfernung ein hoher weißer Sandhügel auf, eine natürliche Tarnung für unsere Fabrik zur Verarbeitung von Leichen in Asche. Auf seinem Gipfel waren zwei Bunker. Einer davon lag genau gegenüber unseren Zelten, der andere etwa fünfzig Meter weiter zu den Gräbern hin. Beide waren in den Berg hineingebaut. Der Innenaum maß 2,30 auf 3,30 Meter und war in zwei Teile gegliedert. In dem einen standen Betten, in dem anderen waren Schußwaffenmunition und Handgranaten gelagert. Außerdem war dort ein direkt auf unsere Zelte gerichtetes Maschinengewehr eingebaut. Von hier oben leuchteten auch Scheinwerfer in unsere Richtung, und jede halbe Stunde hatten die Schupos ein blaues Lichtsignal zu geben. In jedem Bunker waren vier Polizisten stationiert: zwei schliefen, einer hatte Telefondienst, und der vierte marschierte draußen auf und ab. Außerdem durchstreifte nachts ein Doppelposten das ganze Gelände.

Zwischen diesem Berg und unserem Lager stand die Knochenmühle. Dicht dabei hatten wir einen Platz für die Aschkolonne eingeebnet, aber die Knochen wurden von jetzt ab nur noch maschinell zerkleinert.

Da die Tage kürzer wurden, durften wir uns nur noch bis 8 Uhr abends im Hof bewegen. Sich nach dieser Zeit ohne Erlaubnis im Hof aufzuhalten, war verboten. Die Türen der Zelte blieben jeweils auf einer Seite geschlossen, auf der anderen ständig geöffnet. Dort saß nachts ein Häftling und hielt Wache. Er hatte den Schupos jeden, der zur Latrine ging oder das Bett verließ, zu melden. Die Bewaffnung der Schupos bestand aus je einer Maschinenpistole mit 300 Schuß sowie einigen Handgranaten.

Um 21 Uhr wurde das Licht im Zelt gelöscht, und jeder hatte ausgezogen im Bett zu liegen. Seine Kleider mußte er über die Bank legen. Etwa 25 Meter von unseren Zelten — dem Berg gegenüber — stand ein Zelt für die Schupos, das zugleich Hauptmunitionslager war.

15

Donnerstag, den 9. September, ging es wieder an die gewohnte Arbeit. Etwa dreißig Meter von unseren Zelten lag das erste einer

Reihe von Massengräbern, die bereits vor mehr als einem Jahr angelegt worden waren. In einigen fanden wir neben den Leichen auch Kleiderpakete. Danach handelte es sich hier wohl um die Opfer der »Todesbrücken-Aktion« vom Dezember 1941.

Auf Anordnung des Untersturmführers bauten wir die Brandstelle versuchsweise mit einem eisernen statt einem hölzernen Rost. Das Experiment glückte jedoch nicht. Die Metallkonstruktion bog sich unter der Hitze und dem Gewicht der Leichen durch und diese stürzten herab. So kehrten wir zu unserem »alten« System vom »Sand« zurück. Wir bauten Scheiterhaufen von zweitausend und mehr »Figuren« — so nannten, wie ich schon erwähnte, die Deutschen diese Toten. Freilich bezeichneten sie auch uns so. Bei einem Kommando hieß es beispielsweise »Zehn Figuren heraustreten!«

In der Regel zündeten wir die Scheiterhaufen samstags an. Bis Mittwoch war der Stapel dann vollständig verbrannt. Öl verwendeten wir hier nicht mehr.

So vergingen fünf Wochen. Jetzt hatten wir auch einen Musiker. Der Untersturmführer hatte ihn hergebracht. Er spielte abends für uns Geige.

Die Werkstatt beschäftigte drei Zimmerleute, fünf Sattler, drei Schneider und fünf Schuhmacher. Sie arbeiteten für den Sicherheitsdienst, die Polizisten und auch für uns. Es wurde kalt, und die Schupos begannen ihre Wohnungen zu heizen. Wir sägten für sie Holz und brachten es ihnen abends ins Haus. Dort waren wir mit ihnen allein, keiner beobachtete uns, und so florierte auch der Handel wieder.

Unsere Arbeit näherte sich dem Ende. Nach dem, was der Untersturmführer sagte, würden wir anschließend nach Stanislau gehen. Er hatte sogar schon Pläne für eine winterfeste Unterbringung. Wollte man hingegen den Andeutungen des Scharführers glauben, so war unser nächstes Ziel Zloczow, und fragte man die Schupos, dan war es Grodek Jagielonski. Diese Widersprüche über unsere »Zukunftspläne« ließen uns keine Ruhe. Man wollte uns an zu viele Plätze zugleich führen. In Wirklichkeit konnte das nur das Feuer bedeuten.

In der letzten Zeit konnte man abends beobachten, wie Häftlinge sich zu zweit oder zu dritt bedächtig im Hof ergingen und angeregt miteinander flüsterten. Kamen sie bei einem Posten vorbei, so wechselten sie das Thema und sprachen lauter über das Essen und die Frauen. Sie machten Fluchtpläne. Dabei vergaßen sie nicht, immer wieder ins Zelt zu treten, wo unser Geiger aufspielte, und ein paar Takte mitzusingen. Die Schupos sollten doch hören, wie glücklich sie waren. Dann drehten sie ihre Runden um die Zelte weiter, bis es Zeit zum Appell und zum Schlafengehen war.

Es ging ihnen vor allem darum, unsere führenden Köpfe zu überzeugen, daß die Stunde gekommen sei, endlich den Weg des Todes oder — vielleicht des Lebens zu gehen. Herches, unser Chef, fürchtete, daß seine Mutter und seine Schwester im Janowska-Lager bei einer solchen Aktion für ihn büßen müßten, und versuchte deshalb, den Termin einer Flucht hinauszuzögern. Er betonte immer wieder, es sei doch noch Zeit. Bei ihren Rundgängen kamen die Männer aber zu der Ansicht, Herches fürchte, seinen Einfluß auf uns zu verlieren. Zumindest wolle Herches seine Angehörigen so bald wie möglich von der Flucht verständigen. Als sie merkten, daß kein Druck half, setzte eine Gruppe von Häftlingen den Ausbruch für Samstagnacht fest. Die Führung kam dahinter und vereitelte den Plan. Am Sonntag rief Herches seine Vertrauten und die Gruppe, welche die Flucht geplant hatte, zu einer Besprechung in sein Zelt, und dort wurde beschlossen, Fluchtversuche individueller Gruppen mit dem Tode zu bestrafen. Entweder flohen alle oder keiner!

Die Spaziergänge hörten auf. Begegnete ein Häftling dem anderen, so flüsterte er: »Wir sind verloren. Unser Ende steht dicht bevor.«

Aber während die Männer dachten, es sei ganz und gar aus, wenn man sich sowohl vor den Deutschen als auch vor den eigenen »Führern« fürchte, planten diese einen Ausbruch für die ganze Brigade.

16

Am Freitag, dem 8. Oktober, wurden wir mit allen Arbeiten fertig. Der letzte Scheiterhaufen mit zweitausend Leichen stand zum Anzünden bereit. Es blieben nur noch das Gelände zu planieren und ein paar übriggebliebene Gräber zu besäen. Da bekam Herches den Befehl, bis zum Abend die zwanzig besten Arbeiter zusammenzustellen. Die Gruppe sollte um acht Uhr zur Abfahrt bereitstehen. Das wäre seit unserem Stellungswechsel hierher das erste Mal gewesen, daß wir auswärts arbeiteten. Wir konnten es kaum erwarten.

Um halb acht kamen zwei Lastwagen, ein Omnibus mit Polizisten und ein PKW mit SD-Männern. Der eine LKW sah wie ein Kühlwagen aus. Auf ihm verluden wir unser Werkzeug und stiegen selbst ein. Dann schlossen sich die Türen hinter uns, und die Fahrt begann. Vor uns fuhr der Wagen des Sicherheitsdienstes, hinter uns der Bus mit den Schupos, und am Schluß der LKW mit Scheinwerfergerät.

Die Wagenkolonne hielt in Wolkie. Vier von uns luden die Scheinwerfer ab und stellten sie rings um den Platz auf, wo wir arbeiten sollten. Die Schupos bezogen unterdessen ihre Wachposten. Ich konnte zwar nicht genau sagen, wo wir uns befanden, aber ich war sicher, wenn ich mit Gottes Hilfe befreit werden sollte, die Stelle wiederzufinden, denn ich sah das Bild dieser Örtlichkeit deutlich vor mir.

Es war ein Rübenfeld, und in der Entfernung sah man dreistöckige Villen. Wir begannen zu graben und die Rüben herauszuziehen. Da der Boden locker war, nahmen wir zunächst an, daß sich hier wirklich ein Grab befände. Es erwies sich jedoch, daß hier früher ein Gebäude gestanden hatte, denn wir fanden zerbrochene Ziegel und Alteisen. Als wir eine Tiefe von etwa zwei Metern erreicht hatten und der Boden immer kompakter wurde, fuhr der Scharführer zum SD-Kommando in Lemberg. Eine halbe Stunde später kam er mit einem SD-Mann zurück, der die genaue Lage des Grabes kannte.

Die neue Stelle befand sich etwa dreißig Meter weiter. Zehn Mann gingen dorthin, während die übrigen die Grube wieder auffüllten. Die Rüben pflanzten wir nicht wieder hin. Wahrscheinlich war am nächsten Tag der Bauer, dem sie gehörten, dem lieben Gott recht dankbar, daß jemand die »Diebe« verjagt hatte.

An dem anderen Platz begannen wir ein Stück von rund zwei Metern Durchmesser auszuheben. Eine Viertelstunde später wurden die Leichen schon sichtbar. Wir erkannten sofort, daß es irgendwelche Prominenten gewesen sein mußten. Einige von ihnen waren im Smoking begraben, andere in feinsten Maßanzügen. Als wir die beiden ersten Toten herauszogen, fielen zwei goldene Uhren mit schweren Ketten aus den Taschen sowie ein Füllhalter mit einem zentimeterbreiten Goldring, auf dem der Name des Eigentümers eingraviert war.

Das Grab war nur einen Meter zwanzig tief, so daß wir schon nach einer halben Stunde die gesamten Leichen exhumiert und in den Kühlwagen geladen hatten, mit dem wir gekommen waren. Ich weiß nicht genau, wie viele es waren, denn wir hatten sie bei der Arbeit nicht gezählt, aber es schienen über dreißig zu sein. Ein paar Minuten später hatte der Platz wieder sein früheres Aussehen. Nachdem festgestellt worden war, daß keiner von uns fehlte, stiegen wir auf den Gerätewagen und waren gegen halb zwölf Uhr nachts wieder in unseren Zelten.

Samstag, 9. Oktober

Unser 20-Mann-Kommando hatte frei. Die anderen schafften die Leichen aus dem LKW auf den Scheiterhaufen. Da sie wissen wollten, wer die Toten waren, durchsuchten sie die Taschen. Nach den Ausweispapieren, die sie dabei fanden, waren unter den Opfern Prof. Kazimierz Bartel (ein international bekannter Mathematiker und ehemaliger Ministerpräsident von Polen), Dr. Tadeusz Ostrowski, Prof. Stozek, Tadeusz Boy-Żeleński und andere Mitglieder der besten polnischen Gesellschaft — im ganzen achtunddreißig Personen.

Der Scheiterhaufen mit den zweitausend Toten wurde angezündet. Ihnen hatte man auch die der letzten Nacht beigesellt. Es war Jom Kippur, der jüdische Bußtag, und viele von uns fasteten.

Von da an arbeiteten wir an verschiedenen Orten — Jaryczow, Brzuchowic, Dornfeld, Bobrk — und haben Leichen exhumiert, die dann im Kühlwagen hierher gebracht wurden, um eingeäschert zu werden.

17

Ich möchte hier etwas näher auf die Haltung der Menschen in der »Todesbrigade« zu Religionsfragen eingehen. Die Häftlinge kamen aus allen Schichten der Bevölkerung, religiösen, nichtreligiösen und religionsfeindlichen. Zu der letztgenannten gehörten die meisten Gruppenführer. Sie unterdrückten die gläubigen Juden auf alle mögliche Art. Sie bürdeten ihnen beispielsweise zusätzliche Arbeiten auf oder gaben ihnen die Zigarettenration statt am Freitag erst am Samstag. Aber die Frommen blieben bei ihrer Lebensweise.

Obwohl es unter Todesstrafe verboten war, ohne Genehmigung des Untersturmführers irgend etwas — vor allem Zeitungen — in unseren Hof mitzubringen, hielten sich die gläubigen Juden nicht allzu streng daran. Fanden sie etwa bei den Leichen ein Gebetbuch oder einen Gebetsriemen, so schmuggelten sie den Fund in die Unterkunft. Wäre es Geld oder Gold gewesen, hätte es sich verstecken und vergraben lassen. So aber war die Gefahr viel größer, denn die Gebetsbücher und -riemen wurden ja täglich und zwar morgens und abends benutzt. Freilich waren nicht alle, die jetzt im Gebet Zuflucht suchten, immer fromm gewesen. Viele von uns machten hier eine völlige Wandlung durch, einige zum Besseren, andere zum Schlechteren.

Am Vorabend zum Jom Kippur, dem Buß- und Versöhnungstag der Juden, war auch in der Todesbrigade das Nahen des Festes deutlich zu spüren. Nach der Arbeit beeilten wir uns nach Möglichkeit mit dem Waschen, Essen und Umziehen. Kurz darauf begannen wir dann in einem unserer Zelte flüsternd, aber in andächtiger, würdiger Weise zu beten. Währenddessen hielt die anti-religiöse Gruppe vor dem Zelt Wache, um uns zu warnen, wenn sich Schupos oder SD-Leute näherten. Auch achteten sie darauf, daß wir nicht zu laut beteten und außerhalb des Zeltes gehört werden konnten. An den Gebeten beteiligten sich auch viele sonst religiös Gleichgültige. Vierzig von uns fasteten den ganzen nächsten Tag.

Bei unseren Verhältnissen war das Fasten keineswegs leicht. Wir mußten an solch einem Tag genauso hart arbeiten wie sonst. Mancher brach das Fasten, weil er den schrecklichen Durst nicht so lang ertrug. Auch mußten die meisten von uns wegen des fürchterlichen Gestanks, der uns fast ersticken ließ, jede Gelegenheit wahrnehmen, die Kehle anzufeuchten. So war es recht bemerkenswert, daß von 128 Häftlingen 40 fasteten.

Den Gedanken an Gott vergaßen viele unserer Kameraden noch nicht einmal, als wir alles Denken auf unsere Flucht konzentrierten. Als es soweit war, sah ich eine ganze Anzahl in den Ecken des Zeltes stehen und das *Tfilat Haderach,* das Gebet der Reisenden, sprechen.

Auch waren einige unter uns, die kein Fleisch aßen, weil es nicht koscher war. Die Suppe aßen sie nur, weil sie etwas zu sich nehmen mußten, um am Leben zu bleiben, denn der jüdische Glaube verbietet, aus eigenem Antrieb zu sterben. Und so rar Zigaretten waren, gab es doch unter diesen Frommen manche, die — ganz zu schweigen davon, am Sabbath etwa zu rauchen — an diesem Tag ihre Ration nicht einmal annahmen, um sie nach dem Sabbath rauchen zu können.

Eines Morgens rief ein Häftling namens Wielicz Herches zur Seite und flüsterte ihm etwas ins Ohr. Ein paar Minuten später befahl Herches allen, die Baracke zu verlassen. Dann rief er einen der Häftlinge, den wir den »Opernsänger« nannten, sowie den Gruppenführer Segal und vier von den Droschkenkutschern zu sich. In ihrer Gegenwart fragte er den »Opernsänger«, wo er das Gold versteckt habe — es war gerade nach dem Fall Lufko. Der »Opernsänger« bestritt, irgendwelches Gold zu haben, aber man glaubte ihm nicht. Herches, Segal und die vier Kutscher begannen ihn fürchterlich zu verdreschen. Der »Opernsänger« protestierte schreiend, er habe überhaupt kein Gold und habe erst recht keins versteckt. Aber es half ihm alles nichts, und das hatte seinen Grund. Man hatte unter seinem Strohsack einen Spaten gefunden. Man hätte uns alle erschossen, wenn man im Bunker, ja sogar, wenn man im Hof einen Spaten gefunden hätte. Die Kutscher beteiligten sich fast immer an solchen Prügeleien. Einige von ihnen hatten schon »gesessen«, hier freilich hatten sie führende Stellungen inne. Sie pflegten einen bis zur Bewußtlosigkeit zu schlagen und belebten ihn dann wieder mit kalten Wassergüssen, um ihn aufs neue zu verprügeln. Aber der »Opernsänger« blieb dieses Mal beim Leugnen. Als sie sahen, daß sie nichts erreichten, und, schlügen sie weiter auf ihn ein, sie niemand mehr hätten, den sie verprügeln konnten, gaben sie es auf.

Mit dem Spaten verhielt es sich folgendermaßen: Ein Junge unter den Leuten aus dem schon erwähnten Heereskraftfahrpark hatte einen Revolver und einen Spaten mit hereingeschmuggelt und plante, einen unterirdischen Fluchtweg zu graben. Davon wußten nur einige wenige, zu denen auch der »Opernsänger« gehörte. Als der Junge erschossen wurde, nahm der »Opernsänger« die Pistole und den Spaten an sich. Einige von den »Waschlappen«, die sich etwas davon versprachen, wenn sie mit den rauhbolzigen Kutschern gemeinsame Sache machten, nahmen ihm die Pistole weg und gaben sie den Kutschern. Diesen war das (Schieß)-Eisen aber zu heiß, und so warfen sie es in einer Anwandlung von Feigheit in die Latrine. So stand es um diese sogenannten »Draufgänger«. Der junge Mensch, der sich kaum noch auf den Beinen halten konnte, plante eine Flucht und hatte die Geistesgegenwart, ausgerechnet hier eine Pistole hereinzuschmuggeln. Keiner konnte sich vor allem erklären, wo er sie her hatte und wie er es geschafft hatte, sie hereinzuschmuggeln.

Wer war nun dieser »Opernsänger«? Er hieß Gruber und hatte vor dem Krieg am Goluchowska-Platz in Lemberg eine Schreibwarenhandlung gehabt. Nach der Liquidierung des Gettos wurde er auf der arischen Seite von einem der Schupos, die jetzt bei uns als Wachen Dienst taten, aufgegriffen und bis zur Unkenntlichkeit zusammengeschlagen. Unserer Brigade wurde er mit den Leuten von »Federn und Daunen« zugeteilt. Wenn ihn ein Polizist oder ein SD-Mann fragte, warum und von wem er so mißhandelt worden sei, sagte er stets, er sei vom Lastwagen gestürzt. Es kam sehr oft vor, daß wir nach dem Beruf gefragt wurden. Bei einer solchen Gelegenheit antwortete Gruber, er sei Opernsänger. Da man merkte, daß er gar keine Singstimme hatte und überhaupt in einer Phantasiewelt lebte, bekam er diesen Spitznamen, mit dem sowohl die Deutschen als auch wir ihn titulierten. Er war eine allgemeine Zielscheibe des Spottes. Die SD-Männer machten sich einen Spaß daraus, ihm Flaschen oder Steine auf den Kopf zu stellen und danach zu schießen, oder ihm in die Finger zu schneiden oder ihm Zündhölzer unter die Nägel zu stecken und sie anzuzünden. Diesen Menschen konnte man prügeln, bis er blutete, und das geschah oft nur wegen einer Lüge, die jemand über ihn verbreitet hatte. Seine stereotype Antwort war dann: »Wenn er das von mir behauptet hat, dann muß es wohl so sein . . .« Er war nicht etwa dumm, aber vielleicht war er nicht ganz richtig im Kopf.

Dann war da noch ein Mann namens Abraham. Er stammte aus Warschau, wo er Schuhmacher gewesen war. Hier in der Todesbrigade fungierte er als Brandmeister. Er spielte den kompletten Narren. Wir nannten ihn deshalb den »meschuggenen Avrum« — den verrückten Abraham. Er war es wohl auch ein wenig. Geistig ganz gesund war er kaum. Der Untersturmführer mochte ihn aber, weil er eine Schwäche für solche Leute hatte. Ich erinnere mich da an eine typische Szene: Zwei Träger taten sich beim Leichenschleppen recht hart, weil der Tote ungeschickt auf der Bahre plaziert war — die Beine hingen herab. Als der Untersturmführer dies sah, rief er: »Warum seid ihr so dumm? Warum legt ihr die Figur nicht so, daß sie euch nicht so schwer ist?« Zu dem Schupo, der in der Nähe stand, meinte er dann: »Ja, ja, wenn sie nicht so dumm wären, dann lebten sie schon lange nicht mehr.«

Wir mußten oft genug den Narren spielen, um die Deutschen zu täuschen und sie glauben zu machen, wir seien überhaupt nicht fähig zu denken, geschweige denn eine Flucht zu organisieren. Allerdings konnte nicht jeder schauspielern. Wenn Avrum den Narren spielte, hatte man manchmal das Gefühl, daß seine Späße uns genauso wie den Deutschen galten. Eines Abends, gegen Ende September, saßen wir mit dem Untersturmführer im Zelt am Tisch und sangen. Plötzlich unterbrach der Untersturmführer den Gesang und stimmte sein altes »Lied« von »nur anständig und sauber« an. Wenn wir uns an diese beiden Dinge hielten, sagte er, verschaffe er uns alles. »Ich werde für euch sorgen wie ein Vater für seine Kinder . . .«; da unterbrach ihn Abraham: »Ja, Vater, wir fahren noch kein (das sollte heißen: noch nicht nach) Amerika und (für) uns hat man noch (für) tausend Jahre Arbeit.« Das kam in einem verballhornten Jiddisch heraus, das Avrum für gutes Deutsch hielt. So bierernst, daß man ihm nicht anmerken konnte, ob er etwa innerlich darüber lachte, antwortete ihm der Untersturmführer, er wisse ja, daß alles das, was hier vor sich gehe, uns hart ankomme, aber daran könne er leider nichts ändern: »Das Leben ist hart und unerbittlich!«

Ich glaube, es ist auch interessant, was die Deutschen so redeten. Ich erinnere mich, daß ein Schupo, mit dem ich einmal über die jüdische Frage sprach, mir sagte, er habe die Verstecke der Juden selbst nie ausfindig gemacht. Die Informationen seien stets von der ortsansässigen Bevölkerung geliefert worden. Die meisten Schlupfwinkel habe die ukrainische Polizei aufgestöbert. Wenn dann die Juden den Deutschen ausgeliefert wurden, hätten sie sie erschießen müssen. Diesen Zwang betrachtete mein Gesprächspartner offenbar als höhere Gewalt. Befehle Hitlers mußten befolgt werden. Hitler war ihr Gott.

Ich sprach mit diesem Schupo über so manches, weil ich mit ihm auch Geschäfte machte. In der oben angeführten Unterhaltung erwähnte er noch, sie würden ja auch uns erschießen müssen, denn wenn sie uns am Leben ließen, würden wir keine Rücksicht darauf nehmen, ob sie gezwungen waren zu töten oder nicht, sondern jeden von ihnen, den wir erwischten, umbringen.

Das war nun nichts Neues für mich, und so brachte ich das Gespräch auf die Politik, worauf mir der Schupo erzählte, die Russen seien im Vormarsch, aber das sei ohne Bedeutung, denn eines Tages werde sich Deutschland mit Rußland einigen, um dann gemeinsam England anzugreifen. Andere Polizisten freilich glaubten, Deutschland werde sich mit England einigen und mit diesem gegen Rußland marschieren. So lebten sie bis zum letzten Augenblick von Hoffnungen. Uns jedenfalls ging das Herz auf, als wir sahen, daß sie ihr Ende herannahen fühlten.

18

Der Untersturmführer hat uns Öfen für die Zelte und Steppdekken besorgt. Der Winter kommt, gewiß — aber wir trauen Scherlack nicht. Wir wissen, daß der Tod auf uns lauert. Hier steht nur eines zur Debatte: sollen wir wie Männer oder wie Feiglinge sterben?

Der Untersturmführer besucht uns öfters am Abend in unseren Zelten. Da sitzt er dann und singt mit uns. Und wir spielen seine Komödie mit. Aber sobald er gegangen ist, diskutieren wir weiter unsere Fluchtpläne. Wir wissen jetzt, daß es jeden Tag so weit sein kann, daß sie sämtliche Insassen des Janowska-Lagers zum Erschießen bringen, denn der Untersturmführer hat uns bei seiner letzten Ansprache »versprochen«, jeder von uns werde zwei oder drei Paar Schuhe und eine Menge Anzüge bekommen. Zudem kamen gerade drei Lastwagen mit Holz, und wir mußten eine neue Brandstelle vorbereiten und dicht dabei Ablaufgräben für das Blut ausheben. Die Opfer sollten dieses Mal nicht auf dem üblichen Weg durch den Wald gebracht werden, sondern über die

Lyczakowska-Straße direkt auf den Sandberg gegenüber unseren Zelten. Man legte einen Weg an, auf dem die Opfer unmittelbar vom Berg zur Brandstätte gelangen konnten. Beiderseits dieser Strecke wurde Stacheldraht in die Büsche verflochten.

So verging der Sonntag mit der Herrichtung dieses Weges für Tausende neuer Opfer.

Montag, 25. Oktober

Wir schliefen alle noch, als plötzlich um fünf Uhr der Chef der Schupos hereinstürmte und schrie: »Was, ihr schlaft noch?« Wir fahren hoch und springen aus dem Bett. »In fünf Minuten steht alles angezogen vor dem Zelt!« Noch wissen wir nicht, was passiert ist, denken aber — wie üblich — daß wir erschossen werden.

Als wir angezogen waren und aus dem Zelt traten, sahen wir, daß der gestern gebaute Weg beiderseits von ukrainischen Polizisten eingezäunt war. Nun kamen auch schon — im Taxi und betrunken — die SD-Leute an. Der Chef der Schupos erklärte uns, es komme Fliegeralarm und es werde dieses Mal ziemlich lange dauern. Es sei auch möglich, daß die Flugzeuge unsere Zelte für militärische Anlagen hielten und bombardierten. Wir müßten deshalb so lange zum Schlachthaus im Dorf und den ganzen Tag bleiben.

So gingen wir zum Schlachthaus und bekamen sogar ein Radiogerät hingestellt, damit wir Musik hören könnten. Als die Schupos merkten, daß wir etwas nervös waren, brachten sie uns auch Spielkarten und Schachfiguren. Da wir uns über unsere Lage klar waren, nahmen wir die Karten und taten so, als ob wir spielten. Den Berg, den wir durch das Fenster sehen konnen, ließen wir dabei nicht aus dem Auge: ein ständiger Strom von Menschen ergoß sich dort in Gruppen von vierzig bis fünfzig den Hang hinab. Von Zeit zu Zeit kam der Scharführer, dem wir am Abend zuvor eine Liste unserer Verwandten gegeben hatten, zu uns und sagte, er habe sich bei jeder Gruppe vergewissert, ob nicht Namen aus der Liste dabei waren, aber bis jetzt sei dies noch nicht der Fall gewesen.

Es wurde 12 Uhr Mittag. Wir kehrten zum Lager zurück. Es sah dort wirklich wie nach einem Luftangriff aus.

Gegenüber unseren Zelten lag zwischen dem Zaun und dem

Berg ein so riesiger Haufen Schuhe, daß einem ganz schwindlig bei diesem Anblick werden konnte. Es mußten etwa zweieinhalbtausend Paar sein. Nicht weit davon war ein Haufen Kleider und noch etwas weiter ein kleinerer mit Papieren, Dokumenten, Geld, Taschentüchern und ähnlichem. Die Opfer hatten wahrscheinlich diese persönlichen Gegenstände als erstes hingelegt, dann die Schuhe ausgezogen und schließlich die Kleider — in dieser Reihenfolge lagen die Sachen an ihrem Weg.

Im Hof wieder angekommen, wurden wir gezählt und dann in zwei Gruppen aufgeteilt. Eine ging die Leichen auf den Scheiterhaufen bringen, die andere, die mir unterstand, gab sich daran, die Kleider zu sortieren und zu durchsuchen. Herches teilte meiner Gruppe einige Leute zu, die geschickt genug waren, etwas Geld und sonstige Wertsachen unauffällig verschwinden zu lassen und mir später auszuhändigen. Das sollte dann bei unserem Start in die Freiheit unter uns aufgeteilt werden. Keiner der »Draufgänger« war in dieser Gruppe.

Um fünf Uhr war die Arbeit beendet. Wir kehrten alle ins Lager zurück. Der Untersturmführer erklärte beim Antreten, er wolle uns morgen in neuen Schuhen und Anzügen sehen. Als er fort war, hielten wir eine geheime Versammlung ab, in der wir das Geld und die Wertsachen zählten und taxierten: wir kamen auf etwa 400 000 DM. Wir vergruben alles an einem sonst niemand bekannten Platz im Zelt, wo es bis zum Fluchttag bleiben sollte.

Wie verlief das Massaker von über zweitausend Menschen?

Es waren Insassen des Janowska-Lagers. Sie wurden in Gruppen zu 25 mit LKWs herübergebracht. Als sie ankamen, befahl man ihnen abzusteigen und sich auszuziehen. Dann wurden sie zur Brandstelle getrieben, die für sie schon vorbereitet war. Hier mußten sie sich aufstellen, und dann entlud ein SD-Mann im Dauerfeuer die ganzen 25 Schuß seines MP-Magazins auf sie. Die meisten Opfer wurden getroffen, einige aber nur verwundet, und es gab auch Fälle, wo jemand überhaupt nicht getroffen wurde. Dennoch sanken alle um, und schon kamen im Laufschritt die nächsten fünfundzwanzig, um auf die gleiche Art erschossen zu werden. Sie fielen auf die anderen, und bald hatte sich ein Berg von Körpern gebildet.

Als wir die Leichen auf den Scheiterhaufen legten, merkten die

Träger plötzlich, daß sie einen Lebenden hochhoben und daß er nicht einmal verwundet war. Sie legten ihn wieder zwischen die Leichen und griffen den nächsten Toten heraus. Dabei unterhielten sie sich laut genug miteinander, daß es der »lebende Leichnam« hören konnte. Beiläufig erwähnten sie, daß sie zu Feierabend ihre Arbeitskleidung hier liegen lassen würden, und daß die günstigste Zeit zur Flucht nach Mitternacht sei. Auch gaben sie ihm den günstigsten Weg an. Der »lebende Leichnam« war ein gewisser Zusman, der vor dem Kriege in der Zniesiene-Straße ein Restaurant besessen hatte.

Zusman hätte uns beinahe in eine arge Lage gebracht. Es fehlte nicht viel und wir hätten die Nerven verloren, als der Untersturmführer uns bei Arbeitsschluß sagte, wir sollten Chlorkalk über die Leichen streuen, wie wir es in der Regel taten, um die Fliegen abzuhalten. Wir befürchteten, Zusman werde dann zu husten und zu niesen beginnen, während der Untersturmführer noch in der Nähe war. Wir brachten es irgendwie fertig, an dieser Stelle keinen Chlorkalk zu streuen, und Zusman nieste nicht. Weil sie angeblich zu sehr stank, ließen wir alle unsere Arbeitskleidung dort liegen.

Als wir für diesen Tag mit der Arbeit aufhörten, hatten wir erst 400 Leichen aufgestapelt. Frische Leichen sind nicht nur schwerer zu handhaben, sie wiegen mehr und sind auch schlüpfriger. Der Scheiterhaufen wurde deshalb so gebaut, daß er mit zunehmender Höhe breiter geschichtet wurde. Auf diese Weise war der Druck auf die unteren Lagen stärker, und sie glitten nicht auseinander. Als das Feuer angebrannt war, fielen die seitlich angeordneten Leichen allerdings herunter und mußten später wieder hinaufgeworfen werden.

Dienstag, 26. Oktober

Heute hatten wir wieder »Fliegeralarm«, aber im Gegensatz zum Vortag wurden wir nicht fortgebracht, sondern in den Zelten eingeschlossen. Wir hörten die LKWs ankommen und das Geschrei der Deutschen »Alles herunter!«, »Ausziehen!«, »Zu fünft antreten!«, »Unterhaken!« und »Im Gleichschritt marsch!«

Da ich von Alarm spreche, möchte ich beschreiben, wie in diesem Zeitabschnitt die Judenvernichtung vor sich ging.

Die Opfer kamen zunächst alle in die Todeszelle. Auch wurden ganze Brigaden, die gerade zur Arbeit ausrücken wollten oder von der Arbeit zurückkehrten, unerwartet auf einen überdeckten LKW geladen. Bei unserem Lager angekommen, blieb der Wagen so lange vor dem Tor stehen, bis wir uns wegen »Fliegeralarms« in unsere Zelte zurückgezogen hatten. Dann erst öffnete sich die Heckklappe des Wagens, und die Polizisten brüllten ihre üblichen Kommandos. In ihr Geschrei mischte sich das Klatschen der Peitschenhiebe.

So verlief es, wenn alles »normal« abrollte, das heißt, wenn sich die Opfer schnell auszogen und keinerlei Widerstand leisteten. Das war die Regel. Die meisten wollten den Schritt ins Jenseits möglichst schnell hinter sich bringen und sich alle weiteren Martern ersparen. Mütter zogen ihre Kinder aus und trugen sie, selbst nackt, auf dem Arm zum Feuer. Manchmal kam es vor, daß eine Mutter zwar sich selbst, aber nicht das Kind ausziehen wollte, oder daß sich das Kleine dagegen sträubte. Wir konnten Kinderstimmen hören — »Wozu denn?«, »Mama, Mama, ich hab' Angst!«, »Nein, nein! . . .« In solchen Fällen nahm dann ein SD-Mann das Kind bei den Füßchen und zerschmetterte ihm mit einem Schwung den Schädel am nächsten Baum, um es dann zum Feuer zu bringen und hineinzuwerfen. Das alles geschah vor den Augen der Mutter. Wenn sie irgendwelche Reaktionen darauf zeigte — was ein paarmal vorkam —, wenn sie auch nur etwas sagte, wurde sie verprügelt und mit den Füßen, den Kopf nach unten, an einem Baum aufgehängt, bis sie ihren letzten Atemzug tat.

Ich möchte aber hervorheben, daß die Menschen sich im allgemeinen schnell entkleideten und ohne auch nur zu stöhnen zum Feuer gingen. Einige von ihnen sprangen sogar, ohne einen entsprechenden Befehl erhalten zu haben, ins Feuer. Sie hatten es einfach satt. Die Quälereien hatten zu lang gedauert. Die meisten von ihnen hatten schon sämtliche Angehörigen verloren, und jeder hatte das Gefühl, daß die ganze Welt ihm feindlich sei, selbst die Kinder in den Windeln schon. Man lehrt zwar, daß Menschen mit einem gemeinsamen, tragischen Schicksal sich zusammenschließen und Freunde werden. Wir jedenfalls haben das nicht feststellen können.

Warum begingen diese Leute nicht Selbstmord? Sie waren gewiß nicht weit davon entfernt, denn hätte man diese Opfer vor dem Feuer gefragt, ob sie noch in letzter Minute umkehren, sich anziehen und als freier Mensch von dannen gehen wollten, sie hätten Nein gesagt und den Tod vorgezogen. Nur hatte nicht jeder den Mut, selbst Hand an sich zu legen. Anderen war es im Getto nicht mehr gelungen, sich Gift zu verschaffen. Hemmend wirkte wohl auch, daß selbst nächste Verwandte und Ehegatten sich nicht darauf einigen konnten, ihr Leben gemeinsam zu beenden, ganz abgesehen davon, wie schwer es einem Vater und einer Mutter fällt, das eigene Kind zu töten. Andere hegten noch eine Hoffnung, gerettet zu werden, auch wenn das Dasein für sie nur mehr den einzigen Sinn hatte, das Ende des Schreckensregimes und den Tod dieser Mörder mitzuerleben.

In der Zeit, wo wir auf dem »Sand« und hier im Krzywicki-Wald arbeiteten, wurden laufend gleichrangige Einheiten des Sicherheitsdienstes aus anderen Teilen Polens zu uns kommandiert, um die Methoden der Hinrichtung und der Leichenverbrennung zu studieren. Gewöhnlich blieben sie mehrere Wochen bei uns und fuhren dann wieder weg, um anderswo ähnliche Sonderkommandos aufzuziehen. Wenn wir von diesen »Gästen« gefragt wurden, wie lange wir schon hier seien, durften wir — weisungsgemäß — höchstens zehn oder zwölf Tage angeben, denn bei diesem Kommando hätten wir eigentlich nicht länger als vierzehn Tage am Leben bleiben dürfen. Der Untersturmführer behielt uns heimlich hier und meldete seiner vorgesetzten Dienststelle wahrheitswidrig, er wechsle ständig die Häftlinge.

Scherlack hat dafür natürlich seine Gründe. Als tüchtiger Organisator schätzt er unsere Erfahrung. Vor allem aber war er überzeugt, daß wir nicht an Flucht dächten, denn das wichtigste ist hier die strikte Geheimhaltung; den vorgesetzten Dienstellen ist das noch wichtiger als eine besonders gute Arbeit. Die Schupos haften hier mit dem eigenen Kopf, daß keiner der von ihnen bewachten Häftlinge entflieht. Und dem Untersturmführer würde eine solche Flucht die Karriere im Sicherheitsdienst verderben. Er könnte sogar degradiert und an die Front geschickt werden. Und davor hatte er eine panische Angst!

19

Der »Fiegeralarm« war kaum vorüber, da rief jemand vor dem Zelt »Herches heraus!« Herches ging, und schon hörten wir den Befehl: »Laß den Haufen antreten!« und von Herches das Echo »Antreten!« Zwei Minuten später standen wir in Fünferreihen. Abzählen und Stärkemeldung, das war im Handumdrehen geschehen, ein Polizist schloß das Tor auf, und draußen wartete bereits eine Schupoabteilung auf ihre Anweisungen. Der Chef der Schupos teilte jeder Gruppe eine Anzahl Schupos zu, die damit für die »Figuren« verantwortlich waren, und jede Gruppe marschierte ab zu dem ihr bestimmten Arbeitsplatz.

Ein Ausmarsch wie an jedem anderen Tag, bis auf den kleinen Unterschied: die Träger hatten sich heute Würfelzucker eingesteckt, um die lebenden Leichname zu versorgen. Das gehörte zu einer Hilfsaktion, die mit großer Umsicht geleitet werden mußte. Ihrer hatte sich ein Kamerad namens Schoenfeld — oder, wie andere ihn kannten, Tuerhaus — angenommen. Er stammte aus einer bekannten chassidischen Familie in Podwoloczysk und hatte ein Rabbinerseminar absolviert. Er war einer der Frommsten in unserer Brigade und unser moralisches Gewissen. Niemand hier genoß größere Achtung als er. Unsere Führung traf keine wichtige Entscheidung ohne seinen Rat. Er wußte für jede Situation unseres Daseins eine passende Bibel- oder Talmudstelle, und selbst unsere »Draufgänger« hörten auf ihn.

In der Mittagspause drehte sich heute das Gespräch nicht um die Toten, sondern um die Lebenden, genauer gesagt, die »lebenden Leichname«. Wir fanden heute ziemlich viele von ihnen, manche nur geringfügig verwundet, andere gar nicht. So erklären wir uns jetzt auch, warum wir im »Sand« viele Leichen mit offenem Mund und ohne Schußwunden fanden. Hätte man die Opfer von heute ebenfalls lebend begraben, hätten auch sie so ausgesehen. Wir ließen bei den »Leichen« Kleidungsstücke mit Zucker in den Taschen liegen, und zwei von uns hatten auch je ein Paar Schuhe mitgenommen, in die sie Geld nebst genauen Anweisungen für den Fluchtweg aus diesem Terrain gesteckt hatten. Diese ganze

Aktion mußte gut organisiert werden, wenn man an den Lufko-Fall dachte, wo lediglich tausend Zloty versteckt worden waren. Was würde uns erst passieren, wenn unsere Henker dahinterkämen, daß wir nicht nur Geld versteckten, sondern auch noch jemandem zur Flucht verhalfen!

Um fünf Uhr kehrten die Gruppen von der Arbeit zurück. Als wir uns nach dem Antreten gewaschen und umgezogen hatten, ließen wir uns nicht viel Zeit für das Abendbrot, sondern zogen uns bald in Gruppen auf unsere Betten zurück, wo wir uns um die Träger scharten. Sie berichteten, was für Leichen sie heute auf den Scheiterhaufen gebracht hatten und wie die Hilfsaktion verlaufen war. An diesem Morgen waren unter den Opfern 112 Frauen gewesen; einige hatte man erkannt. Ein Teil war noch am Leben gewesen, andere waren erstickt. Die Träger wußten es so geschickt einzurichten, daß sie den zu Rettenden beim Aufpacken einer danebenliegenden Leiche schnell ein Stück Zucker in den Mund schoben und sich dabei auch vernehmlich genug über die Kleider unterhielten, die sie abends zurücklassen würden. Die am Abend zuvor bereitgelegten Sachen waren verschwunden, und so durften wir annehmen, daß die »Leichen« vom Vortag entflohen waren.

27. Oktober

Der Tag hatte mit dem üblichen Antreten und Zählen begonnen. Aber schon das Frühstück brachte eine Aufregung. Wie ein elektrischer Schock durchfuhr es uns alle, als plötzlich jemand rief: »Seht nur, wen sie da bringen!« Alle Blicke wandten sich dem Sandberg zu. Ein Polizist brachte einen großen, gut aussehenden Mann von dort herunter. Mit letzten Kräften hielt er sich aufrecht. Es war Kessler aus Tarnopol, unser »lebender Leichnam« von vor zwei Tagen. Seine Kleider und Schuhe verrieten es sofort. Unser erster Gedanke war: Warum bringen sie ihn zu uns? Etwa damit er sage, wer ihm die Sachen gab? Vor unserem Tor machten sie halt. Schweigend warteten sie ein paar Minuten. Der arme Mensch fiel zu Boden. Eine Weile blieb er liegen. Schließlich setzte er sich auf. Einer der Schupos begann auf ihn einzureden: »Schau, in dem Lager sind deine Kameraden. Sie arbeiten hier. Sie haben es gut. Niemand schlägt sie. Sie haben genug zu essen und auch sonst alles, was sie brauchen. Um in das

Lager zu kommen, muß man schon ein ganz feiner Kerl sein, und dazu gehört, daß man die Wahrheit sagt. Ich sage dir das alles, weil ich dich leben lassen möchte. Du bist ein intelligenter, gesunder, gut aussehender Mensch. Jeder möchte leben. Glaub' mir, es ist besser zu leben als zu sterben. Wenn du uns jetzt die Wahrheit sagst — wir kennen sie sowieso —, dann bist du gerettet. Wenn du es aber nicht tust, dann wissen wir, wie wir dich noch quälen können, und hinterher wirst du erschossen.« Mit schwacher Stimme, aber gelassen antwortete das Opfer: »Mir ist gleich, was ihr mit mir anfangt.« Schweigen. Nun kam der Schupoführer hinzu, wechselte ein paar Worte mit seinen Männern und sagte zu Kessler, er solle aufstehen. Dazu deutete er unmißverständlich in Richtung der Brandstelle. Dann kam ihm jedoch offenbar der Gedanke, es ginge schneller, wenn man ihn hintrüge, und so zog er seine Pistole und erschoß das Opfer. Er tat dies selbst und übergab ihn nicht einem SD-Mann, tat dies aber keinesfalls, um ihm Torturen zu ersparen, sondern nur, weil er Unannehmlichkeiten befürchtete, wenn der Sicherheitsdienst erfahren hätte, daß die Polizisten die Leichen nicht genügend bewacht hatten und eine »Leiche« hatte entfliehen können.

20

Sonntag, 31. Oktober

An diesem Wochenende erfuhren wir, unter welchen Umständen die Häftlinge aus dem Janowska-Lager hergebracht worden waren.

Etwa vierzehn Tage vor der Liquidierung des Lagers ließ Hauptsturmführer Warzok, der neue Kommandant seit dem 1. Juli 1943 und Nachfolger von Wilhaus, unter den Häftlingen das Gerücht verbreiten, demnächst sollten über tausend Mann zum Konzentrationslager Lublin geschickt werden. Dem Orchester befahl er, jeden Abend zum Essen aufzuspielen. Am Montag, dem 25. Oktober standen die Häftlinge wie immer um vier Uhr auf und stellten fest, daß im ganzen Lager die Wachen verschwunden waren. Auch die Maschinengewehre, die normalerweise um das Lager herumstanden, waren nicht mehr zu sehen. Niemand konnte sich dieses Phänomen erklären, aber jeder war froh darüber. Es war doch wohl ein gutes Zeichen? Man sammelte sich zum Morgenappell wie üblich, aber er verlief ganz anders als sonst. Normalerweise waren ein paar SS-Männer mit Peitschen in der Hand auf dem Hof erschienen. An diesem Tag jedoch kam Kommandant Warzok allein. Ihm folgten nur ein paar Häftlinge von der Lagerkammer, bepackt mit Kleidern und Schuhen, die sie neben Warzok auf die Erde legten. Dieser lächelte zufrieden, und auch den Gefangenen war wohler zumute, denn dies deutete einen Wechsel zum Besseren an.

Nach der Zählung hielt Warzok eine kleine Ansprache. Nun nahe der Winter, sagte er, und da müßten die Insassen seines Lagers adrett und gut angezogen sein. Dann begann er zur Inspektion die einzelnen Brigaden aufzurufen. Als erste kam aber nicht die der Deutschen Ausrüstungswerke dran, welche sonst als erste abzurücken pflegte. Er sah sich jeden einzelnen Mann an. Selbst diejenigen, welche noch gute Schuhe hatten, bekamen bessere; andere erhielten einen Mantel, wieder andere einen Anzug. Die Brigade war schon hinausmarschiert und am Tor vorbei, als Warzok sie zurückrief. Es war ihm aufgefallen, daß ein Häftling zerrissene Schuhe hatte, und so brüllte er diesen an, warum er nicht gesagt habe, daß er Schuhe brauche! Er solle die alten jetzt schleunigst gegen ein neues Paar eintauschen. Als ihm daraufhin noch jemand schlechte Schuhe zeigte, schrie er diesen an, das sehe er schon selbst. Als einer der Häftlinge in die Tasche seines neuen Mantels griff, fand er darin fünfhundert Zloty (etwa vierzig DM); ein anderer entdeckte in seinem Anzug sogar tausend Zloty. Die Glücklichen! Sie hatten Anzüge und Geld — nun brauchten sie nur noch Freiheit. Die Hauptsache war fürs erste jedoch, daß auf den Türmen ringsum keine Askaris mehr standen. So marschierten sie durch das Todestor und wurden hier von den Askaris und den SS-Männern erwartet, die die ganze Brigade sofort einkreisten und auf die LKWs verluden.

Dies alles erzählten uns die Musiker, die zu uns gebracht wurden. Der Untersturmführer hielt auch in diesem Falle sein Wort. Wir müßten ein Orchester haben, sagte er, und wir bekamen es tatsächlich. Die SS- und SD-Leute hatten sich jeden Abend im Lager einige Künstler geholt, damit diese bei ihnen zu Hause spielten. So hatten unsere neuen Kameraden auch nichts anderes erwartet, als Hauptscharführer Rauch und Sturmmann Reiß am Freitag zu ihnen ins Lager kamen und den bekannten Lemberger Pianisten Herman sowie einen Saxophonisten abholten. Sie schauten sich überrascht um, als Rauch und Reiss sie in unser Zelt brachten, wo ihnen der Teufel — unser Brandmeister Abraham — begegnete. Sie mußten sich an den Tisch setzen, wir holten unseren Geiger, der schon ein paar Wochen bei uns war, und dann wurde den dreien erklärt, von nun an müßten sie für uns spielen. Und sie taten es. Tränen liefen ihnen dabei über die Wangen und auf die Hände. Herman, der hier das Akkordeon spielte, hatte noch seine Frau und seinen Vater im Janowska-Lager. Er konnte noch nicht einmal von ihnen Abschied nehmen. Nun wird er sie nie wiedersehen.

Von diesem Freitag ab spielte unser Trio jedesmal, wenn wir zur Arbeit ausrückten, wenn wir heimkamen, und auch wenn es einen »Luftangriff« gab. Das Schreien der Kinder vermischte sich mit den Klängen der Musik der Todesbrigade.

Als unser Kommando in Szczerec war, wurde uns der Lemberger Apotheker Sternbach, etwa sechzig Jahre alt, zugeteilt. Er hatte vor dem Kriege in der Grodecka-Straße die bestrenommierte Apotheke der Stadt. Nach der Liquidation des Szczerecer Gettos blieb er als einziger Jude noch dort. Er wurde unser Arzt.

Seit der Liquidation des Janowska-Lagers hielten wir jeden Abend geheime Sitzungen ab. Im Zelt spielten währenddessen die Musiker; dazu wurde gesungen und getanzt, um möglichst viel vergnügten Lärm zu machen. Die kleine Gruppe, die in der Werkstatt den Ausbruchsplan diskutierte, stand unter Leitung von Herches. Ihr gehörten zwei Vertreter der »Draufgänger«, Schoenfeld, ich und noch einige andere an, die als Berater für besondere Fragen hinzugezogen wurden. Wir kamen zu dem Entschluß, schon in allernächster Zukunft zu handeln, denn nach einer Zeitung, die wir einem Polizisten um ein 20-Dollar-Goldstück abgekauft hatten, war die russische Armee schnell im Vorrücken.

Der Handel mit den Schupos florierte. Da es immer kälter wurde, bauten sich die Polizisten bei der Wache am Zaun ein Lagerfeuer. Wir trugen das Holz dazu hinaus, und so ergab sich eine zwanglose Gelegenheit, gegen Goldstücke von ihnen Zigaretten, Alkohol und dergleichen einzuhandeln.

Seitdem wir anfingen, regelmäßig Geheimsitzungen über unsere Fluchtpläne abzuhalten, kam es vor, daß die Häftlinge, ungeachtet der Tatsache, daß es die gemeinsame »Bank« gab, selbst Geld und Wertsachen horteten. Das war für den ganzen Plan sehr gefährlich. Wir führten deshalb vom »Rat« aus »Haussuchungen« durch und verboten die Anlage individueller Reserven unter Androhung der Todesstrafe.

Ich deutete schon an, daß zwischen den »Draufgängern«, von denen viele vorbestraft waren — wir gaben ihnen den Spitznamen »Woile« — und den anderen Häftlingen, die von den ersteren mit »Jolden« (Waschlappen) tituliert und sogar verachtet und verfolgt wurden, eine ziemliche Kluft bestand. Die »Woile« — etwa fünfzehn Mann — hielten wie Pech und Schwefel zusammen. Jetzt vereinigten sich aber alle Häftlinge unter dem Namen: Hiki-Piki. So nannte sich vor dem Kriege eine Gruppe junger Taugenichtse und Krimineller, die ihr Hauptquartier und Versteck auf dem alten jüdischen Friedhof in Lemberg hatte.

Dort haben wir in diesen Tagen ein Massengrab geöffnet. Vorher brachten wir Leichen aus benachbarten Orten wie Jaryczow, Bobrka und Szozerec herüber.

An einem Morgen dieser Woche — es war wohl Mittwoch — rief der Untersturmführer plötzlich sämtliche Schupos zusammen und ließ sie in einer Reihe antreten. Das war das erstemal, daß so etwas hier passierte. Wir waren sicher, daß das unser Ende bedeutete. Es erwies sich jedoch, daß sie aus einem anderen Grund zusammengerufen wurden.

Draußen vor unserem Tor stand eine große Kiste, in der das Gold, welches wir aus den Kleidern der Opfer und aus der Asche bargen, aufbewahrt wurde. Wenn jeweils 50 kg beisammen waren, wurde es zur Bank geschickt. In dieser Kiste wurden aber auch die Tabakwaren und die alkoholischen Getränke aufbewahrt, welche an unsere Schupos ausgegeben wurden. Den Schlüssel dazu hatte der Untersturmführer, aber einer der Schupos hatte sich einen Nachschlüssel angefertigt und sich jedesmal, wenn er Nachtdienst hatte, eine Extraration Alkohol genehmigt. Der Untersturmführer war aber dahinter gekommen, und das war der Grund für den ungewöhnlichen Appell.

Gewiß hatten wir uns dieses Mal unnötig Sorgen gemacht. Dennoch bewog uns dieser Zwischenfall, jetzt möglichst schnell zu handeln. Wir beschlossen, die Flucht in der Nacht zum 19. November zu wagen, denn in dieser Zeit schien kein Mond, wie Schoenfeld als frommer Mann seinem genauen Kalender entnahm.

21

18. November

Schließlich kam der Tag. Die Arbeit verlief wie üblich. Der Abend schien wie jeder andere zu sein. Die Kapelle spielte, die Männer sangen und tanzten, und ein Uneingeweihter hätte bestimmt geglaubt, Irre vor sich zu haben. Es wurde neun Uhr; alle legten sich zu Bett, die Kleider griffbereit, um sich auf ein Zeichen hin sofort anziehen zu können.

Wie sollte die Flucht vor sich gehen? Abends, wenn scheinbar alles schlief, würde einer von uns, der gewöhnlich mit den Schupos Geschäfte machte, einen Schupo unter dem Vorwand hereinrufen, er wolle ihm etwas Gold geben. Wäre der Polizist erst einmal im Zelt, so würde ein zweiter, dafür bestimmter Mann ihm eine Decke über den Kopf werfen, ihn erwürgen und ihm Maschinenpistole und Handgranaten abnehmen. Das Tor würde offen sein. Jeder sollte sich inzwischen leise angezogen haben und die Flucht ergreifen.

Herches und zwei andere machten sich daran, die Wertsachen auszugraben, die wir im Werkstatteil unseres Zeltes verborgen hatten, um sie dann unter uns aufzuteilen. Zu unserem Entsetzen fanden sie das Versteck leer. Außer Herches und mir kannten nur die »Draufgänger« den Platz. Aufgeregt lief Herches in den Schlafraum und drosch auf jeden ein, der sich seine Kleider schon bereitgelegt hatte. Daraufhin packten alle ihre Sachen wieder auf die Bank, wo sie hingehörten. Flüsternd fragte man sich: »Was ist los?« und Herches keuchte »Ich werd' euch lehren auszukneifen!« und »Wenn ihr schon keine Menschen mehr seid, dann sollte man euch wie Hunde abknallen!«

So endete der lang erwartete Tag der Flucht.

Wenn einer oder nur ein paar schuldig waren, mußten dann alle bestraft werden? Am nächsten Tag, dem 19. November, rief

Herches die »Draufgänger« zu sich und erklärte ihnen, wenn sie fliehen wollten, müßten binnen drei Stunden sämtliche Wertsachen wieder da sein, wo sie hingehörten. Andernfalls werde er jeden, von dem er das Wort »Flucht« noch einmal höre, dem SD verpfeifen und dann sei dem Mann eine Kugel sicher.

Zwei Stunden später hatten sich die Wertsachen wieder eingefunden. Einiges fehlte zwar, aber das war uns nicht so wichtig, denn wir wollten ja mit den Burschen keinen Streit anfangen. Am Abend sollte wieder eine Geheimsitzung sein — wir wollten einen neuen Fluchtplan ausarbeiten. Nach den Erfahrungen vom Vortag waren wir freilich nicht mehr so zuversichtlich, daß auch alles klappen würde.

Am Nachmittag kamen Hauptscharführer Rauch und ein Sturmmann mit einem LKW und ließen zwanzig Spaten aufladen. Wozu? Alle möglichen Vermutungen wurden laut. Das Massengrab auf dem Janowska-Friedhof hatten wir bereits restlos geräumt. Zur Zeit war nicht viel zu tun, und wir saßen den größten Teil des Tages im Hof herum. Herches mußte am Vormittag auf Scherlacks Anordnung mit vier Kameraden zum Hauptquartier in der Pelczynska-Straße fahren. Dort luden sie Holz auf und fuhren in der Richtung des Janowska-Lagers. Sie waren schon überzeugt, daß sie dort die Verpflegung für uns abholen sollten, als der Wagen die Richtung änderte und zur Pilichowska-Straße abbog. Ging es etwa zum jüdischen Friedhof, um dort etwas aufzuladen, oder zum »Sand«, um dort das Holz für eine neue Brandstelle abzuliefern? Daß in den nächsten Tagen das Janowska-Lager endgültig liquidiert werden sollte, war uns bereits bekannt. Hauptscharführer Mayer sagte uns schon mehrmals, wir bekämen in allernächster Zukunft Kapellmeister Stricks von dort als Zuwachs für unser Orchester.

Als der LKW sich dem »Sand« näherte, stellten Herches und seine Männer fest, daß der Schlagbaum inzwischen wieder angebracht worden war und daß dort der gleiche Polizist Wache hielt wie zu der Zeit, als wir dort unsere »Fabrik« hatten. Als sie an die Schranke kamen, sagte der Schupo »Herein mit der Scheiße!«, worauf sein Kollege auf dem LKW, der die fünf Mann bewachte, antwortete: »Das ist unser Kommando 1005.« Dann luden sie das Holz beim Schlagbaum ab und kehrten zu uns zurück.

Als wir hörten, was die Kameraden über ihren »Ausflug« berichteten, wurde uns klar, daß die Liquidierung der restlichen Lagerinsassen entweder für die nächsten Tage bevorstand oder gar schon begonnen hatte. Jetzt begriffen wir auch, wozu die abgeholten zwanzig Schaufeln dienen sollten: für die Vorarbeiten! Warum schickte der Untersturmführer uns nicht mit, um alles herzurichten? Wohl deshalb, weil er wußte, daß eine Menge von uns noch Verwandte im Janowska-Lager hatten und wir alles tun würden, um sie von dem bevorstehenden Ende zu verständigen. Oder vielleicht auch, weil er uns versprochen hatte, unsere Angehörigen zu uns zu bringen, und er uns jetzt nicht zeigen wollte, daß er sein Wort nicht hielt.

Vor dem Schlußmassaker konnte er uns leicht versprechen, unsere Angehörigen zu retten, wenn es nur möglich wäre, sie herzubringen. Nachher konnte er dann behaupten, es sei leider nicht geglückt. Jedenfalls konnten wir ihm nicht beweisen, daß er gelogen hatte. Nun aber stand der letzte Akt der großen Ausrottungsaktion bevor, und jeder muß daran glauben.

Als unsere fünf Mann zurückkamen, waren sie sehr erregt. Ich erwähnte ja schon, daß Herches' Mutter und Schwester im Konzentrationslager waren. Als ich ihm gerade sagen wollte, daß die Wertsachen wieder da seien, fragte er: »Was für Wertsachen denn?« Ich spürte, daß er zu aufgewühlt und verwirrt war, als daß man mit ihm reden könnte. So nahm ich mir vor, abends mit ihm darüber zu sprechen. Aber vielleicht wollte er auch gar nicht reden, um die anderen nicht so zu erregen, daß sie gegen alle Vernunft handeln würden. Er und seine vier Begleiter wußten, daß die endgültige, totale Vernichtung der Lagerinsassen bereits eine vollendete Tatsache war. Aber er sagte es uns nicht.

Später zeigte es sich, daß meine Ahnung richtig war.

22

Sobald es am 19. November 1943 dunkel geworden war, holte ich auf Herches' Weisung einige jüngere Kameraden (unter dreißig) und die »Draufgänger« in der Werkstatt zusammen. Die älteren sollten im Hof Posten stehen, während alle übrigen im Stabszelt zu den Klängen unserer Kapelle singen und tanzen mußten, wie sie es die ganzen letzten Wochen zur Vorbereitung auf diese eine Nacht getan hatten.

In der Werkstatt begann dann die Besprechung. Herches führte den Vorsitz und begann mit den Worten: »Kameraden, Brüder! Die Stunde des Lebens oder des Todes hat nun geschlagen. Morgen werden wir im Feuer oder in der Freiheit sein. Vom Feuer sprach ich zuerst, weil man auf das Schlimmste vorbereitet sein sollte. Andererseits haben wir keine Angst vor dem Feuer, denn es erwartet uns in jedem Fall. Aber ist es nicht besser, von einer Kugel zu fallen, von der man nicht weiß, woher sie kommt, und in Ehren für die Freiheit zu sterben, als sich auszuziehen, in Fünferreihen ins Feuer zu marschieren und den Henkern noch bis zur letzten Minute zu dienen und sogar zu helfen, ihre Verbrechen zu vertuschen?! Doch genug davon. . .«

Wir hatten vorher im kleinen Kreis einen Schlachtplan entwickelt. Ihn teilte Herches nun den Versammelten mit und verteilte anschließend die Funktionen auf die einzelnen Kameraden. Er machte klar, daß sich jeder sofort äußern müsse, falls er sich seiner Aufgabe nicht gewachsen fühle, denn jede einzelne Funktion im Rahmen dieses Planes sei ebenso wichtig wie riskant. Die anwesenden Häftlinge wurden dann in Vierergruppen eingeteilt. Die erste dieser Gruppen sollte die zwei Schupos töten, welche direkt vor dem Zaun Wache standen. Sie dürften dabei den Deutschen keine Möglichkeit lassen, auch nur einen einzigen Laut von sich zu geben — wir wären sonst alle verloren. Es sollte folgendermaßen vor sich gehen: Zwei Häftlinge sollten, mit Holz beladen, durch das eine Tor gehen, während sich gleichzeitig zwei andere dem entgegengesetzten Tor näherten, einer mit Holz und der zweite mit einem Paar Schaftstiefeln. Sie sollten den Anschein erwecken, als wollten sie unter dem Vorwand, den Schupos Holz zu bringen, mit ihnen Geschäfte machen. Sobald sie außerhalb des Zaunes waren, sollte der eine Häftling die Stiefel fallen lassen; der Polizist würde sich dann bücken, um sie aufzuheben, weil ihm daran gelegen ist, daß niemand von seinen Geschäften erfährt. Während er sich bückte, sollte er bei der Gurgel gepackt und so schnell erdrosselt werden, daß er keinen einzigen Laut mehr von sich geben könnte. Gleichzeitig waren ihm MP und Handgranaten abzunehmen. Die anderen beiden Kameraden hatten die gleichen Instruktionen.

Nun sollte die zweite Vierergruppe folgen, durch jedes Tor zwei Mann, die Waffen von der ersten Gruppe übernehmen und alle sollten das Zelt der Schupos einkreisen. Die Deutschen würden teils auf ihren Betten liegen, teils am Tisch Karten spielen. Ihre Waffen lägen kaum einen Meter von ihnen entfernt. Vor ein paar Minuten war ein Kamerad mit Brennholz drüben gewesen und hatte uns diese Einzelheiten berichtet. Zwei Mann sollten dann mit den Maschinenpistolen in das Zelt eindringen und mit einem einzigen Feuerstoß die Polizisten umlegen, notfalls noch eine Handgranate werfen.

Gleichzeitig mit dieser zweiten Gruppe sollte eine dritte Gruppe den Hauptweg zur Kantine der Schupos hinuntergehen, jeder Mann ein Messer griffbereit in der Hand. Falls sie einem Schupo begegneten, sollten sie ihn erstechen, was nicht zu schwierig sein dürfte, weil die Schupos daran gewöhnt waren, daß wir — einen ihrer Kollegen als Bewachung hinter uns — ihnen auf diesem Wege Brennholz oder Bier zur Kantine brachten. Sie würden also nicht gleich stutzig werden, wenn sie dort einen von uns Häftlingen sähen. Der Bruchteil einer Sekunde, bis sie erfaßten, daß keine Bewachung hinterher käme, würde die Sache zu unseren Gunsten entscheiden.

Wenn alles glatt ging und wie geplant, dann würde die zweite Gruppe vom Schupo-Zelt in unsere Unterkunft zurückkehren. Bis dahin mußten sechs Mann bei den möglichst laut spielenden Musikern bleiben und die ganze Zeit nach Kräften singen und tanzen. Dieser Lärm hatte jedes unerwartete Geräusch von seiten der Schupos zu übertönen. Denn wir durften nicht vergessen, daß es auf dem Sandberg noch eine zweite Wache gab, die nicht alarmiert werden durfte.

Das größte Risiko hatten die Musiker, Sänger und Tänzer, denn sie hatten Befehl, auf jeden Fall weiterzumachen, ja, sie würden nicht einmal Bescheid wissen, was vor sich ging, bis man es ihnen sagte. Mußte der Plan geändert werden oder passierte etwas Unerwartetes, so blieb ihnen keine Fluchtmöglichkeit mehr.

Der Plan wurde einstimmig angenommen. Keiner hatte wegen seiner Aufgaben Bedenken, und alle waren sich klar darüber, daß diese neun Kameraden, die am meisten gefährdet waren, ein echtes Opfer brächten, damit die anderen eine Chance hätten zu leben.

Auf ein bestimmtes Signal sollten schließlich alle von ihren

Posten zurückkehren, und wir würden dann in das Zelt der inzwischen liquidierten Schupos gehen, uns der Munition und der Uniformen bemächtigen und alle gemeinsam — als Polizisten getarnt — abrücken. Bis man alles entdeckt hätte, würden wir schon ein paar Kilometer hinter uns gebracht haben.

So sah der Plan aus.

Inzwischen spielten unsere Musiker, andere sangen und wieder andere sägten Holz, denn die Öfen mußten die ganze Nacht durch brennen. Einer der Schupos forderte eine Ladung Holz an und sagte, wir sollten sie an einen bestimmten Platz legen; er werde sie sich um elf Uhr holen, wenn er zum Wachwechsel in den Bergbunker gehe, denn dort hätten sie auch Öfen. Alles war in Ordnung. Nun brauchten wir nur noch zu handeln und Gott zu bitten, daß alles glatt ginge.

Es ist natürlich einfacher, Pläne zu machen als sie durchzuführen. Einige meinten, wir sollten erst um neun Uhr losschlagen, andere wollten gleich anfangen, denn sie fürchteten, es würde aus der ganzen Sache nichts, wenn man erst den Start hinausschiebe.

Ich hatte die Aufgabe zugeteilt bekommen, die Verbindung zwischen den Gruppen zu sichern. Ich hielt mich daher im Hof auf, um den besten Moment für den Beginn der Aktion abzuwarten und die Bewegungen der Gruppen zu dirigieren, während Herches bei den Häftlingen blieb, um sie einsatzbereit zu haben. Ich stand in der Nähe der Küche und tat so, als ob ich äße. Dabei beobachtete ich jede Bewegung der Schupos.

Plötzlich sah ich, wie einer der Schupos zum Tor ging, um es zu öffnen. Die zwei Mann, die ihn erledigen sollten, standen schon davor. Einer von ihnen trug Holz, und der andere hielt unter der Jacke ein Paar Stiefel bereit. Sie hatten mit dem Schupo schon über die Stiefel gesprochen und ihm versprochen, sie ihm bald hinauszubringen. Der Schupo war damit einverstanden gewesen. Da gleichzeitig die beiden anderen zum Tor hinaus sollten, lief ich hinüber, um sicherzustellen, daß sie sich rechtzeitig in Bewegung setzten. Sie waren auch schon am Tor, aber irgendwie hatte es der zweite Schupo nicht so eilig und schaute sich erst noch um.

Die beiden ersten waren schon draußen, und zwar dort, wo die Zelte der Schupos standen. Jetzt gingen sie auf das Postenhäuschen zu. Einer der Häftlinge ließ das Holz fallen, während der andere die Stiefel unter der Jacke hervorzog und sie auf die Erde fallen ließ. Der Schupo bückte sich schnell, um sie aufzuheben; er fürchtete, es könnte ihn jemand beobachten, denn es war streng verboten, die Häftlinge aus dem Hof herauszulassen, wenn sie Holz brachten — es durfte nur über den Zaun geworfen werden. Kaum hatte sich der Polizist gebückt, als auch schon der Häftling, der das Holz gebracht hatte, ihn ansprang. Unglücklicherweise gelang ihm der Würgegriff nicht gleich. Der Deutsche schrie auf. Es war sein letzter Schrei. Beide stürzten sich auf ihn und töteten ihn sofort.

Die Kapelle spielte unterdessen weiter, und die Sänger sangen, als ob nichts passiert sei. Als ich den Schrei des Deutschen hörte, rannte ich zum anderen Tor. Aber nicht nur ich, sondern auch einige im Zelt hatten den Schrei gehört und kamen in den Hof gelaufen. Die zwei am anderen Tor warteten noch und fragten, was mit den beiden drüben los sei. Ich sagte ihnen, der erste Schupo sei schon erledigt. Darauf gingen sie zum Tor, wo der zweite Polizist, der nichts gemerkt hatte und auf seine Stiefel sowie das Brennmaterial wartete, das Tor öffnete. Als wir sahen, daß wir es uns nicht leisten konnten, länger zu warten, stürmten wir alle zum Tor des zweiten Schupos. Gleichzeitig hörten wir Schüsse. Die Schupos im Zelt hatten den Schrei des Deutschen gehört, sich bewaffnet und waren ins Freie gerannt. Sie begriffen sofort die Situation und eröffneten das Feuer auf unsere Unterkunft. Im gleichen Augenblick schleuderte einer der beiden Häftlinge, die das Tor beobachten sollten, dem Schupo, der es öffnete, die für den Ofen bereitgehaltene Holzglut ins Gesicht und schlug ihm mit der Schaufel über den Kopf. Da ich in der Nähe war, stürzte ich mich auf den Schupo, warf ihn nieder und versetzte ihm mit dem Absatz einen Tritt zwischen die Augen. Er stöhnte: »Meine Herren, laßt mich leben ...« — so waren wir »Figuren« in Sekundenschnelle »Herren« geworden! Es waren seine letzten Worte. Er lag dabei so unglücklich am Tor, daß bei der allgemeinen Flucht alles auf und über ihn hinwegtrampelte.

Alle rannten davon. Wir hatten abgemacht, daß im Falle eines unplanmäßigen Ablaufs alle in den Wald rennen und von dort aus versuchen sollten, die Stadt zu erreichen. Aber wo sollte ich die anderen jetzt suchen, wenn die Schießerei weiterging? Ich war sicher, daß der Weg zum Wald schon von Schupos wimmelte. So schlug ich die Richtung zum Sandberg ein, denn ich dachte mir, daß dieser, normalerweise am besten bewacht, die schwächste Stelle sein werde und keine Verstärkung bekommen habe.

Es wäre ein Irrtum, anzunehmen, daß wir alle die Flucht ergriffen hätten. Es gab einige, die nicht fliehen wollten, wie zum Beispiel Jehuda Goldberg, ein Mann in den Vierzigern, ehemaliger polnischer Legionär (also Mitglied der Untergrundbewegung, die vor und während des Ersten Weltkriegs für Polens Unabhängigkeit kämpfte, als es von Österreich, Deutschland und Rußland besetzt war); vor dem Zweiten Weltkrieg war er an der Czakie-Schule in Lemberg angestellt gewesen. Er wollte die Flucht gar nicht erst versuchen. Nach der Besprechung an diesem Abend waren alle verständigt worden, daß wir heute ausbrechen würden. Aber er zog sich wie jeden Abend aus und ging zu Bett. Als andere dies sahen, gingen sie zu ihm und fragten, ob er nicht merke, was vor sich gehe. Er aber antwortete: »Ich weiß es wohl. Gott möge euch helfen, daß die Flucht gelingt. Ich hoffe und bete zu Gott, daß er euch hilft, am Leben zu bleiben, um der Welt als Augenzeugen zu berichten, wie sie ein ganzes Volk hinmorden. Aber was mich angeht — wo soll ich hin?! In die Stadt? Mich irgendwo verstecken? Wer wird mir schon Unterschlupf gewähren? Unter den ›Ariern‹ habe ich keine Freunde, die mich aufnehmen würden. Ich bin auch nicht mehr jung genug, um mit euch in die Wälder zu gehen. Ich würde euch nur hinderlich sein, und ihr würdet dann durch meine Schuld gefangen. Ich kann nicht so wie manche von euch laufen, und ginge ich mit euch, dann würdet ihr mich nicht unterwegs zurücklassen wollen, und das wäre euer Ende. Wenn ihr flieht, dann werden die Schupos doch alle erschießen, die hier zurückbleiben, und ich bin besser tot, als euch unterwegs ein Hindernis zu sein. Und für was sollte ich noch leben? Meine Frau und meine sieben Kinder haben sie schon umgebracht, und so will auch ich sterben.«

Dann sagte er noch »Gute Nacht! Viel Glück! Möge euch Gott helfen, diesen Krieg zu überleben, und mir einen leichten Tod geben ...«, schloß die Augen und drehte sich auf die Seite, um zu schlafen.

23

Ich rannte auf den Berg zu.

Die Nacht war so dunkel, daß man kaum ein paar Schritte weit sehen konnte. Dafür hörte man um so besser die Maschinenpistolensalven und die Explosionen von Handgranaten. Zunächst kam ich nicht weit. Schon nach acht Metern verfing ich mich im Stacheldraht, der in den Büschen versteckt war, fiel hin, machte mich wieder frei, stand auf, sprang darüber und versuchte mich im Weiterlaufen zu erinnern, wo überall Draht sein konnte, denn ich hatte ihn ja selbst mit gelegt. Da war ein Geräusch im Gebüsch, als ob jemand liefe. Leise fragte ich »Wer ist da?« Ich war sicher, daß es kein Schupo war, denn der hätte mit der Stablampe umhergeleuchtet. Aus den Sträuchern antwortete eine bekannte Stimme: »Ich bin's« — es war Beck, der ehemalige Kellner vom Hotel Bristol in Lemberg.

Ich rief ihn zu mir; es war besser, zu zweit zu sein. Plötzlich tauchte unversehens ein dritter auf, Moische Korn, in der Unterwelt als der »Entenschnabel« bekannt.

Nun rannten wir zu dritt. Wir fielen ständig hin, denn das Terrain war schrecklich holprig. In dem Stockdunkel schien man immer aufs Gesicht zu fallen. Wir halfen einander auf und setzten unsere Flucht fort. Dabei verloren wir Korn. Dann ging es den Berg hoch und schon waren wir außerhalb der »verbotenen Zone« auf der Landstraße. Hier waren zwei Straßen, die eine führte zum Vorort Lyczakowskiej, die andere nach Winnik.

Wir blieben eine Minute stehen. Wo sollten wir nun hin? Ich war für die Wälder, aber Beck meinte, wir sollten erst einmal in die Stadt gehen und uns bis zum nächsten Abend unter den Ruinen im früheren Gettoviertel verstecken. Dann könnten wir in die Wälder gehen. Da sich keiner von uns in dieser Gegend auskannte, wußten wir nicht, in welcher Richtung es zur Stadt ging; rechts, links oder geradeaus? Es war schade, daß wir Korn verloren hatten, denn er wußte hier Bescheid. Wir entschlossen uns für den Weg nach rechts in Richtung Winnik.

Wir waren gerade ein paar Meter gegangen, als wir nicht weit vor uns Fußtritte hörten. Mein Kamerad wollte umkehren, aber ich meinte, das sei das Schlechteste, was man tun könnte. »Gehen wir weiter und unterhalten wir uns wie waschechte Ganoven!« Wir setzten also unseren Weg fort und die Fußtritte kamen immer näher, aber es war niemand anders als unser verlorener Freund Korn, dem sich noch Leizer Sandberg zugesellt hatte, der vor dem Krieg Taxichauffeur gewesen war. Ihnen schlossen wir uns nun an. Korn führte und wir hielten uns dicht hinter ihm. Wir fragten nicht einmal, wo er uns hinführte. Jetzt war uns schon besser zumute, denn wir hatten jemand, der den Weg wußte. In der Finsternis stolperten wir und fielen oft hin. Einer ging hinter dem anderen, dem Geräusch der Schritte nach. Immer noch hatten wir die Messer griffbereit, um jeden umzubringen, der versuchen würde, uns aufzuhalten.

Allmählich verließen wir die bewohnte Gegend und kamen durch Felder. Ab und zu hörten wir Fußtritte und ließen uns fallen; wir lagen still, bis die Schritte sich entfernt hatten. Nun waren wir schon in Zniesienie, einem Vorort von Lemberg, und kamen an der Ruckerschen Fabrik vorbei. Dann marschierten wir auf dem Eisenbahndamm in Richtung zum Schlachthaus. Plötzlich kam jedoch ein Bahnwärter aus seinem Häuschen und rief: »Wer ist da?« Korn — als unser Führer — antwortete: »Einer von uns!« Der Bahnwärter gab sich aber nicht zufrieden: »Wißt ihr nicht, daß es verboten ist, hier auf den Gleisen zu gehen? Marsch zurück!« »Wir gehen ja schon«, sagte Korn, während wir weitertrabten, »wer bist du denn überhaupt?« »Halt!« rief nun der Bahnwärter, als ob er es sich anders überlegt hätte. »Na, wir sind's doch«, gab Korn zurück. »Wer ist ›wir‹? . . . Halt, oder ich schieße!« »Nicht schießen, nicht schießen! Kennst du uns denn nicht?!« Und während die Unterhaltung so weiterging, gewannen wir immer mehr Abstand von dem Bahnposten. Als der Mann jedoch sah, daß wir nicht stehen blieben, schoß er tatsächlich, und wir begannen zu laufen — Korn und ich rechts von den Gleisen und die anderen weiter geradeaus. Das war ihr Verhängnis — sie wurden getroffen, fielen und standen nie wieder auf. Obwohl wir beide — Korn und ich — nach rechts liefen, verloren wir uns dabei. Schließlich stolperte ich über alles mögliche Altmetall und stieß gegen den Zaun der Raffinerie, die hier lag. Das alarmierte den Wächter der Raffinerie, der herauskam und »Wer da?« rief.

Ich warf mich zu Boden und überlegte, was ich nun tun könnte. Jetzt war ich ganz allein. Sollte ich in die Wälder gehen? Oder doch in die Stadt und riskieren, vom ersten besten Polizisten erwischt zu werden? Die Einwohner würden mich als Juden gleich anzeigen. Da hörte ich, wie sich nicht weit von mir etwas bewegte. Unwillkürlich fragte ich: »Korn?« Eine Sekunde später saß er neben mir.

»Gehen wir weiter?« fragte Korn ganz leise. »Nein«, antwortete ich, »wir sollten hier eine Viertelstunde warten; inzwischen hört der Nachtwächter auf, noch länger auf verdächtige Geräusche zu lauern. Dann gehen wir weiter.« Im Sitzen unterhielten wir uns noch flüsternd über das Schicksal der beiden anderen Kameraden und unser Ziel. Ja, wohin nur?

Wir beschlossen, wieder zum Bahngleis zurückzugehen, wo wir vorhin beschossen worden waren. Unser Ziel war jetzt die Zolkiewska-Straße, die Stadtmitte und Vororte verband. Nach Korns Plan mußten wir dabei allerdings durch die Stadt. Aber wie? Die Zolkiewska-Straße war eine Hauptverkehrsader, auf der man ständig deutscher Polizei begegnete. Womöglich wußte inzwischen das Kommando des Sicherheitsdienstes über unsere Flucht schon Bescheid, und alle Straßen waren blockiert? Was konnten wir tun? Es ging um Leben oder Tod.

Trotzdem nahmen wir die Hauptstraße. Es war kein Mensch weit und breit zu sehen. Überall tiefe Ruhe. Jetzt kam der Mond heraus und beleuchtete die Straße etwas. Plötzlich wurde es ganz hell, und Autoscheinwerfer kamen auf uns zu. »Wir sind verloren!« flüsterte Korn und wollte mir schon Vorwürfe machen, daß wir diese Straße gingen. Ich sagte ihm aber sehr bestimmt: »Hör auf zu reden und geh mit festem Schritt weiter!«

Der Wagen kam näher — er hielt — wir konnten uns nicht erklären, warum — schon griffen wir nach unseren Messern und waren bereit zu kämpfen. Kein Zweifel, wir waren verloren! Aber etwa eine Minute später fuhr der Wagen weiter.

Erleichtert atmeten wir auf und zogen uns hinter ein nahe gelegenes Haus zurück, um abzuwarten, bis der Wagen weiter fort war. Nach einigen Minuten ging ich allein zur Straße vor, um mich nach dem Auto umzusehen. Zu meinem Entsetzen sah ich, daß der Wagen wieder zurückkam. Wollten sie uns kontrollieren? Ich zog mich wieder hinter das Haus zurück. Am Licht der

Scheinwerfer erkannten wir, daß sich der Wagen dem Haus näherte. Sekunden wurden uns zu Minuten. Endlich fuhr das Auto weiter. Nun konnten wir unser Versteck verlassen und den Weg fortsetzen. Die Nacht wurde etwas heller, und in den Wasserpfützen auf der Straße spiegelten sich die Mondstrahlen. Hier und da fiel Licht durch einen Spalt der verdunkelten Fenster.

Wohnungen! Wir glücklich sind doch Menschen, die eine Wohnung haben! In der dort drüben sitzen sie wahrscheinlich um den Tisch und reden über die Ereignisse des Tages oder schmieden Zukunftspläne. Da steht sicher ein sauber überzogenes Bett — vielleicht sind die Laken nicht einmal so sauber? — oder sie fehlen überhaupt, wer weiß? Aber irgend etwas gäbe es schon, womit man sich zudecken könnte — und es wäre ein eigenes Bett! Und wie glücklich diese Menschen sind, wissen sie nicht einmal ... Ob sie sich wohl in unsere Lage versetzen könnten, in die Lage zweier verschmutzter, durchnäßter, übermüdeter Menschen, die mit hängenden Köpfen wer weiß wohin wandern? Vor uns sahen wir nur den Tod. Wir wären schon glücklich, wenn wir in einen dunklen Keller schlupfen könnten, und wäre es nur für eine Nacht ...

Bellende Hunde und unsere Schritte unterbrachen immer wieder die nächtliche Stille, aber sie störten nicht den tiefen Schlaf dieser Stadt. Mitternacht! Wir gingen weiter, gingen und gingen und schienen doch nicht vom Fleck zu kommen, als ob wir gegen die Rotationsbewegung der Erde liefen. Wer weiß? Schließlich gelangten wir von der Zamastynowska-Seite aus an die Peltewna-Brücke. Wir blieben stehen und schauten zum Fluß hinunter. Hier wollten wir uns alle treffen, aber keiner war da. Vielleicht waren alle umgebracht worden, die einen im Lager, die anderen auf der Straße? Möglich war freilich auch, daß sie schon hier gewesen waren, aber wir nicht rechtzeitig auftauchten und sie uns für tot hielten. Nun sind wir beide uns selbst überlassen.

24

Korn war über einen Meter achtzig groß und schlank; diesen Eindruck verstärkten noch seine langen Arme. Zu dem spärlichen blonden Haarwuchs gesellten sich große, tiefliegende Augen und eine auffallend flache Nase. Sie hatte dem Endvierziger in der Lemberger Unterwelt den Spitznamen »Kaczanos«, »Entenschnabel«, eingebracht. Er war von Beruf Pferdehändler gewesen, und so war es nicht erstaunlich, daß er als Freund einen polnischen Droschkenkutscher hatte. Zu diesem, er wohnte in der Kleparowska-Straße, gingen wir nun. Aber wie kamen wir in sein Haus? Dort wohnten ja auch noch andere Leute. Inzwischen war es schon ein Uhr geworden, und die Haustür würde zugeschlossen sein. Klopften wir und es käme jemand anderes, um zu öffnen, so wären wir verloren. Ich hatte eine Idee: Da der Freund ja Kutscher war, sollte Korn an die Tür klopfen und — wenn jemand anderer antwortete — seinen Freund herausbitten lassen, denn er könne nicht hereinkommen, weil er Pferd und Wagen draußen nicht allein lassen wolle. Ich wollte mich einstweilen nicht sehen lassen. Korn war einverstanden, und bald befanden wir uns vor dem Haus des Freundes. Zur Tür führten ein paar Holzstufen hinauf, und unter diesen versteckte ich mich einstweilen. Korn stieg hinauf und klopfte; keine Antwort; er klopfte und klopfte, bis endlich jemand im Hause rief: »Wer ist denn da?« »Ich möchte zu Maciej«, antwortete Korn. »Wer sind Sie?« fragte die gleiche Stimme noch einmal. »Bitte, rufen Sie Maciej und sagen Sie ihm, hier warte jemand mit einem Pferd auf ihn«, gab Korn Bescheid.

Nach ein paar Minuten hörten wir Schritte. Es waren nicht nur die eines Mannes, sondern auch die einer Frau. Wir hörten sie fortwährend leise auf ihn einreden: »Ich habe Angst um dich, wenn du hinausgehst.« Als der Mann Korn sah, verstand er alles und kam allein auf die Straße hinaus. Dann ging er mit Korn in eine Seitengasse. Ich blieb inzwischen unter der Holztreppe hokken und hörte, wie die Frau zu dem Nachbarn sprach, der zuerst geantwortet hatte: »Warum dauert das nur so lang? Wenn meinem Mann nur nichts passiert ist?« und »Vielleicht sollten wir mal nachsehen, was sie so lang aufhält?«

Schließlich kam der Mann ohne Korn zurück, ging ins Haus und schloß die Tür. Warum? dachte ich. Was ist los? Da ich mir keinen Rat wußte, blieb ich unter der Treppe. Nach ein paar Minuten ging die Tür wieder auf. Jemand kam die Stufen herunter, wandte sich um und blieb vor meinem Versteck stehen. Ich hielt den Atem an. Nach ein paar Sekunden hörte ich flüstern: »Komm!« Ich stand auf und wurde zu einem Schuppen hinter dem Haus geführt. Dort fand ich Korn. Maciej schloß die Tür hinter uns und ging wieder ins Haus. Wir legten uns auf den Boden und nahmen uns in acht, nicht zu laut zu atmen oder sonstige Geräusche zu machen. Jede Minute erschien uns wie ein ganzes Jahr.

Gegen fünf Uhr früh kam jemand. Die Tür ging auf. Es war unser Wirt. Er brachte uns ein Frühstück. Aber wem stand schon der Sinn danach? Mit leiser, kaum hörbarer Stimme begann er: »Na, was sollen wir jetzt tun? Ihr seht ja selbst, daß das kein Versteck ist ... «

Korn bat ihn, uns zu einem ihrer gemeinsamen Bekannten, einem Nichtjuden, zu bringen. Maciej war einverstanden. Der Tag brach an. Der Weg war nicht weit. Bald standen wir vor dem neuen Zufluchtsort. Korns Bekannter war Gärtner und wohnte mit seiner Familie allein in diesem Hause. Maciej wechselte ein paar Worte mit unserem neuen Wirt und verließ uns wieder.

Nun waren wir mit Joseph Kalwinski allein. Als Maciej noch dabei stand, hatte Joseph zu uns gesagt, er habe keinen Platz, aber er werde uns woanders hinbringen. Einer fürchtete sich vor dem andern. Als wir nun mit ihm allein waren, sagte er, im Keller wolle er ein Versteck bauen, und inzwischen könnten wir in der Scheune bleiben. Wir gaben ihm etwas Geld und baten ihn, uns eine Kleinigkeit zu essen zu besorgen. Auch baten wir ihn, zur Peltewna-Brücke hinüberzugehen und nachzusehen, ob dort jemand warte. Dann setzten wir uns in die Scheune, wagten uns aber kaum zu rühren, weil das Stroh so raschelte. Nach einer Stunde kam Joseph endlich zurück und berichtete, bei der Brücke habe er einen Mann in den Vierzigern gesehen. Mit gebeugtem Kopf habe er am Ufer gesessen und sich nach einiger Zeit in den Fluß gestürzt, wo er nicht mehr aufgetaucht sei. Wer es auch immer gewesen sein mag, er hatte zu lange auf seine Kameraden gewartet und die Hoffnung aufgegeben.

Wir blieben drei Tage dort. Dann mußten wir fort. Joseph wußte zwar nichts davon, denn er war mit dem Geld, das wir ihm gegeben hatten, ins Wirtshaus gegangen und die ganze Zeit nicht mehr zurückgekommen. Niemand hatte uns etwas zu essen gebracht. Es schloß auch keiner die Scheunentür hinter uns ab, und Josephs Frau erklärte ihrem Schwiegervater, unser Geld sei daran schuld gewesen, daß ihr Mann die drei Tage nicht heimgekommen sei. Wenn er nicht sofort käme, würde sie »seine Juden« bei der Gestapo anzeigen. Der alte Mann bekam es daraufhin mit der Angst zu tun, denn er befürchtete, die Deutschen würden, wenn sie im Haus seines Sohnes Juden fänden, auch bei ihm selbst Haussuchung halten, und er hatte tatsächlich Juden verborgen, wovon aber sein Sohn und seine Schwiegertochter nichts wußten. So kam er mitten in der Nacht zu uns in die Scheune und holte uns in sein Haus. Wir ließen das Scheunentor offen, damit es so aussah, als ob wir von selbst gegangen seien. In dem neuen Versteck, einem dunklen Keller von etwa dreißig Quadratmetern, fanden wir zweiundzwanzig andere Juden vor und waren nun zu vierundzwanzig.

Vom Leben in dieser Zuflucht und von unsere Zukunft berichte ich im vierten und letzten Teil dieses Buches.

Ehe ich den dritten Teil abschließe, möchte ich noch erwähnen, daß ich ein paar Tage später meine Aufzeichnungen aus der Zeit bei der »Todesbrigade« hervorholte und sie zu ordnen begann. Das Ergebnis war dieser dritte Teil. Da ich den Bunker und die Zelte der »Todesbrigade« zu verwalten hatte, konnte ich auch über Papier und Bleistifte für unseren »Buchhalter« verfügen und verwendete »ein wenig« davon für mich.

Teil IV *Das Ende der Nacht*

I

Im Stall standen eine Kuh, ein Ochse, ein Pferd, und in einer Ecke waren ein paar Schweine. Schob man deren Strohschütte beiseite, so wurde im Boden eine kleine Falltür von etwa 60 x 60 cm sichtbar. Das war der Eingang zu unserem Versteck. Die Schweine boten uns akustisch eine gute Tarnung, denn ihre Atemgeräusche sind den menschlichen sehr ähnlich. In diesem Verlies lebten wir zu vierundzwanzig Personen, darunter drei Kinder und fünf Frauen; der älteste Mann war zweiundsechzig Jahre alt. Ich konnte es zuerst kaum fassen, daß sich in einem so engen Raum so viele Menschen aufhalten konnten — aber irgendwie kamen wir zurecht.

Als wir uns — vom Hausherrn schon angekündigt — durch die Stalluke in den Keller hinabgleiten ließen, empfingen uns dort zunächst nur Blicke. Dann brachte man uns Wasser und saubere Wäsche, so daß wir uns reinigen und umziehen konnten. Von nun an trugen wir — wie alle hier — nur unser Unterzeug. Trotz des kalten und nassen Novembers war es sehr heiß in diesem Keller. Man kann sich vorstellen, wie die Temperatur erst an sommerlich warmen, feuchten Tagen sein mußte. Als wir uns gewaschen und angezogen hatten, setzten wir uns aufs Bett und berichteten flüsternd in wenigen Worten, wie es uns ergangen war, und beantworteten einige Fragen, die uns gestellt wurden. Das mußte genügen, denn hier herrschte striktes Schweigegebot.

Wir hörten Schritte über uns — keiner rührte sich. Die Luke ging auf, und wir sahen einen Arm einen Eimer herabreichen, der von uns entgegengenommen wurde. Dann wurde ein Sack heruntergeworfen. Das war unser Abendessen: Brot und Suppe. Nach dem Essen setzten wir unsere Flüsterunterhaltung eine Weile fort und legten uns schließlich schlafen. Zwei Männer standen die ganze Nacht Wache, um dafür zu sorgen, daß niemand im Schlaf Geräusche machte. Die Luke blieb nachts halb offen, damit wir etwas Luft bekamen. Für diese kostbare kühle Luft konnte man selbst den Geruch der Schweine in Kauf nehmen, den Urin und sonstige Flüssigkeiten, die vom Stall auf uns herabtropften. In einer Ecke unseres Kellers stand hinter einem Vorhang ein Eimer — das war unsere Toilette. Jede Nacht wurde er hinaufgegeben und geleert.

Die erste Nacht schlief ich unruhig — ich träumte von SS-Männern, Sandbergen und Leichen; alle paar Minuten mußte die Wache mich wecken, da ich im Schlaf stöhnte und zu viel Geräusch machte (nach ein paar Nächten wurde ich ruhiger). Ehe ich wieder einschlief, hörte ich, wie die anderen sich beklagten: »Er ist so groß und schwer.« »An seiner Stelle hätten wir zwei Mann aufnehmen können ...«. »Er weiß ja noch nicht einmal, wie man schlafen muß ...«, und »Womöglich ist er durch die Arbeit, zu der er da gezwungen war, abnormal geworden; das könnte Scherereien geben ...«

Ich muß erläuternd hinzufügen, daß ich 179 cm groß bin und etwa 103 Kilo wog, als ich in dieses Versteck kam. Das war auf die reichliche Verpflegung in den letzten Monaten bei der Todesbrigade zurückzuführen. Nachdem das Essen in den vorangegangenen Jahren so knapp gewesen war, hatten wir die Gelegenheit ausgenutzt und so viel wie möglich in uns hineingestopft.

Um halb sechs in der Frühe wurden wir geweckt und wuschen uns schnellstens. Eine Stunde später kam das Frühstück. Wir mußten uns beeilen, weil wir möglichst bald das Licht löschen wollten, denn es konnte womöglich von jemand, der über den Hof kam, gesehen werden. In dieser Zeit kam leicht ein Verdacht auf. Irgendein ungewöhnlicher Lichtschein aus einem Stall oder auch nur ein größerer Broteinkauf reichte schon aus, um die Nachbarn vermuten zu lassen, daß in der Nähe Juden verborgen sein könnten. Sie führten genau darüber Buch, wer weggebracht worden war, um getötet zu werden. Daß in diesem Viertel schon einmal eine Familie verschwunden war und man über ihren Verbleib nichts Genaues wußte, machte es noch gefährlicher. Wir schalteten deshalb das Licht so wenig wie möglich an und saßen oder lagen meist im Dunkeln. Zwei von uns mußten jeweils auf der »Toilette« sitzen, da es unmöglich war, daß wir uns alle gleichzeitig hinlegten. Wir wechselten uns darin ab und übernahmen jeweils für zwei Stunden die Überwachung der Schlafenden. Es war schwer, in der Hitze und Dunkelheit wach zu bleiben.

Gegen elf Uhr vormittags wurde ein Eimer Suppe herabgereicht. Der »Mann vom Dienst« nahm ihn ab, schaltete das Licht ein, und dann, sobald alles wach war, aßen wir zu Mittag. Um vier Uhr bekamen wir nochmals eine leichte Mahlzeit, und gegen 22 Uhr unser Abendessen. Diese Zeiteinteilung wurde freilich nicht immer eingehalten — sehr oft fiel eine Mahlzeit ganz aus oder verzögerte sich um ein paar Stunden. Nach dem Abendbrot ließen wir das Licht noch ein paar Stunden an, da bei dem auf 22 Uhr festgesetzten Zapfenstreich die Gefahr, daß jemand den Lichtstreif aus unserem Keller sah, geringer war. Opa fungierte als Friseur. Einige rasierten sich, andere lasen Zeitungen, und gegen elf oder halb zwölf Uhr kam unser Wirt zu uns herunter. Gespannt hörten alle zu, wenn er uns flüsternd erzählte, was draußen vor sich ging. Er gab uns einen genauen Bericht, wieviel Züge mit wieviel Waggons nach Osten und nach Westen gerollt waren, und was sie geladen hatten. Aus der Zahl und Richtung der Züge zogen wir Rückschlüsse auf die politische Lage. Jeder hatte eine andere Meinung. Die Frauen wagten meist nicht, eine Ansicht zu äußern — was wissen sie schon von Kriegsstrategie. Opa und Korn kannten sich besser aus als alle anderen, denn sie waren schon im Ersten Weltkrieg Soldat gewesen, Korn als Artillerist. Die Jüngeren stritten mit ihnen und wandten ein, dies sei ein Krieg der Flugzeuge und Bomben und nicht der Bajonette. Während dieser Diskussionen mußte der »Mann vom Dienst« sehr aufpassen und das Geflüster stoppen, ehe es zu laut wurde. Es war eine feste Regel, daß immer nur einer flüstern durfte. Solche Auseinandersetzungen waren jedoch nicht so wichtig. Es gab schwerwiegendere. Bevor ich jedoch davon berichte, möchte ich die Kellergenossen vorstellen und erzählen, wie sie hierher gekommen waren.

Herr Holtz hatte lange Jahre in dieser Gegend ein Café gehabt. Jedermann kannte ihn, und er hatte viele Freunde. Seine Kinder hatten sich mit den nichtjüdischen Kindern der Nachbarschaft vollkommen assimiliert und galten als ihresgleichen. Als im August 1942 von der bevorstehenden Liquidationsaktion gesprochen wurde, versteckte er sich in diesem Keller. Herr Kalwinski, unser Gastgeber, kannte Herrn Holtz schon von Kindheit an. Der Unterschlupf sollte nur für die Dauer dieser Aktion sein. Als aber ein Getto eingerichtet wurde, war Herr Kalwinski damit einverstanden, Herrn Holtz auch weiterhin zu verstecken, statt ihn dorthin zu schicken. Herr Holtz hatte zwei Söhne und zwei Töchter, und es gelang ihm, Herrn Kalwinski zu überreden, auch seinen beiden Söhnen Unterschlupf zu gewähren sowie der jüngeren Tochter, die dann für die drei Männer kochen und die Wäsche erledigen sollte. Sie arbeitete in der Gesindeküche, und jedesmal, wenn sich jemand dem Hause näherte, versteckte sie sich in dem Küchenschrank, der eigens für sie hergerichtet worden war. Herr Kalwinski war ein wohlhabender Bauer und hatte in seinem Hause zwei Küchen. Um zur Gesindeküche zu kommen, mußte man durch die Diele und die Hausküche, und von dort aus über eine Treppe. Die ältere Tochter und deren zwei Kinder von sechs und acht Jahren hatten bei einem anderen Bauern Unterschlupf gefunden, während ihr Mann einen »guten« Arbeitsplatz hatte. Sie sollten dort auch nur für die Dauer der »Aktion« des August 1942 bleiben. Als diese vorüber war, versuchten sie ihren Aufenthalt noch auszudehnen und brachten es auch für einige Wochen fertig. Auf unbestimmte Zeit wollte der Bauer sie jedoch nicht behalten. So begann Herr Holtz seinen Freund Kalwinski anzuflehen, und dieser sagte schließlich zu, auch die ältere Tochter mit ihren Kindern aufzunehmen.

Einer der Söhne Herrn Holtz' war in ein Mädchen namens Malke verliebt, das noch im Getto war, und bat Herrn Kalwinski auch für sie um Asyl. Eine Mischung aus Mitleid und Romantik bestimmte den gutmütigen Mann, die Zahl seiner geheimen Pensionäre auf sieben zu erhöhen, wozu noch das Mädchen in der Küche kam.

Nun hatte die Familie Holtz nur sehr wenig Geld, und Herr Kalwinski konnte nicht unbegrenzt acht Menschen unterhalten. Da erinnerten sie sich an Malkes Vetter Harry Feig, einen Junggesellen, der nach ihren Begriffen von Reichtum wohlhabend war. Und da sie noch die unverheiratete Tochter hatten, die in der Küche arbeitete, glaubten sie, wenn man auch ihn noch aufnähme, werde sich alles zum besten regeln. Aber wohlhabend zu sein und flüssiges Geld zu haben, erwies sich als zweierlei, und so zeigte sich bald, daß man jemanden brauchte, der diese nun neuköpfige Gesellschaft unterhielt. Ein gewisser Herr Held, der eine Frau und eine siebenjährige Tochter hatte, war bereit, die Kosten zu tragen; und so wurden es elf im Keller und dazu kam das Mädchen in der Küche.

Frau Held wiederum hatte einen Bruder Bernhard. Er war ein

sehr ruhiger Mann von etwa 37 Jahren, von ihren Geschwistern der letzte, und hatte Frau und Kinder verloren. Auch er gesellte sich noch hinzu. Eines Tages verlor Herrn Holtz' Schwiegersohn seinen »guten« Arbeitsplatz und erschien ebenfalls im Keller. Nun schien alles soweit in bester Ordnung; doch das Ende des Krieges war noch nicht in Sicht. Die deutschen Armeen waren immer noch im Vormarsch. Die politische Lage machte Herrn Held unruhig, denn er bekam Bedenken, ob sein Geld lange genug reichen würde. Einer von Herrn Holtz' Söhnen, der um Mitternacht gelegentlich in die Stadt ging, kannte einen Platz, wo sich ein Rechtsanwalt und ein Arzt mit ihren Frauen versteckt hielten. Der Arier, der ihnen Obdach gewährte, hatte zu viel Angst, sie noch länger zu behalten, und wollte sie los werden. Aber wie? Wenn er diese Leute den Deutschen überantwortete, um sie töten zu lassen, würde auch er als Hauseigentümer sich wegen Gesetzesübertretung zu verantworten haben, wenn ihm auch nicht gerade die Todesstrafe drohte. Zwang er sie lediglich, sein Haus zu verlassen, konnten sie verhaftet werden und womöglich unter Folter ihr Versteck verraten, und er könnte auf dem Marktplatz gehenkt werden. Es gab freilich noch eine dritte Möglichkeit, nämlich diese Menschen selbst umzubringen — dabei war das Risiko am geringsten. Auch dies kam vor, und ich werde darüber später berichten. Man sieht, gewährte jemand einem Juden erst einmal Zuflucht, durfte er kaum noch anderen Sinnes werden.

Holtz junior setzte sich mit dem Mann, der die beiden Ehepaare bei sich aufgenommen hatte, in Verbindung und brachte sie in unser Versteck, ohne ihm aber zu verraten, wo er sie hingebracht hatte. Diese zwei Familien mußten nun helfen, die Unterhaltskosten aufzubringen.

Holtz' Schwiegersohn hatte zwei Brüder im Janowska-Lager, einen in den Vierzigern, der andere — Boxer von Beruf — in den Dreißigern. Da sie ihres Bruders Versteck kannten, entflohen sie zwei Wochen vor uns aus dem Lager und versteckten sich im Haus von Kalwinskis Sohn. Dort erging es ihnen aber genauso wie uns, und zwei Wochen später wurden sie mit der gleichen Begründung hierher gebracht. Als letzte kamen wir, und dabei blieb es.

Nun zu den Leuten im einzelnen. Zunächst Herr Holtz, den wir Opa nannten. Er war ein ruhiger Mensch, glücklich und zufrieden, daß er seine ganze Familie retten konnte. Er betete jeden Morgen und hatte wegen seines Alters den besten Liegeplatz. Dann Herr Held. Da er eine Zeitlang der einziger Ernährer der Gruppe war, hielt er sich hier für den großen Mann. Was ihn noch unangenehmer machte, war seine Art, unserem Schicksal gar nicht in dem Maß Rechnung zu tragen, wie es die anderen taten. Zum Beispiel wollte er seinen Tee nicht aus einer Tasse trinken, sondern bestand auf einem Glas. Und er mußte auch einen Metallbügel für dieses Glas haben, da er fürchtete, sich sonst die Finger zu verbrennen. Er wollte auch nicht Wache halten — das mußten sein Schwager oder seine Frau für ihn tun. Überdies glaubte er, die später Gekommenen könnten sich irgendwie zusammenquetschen, nur damit er seinen ursprünglichen Platz behalten konnte. Seine Frau, das strikte Gegenteil von ihm, versuchte, dies alles möglichst zu vertuschen. Ihr Bruder Bernhard wirkte sehr ruhig und von dem Ernst der Lage beeindruckt. Was das Arzt- und Anwaltsehepaar anging, so stammten die beiden Frauen aus der gleichen südpolnischen Kleinstadt, kamen beide aus reichen Familien, waren beide attraktive Mädchen gewesen, die sich als Rivalinnen schon von klein an spinnefeind gewesen waren. Beide hatten sie kurz vor dem Krieg diese Akademiker geheiratet, die jedoch nicht dem gleichen Milieu entstammten. Der Anwalt hatte als Sohn einer armen Familie sein Studium bis zur Promotion selbst finanzieren müssen. Statt auf ihn stolz zu sein, glaubte seine Frau auch aus einem anderen Grunde die schlechtere Partie als ihre Rivalin gemacht zu haben. Da sich die Leute hier weniger für juristische als für medizinische Fragen interessierten — einen Arzt braucht man immer —, stand ihr Mann weniger im Mittelpunkt. Überdies zeigten die Frauen hier mehr Sympathie für die Arztgattin. Diese hatte einen einjährigen Jungen gehabt und ihn einem arischen Ehepaar zum Großziehen gegeben, da es zu gefährlich erschien, ein so kleines Kind in diesen Keller mitzunehmen. Sie und ihr Mann hatten gehofft, daß die Pflegeeltern es als ihr eigenes Kind durchbringen könnten. Wenige Monate vor unserer Ankunft hier wurde der kleine Bub aber von den Deutschen als Jude entdeckt — einer der Gründe dafür war, daß er beschnitten war — und getötet. Hier wußten alle — auch der Arzt selbst — von dem Tod des Kindes; nur der Mutter hatte man es verschwiegen. Sie spürte zwar, daß etwas passiert war, aber auf ihre Fragen gab ihr niemand eine klare Antwort. Zwischen Hoffnung und Ungewißheit zu schweben, war für sie gewiß äußerst hart, aber wir scheuten uns, ihr die Wahrheit zu sagen, denn ihre erste Reaktion konnte ein Aufschrei sein. Die Frau des Anwalts merkte, daß die Arztfrau aufmerksamer behandelt wurde, und versuchte nun auf ihre Weise, sich in den Vordergrund zu spielen. Da handelte es sich zunächst einmal um den Liegeplatz — die Arztfrau hatte einen besseren — also wollte sie ihn haben. Aber als sie einen Tausch durchgesetzt hatte, half auch das nichts, denn nun war der neue Platz der Doktorsgattin doch wieder der bessere, und ihre Eifersucht war immer noch nicht befriedigt. Als sie zudem gewahr wurde, daß dieser Platzwechsel allen auf die Nerven gegangen war, bekam sie Erstikkungsanfälle. Aber das ließ die anderen kalt, solange das »Ersticken« keinen Lärm machte. Ihr nächster Schritt war daher, darauf zu bestehen, daß wir bei ihren Anfällen die Luke öffneten, um ihr genug Luft zu verschaffen. Auf die damit verbundene Gefahr nahm sie keine Rücksicht und erklärte kategorisch, sie wolle nicht »zu Tode ersticken«. Als man ihr schließlich rundheraus erklärte, sie dürfe ruhig ersticken, ja, es werde ihr sogar, um das Problem endgültig zu lösen, jemand nachhelfen, falls sie weiter darauf bestehe, daß die Luke geöffnet werde, da wandte sich ihre ganze Energie gegen ihren Mann. Sie behauptete, ihm sei es gleich, ob sie ersticke; er ergreife nicht einmal ihre Partei, wenn andere sie schlecht behandelten und benachteiligten. Wir alle sähen ja, daß er sich nichts aus ihr mache, und so komme es, daß andere ihr drohten, sie zu erdrosseln. Dem armen Ehemann blieb nichts anderes übrig, als dieses Gestichel über sich ergehen zu lassen, und nicht genug damit, er mußte sich von den anderen auch noch vorhalten lassen, es sei seine Schuld, denn er verstehe wohl nicht, sie zu behandeln. Und so ging es fort bis zum letzten Tag unseres Zusammenseins in diesem Keller.

Ein anderes Problem war der junge Holtz und das Mädchen Malke, das er liebte und hierher gebracht hatte. Diese Zuneigung schien nicht gegenseitig zu sein. Sie sah auf ihn herab, denn sie hielt ihn für einen ungebildeten, bäurischen Simpel und wollte nicht einmal mit ihm reden. Da er zu der großen Familie hier gehörte, war die ganze Atmosphäre gegen sie. Sie mußte manches böse Wort einstecken und konnte sich nie an einer Unterhaltung beteiligen, weil man sie sofort zum Schweigen brachte. Ihr Vetter, bei dem sie dann Unterstützung suchte, kam ihr nur selten zu Hilfe. Ich weiß nicht, wie intelligent oder gewitzt sie war, denn ich sprach in den ganzen acht Monaten unseres Zusammenseins kein einziges Wort mit ihr. Ich kann wohl sagen, daß sie weder freundlich, noch klug, noch anpassungsfähig war. Zunächst arrangierte der junge Holtz es so, daß sie neben ihn zu liegen kam, was nicht allzu schwierig war, weil die ganze Familie mithalf. Wenn er versuchte, sie zu umarmen und zu küssen, versuchte sie auszureißen, indem sie im Dunkeln über die anderen hinwegkletterte und dabei Lärm machte. Die anderen ärgerten sich darüber und scherten sich nicht darum, wer dabei recht hatte. Sie wußten nur, daß jeder Lärm gefährlich war. Bei der Familie entwickelte sich mehr und mehr ein Groll gegen Malke. Der junge Holtz liebte sie doch aufrichtig — war er ihr etwa nicht gut genug? Mit jedem neuen Zwischenfall wurde das Leben hier schwieriger. Nach einiger Zeit kehrte sie auf ihren alten Schlafplatz neben ihm zurück. Als er wieder versuchte, sie zu küssen, wehrte sie sich zwar immer noch, aber nur in aller Stille und ohne neue Fluchtversuche. Als er daraufhin drohte, er werde schreien, wenn sie sich wehre, gab sie nach. Aber es blieb nicht beim Küssen. Ein paar Wochen später versuchte er sie zu nehmen und drohte aufs neue zu schreien, wenn sie nicht nachgäbe. Als sie sich um seine Drohungen nicht kümmerte, schrie er tatsächlich. Alle waren schokkiert, das Licht wurde angedreht, und der enttäuschte Liebhaber saß vor Nervosität zitternd auf seinem Bett. Allgemeines Schweigen, nicht ein Wort fiel. Verängstigt legten wir uns wieder hin, und das Licht wurde wieder ausgedreht. Als etwas später an diesem Abend der erste Schock überwunden war und wir nach dem Abendessen sicher sein konnten, daß niemand außerhalb des Kellers etwas gehört hatte, machten die beiden Brüder, die aus dem Janowska-Lager entflohen waren, klar, daß sie hier weggingen, wenn sich etwas Derartiges noch einmal wiederhole. Sie wollten sich nicht auf Gedeih und Verderb einem einzelnen Menschen ausliefern. Danach luden sie Korn und mich mit einer Kopfbewegung in eine Ecke ein, wo wir flüsternd diskutierten, ob wir hier nicht weggehen sollten. Von nun an gehörte ich zur Gruppe der vier »Eisernen«. Meine Herkunft und Erziehung gaben mir in dieser Gesellschaft einen gewissen Stand. Zweifellos war es ein großes Risiko, hier wegzugehen. Unser Hausherr würde nicht dulden, daß einige wenige es versuchten, denn die Gefahr, gefaßt zu werden und in der Folter das Versteck zu verraten, war zu groß — notfalls müßte man die Ausbrecher erschlagen. Aber gegen uns vier konnten die anderen nichts ausrichten. Unsere Gruppe machte sich als Gegengewicht zu der Familie und den Geldleuten deutlich spürbar.

Es gab noch eine andere Gruppe ohne Bindungen oder sozialen Status: Malke, ihr Vetter Harry und Joe. Malke war sehr zart, einziges Kind und in der Vorstellung erzogen, sie sei eine Dame. Nach dem Kriege wurde sie doch noch Mitglied dieser Familie — sie heiratete ihren hartnäckigen Verehrer. Ihr Vetter Harry war ein schmächtiger, untersetzter Mann um die Vierzig und hatte manche Eigenheiten. Wenn er ein Gericht nicht mochte, aß er es nicht, auch wenn er ein paar Tage hätte fasten müssen. War ihm etwas in der Suppe zuwider, so fischte er es Stückchen für Stückchen heraus und legte es an den Tellerrand. Er war sehr leicht gekränkt und sprach dann tagelang nicht. Mit einigen, die er nicht leiden mochte, unterhielt er sich überhaupt nicht. Er hatte Vorurteile, von denen ihn nichts und niemand abbringen konnte. Er war sehr ernst, lächelte nie und machte sich ständig Sorgen — nicht allein um die Gegenwart, sondern auch um die Zeit nach der Befreiung. Als für uns alle die einzige Hoffnung der baldige Einmarsch der Russen war, wäre es ihm lieber gewesen, die Russen hätten irgendwo eine Niederlage erlitten, so daß die westlichen Alliierten genug Zeit hätten, bis Lemberg zu kommen, selbst wenn es noch ein Jahr dauerte. Holtz' jüngere Tochter, die in der Küche arbeitete, war in den Zwanzigern. Sie war lebhaft und hübsch, und die Familie hätte sie gern mit Harry verheiratet gesehen. Trotzdem wechselte er nie ein Wort mit ihr, wenn sie in den Keller kam. Obwohl die Familie merkte, daß die beiden nie recht zueinander passen würden, behielten sie Harry immer noch als Bewerber im Auge, denn nach dem Kriege blieben womöglich keine Männer übrig. Schließlich war Harry ein Mann, ehrlich und honorig, wenn auch etwas abnormal in seinem Verhalten. Und außerdem hatte er Grundbesitz. Die russische Besatzung würde nur vorübergehend sein — daran zweifelte niemand —, und nach dem Kriege würde Polen als ein Staat mit demokratischer Gesellschaftsordnung wiederauferstehen.

Sein extremes Gegenstück war Joe, fast so alt wie Harry, aber nicht nur untersetzt, sondern auch etwas zur Korpulenz neigend, mit einem rundlichen, stets lächelnden Gesicht. Zu jedermann liebenswürdig, selbst zu denen, die seine Freundschaft ablehnten, machte er heftige Anstrengungen, in die Familie aufgenommen zu werden, indem er die Tochter mit Komplimenten überschüttete. Recht oder Unrecht — nach seiner Meinung handelte die Familie immer richtig; aber diese Meinung Joes interessierte niemand. Harry hatte er immer etwas am Zeuge zu flicken. Der Familie versuchte er klarzumachen, daß Harry nicht zu würdigen wisse, was sie alles für ihn getan hätten. Harry würdigte ihn nie eines Wortes.

2

Langsam und eintönig verstrichen die Tage. Nur kurze Aufregungen unterbrachen die Dunkelheit und die schreckliche Hitze. Durch die Schwüle und das stundenlange Herumliegen tauchten am ganzen Körper große rote Flecke auf. Einige Tage nach unserer Ankunft in diesem Versteck wurde Korn krank. Zunächst hatte er den Schluckauf, aber nach einiger Zeit begann er zu brechen, und sein Zustand wurde immer schlimmer.

Um mich geistig zu beschäftigen, lernte ich ein paar Seiten aus Opas Gebetbuch auswendig und wiederholte sie immer wieder, während ich im Dunkeln lag. Das einzige Buch, das ich mir von draußen besorgen konnte, war ein christlicher Katechismus, und ich lernte ihn von Anfang bis Ende auswendig. Die Vorstellung von einem Weiterleben nach dem Tode blieb mir recht unklar; sie erschien mir praktisch unmöglich und doch zugleich eine bittere Notwendigkeit. Das Lager und die Todesbrigade hatten mir gezeigt, wie wenig Wert das Leben hat — und jegliches Dasein überhaupt. Wenn ich daran dachte, wie meine Eltern für ihre alten Tage vorgesorgt hatten und kaum, daß meine Schwestern geboren waren, schon an deren Mitgift dachten, wurde mir die Sinnlosigkeit des Denkens an morgen so recht bewußt. Die Welt als Ganzes hatte weder Wirklichkeit noch Sinn.

Zuweilen versuchte ich mir meinen Selbsterhaltungsinstinkt durch die Vorstellung zu erklären, daß man den Feind bekämpft, indem man das Gegenteil des von ihm angestrebten Zieles zu erreichen versucht. Will er mich etwa töten, so ist es meine Pflicht, weiterzuleben. Wenn ich meine Erinnerungen zusammenstelle, um der Welt zu sagen, was sich ereignete, entspricht dies dann nicht auch zugleich dem normalen Wunsch jedes heranwachsenden jungen Menschen, ein Tagebuch zu führen? Alle Vorgänge in diesem Versteck bewiesen mir die Hartnäckigkeit des Lebenswillens.

Ich erinnere mich, im Lager die Unterhaltung zwischen einem Vater und seinem Sohn mitangehört zu haben, die für den nächsten Tag den Tod erwarteten. Als sie an diesem Abend ihre Verpflegung — ein Stückchen Brot — bekamen, wollte der Sohn es gleich aufessen, während der Vater meinte, sie sollten es sich einteilen — einen Bissen für jetzt und einen für den nächsten Morgen. Der Sohn argumentierte, bis dahin würden sie doch höchstwahrscheinlich hingerichtet sein. Der Vater antwortete: »Aber man wird uns erst zum ›Sand‹ bringen, und dann können wir es unterwegs immer noch aufessen.« Diese Diskussion verlief viel leidenschaftsloser als etwa die zwischen einem Vater und seinem Sohn, die sich unterhalten, wie beim Unterligaspiel der Rechtsaußen den Ball hätte handhaben sollen.

Ich dachte nicht über die Zukunft nach und darüber, was nach der Befreiung — wenn ich sie überhaupt erleben sollte — aus mir selbst werden würde. Weder jetzt in Kalwinskis Keller noch in den vorhergegangenen zwei Jahren hatte ich irgendwelche Träume oder Gedanken über meine Zukunft. Ich weiß nicht einmal, ob ich mir überhaupt allzu viel daraus machte, befreit zu werden. Für wen und wofür? Vielleicht war es ein Schuldkomplex, der mich fragen ließ, warum gerade ich auserwählt sein sollte weiterzuleben? Die paar Menschen in diesem Versteck hier zählten nicht, aber draußen war jeder ein Feind, jeder ein potentieller Mörder.

Es war der 6. Dezember. Wie üblich kam unser Hausherr abends zu uns herunter. Dieses Mal schien er sehr nervös zu sein. Er erzählte, nur ein paar hundert Meter von hier seien im Haus des Nachbarn Juzek zweiunddreißig Juden entdeckt worden. Sechsundzwanzig von ihnen hatten der Todesbrigade angehört. Herches war auch dabei. Während sie zum Wagen geführt wurden, griffen sie plötzlich die Deutschen an; achtundzwanzig konnten entweichen. Die letzten vier wurden von den Polizisten eingekesselt, weil drei von ihnen den vierten — sie waren alle

Brüder und er war verwundet — nicht im Stich lassen wollten. Juzek und seine Frau wurden verhaftet und am nächsten Tag auf dem Markt öffentlich gehängt. Unser Wirt hatte nun große Angst, daß die Entdeckung der Juden in diesem Viertel zu einer allgemeinen Haussuchung führen könnte. In den folgenden Tagen fand dann auch tatsächlich eine kleine Razzia statt, aber unser Haus blieb verschont.

Ich möchte hier auch etwas über die polnische und die ukrainische Untergrundbewegung sagen. Im ganzen gesehen schlossen sich in diesem Teil Polens die Ukrainer zunächst den Deutschen an und nahmen — wie ich im zweiten Teil zeigte — an den Judenmassakern sehr aktiv teil. Als sie nach einiger Zeit jedoch sahen, daß die Deutschen gar keine Miene machten, ihnen die Gründung eines eigenen unabhängigen Staates zu genehmigen, bildete sich unter der Führung eines gewissen Bandera eine ukrainische Partisanengruppe, die als die Banderowcy bekannt wurde. Ihr Kampf richtete sich nicht etwa gegen die Deutschen, sondern hatte mehr das Ziel, später einer »allgemeinen Friedenskonferenz« beweisen zu können, daß die Ukrainer hier die absolute Majorität hätten. Um das zu erreichen, mußten sie zunächst die Polen ausrotten oder verdrängen. Zu diesem Zweck fingen sie beispielsweise einen prominenten Polen, ermordeten ihn und stellten seine zerstückelte Leiche öffentlich zur Schau, damit seine Landsleute es sähen, sich merkten und die Gegend verließen. Vor den Banderowcy fürchteten sich die Juden noch mehr als vor den SS-Leuten, denn die ortsansässigen Ukrainer erkannten einen Juden viel leichter als die Deutschen. Auch wer in die Wälder flüchtete, mußte sich vor ihnen hüten.

Der polnische Untergrund hingegen war in unserem Gebiet keine kämpfende Gruppe. Er gab eine Zeitung heraus, machte verschiedene Radiosendungen und trieb hauptsächlich Propaganda unter der Bevölkerung, aber nur wenig Sabotage. Die Zeitung wurde sehr viel gelesen. Im großen und ganzen akzeptierten die polnischen Partisanen niemals Juden, und es kam sehr oft vor, daß ihre Mitglieder Juden an die Deutschen verrieten. Wenn man von den Sozialdemokraten absieht, die hier nur eine kleine Gruppe ausmachten, so trat der polnische Untergrund in Presse und Funk niemals mit scharfen Verurteilungen gegen seine eigenen Brüder hervor, weil sie etwa bei den Judenschlächtereien mitgeholfen hätten. Er wandte sich nicht einmal gegen die Polen, welche die wenigen Landsleute denunzierten, die Juden ein Versteck boten. Für uns wäre schon die geringste Unterstützung wertvoll gewesen. Aber die wenigen Polen, die Juden aufnahmen, bekamen nicht einmal eine moralische Unterstützung in Form einer Warnung an etwaige Denunzianten, daß auch sie eines Tages die Strafe erwarte.

Man wird wohl begreifen, wie schockiert ich war, als ich im Januar 1960 im politischen Teil einer führenden amerikanischen Wochenschrift las, daß Bandera, der später in München lebte und dort umgebracht wurde, ein »Held« und »Streiter gegen den Kommunismus« gewesen sei, während er in Wirklichkeit ein Mörder war! Es paßte wirklich zu ihm, daß die Stadt, in der Hitler seine Karriere begann, ihm Asyl gewährte.

Weihnachten kam näher, und die Lage änderte sich immer noch nicht. Es wurde von Tag zu Tag schwerer, für so viele Menschen Lebensmittel zu beschaffen, ohne Aufsehen zu erregen. Unser Hausherr gab bei der Behörde an, sein Bulle sei krank geworden und habe getötet und vergraben werden müssen. Der Staat hatte nämlich alles Vieh registriert, und wenn etwas geschlachtet wurde, so mußte das Fleisch abgeliefert werden. Die Bauern gebrauchten deshalb vielfach diese Ausrede. Verkauften sie dann das Fleisch, so wurden sie häufig erwischt und bestraft. In unserem Falle kam dies jedoch nicht in Frage, denn Kalwinski pökelte das Fleisch des Bullen restlos ein, und wir hatten auf diese Weise den ganzen Winter etwas zu essen und konnten sogar Weihnachten festlich begehen. Zu Neujahr begannen Schießereien zwischen Ukrainern und Polen, die die ganze Nacht dauerten. Das machte unseren Hausherrn sehr nervös. Jeden Tag erwarteten wir die russische Offensive. Wir wurden nie müde, immer wieder nachzurechnen, wie viele Tage und Stunden die Russen wohl noch brauchten, um von der jetzigen Frontlinie bis nach Lemberg zu kommen.

Schließlich wurde Tarnopol, nur 120 km von Lemberg entfernt, eingenommen. Aber es wechselte leider in den nächsten Wochen mehrere Male den Eroberer. Dieses schwankende Kriegsglück zeitigte ständig neue Gerüchte, und jedes für uns günstige Ereignis wurde durch den boshaften Klatsch der Ortsansässigen wieder verdorben. Geschichten über Juden gehörten zu den beliebtesten Unterhaltungsthemen. So erzählte man sich, daß beim Einzug der russischen Armee in Tarnopol eine Gruppe von Juden ihr Versteck in einem polnischen Haus verließ. Als ein paar Tage später die Deutschen die Stadt zurückeroberten, wurde die polnische Familie, die die Juden versteckt hatte, gehängt. Als unser Hausherr dies hörte, begann er sich zu überlegen, wie lange er uns noch behalten könnte, wenn die russische Armee Lemberg befreite. Andere Geschichten dieser Art hatten zur Folge, daß wieder Haussuchungen nach Juden begannen. Die ganze Nachbarschaft wurde gründlich durchgekämmt, nur unser Haus blieb wieder verschont. Der Grund war, daß Kalwinski Vorsitzender des Bauernverbandes war und diesen bei den deutschen Dienststellen vertrat. Die russische Offensive brachte aber auch noch andere Probleme mit sich. An einigen Orten wurden die Leute zur Evakuierung gezwungen. Wer würde uns versorgen, wenn das auch hier passierte? Teilweise zogen die Leute auch freiwillig fort, da sie nicht in der Kampfzone bleiben wollten. Wenn unser Hausherr nicht wie die Allgemeinheit handelte, würde jeder ihn irgendwie verdächtigen. Wir waren geistig also nicht allein mit den Tagesereignissen beschäftigt, sondern mehr noch mit der Lösung des uns nun erwartenden Problems, wie man nach einem so langen, harten Kampf einem gewaltsamen Tod noch in den letzten Tagen vor der Befreiung entgeht.

Im Februar requirierte die deutsche Wehrmacht zahlreiche Räume in unserer Nachbarschaft als Quartiere. In unserem Haus beschlagnahmten sie ebenfalls einige Zimmer, um dort einen Befehlsstand einzurichten, und in den Stall über uns stellten sie zwei Pferde. Vier Wochen lang — bis sie weiterzogen — bekamen wir nur mehr einmal täglich und zwar spät nachts etwas zu essen. Aber wir fanden das noch äußerst günstig. Man kann sich wohl unsere Empfindung vorstellen, als wir die Deutschen ständig dicht über unseren Köpfen reden und hin- und hertrampeln hörten. Wir wagten kaum zu atmen. Unser Hausherr kam in dieser Zeit nicht herunter, und so erfuhren wir auch nicht, was in der Welt draußen passierte.

Aber auch das ging vorbei, und es wurde wieder erträglicher. Wir versuchten, uns geistig auf die Befreiung vorzubereiten, auf dieses Wiedergeborenwerden, und vergaßen auch keineswegs, daß die »Geburtswehen« für uns tödlich sein konnten. Der April kam, und die Rote Armee rückte näher. Auf dem jüdischen Friedhof wurden achtundzwanzig Personen entdeckt, die sich in den Grabmälern versteckt hatten. Zum erstenmal seit 1941 fielen auch wieder Bomben auf die Stadt. Die Tage erschienen uns immer endloser. Der Mai brachte wieder schlechte Nachrichten: Eine Gruppe von zwölf Juden wurde in der Belanowe-Straße ausfindig gemacht, nur einen Häuserblock von meiner früheren Wohnung. Eine Frau, welche ebenfalls ein paar Juden versteckt hatte, wurde sogar von ihrer eigenen Tochter denunziert. Man hängte die Mutter auf und erschoß die Juden.

Lemberg wurde Frontstadt, und es wimmelte von deutschen Soldaten. Unser Stall sollte für irgend etwas — wir erfuhren nie, was — hergerichtet werden, und sie wollten schon den ganzen Fußboden herausreißen, unter dem wir saßen. Wir konnten die ganze Diskussion darüber mitanhören. Wie gelähmt saßen wir da und starrten in die Dunkelheit unseres Kellers. Gerade begannen sie mit den Arbeiten, als plötzlich der Befehl zum Abrücken kam. Wieder einmal wurden wir in letzter Sekunde gerettet.

Nun waren die Russen endlich da. Mitten am Tag kam unser Hausherr zu uns heruntergestürmt. Das Licht ging an, alle setzten sich auf, und schweigend hörten wir uns die Nachrichten mit allen Einzelheiten an. Laut reden und irgendein Geräusch machen durften wir noch nicht, denn es war nach wie vor eine Entdeckung durch die Nachbarn zu befürchten.

Keiner wußte bis jetzt so recht, wo er sich hinwenden und was er tun sollte. Wir waren der Welt zu sehr entfremdet, um schon irgendwelche Pläne machen zu können. Jeder würde hinausgehen und auf eigene Faust sehen, wie er einen neuen Anfang fände. Es war geplant, am nächsten Tag in aller Frühe aufzubrechen, damit uns niemand sähe. Sogar jetzt bat unser Gastgeber uns noch, nicht mehr zurückzukommen, weder zu einem Besuch noch aus anderen Gründen. Es könnte seinem Ruf schaden, wenn bekannt würde, daß er Juden versteckt gehalten habe. Vielen Polen war der Gedanke unsympathisch, es könnten auch nur ein paar Juden noch gerettet worden sein, die eines Tages bezeugen würden, daß sie — die Polen — mit den Deutschen bei der Judenvernichtung gemeinsame Sache gemacht hatten. Andere fürchteten, sie müßten jüdischen Grundbesitz und anderes Eigentum, das sie an sich gebracht hatten, wieder zurückgeben. Für mich konnte es nur einen einzigen Plan geben: in die Armee einzutreten und gegen die

Deutschen zu kämpfen. So begannen wir am nächsten Morgen gegen fünf Uhr Herrn Kalwinskis Hof in aller Heimlichkeit zu verlassen. Wie traurig war doch Polens Lage, daß ein Mensch, der hohe idealistische Qualitäten gezeigt hatte, sogar nach dem Abzug der Deutschen sich ob einer solchen guten Tat noch schämen sollte und unpopulär war! Zum erstenmal seit acht Monaten zog ich mich wieder an, um auf die Straße zu gehen. Die Frauen und Kinder sowie Opa sollten bis zum nächsten Morgen bleiben und abwarten, daß die Männer für sie eine Wohnung fänden.

Nun stand ich draußen im Freien. Ich fühlte mich sehr schwach auf den Beinen; mein Kopf war leer. Langsam ging ich der Stadtmitte zu. Die Straßen lagen noch verlassen, nur ein paar russische Soldaten und Armeefahrzeuge kamen an mir vorbei. Ich versuchte mit den Landsern zu reden, aber sie hatten kein Interesse, mit mir zu sprechen. Als ich einem Offizier begegnete und ihn fragte, wo das Armeekommando sei, fragte er mich, was ich da wolle. Ich erklärte ihm, ich käme gerade aus dem Versteck, sei Jude und wüßte nicht, wo ich hingehen und was ich nun anfangen sollte. Seine Antwort war, die Juden seien alle getötet worden, höchstens ein paar Kollaborateure seien am Leben geblieben, und ich müßte wohl einer von ihnen sein. Eine andere Erklärung dafür, daß ich noch am Leben sei, gebe es nicht. Als ich versuchte, ihm klarzumachen, daß ich kein freier Mensch gewesen sei, sondern mich habe verstecken müssen, hatte er nur eine kurze, lakonische Antwort: Man versteckt sich nicht vor dem Feind, sondern bekämpft ihn! Seine Worte begleitete er mit einer vielsagenden Handbewegung und wandte sich von mir ab.

Stundenlang irrte ich ohne ein bestimmtes Ziel umher, wurde schwächer und schwächer und bekam Hunger. Da ich so viele Monate keine Schuhe getragen hatte, begannen sie mir jetzt die Haut wundzuscheuern. Ich konnte mit den blutenden Füßen schließlich nicht mehr weiter, setzte mich mitten auf den Bürgersteig und zog mir die Schuhe aus. Es war mir unmöglich, mich wieder aufzuraffen; ich saß da, und in meinem Kopf drehte sich alles. Darüber nickte ich ein — ich weiß nicht, für wie lange. Passanten blieben stehen und schauten mich an, manche nur für eine Sekunde, andere länger. Von dem, was sie mit einander sprachen, verstand ich nur eines: »Das ist ein Jude . . .«. Ich schüttelte mich, um die Erstarrung loszuwerden. Die Leute stierten mich an, als ob sie noch nie so etwas wie mich gesehen hätten. Ich sprach mit niemandem, und niemand redete mit mir. Sie flüsterten nur untereinander und starrten mich an. Was sollte ich tun? Ich kannte niemanden in der Stadt und hatte keinen Pfennig mehr. Als wir flohen, hatte ich auch nur wenig Geld dabei gehabt. Einen Teil gab ich Jurek in unserem ersten Versteck, den Rest unserem zweiten Gastgeber. Zu unserem Retter konnte ich unmöglich zurück, denn er hatte es sich ja verbeten. Der einzige Ort, wo ich hingehen konnte, war unsere einstige Wohnug. Schließlich hatte einmal das ganze Mietshaus meinen Eltern gehört. Es war zwar der letzte Ort, den ich sehen wollte. Doch was konnte ich tun?

Barfuß kam ich nur langsam voran. Meine Schuhe konnte ich nicht mehr anziehen, denn die Füße waren inzwischen zu stark angeschwollen. Ich ging in Richtung auf unser Haus. Die Straße, in der ich einst mit vielen anderen Juden gewohnt, wo ich praktisch jeden einzelnen von ihnen gekannt hatte, war mir völlig fremd geworden. Es ist schwer, die eigenen Gefühle zu beschreiben. Wenn mein Problem bis gestern noch darin bestanden hatte, dem Getötetwerden zu entgehen, und der Instinkt zu leben dominiert hatte, so war das nun kein Problem mehr. Jetzt war es die Seelenqual um die Getöteten, die mich überwältigte. Die Folterungen meiner Angehörigen, die ganze Art und Weise, wie man sie umgebracht hatte, all dies begann mich wieder mehr und mehr zu beschäftigen. Die Straße kam mir so öde vor. Daß ich lebte, machte mich in den Augen der Leute und vor dem russischen Offizier schuldig. Niemand fragte, ob ich nicht schon genug gelitten hätte, sondern nur, warum ich überhaupt noch lebte. Mit solchen Gedanken näherte ich mich dem Hause, in dem ich einst gewohnt hatte. Eine Weile blieb ich am Eingang stehen, dann riß ich mich zusammen und trat in die erste Wohnung im Erdgeschoß, wo die Hausmeisterin wohnte. Die Frau erkannte mich gleich und bot mir einen Platz an. Sie stellte mir ein paar Fragen, aber ich war wie betäubt. Dann gab sie mir einen Teller Suppe und ich aß. Mit energischer Stimme erklärte sie, die ganze Zeit schon habe sie ihren Freunden gesagt, die Deutschen hätten gar nicht alle Juden umgebracht; einige müßten noch verborgen sein; und nun sei ich ein Beweis für die Richtigkeit ihrer Behauptung. Um mich loszuwerden, erwähnte sie, in unserer Wohnung, eine Treppe hoch, sei jetzt der Schuhmacher, der früher auf der anderen Straßenseite gewohnt habe und den ich wohl noch kenne. Sie seien nur vier Personen, er, seine Frau, seine Tochter und sein Sohn. Da würde ich wohl einen Platz finden, wo ich einstweilen bleiben könnte. Schließlich, so meinte sie noch, seien ja alle Möbel noch vorhanden, die meine Eltern dagelassen hätten.

Ich stieg die Treppe hinauf, klopfte an der Tür, wartete aber nicht erst, bis mir geöffnet wurde, sondern ging hinein, geradeswegs durch die Küche in die Wohnstube und setzte mich auf meine alte Couch. Sie wußten schon, daß ich wieder da war. Ohne mich auch nur zu begrüßen, fing der Schuhmacher an: dies sei jetzt ihre Wohnung; schließlich sei Krieg ... sie hätten aus ihrer eigenen Wohnung herausgemußt und hätten alle Möbel zurücklassen müssen (sie hatten vorher nur einen einzigen Raum im Souterrain) und ich solle nicht etwa glauben, daß es nur für die Juden eine harte Zeit gewesen sei. Gewiß, sie hätte man zwar nicht umgebracht, aber »wir hatten es auch nicht gerade leicht«, und dann sprach er noch von hohen Steuern und Ausgangsbeschränkungen. Ich sagte ihnen, ich käme nicht zurück, um meine eigenen Sachen wiederzuhaben, sondern nur, weil ich irgendwo bleiben müßte, bis ich einen anderen Platz fände oder bis ich wenigstens wieder gehen könne, und zeigte ihnen meine Füße. Sie richteten mir das Bett her, das früher Vater gehörte, und brachten mir ein Becken mit warmem Wasser. Ich schloß die Tür, wusch mich und legte mich zu Bett. Eine Sekunde später schlief ich schon. So verging mein erster Tag in der Freiheit, der Tag, auf den so viele gewartet hatten. Ich konnte ihn erleben. Das war alles.

3

Ich schlief, träumte, wachte mehrere Male auf und war immer noch ganz benommen. Erst in den späten Vormittagsstunden hatte ich endlich ausgeschlafen. Neben meinem Bett fand ich eine Schüssel mit warmem Wasser, ein frisches Handtuch und ein altes, aber sauberes Hemd. Als ich mich gewaschen und angezogen hatte, mußte ich durch das Zimmer, wo die Tochter des Schuhmachers vor dem Spiegel saß. Sie war mit ihrem Make-up beschäftigt und erwiderte nicht einmal meinen Gutenmorgengruß. In der Wohnstube setzte ich mich an den Tisch und bekam ein Frühstück. Als ich es verzehrt hatte, konnte ich mich lange nicht von meinem Platz rühren. Meine Füße waren immer noch wund und geschwollen. Niemand sprach mit mir, und mir war auch nicht nach einer Unterhaltung zumute. Erst ein Besucher brach das Schweigen.

Der große, stämmige Ukrainer in den Vierzigern war schon seit der ersten Besetzung Lembergs durch die Russen in diesem Krieg Oberinspektor für unser Haus und vierundzwanzig andere in unserer Straße, welche Juden gehört hatten und verstaatlicht worden waren. Als die Deutschen kamen, wurde er Faschist und behielt seinen Posten. Bei der Rückkehr der Russen ließen auch diese ihn in seinem Amt, damit alles glatt weiterlief. Sein Posten war politisch sehr wichtig, weil damit die Aufsicht über alle Einwohner der 25 Häuser verbunden war. Jeder, der in einer dieser Mietswohnungen über Nacht bleiben wollte, mußte dazu seine Genehmigung haben.

Lachend kam er herein, klopfte mir mit seiner schweren Hand auf den Rücken, daß ich schier vom Stuhl fiel, und sagte mit schallender Stimme: »Du solltest glücklich sein, daß du noch lebst. Ich wußte ja, daß sie euch nicht alle umbringen. Und nun, wo du noch lebendig bist, gibt es für dich nur eines, und das ist: gegen die Deutschen zu kämpfen! Es ist zwar noch keine offizielle Mobilmachung, aber jede Straße hat schon ein paar Freiwillige zu stellen, die bei mir registriert werden. Da verschiedene Brücken und Bahngleise zerstört sind, müssen die Freiwilligen zu Fuß nach Brody und sich dort melden (das war etwa hundert Kilometer von Lemberg). Dazu brauchst du höchstens zwei Tage. Und nimm ein paar Pfund Brot mit, daß du etwas zu essen hast.« (Wo ich das Brot hernehmen sollte, erwähnte er nicht.)

Als er geendet hatte, zeigte ich ihm meine wunden und geschwollenen Füße und versuchte, ihm zu erklären, daß ich für einen Marsch von hundert Kilometern mindestens noch ein paar Tage Ruhe brauchte. Eher würden meine Füße nicht geheilt sein. Und wer — im übrigen — gäbe mir denn die paar Pfund Brot? Im Kommandoton antwortete er: »Du hast schon mehr durchgemacht als nur geschwollene Füße. Ich will dich morgen früh unterwegs sehen, sonst giltst du als Deserteur!« Und damit ging er. Ohne jede Reaktion auf seine Worte blieb ich schweigend sitzen. Eine Weile später bekam ich eine Schüssel Suppe; danach ging ich wieder ins Schlafzimmer und legte mich aufs Bett. Ich hatte das Empfinden, als ob der ganze Raum von den Seelen meiner Angehörigen erfüllt sei. Jedesmal, wenn ich Schritte hörte, setzte ich mich unwillkürlich auf und wartete darauf, daß jemand von den Meinen hereinkäme. Ich hatte ein Gefühl, als müsse ich mich aus dem Fenster stürzen. Nur fort von hier! Aber wie und wohin? Gedanken über meinen Besucher kamen mir. War das nun ein Repräsentant meiner Befreier? Sollte ich etwa für ihn kämpfen? Oder vielleicht für den Offizier von gestern früh? Von mir aus konnte der Krieg ewig weitergehen und die ganze Welt zerstören. Oder war doch noch irgendwo ein Fünkchen Menschlichkeit zu finden? Nein, kämpfen würde ich nicht. Für wen denn? Und mit diesen Gedanken schlief ich ein. So verging mein zweiter Tag der »Befreiung«, noch enttäuschender als der erste.

Als ich am nächsten Morgen aufgestanden war, mich gewaschen und angezogen hatte, erwartete mich in der Wohnstube der Schuhmacher und erklärte mir ohne lange Vorrede, zu seinem Bedauern müsse ich das Haus verlassen. Ich hätte ja gehört, was der Oberinspektor gestern gesagt habe. Ich könne von ihm nicht verlangen, daß er für mich seine Freiheit opfere. Für mich war es klar, daß der gestrige Besuch eine abgekartete Sache war, um mich aus dem Haus und aus der Stadt zu bekommen. Ich war völlig schutzlos. Auch wenn ich zur Militärkommandatur ginge, wer würde mich dort anhören? Und so, wie ich die Russen kannte, hätten sie mir gesagt: »Was ist denn schon dabei, nach Brody zu gehen und sich dort als Freiwilliger zu melden?«

Ich fragte den Schuster, ob er mir so etwas wie einen Spazierstock besorgen könnte, ich brauche etwas, um mich zu stützen. Bereitwillig gab er mir sofort einen, und ich verließ das Haus ohne Frühstück. In einer Weise war ich froh, gezwungen zu sein, dem Haus den Rücken zu kehren. Aber wohin nun? Ein paar Häuser die Straße hinunter wohnte eine Familie. Der Mann erledigte in unserem Haus kleinere Reparaturen. Als ich durch die Straße ging, sah ich ihn auch schon vor einem der Häuser. Ich fing ein Gespräch mit ihm an, und er sagte mir, er sei nun der Verwalter dieses Hauses. Ich fragte ihn, ob er mir nicht irgendein Plätzchen wisse, wo ich ein paar Tage bleiben könnte, bis ich wieder auf den Beinen sei. Er willigte ein, fügte aber hinzu, ich müßte mir erst vom Oberinspektor eine Registrierkarte besorgen. Als ich ihm erklärte, daß das wahrscheinlich unmöglich wäre, machte er den Vorschlag, ich solle dann halt auf der Speichertreppe schlafen. Da steige nachts keiner der Mieter hinauf. Die Haustür werde wegen der Ausgangsperre um acht Uhr abgeschlossen; ich müsse also ein paar Minuten vorher ins Haus kommen und dürfe es auch nicht später als um sechs Uhr früh wieder verlassen. Auch sollte ich mich tagsüber nicht in der Nähe des Hauses aufhalten, denn das könne die Aufmerksamkeit des Oberinspektors erregen. So wurde diese Treppe für die nächsten acht Tage mein Nachtquartier. Auf meinen Stock gestützt, setzte ich die Wanderung fort, als einziges Gepäck am Gürtel ein zusammengeschnürtes Bündel Papiere: mein Tagebuch aus dem Lager und der Todesbrigade, das der Welt sagen sollte, was geschah. Alle paar Minuten ruhte ich mich auf den Stufen vor einer Haustür aus. Stundenlang irrte ich so durch die Straßen, hungrig, müde, aber nicht einmal enttäuscht, sondern eher völlig desinteressiert. Ich schaute mich kaum um; ohne zu denken starrte ich auf den Boden vor mir — ich wollte die Welt gar nicht sehen. Doch während ich so meines Weges zog, fiel mein Blick auf einen goldenen Ring. Ich kehrte um und verkaufte ihn dem Hausverwalter, bei dem ich mein neues Quartier gefunden hatte. Er gab mir sechs Pfund Brot und vier Teller Suppe dafür, die ich mir an den nächsten vier Abenden holen sollte, ehe ich schlafen ging. Ich ließ mir von ihm gleich meine Schuhe etwas aufschneiden, damit sie nicht mehr so drückten. Einen Teller Suppe sollte ich sofort bekommen, und ich durfte sogar schon früher ins Haus. So wußte ich wenigstens, daß ich die nächsten paar Tage etwas zu essen haben würde, als ich an diesem dritten Tag des neuen Lebens mich schlafen legte.

Im Treppenhaus zu nächtigen machte mir gar nichts aus. Am nächsten Morgen erhob ich mich, brach ein Stück von dem großen Brotlaib ab, den ich am Vortag eingehandelt hatte, aß und machte mich auf den Weg in die Innenstadt. Meine Füße waren schon viel besser; ich gewöhnte mich wieder ans Gehen und war auch seelisch wieder in einer besseren Verfassung als vierundzwanzig Stunden zuvor. Schließlich hatte ich einen Ort, wohin ich abends zurückkehren konnte, und überdies etwas zu essen für die nächsten Tage. Als ich so durch die Straßen ging, fiel mir an einem Gebäude das Schild einer russischen Dienststelle auf. Ich trat ein, ging in den Warteraum und setzte mich neben einen russischen Soldaten mit

Gewehr. Wir kamen ins Gespräch, und er erzählte mir, wie er mit einer Gruppe Kameraden von den Deutschen gefangengenommen wurde, wie er geflohen sei und sich den Partisanen angeschlossen habe. Nun war er zu dieser Dienststelle gekommen, um sich wieder zum Einsatz zu melden. Er war noch jung, in den Zwanzigern, sah aus wie ein Georgier, war aber Jude. Nach einer Weile wurde er in eines der Büros gerufen, während mich ein weiblicher Soldat fragte, auf wen ich warte. Ich antwortete, ich sei gekommen, um mich rekrutieren zu lassen. »Wofür?« »Ich weiß nicht«, antwortete ich, »wofür wird man hier denn rekrutiert?« »Als Soldat für das Heer«, entgegnete sie. »Könnt ihr mir vielleicht irgendeine Arbeit geben oder einen Platz, wo ich bleiben kann?« »Nein, dafür sind wir nicht zuständig.« »Wo könnte ich mich denn hinwenden?« »Das weiß ich nicht.«

So endete unsere Unterhaltung, und ich ging hinaus, setzte mich vor die Tür und wartete auf den Soldaten, mit dem ich wenigstens reden konnte. Als er herauskam, hatte er das Gewehr nicht mehr; man hatte es ihm abgenommen. Aber er trug noch seine Uniform und den schweren Militärmantel. Ich glaube, er war auch froh, mich zu sehen. Er hatte es gut: ihn hatte man registriert, auch wenn ihm das noch keinen Platz verschaffte, wo er schlafen konnte und etwas zu essen bekam. Er fragte, ob ich ihm nicht Rat wüßte, wo er bleiben und etwas essen könne, er habe kein Geld. Ich zeigte ihm meinen Brotvorrat und erzählte ihm von meinem Obdach, wo mich abends sogar eine Suppe erwarte, die ich gern mit ihm teilen wolle. Er nahm meine Einladung an, und wir machten uns auf den Weg »nach Hause«. Als wir dort ankamen und der Hausverwalter den russischen Soldaten sah, war er gleich sehr höflich zu uns und erwähnte, im dritten Stock sei noch ein leeres Zimmer vorhanden. Den Schlüssel dazu habe allerdings der Oberinspektor. Wenn wir noch rechtzeitig zu seinem Büro kämen, würden wir das Zimmer sicher bekommen. Wir gingen hin, fanden aber das Büro schon geschlossen. So kehrten wir zu meiner Speichertreppe zurück, um diese Nacht noch dort zu verbringen. Der Hausverwalter brachte für uns beide Suppe und sogar zwei Glas Tee herauf. Brot hatte ich selbst. Nach dem Essen plauderten wir noch eine Weile und legten uns dann auf dem großen Militärmantel von Arcadi — so hieß der Partisan — schlafen.

Als wir am nächsten Morgen aufstanden, machten wir einen

Plan für den Tag. Zuerst mußten wir zu dem Büro des Oberinspektors gehen, um das leere Zimmer zu bekommen. Was das Essen anlangte, so würde mein Brot nur noch für heute reichen. Arcadi glaubte zwar, die Armee oder die Regierung werde sich in den nächsten Tagen seiner annehmen, aber bis dahin mußten wir etwas zu essen haben. Dabei kamen wir zu folgender Überlegung: Die Leute, die nun in den jüdischen Wohnungen lebten und das jüdische Mobiliar zur Verfügung hatten, schuldeten uns eigentlich mindestens eine Mahlzeit im Tag. Um sie zu bekommen, heckten wir folgenden Plan aus: Ich wußte, in welchen Wohnungen früher Juden gesessen hatten. Dort würden wir hingehen, Arcadi als Regierungsbeamter (er trug ja Uniform) und ich als sein Assistent oder Führer. Wir würden erklären, wir kämen, um das jüdische Eigentum zu registrieren. Versuchte dann der Wohnungsinhaber, lange Ausflüchte zu machen — er habe es gekauft oder von jemandem vermacht bekommen —, dann sollte Arcadi nur sagen, das gehe ihn alles nichts an; er sei hergeschickt worden, um das Eigentum zu registrieren. Inzwischen würde ich dem Wohnungsinhaber diskret zu verstehen geben, wenn er uns zum Essen einlade, werde ich schon eine Gelegenheit finden, den Beamten zu überzeugen, daß hier nichts zu registrieren sei. Mit diesem Plan begannen wir den Tag. Zunächst gingen wir zu dem Oberinspektor. Als er mich mit einem russischen Soldaten sah, wurde er sehr höflisch, sagte gar nichts von meiner »Freiwilligen«-Meldung, erkundigte sich sogar nach meinen Füßen, und war, als wir das leere Zimmer erwähnten, sofort bereit: »Aber gewiß! Alles, was ich für euch tun kann, werde ich gern tun. Laßt es mich nur wissen.« Nun hatten wir unser Zimmer und gingen auf die Suche nach einer Mahlzeit. Unser Trick funktionierte vorzüglich. Nach einem reichlichen Mittagsessen hatte sich Arcadi auf dem Büro zu melden, wo ich ihn am Vortag kennengelernt hatte. Dort sollte er täglich vorsprechen, bis er neue Anweisungen über seinen weiteren Einsatz bekäme. Ich wollte inzwischen durch die Straßen bummeln. Vielleicht begegnete ich noch anderen Juden. Abends wollten wir uns in unserer neuen Wohnung treffen. Ein Abendessen zu organisieren würde freilich schwerer fallen, denn wir konnten nicht gut nach Dienstschluß noch »registrieren« kommen. Aber wir waren schon mit einer guten Mahlzeit pro Tag zufrieden.

In der Stadt traf ich tatsächlich einige Juden. Es war leicht, sie zu erkennen. Die meisten von ihnen gingen am Stock, sahen blaß und verängstigt aus und waren nicht der Jahreszeit entsprechend gekleidet. Spontan bedienten sich alle — ohne vorherige Absprache oder Anregung — des gleichen Erkennungswortes: »Amchu« (dein Volk). Begegnete man einem Juden, so sagte man einfach »Amchu« und jeder antwortete ebenso, und dann trat man aufeinander zu, umarmte und küßte sich, fragte nach Herkommen und Namen und wo man sich verborgen gehalten habe. Auf diese Weise kam auch ich mit mehreren ins Gespräch und erfuhr, daß sich die Überlebenden in einer Volksschule der Innenstadt zu einer Organisation zusammenschlossen. Man lasse sich dort registrieren, berichtete man mir, und bekomme sogar ein Pfund Brot und einen Teller Suppe. Ich ging auch dorthin. Manche hockten auf dem Boden; Gram und Tragödien hatten ihr Antlitz gezeichnet. Andere versuchten Neues über den Verbleib ihrer Verwandten zu erfahren. Von Gruppe zu Gruppe gehend, riefen sie die Namen ihrer Angehörigen aus und wo sie sich zuletzt aufgehalten hatten und zu welcher Zeit. Am Eingang hingen auch viele schriftliche Suchanzeigen.

Ich ließ mich registrieren und bekam die Nummer 184. Diese Zahl schloß auch schon Juden aus benachbarten Städten ein, die zu dieser Sammelstelle in Lemberg kamen, einer Stadt, die 1941 allein in ihren Mauern schon 150 000 jüdische Bürger gehabt hatte. Ich fragte niemanden nach meinen Angehörigen — ich wußte nur zu gut, was mit ihnen geschehen war. Nach einigen Stunden ging ich »heim«, wo wir — Arcadi und ich — in dieser Nacht immerhin schon auf dem Boden eines Zimmers schliefen.

Der nächste Tag begann wie der vorige. Mit dem gleichen Trick kamen wir wieder zu einer guten Mahlzeit. Nach dem Essen ging ich in die Innenstadt, während Arcadi die Militärdienststelle aufsuchte. Unterwegs traf ich einen alten Bekannten aus dem »Judenlager«. Wir hatten dort eine Zeitlang in der gleichen Werkstatt gearbeitet, er als Mechaniker, ich als Installateurgehilfe. Er war sehr klein von Gestalt und hieß Beresticky. Nun ging er auf Krücken, weil auch seine Füße wundgelaufen waren. Wir umarmten uns, und er lud mich in seine Wohnung ein, die ganz in der Nähe lag. Ich begleitete ihn. Es war eine sehr nette Dreizimmerwohnung, in die er sich mit sieben Personen teilte. Bis zum

Einmarsch der Russen hatten Deutsche sie innegehabt. Zur Wohngemeinschaft gehörten außer Beresticky und einem jungen Mädchen von zwanzig Jahren zwei Familien: ein Anwalt mit Frau und Kindern und ein Friseur mit Frau und Söhnchen. Sie alle hatten sich im Lemberger Kanalisationsnetz verborgen gehabt, wo in zwei Meter hohen Betonrohren sämtliche Abwässer aus den Toiletten und den Gewerbebetrieben einem Fluß außerhalb der Stadt zuströmten. Beresticky und der Friseur hatten mit Unterstützung eines befreundeten polnischen Kanalarbeiters eines der Betonrohre aufgeschlagen und sich eine Höhle in das umgebende Erdreich gegraben. Das war ihr Versteck. Beresticky hatte das Mädchen Halina eingeladen mitzukommen, während der Friseur gleichfalls eine Bekannte mitbrachte. Der Rechtsanwalt, seine Frau und seine Kinder schlossen sich an, da sie Geld hatten, um Kartoffeln, Weizen, einen Primuskocher, Petroleum, Karbidbeleuchtung, Zündhölzer und ähnliches zu kaufen. Der Anwalt stammte aus einer bekannten jüdischen Familie. Sie blieben etwa vierzehn Monate in dem Versteck. Mehr als einmal mußten sie befürchten, bei starken Regenfällen im Hochwasser zu ertrinken, oder bei warmem Wetter im Kanalgeruch zu ersticken. Ratten waren ihre ständigen Gefährten. Ihr polnischer Freund besuchte sie sehr oft und versorgte sie mit Lebensmitteln und Nachrichten.

Am Tage der endgültigen Liquidierung des Gettos im Juni 1943 versuchten über fünfhundert Menschen durch das Kanalsystem zu fliehen. Die Einstiege waren aber bewacht, und die meisten Flüchtlinge wurden gefaßt, als sie in anderen Stadtteilen wieder auftauchen wollten. Über einhundertfünfzig Menschen probierten es, sich in den Abwässerrohren zu verstecken, aber binnen einer Woche begingen einhundertdreißig von ihnen Selbstmord, darunter so bekannte Persönlichkeiten wie Dr. Chamajdes, der Verleger Halpern, Dr. Julie, Dr. Lowe, Dr. Merkel und Richter Glanz.

Berestickys Gruppe zählte zwanzig Personen, aber nach einer Woche konnten einige es schon kaum mehr aushalten, die Sonne nicht mehr zu sehen und in der feuchten Dunkelheit zu verrotten. So verließen nach vier Wochen acht von den zwanzig den Kanal, um sofort umgebracht zu werden. Ein anderer ertrank. Die zehnte Person, die schon ältere Frau Weiss, erkrankte und starb dort. Vor ihrem Tod bat sie noch unter Tränen, man solle sie nicht ins Wasser werfen, wo sie von den Ratten aufgefressen würde. Aber das konnte ihr niemand versprechen.

Die Lebensmittel mußten dort in eisernen Behältern aufbewahrt werden, um sie vor den Ratten zu schützen. Da diese aber sogar Blechkanister anfraßen, mußten die Gefäße inmitten schwerer Glasflaschen aufgehängt werden, an deren schlüpfriger Oberfläche die Nagetiere abrutschten. Ihre Akrobatik zu beobachten, bot zugleich etwas Unterhaltung. So wurden zehn Menschen gerettet, darunter zwei Kinder, ein Junge von vier Jahren und ein Mädchen von sieben. Niemand wurde in diesen vierzehn Monaten krank, und bis jetzt — sechzehn Jahre später — waren noch keine Nachwirkungen festzustellen. Der Junge ist jetzt in Israel, wo er als Zahntechniker arbeitet, während seine Schwester Ärztin geworden ist. Beresticky, der heute als Schneider in Paris lebt, heiratete ein Mädchen, welches Auschwitz überlebte; sie haben zwei reizende Kinder. Der Friseur eröffnete in London eine koschere Gaststätte, während Halina mit einem Ingenieur in den USA verheiratet ist; auch sie hat zwei Kinder und ist sehr glücklich geworden. Jeder führt sein eigenes Leben, der gegenseitige Kontakt ist freilich sehr gering. Diese Wohnung in Lemberg hatte ihnen der polnische Freund besorgt; er wußte, wo die Deutschen Wohnungen geräumt hatten.

Berésticky kochte mir eine Mahlzeit. Als er mir den dampfenden Teller Getreideflockenbrei reichte, schlug mir ein entsetzlicher Gestank entgegen. Sie verwendeten nämlich noch die aus ihrer Kanalzeit übriggebliebenen Lebensmittel, die durch das feuchte Klima verdorben waren und den Abwassergeruch angenommen hatten. Beresticky bot mir auch an, sein Bett mit ihm zu teilen, und als ich ihm sagte, daß ich einen russischen Freund hätte, mit dem ich ein Zimmer teilte, sagte er, im oberen Stock des Hauses sei eine leere Wohnung. Die russische Militärpolizei hatte sie versiegelt, aber was scherte uns das? Was konnten sie mir schließlich schon tun, wenn ich das Siegel brach? Ich würde doch sehr froh sein, aus der Gegend, wo wir einst wohnten, herauszukommen. Abends ging ich zu unserem alten Quartier, besprach es mit Arcadi, und am nächsten Morgen zogen wir in die neue Wohnung, um nie mehr in die Straße und das Viertel, wo ich einst mit den Meinen und den Freunden gelebt hatte, zurückzukehren, ja nicht einmal mehr dort durchzugehen.

4

Nun hatte ich ein paar Freunde, die ich tagsüber oder abends besuchen konnte. Die meiste Zeit blieben sie alle daheim, denn sie fühlten sich noch zu schwach, um viel herumzulaufen. Jeden Tag ging ich auf ein paar Stunden in die Schule, wo sich die Überlebenden sammelten. Dort traf ich auch den Anwalt aus unserem Versteck bei Kalwinski wieder. Er war in Begleitung eines Herrn, dem man ansah, daß er gleichfalls aus einem Unterschlupf kam. Es war Dr. Philip Friedman. Ich wurde ihm vorgestellt, und da er Historiker war, gab ich ihm mein Tagebuch zu lesen. Er schien sehr interessiert, und wir verabredeten, uns ein paar Tage später im Jüdischen Zentrum wiederzusehen. Ich traf dort auch Frau Eber, die am Gymnasium meine Lehrerin gewesen war. Sie kam täglich hierher, um etwas über das Schicksal ihres Mannes zu erfahren, bei dem ich ebenfalls Unterricht gehabt hatte. Ich wußte, wann er verbrannt worden war. Allmählich fanden sich auch noch andere Kameraden aus der Todesbrigade hier ein, und so möchte ich den Gefährten jener Zeit in diesem Zusammenhang noch zwei Absätze widmen.

Wie viele bei unserem Ausbruch entkommen waren, ist schwer zu sagen, aber man darf annehmen, daß es über fünfzig gewesen sind, ein unter diesen Verhältnissen hoher Prozentsatz. Über ihr Los erfuhren wir etwas von einem Mann namens Widder, der in der Werkstatt gearbeitet hatte, nach der Flucht wieder gefangengenommen, aber nicht erkannt worden war. Er kam mit zwanzig von unserer alten Gruppe in eine neue Brigade mit völlig anderem Bewachungspersonal. Dort mußten die Häftlinge mit Fußketten arbeiten, die nicht einmal ein Schloß hatten und abgenommen werden konnten, sondern zusammengeschweißt waren. Sie wurden noch in verschiedenen anderen Städten eingesetzt und bei Stanislawa, südwestlich von Lemberg, in aller Eile liquidiert, als die Rote Armee überraschend näherkam. Widder gelang es, sich unter den Leichen zu verstecken. Am nächsten Tage wurde er von den Russen befreit. Was aus denen, die mit mir entkommen waren, geworden ist, konnte ich in vierundvierzig Fällen ermitteln. Zehn wurden befreit, von denen jetzt drei in den USA leben, vier in Israel und einer in Australien. Ein neunter lebt wohl auch noch; doch habe ich seine Spur verloren. Korn starb ein paar Monate nach der Befreiung an Krebs. Unter den Geretteten waren auch Avrum, der Brandmeister, und Tierhaus. Die sechsundzwanzig, welche nach der Entdeckung ihres Verstecks bei Juzek am 6.6. Dezember 1943 noch einmal entflohen waren, gehörten zu den achtundzwanzig, die sich dann auf dem jüdischen Friedhof in Lemberg versteckt hatten. Dort wurden sie im April 1944 entdeckt und alle erschossen. Zwei fielen, als Korn und ich an der Eisenbahnstrecke entlang flohen. Vier erlitten das gleiche Schicksal beim Überschreiten der Stadtbrücke. Einer ertränkte sich, und zwei junge Burschen, die in der Brigade als Träger gearbeitet hatten, wurden in den Wäldern von ukrainischen Partisanen erschossen.

Max Hoenig lebt heute mit Frau und Tochter in New York und arbeitet als Zuschneider im Haute-Couture-Viertel. Gleich ist ebenfalls in New York als Buchhalter tätig, während Manucewiez mit Frau und drei Kindern nach Israel ging, wo er ein erfolgreicher Autohändler geworden ist. Auch Avrum, der Brandmeister, wanderte nach Israel aus und bezieht dort eine 90%ige Kriegsteilnehmerrente wegen Geistesschwäche. Ein anderer, Mandel, wohnt mit seiner Familie in einem Vorort von Tel-Aviv und betreibt ein Schuhgeschäft.

Die nächsten Tage verliefen ähnlich wie die vorherigen. Ich lernte im Jüdischen Zentrum alle möglichen Leute kennen und hörte mir ihre Geschichte an — es war so ziemlich immer das gleiche Schicksal. Eines möchte ich allerdings hier festhalten, weil es uns besonders tragisch erschien. Eine Gruppe von etwa dreißig Leuten hatte sich in einem Dorf bei Tarnopol verborgen. Als die russische Armee dort einrückte, liefen sie auf die Straße, um die Befreier zu begrüßen. Heftig winkend rannten sie in ihrer freudigen Erregung direkt auf die russischen Tanks zu. Einer der Soldaten hatte vielleicht nicht begriffen, wer diese Leute waren und was sie wollten. Er eröffnete das Feuer und schoß die ganze Gruppe nieder.

Die Art und Weise, wie wir befreit wurden, ließ uns die Tragödie, die sich hier abspielte, nicht so kraß empfinden. Der Übergang aus der tiefsten Nacht unseres Lebens zu einem normaleren

Dasein fiel uns dadurch weniger schwer. Mir scheint, wenn diese Tragödie nicht so unendlich groß gewesen wäre, hätten wir sie schwerer ertragen, denn innerhalb der seelischen Belastungsgrenzen fühlt man den Schmerz noch, jenseits davon hört man aber auf, irgend etwas zu empfinden. Ein Leben mit Menschen, denen ein gleiches Schicksal beschieden war wie uns selbst, erschien uns »normal«. Deshalb blieb uns die nicht-jüdische Welt auch weiterhin fremd. Wir lebten ganz in unserer eigenen. Wir sprachen nicht einmal darüber, wen wir verloren hatten und wie es geschehen war. Die eigene Familie war auch für die anderen nur eine von Millionen. Häufiger sprachen wir hingegen darüber, wie unsere eigenen »guten« nichtjüdischen Nachbarn uns hintergangen hatten. Warum hatten sie so gehandelt? Wir hatten von ihnen doch gar keine Hilfe verlangt — warum hatten sie dann im Gegenteil so begeistert mitgeholfen, uns zu ermorden? Ich hatte ermittelt, wo unsere arische Nachbarin jetzt wohnte, und suchte sie einmal auf. Ich wurde mit den mir schon bekannten Grußworten empfangen: »Ich wußte ja, daß einige von euch am Leben bleiben würden!« Ich fragte die Frau, warum sie der SS Mutters Versteck verraten habe, nachdem sie doch so viele Jahre in bestem Einvernehmen Tür an Tür mit ihr gewohnt habe. Darauf antwortete sie in einer religiös-unschuldigen Art: »Es war nicht Hitler, der die Juden hat töten lassen — es war Gottes Wille, und Hitler war sein Werkzeug. Wie konnte ich da die Hände in den Schoß legen und mich Gottes Willen widersetzen.« Vollkommen benommen wankte ich hinaus. Eine solche Antwort hatte ich nicht erwartet. Dieser Frau — sie war in den Sechzigern — war nicht einmal die leiseste Regung gekommen, was sie getan hatte zu bereuen oder es gar zu leugnen.

Eines Tages traf Halina einen Bekannten, der ihr von einer offenen Stelle im Eisenbahndepot erzählte. Dort wurden Läden für das Bahnpersonal eröffnet. Da zu dieser Zeit alles rationiert war, hatte jeder Betrieb seine eigene Kantine mit Warenverkauf. Diese Einrichtungen unterstanden einer besonderen Dienststelle, der O.R.C. (Arbeiterversorgungsorganisation). Die Eisenbahner galten als kriegswichtig und waren vom Wehrdienst befreit. Halina bewarb sich und bekam einen Posten in der Kantine. Sie sprach auch mit dem Direktor und vereinbarte für mich einen Termin, zu dem ich mich als Hilfsbuchhalter vorstellen sollte. Ich wurde angenommen. Es war die erste richtige Anstellung in meinem Leben. Der Direktor war ein ehemaliger Oberst, der als Versehrter aus dem Heeresdienst ausgeschieden war. Er hieß Filipenko und war etwa fünfzig Jahre alt. Seine Frau — bereits die dritte — war erst neunzehn und sehr hübsch. Er trank ziemlich viel und hatte nicht die geringste Ahnung, wie man ein Büro leitet. Er war der falscheste und unzuverlässigste Mensch, der mir jemals begegnet ist. Zimmet, der Buchhalter, hatte sich mit seiner Schwester, seinem Schwager und seiner Mutter in einem polnischen Haus verborgen gehabt. Frau Berger, ebenfalls eine Jüdin und die einzige Überlebende ihrer Familie, arbeitete in der Küche. Auch Rosenfeld, Halinas Kantinenchef, hatte seine sämtlichen Verwandten verloren. Er hatte sich während der deutschen Besatzung mit einem Freund im Keller einer Volksschule versteckt, deren Hausmeisterehepaar er kannte. Nach einiger Zeit bekam sein polnischer Retter es mit der Angst zu tun. Er hätte sie gern hinaus gehabt, aber auch er fürchtete, sie könnten den Deutschen in die Hände geraten und ihn dann unter Folter verraten. So beschloß er eines Tages im Mai 1944 sie zu ermorden. Er stieg mit einer Axt in den Keller hinunter und spaltete Rosenfelds Freund mit einem Hieb den Schädel, daß sich eine Blutfontäne durch den ganzen Kellerraum ergoß. Bei diesem Anblick verlor er aber die Nerven und den Mut, auch Rosenfeld zu töten. Nach einer Weile sagte er zu Rosenfeld: »Dich kann ich nicht auch noch töten . . . aber wenn ich es nicht tue, und du bleibst am Leben, dann zeigst du mich doch eines Tages als Mörder an . . .« Rosenfeld versprach ihm zu schweigen, wenn er am Leben bleibe, und dann begruben sie zusammen den Freund — gleich an Ort und Stelle. Die nächsten zwei Monate hielt der Hausmeister Rosenfelds Versteck ständig unter Verschluß, und Rosenfeld lebte in der doppelten Angst, entdeckt zu werden oder aber doch noch von seinem unheimlichen Gastgeber mit der Axt erschlagen zu werden, eine Vorstellung, die ihn jedesmal aufs neue terrorisierte, wenn ihm der Hausmeister das Essen brachte. Doch es kam nicht dazu, und Rosenfeld hielt Wort, denn schließlich verdankte er dem Polen ja sein Leben. Er arbeitet heute als Kürschner in New York, wo übrigens auch Zimmet lebt und eine Uhrenreparaturwerkstatt betreibt. Frau Berger hat sich wieder verheiratet und wohnt jetzt in Kanada.

In Lemberg hatte sie damals eine sehr nett eingerichtete Sechszimmerwohnung — ganz allein für sich. Halina ergriff für uns die Initiative, und so zogen wir alle — sie, Zimmet, Rosenfeld und ich — zu Frau Berger, und jeder bekam ein Zimmer für sich. Frau Berger wurde unsere »Mutter«, und es begann ein recht harmonisches Leben. Wir nannten unser gemeinsames Heim »Kolchose«. Derartige Wohngemeinschaften waren in Lemberg damals an der Tagesordnung.

Inzwischen bekam Arcadi den Auftrag, ein Reisebüro einzurichten. Es war weiter nicht wichtig, daß hier selbst in Friedenszeiten niemand zum Vergnügen gereist war. Aber in einer so großen Stadt — der Hauptstadt der West-Ukraine — durfte ein repräsentatives Reisebüro nicht fehlen. Es erinnerte stark an den Vorkriegswitz »U nas vsho Yes!« — »In unserem Land haben wir alles!« Arcadi war der richtige Mann für diesen Job. Er hatte ein Universitätsdiplom als Sportlehrer, sah sehr gut aus, spielte verschiedene Musikinstrumente, hatte zu Beginn des Krieges der russischen Fußballmannschaft Dynamo angehört und war vor allem auch Mitglied der KP. Um in Rußland von einem Ort zum anderen fahren zu dürfen — und waren es nur hundert Kilometer —, brauchte man eine »Komandirovka«, eine Art zivilen »Marschbefehl«. In der Regel hatte jeder Betriebsleiter einige Blankovordrucke, in die er den Namen seines Angestellten und den Reisezweck eintrug. Bei Familienbesuchen in anderen Städten konnte man eine solche Erlaubnis auch beim Polizeirevier bekommen, wenn es dort genehm war. Nach strategisch wichtigen Punkten und für die Hauptstädte genügte die Komandirovka allein nicht. Da brauchte man von den zuständigen Behörden des Zielortes eine telegraphische Einladung. Eisenbahnfahrkarten durften überhaupt nicht ohne Vorlage einer Komandirovka verkauft werden. Wie schon vor dem Kriege konnte vom Gehalt allein niemand leben, und in einem Reisebüro ohne Geschäftsverkehr war nichts zu ergattern. Aber als Direktor des Unternehmens hatte Arcadi wenigstens ein »Peciat« — ein Petschaft oder Siegel. So ließ er sich auf dem schwarzen Markt Komandirovka-Vordrucke machen und verkaufte sie an jeden, der verreisen wollte. Das war für den Käufer freilich riskanter als für den Verkäufer, und so wurde Arcadi bei diesem Geschäft nicht gerade reich. Es langte gerade eben für einen gelegentlichen Laib Brot vom

Schwarzmarkt. Nun hatte man Arcadi aber auch Büropersonal zugestanden und zwar einen Geschäftsführer, eine Sekretärin und einen Sportlehrer. Ein Job war gerade das, was Berestickу suchte, wenn auch nicht gerade, um davon zu leben, (denn man hielt es immer noch mit dem alten russischen Scherzwort: »Wenn du arbeitest, wie kannst du denn dann leben?!«), sondern weil hier jeder ein Arbeitsverhältnis nachweisen mußte. So besorgte ich ihm diese Anstellung als Geschäftsführer des Reisebüros. Ein junges Mädchen, das ich kannte, wurde dort Sekretärin, und ein Vetter von Frau Berger, welcher hinkte und manche Sportarten nicht einmal dem Namen nach kannte, wurde der »Sportlehrer« des Unternehmens. Die Gehälter der Angestellten steckte Arcadi mit deren Einverständnis in die eigene Tasche, da eine so »gute« Stellung sehr schwer zu finden war. Das Büro, das sehr nett aussah und mitten in der Stadt lag, blieb nämlich wegen des »Riesenandrangs« der Touristen immer geschlossen.

Ich hatte als Hilfsbuchhalter einstweilen auch nicht viel zu tun. Da unser Büro die Küche und den Nachschub verwaltete, bekam ich wenigstens ein freies Mittagessen und dazu als Arbeiter noch meine Rationen, die normalerweise aus mehr als einem Pfund Brot pro Tag, einem Pfund Zucker und vier Pfund Fleisch oder Fisch monatlich sowie etwas Fett und sonstigen Zuteilungen bestanden. Bergarbeiter, Hochschullehrer und Direktoren erhielten größere Rationen, da sie als Schwerarbeiter galten.

Wir bekamen für die Kantinen nicht genug Lebensmittel zugeteilt, und die Direktion beschloß, einen LKW aufs Land zu schicken, um dort Kartoffeln, Weizen und ähnliche Produkte unmittelbar einzukaufen. Für die Bauern bestand zwar Ablieferungszwang, aber der Transport war ein Problem für sich. Wir konnten es durch den eigenen LKW lösen. Dazu gehörte aber eine Begleitperson aus unserem Büro, denn die Fahrer wurden auf den Dörfern oft von Banderowcy überfallen und ermordet. Wem sollte man diese gefährliche Aufgabe zumuten? In unserem Büro hatte jeder irgendeinen nahen Verwandten in Rußland oder sonstwo; nur ich hatte niemanden, der mich vermissen würde. So fiel mir das Referat Lebensmittelnachschubtransporte zu. Die Ausrüstung bestand in einem altersschwachen Ziss-Lastwagen mit Fahrer und Beifahrer. Den ersten Aufenhalt auf einer solchen Reise gab es an den Schlagbäumen der Ausfallstraßen der Stadt, wo die Polizei die Komandirovskas und sonstigen Papiere prüfte. Ein paar hundert Meter weiter erwarteten uns die gewerbsmäßigen Schmuggler, die aus der Transport- und Zentralisierungsmisere ihren Vorteil zogen. Da bei der staatlich gelenkten Wirtschaft alle Erzeugnisse den Verbraucher erst auf einem Riesenumweg über zentrale Verteilungsstellen wie Moskau und die anderen Hauptstädte erreichten (wenn sie sie erreichten!), hatte es sich eingebürgert, daß schon bei der Produktion der industriellen oder landwirtschaftlichen Waren ein guter Teil davon gestohlen und auf dem örtlichen Schwarzmarkt zu Preisen verkauft wurde, die nicht einmal halb so hoch wie auf weiter entfernt liegenden Märkten waren. Diese Situation war keineswegs eine Kriegsfolge, sondern hatte schon in Friedenszeiten bestanden. Diese billig eingekauften Waren wurden von den Schmugglern dann illegal verteilt. Solche Leute ließen sich von Lastwagen gegen Entgelt mitnehmen und wiederum ein paar hundert Meter vor der Straßenkontrolle der nächsten Stadt absetzen. Auf diese Art hatten wir ein zusätzliches Einkommen, in das ich mich mit dem Fahrer, dem Beifahrer, dem Direktor und dem Hauptbuchhalter teilte, denn auch die beiden Letztgenannten mußten ja irgendwie »zurechtkommen«. So pendelte unser Wagen fleißig hin und her, wenn er auch manchmal für eine Strecke von 150-200 Kilometern zwei Tage brauchte, weil der Motor ständig überhitzt wurde oder etwas zu reparieren war. So ging es die nächsten sechs Wochen.

Allmählich normalisierte sich das Leben in der Stadt. Auch in Lemberg hatten die russischen Justizbehörden eine Abteilung für Kriegsverbrechen eingerichtet. Ich wurde häufig zu den Verhandlungen zugezogen, um als Zeuge über die deutschen Verbrechen auszusagen. Ich war einer der Hauptbelastungszeugen. In einem in Galizien veröffentlichten Bericht über diese Verfahren wurde ich an mehreren Stellen zitiert. Bei dieser Gelegenheit lernte ich auch verschiedene hohe Justizbeamte kennen und gewann unter ihnen manchen persönlichen Freund. Eines Tages nahm ich an einer privaten Zusammenkunft hoher Regierungsbeamter und Generäle teil. Man diskutierte darüber, wer für die Kriegsverbrechen verantwortlich wäre. Dabei kam man zu dem Ergebnis, daß jedes Mitglied der NSDAP dafür verantwortlich gemacht werden sollte, denn in die Partei konnte man erst eintreten, wenn man über einundzwanzig Jahre alt, also mündig war, und die

Grundsätze der Partei konnte man in allen Einzelheiten aus dem Buch »Mein Kampf« entnehmen. Wer sich um die Mitgliedschaft bewarb, machte sich diese Grundsätze zu eigen und war daher mitverantwortlich. Es ist kein Fall bekannt, wo jemand wegen Nichteintritts in die Partei zu Gefängnis verurteilt oder in ein Konzentrationslager geschickt worden wäre. Hingegen ist es eine Tatsache, daß man durch die Parteimitgliedschaft seine Position verbessern konnte, man schädigte also die anderen, indem man sich an dem Verbrechen beteiligte. Sollten in Einzelfällen die Gründe für den Parteibeitritt nicht ganz klar sein, so wäre es — wie überall im internationalen Recht — Sache des Angeklagten, seine Unschuld zu beweisen. Er könnte sich hierfür schriftlicher Zeugenaussagen bedienen. Als einige Anwesende mich nach meiner Auffassung fragten, stimmte ich diesen Thesen voll und ganz zu.

In dieser Zeit lernte ich auch einen Korrespondenten und engeren Mitarbeiter der führenden russischen Tageszeitung Iswestia, Wladimar Belajew, kennen. Er beeindruckte mich durch seinen Ernst, seine Intelligenz und seine verständnisvolle Art. Er hatte eine Artikelserie über das Untertauchen des jüdischen Volkes geschrieben und erzählte mir, daß er nun an einem Bericht über Leben und Ende der führenden polnischen Universitätsprofessoren arbeite. Da ich Zeuge ihrer Verbrennung gewesen war, fragte er mich, ob ich zu diesem Buch ein Kapitel beisteuern wollte. Das Werk sollte den Titel tragen: »Sudba Uchonych Odnowo Goroda« — »Das Schicksal der Gelehrten einer Stadt«. Ich stimmte zu. Von da an trafen wir uns sehr oft in seiner Wohnung und diskutierten über alles mögliche. Ich erzählte ihm auch von meiner Absicht, mich in Israel — damals noch Palästina — niederzulassen, weil er eine hohe Meinung über dieses Land hatte. Da er wußte, daß ich studieren wollte, riet er mir jedoch zu den Vereinigten Staaten. Wie schockiert war ich, als ich 1959 im Londoner »Jewish Chronicle« von einer Artikelserie aus der Feder Belajews las, die von einem Paar handelte, das man überredet hatte, Rußland zu verlassen und nach Israel zu gehen, von wo sie jedoch nach Brasilien »flohen« und nun darum bettelten, wieder in das russische Paradies zurückkehren zu dürfen. — Belajew dürfte es doch besser gewußt haben!

Nach russischem Recht genügt es schon, wenn in einer Gemeinde zehn Personen die Anerkennung ihrer Religionsausübung durch die Regierung beantragen. So bekamen wir nun auch in Lemberg eine Synagoge mit einem Rabbiner. Aus sämtlichen Regierungsbezirken siedelten die Juden allmählich nach Lemberg über, weil sie sich fürchteten, in den Kleinstädten zu leben. Zum Jom Kippur-Fest war die Synagoge, die normalerweise fünfhundert Menschen faßt, brechend voll. Wir hatten jetzt auch Juden in der Gemeinde, die während des Krieges in Rußland gelebt hatten und nun zurückgekehrt waren. Als Führer der jüdischen Gemeinde wurde ein pensionierter Offizier des NKWD bestimmt, ein russischer Jude. Wir erfuhren, daß durch Vermittlung des »American Joint Distribution Committee« einige Kleider- und Lebensmittelpakete angekommen seien, und daß man sich an den Gemeindeältesten wenden solle, wenn man mit irgendwelchen Verwandten in Übersee in Verbindung treten wolle. Aber wer wäre schon zu einem ex-NKWD-Mann gegangen, um ihn um etwas zu bitten, was ihn schon am nächsten Tag zum »Verräter« abstempeln könnte?! Nur weil man Verwandte in anderen Ländern hat und mit diesen in Verbindung kommen möchte? Normalerweise brachte einem die »Sünde«, sich um ein solches Paket zu bewerben oder eine Auslandsverbindung mit Verwandten anknüpfen zu wollen, nur ein, daß man auf eine Liste gesetzt wurde. Wenn man jedoch später wegen irgendeiner anderen »Sünde« gefaßt wurde, dann lieferte diese Eintragung dem Staatsanwalt einen Beweis dafür, daß man ein echter Konterrevolutionär sei, denn man war ja in die Synagoge gegangen, hatte Verwandte im Ausland und korrespondierte mit ihnen, und lasse sich auch noch Pakete schenken, kurzum, alles Beweise, daß man nicht mit dem zufrieden war, was einem die russische Regierung bot. Und so weiter . . . und so weiter . . .

5

Unser Büro nahm an Umfang und Bedeutung zu. Wir bekamen einen neuen Chef, Sweredenko, der die Leitung aller ORC-Stellen in der Westukraine hatte. Filipenko behielt die Leitung des Lemberger Betriebes und war nun Sweredenko unterstellt.

Dieser Sweredenko war ein Mann, der sein Geschäft verstand und sich vor keiner Arbeit scheute. Zur Heranschaffung der Vorräte bekamen wir jetzt Eisenbahnwaggons. Da ich mich auf dem Lastwagen bewährt hatte, übertrug man mir die Aufsicht über die Waggons. In einem von ihnen schufen wir durch eine Trennwand ein Wohnabteil für meinen Assistenten und mich auf den ausgedehnten Reisen durch Rußland. Wir isolierten hier die Wände, stellten Betten, Tisch und Stühle hinein und auch einen Ofen zum Kochen und Heizen. Mein erster Auftrag führte mich nach Kiew. Für diese wie auch für die meisten weiteren Fahrten genügte die andere Wagenhälfte als Laderaum. Ich ging mit der Reiseorder zum Fahrdienstleiter, um meinen Waggon an einen Zug nach Kiew anhängen zu lassen. Als der Beamte aus dem Marschbefehl ersah, daß ich Waren holen sollte, bat er mich in sein Büro und wollte wissen, um was es sich im einzelnen handelte. Bei jedem Artikel, den ich aufführte, erklärte er sogleich, den könne er gut brauchen. Dann gab er mir seine Privatadresse und sagte mir beste Unterstützung zu. Tatsächlich bekam mein Waggon daraufhin höchste Priorität bei der Abfertigung. Für alle etwaigen Schwierigkeiten, die man unterwegs erleben kann, nahm ich einige Halbliterflaschen Wodka mit. Wie zweckmäßig dies war, zeigte sich schon gleich, noch vor der Abfahrt! Mein Waggon hing bereits am Kiewer Zug, und der Wagenmeister kontrollierte gerade mit seinem Hammer die Räder, um am Klang festzustellen, ob sie etwa gesprungen wären. Da hörte ich, wie er rief: »Abhängen!«, worauf ich mit einer meiner Wodkaflaschen zu ihm lief. Und schon war der Wagen fahrbereit!

Auf diese Reise hatte man mich allein geschickt, da ich keinen Bedarf für einen Assistenten sah. Die 800-Kilometer-Fahrt nahm nur eine Nacht in Anspruch, und es war nicht viel abzuholen. Bei jeder größeren Station, wo die Räder kontrolliert wurden, stand ich schon mit einer Flasche Wodka bereit. Wer möchte schon in einer Kleinstadt hängen bleiben? Morgens kam ich in Kiew an. Als erstes ging ich zu der Stelle, wo ich die Waren in Empfang nehmen sollte, aber es war noch nichts für uns da. Ich rief daraufhin Lemberg an und bekam den Bescheid, ich solle bis zum nächsten Tag auf weitere Order warten. Ich ließ mir meine Komandirovka abstempeln, um sie bei Kontrollen der Polizei vorzuzeigen und damit nachzuweisen, daß ich mich ordnungsgemäß auf dem Büro in Kiew gemeldet hatte. Nun konnte ich in die Stadt gehen. Die Hauptstraßen waren von den Deutschen restlos zerstört worden. Als erstes frug ich natürlich nach dem Markt. Dort kostete zum Beispiel ein Laib Brot 120 Rubel und ein Pfund Heringe 80 Rubel — mein Monatsgehalt betrug zu dieser Zeit 300 Rubel! Man konnte sich sogar ein »Schwein« kaufen. Darunter verstand man hier eine alte russische Goldmünze. Sie hieß so, weil sie das Portrait des Zaren trug. Es ist klar, daß es all diese Dinge nur auf dem Schwarzen Markt gab. Ich kam dort auch mit einigen Leuten ins Gespräch und wurde eingeladen, bei ihnen zu übernachten. Natürlich bekam ich kein Zimmer für mich allein, sondern schlief mit fünf anderen Personen in einem Raum. Am nächsten Tag ging ich schon in aller Frühe zum Bahnhof und schaute nach meinem Eisenbahnwaggon. Er war nicht zu finden. Ich eilte zum Stationsvorsteher, der mich auch prompt fragte, ob ich denn wirklich so dumm sei, einen solchen Wagen über Nacht allein zu lassen? Er klärte mich auch auf, daß laut Paragraph soundsoviel für jeden Wagen zwei Begleitpersonen mitgeschickt werden müßten. Kaum zu glauben, daß ein ganzer Eisenbahnwaggon gestohlen wird! Aber es war tatsächlich so.

Nachdem ich stundenlang herumgelaufen war und sowieso meinen Direktor in Lemberg anrufen mußte, entschloß ich mich, Sweredenko bei dieser Gelegenheit die Geschichte zu erzählen und die Schuld teilweise ihm zuzuschieben. Er hätte diesen Paragraphen doch kennen und noch jemanden mitschicken müssen. Er antwortete jedoch, ich hätte die Verantwortung übernommen, und er rate mir dringend, mich ohne den Wagen nicht mehr in Lemberg sehen zu lassen. Nach stundenlangen, ebenso erfolglosen wie zermürbenden Nachforschungen gab mir der Bahnhofsvorsteher schließlich einen Lokführer mit Maschine, um auf den verschiedenen Gleisen nachzusehen, denn letzten Endes mußte der Wagen ja noch auf irgendeinem Gleis stehen. Am späten Nachmittag fanden wir ihn tatsächlich. Er war ungefähr 16 Kilometer von Kiew auf einem Seitengleis abgestellt und bis auf das Fahrgestell ausgeplündert. Die Holzwände, der Ofen, die Stühle und Betten, kurz, alles was irgendwie von Nutzen sein konnte, war verschwunden. Wir brachten das Chassis nach Kiew zurück, und dort wurde es an einen Zug nach Lemberg angehängt. Es war eine kalte Dezembernacht, etwa zwanzig Grad unter Null. Der Lokführer nahm mich auf der Maschine mit, und so kam ich wieder heim. Die Affäre mit dem verlorenen Wagen schadete mir keineswegs. Sie bewies im Gegenteil meine Zuverlässigkeit, denn ich hatte ja den Wagen wieder mit heimgebracht. Wir ließen ihn instandsetzen, und eine Woche später war ich mit zwei Assistenten unterwegs nach Moskau. Den Fahrdienstleiter in Lemberg hatte ich mit einem Lebensmittelpäckchen besucht, und unterwegs schmierten wir fleißig auf allen größeren Stationen die »Achsen« mit Wodka. So waren wir nach 26 Stunden bereits am Ziel. Da es schon Nacht war, blieb ich im Wagen. Am nächsten Morgen ging ich als erstes zum Eisenbahnministerium, um meine Komandirovka abstempeln zu lassen und die Ankunft zu melden. Ich benutzte dorthin die Untergrundbahn und war von ihrer Schönheit und Sauberkeit sehr beeindruckt. Jeder Bahnhof ist anders gebaut und mit Statuen und Marmorwänden ausgestattet. Alles war blitzsauber, denn es ist streng verboten, auch nur das Geringste auf den Boden zu werfen. Von jedem Bahnsteig gingen die Züge nur in zwei entgegengesetzte Richtungen ab. An den U-Bahneingängen hielten zwei Polizisten Wache, und als bei einer Gelegenheit meine Kleidung leicht von dem Mehl verschmutzt war, das ich gerade geladen hatte, erlaubte man mir nicht, die Bahn zu benutzen. Die Rolltreppen wurden ständig von Frauen gewienert, so daß sie spiegelblank waren. Die Züge verkehrten auf die Sekunde genau in Abständen von drei Minuten, und als ich einmal nicht gleich den ersten Zug nahm, kam ein Polizist zu mir und fragte, warum ich nicht eingestiegen sei. Ich nehme an, man wollte dadurch verhindern, daß sich in den Bahnhöfen zu viele Menschen herumtrieben, die ihre Zeit lieber hier als in den überfüllten Wohnungen verbrachten.

Nachdem ich ein paarmal mit der Metro gefahren war und immer die gleiche Linie benutzt hatte, fielen mir zwei Mädchen — etwa neunzehn Jahre alt — auf. Eine von ihnen stieg häufig an der gleichen Station und in denselben Wagen wie ich ein, und da ich die beiden so oft sah, hatte ich das Gefühl, als wären wir schon alte Bekannte. So versuchte ich einmal abends eine von ihnen zum Kinobesuch einzuladen. Sie lehnte aber ab, und in der Unterhaltung stellte ich fest, daß sie über mich Bescheid wußte: ein ehemals polnischer Bürger auf seiner ersten Reise nach Moskau. Sie arbeiteten nämlich für die Geheimpolizei.

Um zu der Verteilungsstelle zu gelangen, wo ich meine Waren bekam, mußte ich nicht nur mit der U-Bahn fahren, sondern anschließend noch einen Bus bis zu dem Lagerhaus benutzen. Als ich auf diesen Omnibus wartete, trat ein elegant gekleideter Herr auf mich zu und verlangte meine Ausweise zu sehen. Während ich sie gerade herausziehen wollte, hielt ein Auto neben mir, und der Herr bat mich einzusteigen. Ohne weiter zu fragen, folgte ich der Einladung. Der Herr sah sich meine Papiere an und las die Komandirovka sowie das Einladungstelegramm laut vor, so daß der Chauffeur daraus das Fahrziel entnehmen konnte, sagte aber sonst nichts. Mir die Papiere vorenthaltend, brachte der Herr mich zu dem Büro im Eisenbahnministerium, wo ich vor zwei Tagen meinen Ankunftsstempel bekommen hatte. Er überzeugte sich, ob mein Einladungstelegramm tatsächlich dort unterschrieben worden war und ob ich der erwartete Mann sei. Als alles bejahend beantwortet wurde, entschuldigte er sich sehr höflich, mich belästigt zu haben, und brachte mich wieder zu der Bushaltestelle zurück, wo er sich nach nochmaliger Entschuldigung mit Händedruck verabschiedete.

In Moskau selbst gab es meines Wissens keinen größeren Schwarzmarkt. Er war etwa fünfzig Kilometer außerhalb der Stadt. Sonntags war dort Hochbetrieb. Tausende und Abertausende von Menschen fuhren mit Nahverkehrszügen dorthin. Da der Markt noch zu den Moskauer Vororten gehörte, brauchte man für diese Strecke keine Komandirovka. Die halbstündlich verkehrenden Züge waren bis auf den letzten Platz besetzt. Der Markt selbst war so überfüllt, daß man kaum durchkam. Ich kaufte dort etwas Brot. Der Preis war etwa der gleiche wie in Lemberg, aber die Qualität war besser. Infolge des Gedränges im Zuge bei der Rückfahrt löste sich mein Brot leider in lauter Krümel auf. Zahlreiche Artikel waren auf diesem Markt viel billiger als anderswo, denn Moskau war bei weitem die bestversorgte Stadt.

Hier möchte ich von den Schemocki erzählen, deren Einfuhr nach Moskau streng verboten war. Es handelte sich dabei lediglich um Sonnenblumenkerne, aber sie sind bei den Russen so beliebt wie in anderen Ländern die Erdnüsse. Wenn die jungen Burschen mit ihren Mädchen oder mit Freunden spazieren gehen, essen sie Schemocki und spucken die Schalen überall auf die Straße. Wie sie das machen, ist eine Kunst für sich. Da wird jeder

Kern in die Luft geworfen und mit dem offenen Mund aufgefangen, worauf die Schale sofort mit voller Gewalt ausgespuckt wird. So etwas verstieß natürlich gegen den »erzieherischen Geist«, und überdies lagen die Straßen ständig voller Schalen. Es wurde daher ein Gesetz erlassen, das den Verkauf von Schemocki bei Strafe von zwei bis fünf Jahren Gefängnis verbot. Das dämpfte das Schemocki-Geschäft zwar, unterband es aber nicht vollständig. Man konnte nach wie vor fast überall — nur nicht in den Hauptstraßen — um fünf Rubel ein Tütchen Sonnenblumenkerne kaufen. Dieser Schleichhandel war ein Privileg der Kriegsinvaliden. Sie scheuten sich auch nicht vor einer Prügelei mit der Polizei, wenn diese sie wegen des verbotenen Handels festnehmen wollte. Es endete meist damit, daß das Opfer der Länge nach auf der Straße lag, die ganzen Schemocki-Vorräte um sich her verstreut und von den Passanten bedauert, die um den Invaliden herumhockten, der sich doch nur etwas zu seiner Rente hinzuverdienen wollte, nachdem er seine Hände oder Füße für das Vaterland gegeben hatte. Zumeist war sein Verdienst ohnehin ärmlich genug.

Bei der Übernahme der Waren mußte man höllisch aufpassen, denn jeder mußte ja »zusehen, daß er lebte«, und das schloß alle ein, vom Geschäftsführer bis zum Chauffeur, der die Ware zum Eisenbahnwaggon fuhr. Ich holte dieses Mal einige hundert Paar Kinderschuhe, mehrere hundert Meter Stoff, einige tausend Pakete Zigaretten und etwa tausend Kilo amerikanischen Schinkenspeck. Für sogenannte »Sonderkonten« bekam ich noch tausend Päckchen Zigaretten extra, die ich auf dem Schwarzmarkt verkaufen durfte. Der Erlös wurde wiederum geteilt, um meine Sonderausgaben zu decken: die Hälfte bekam mein Direktor, die andere Hälfte ich selbst.

Der Schinkenspeck war ein besonderes Problem. Er wurde in Streifen geliefert, und jeder Streifen war mit einer Salzschicht überzogen. Jeder, der nun einen solchen Streifen stahl, glich das Fehlgewicht durch eine entsprechende Menge Salz aus. Als ich gegen so viel Salz protestierte, erklärte man mir lakonisch: »Nehmen Sie ihn, wie er ist — oder lassen Sie es sein«, — der Frühstücksspeck werde nun einmal so geliefert. Ohne diesen Speck konnte ich aber nicht gut heimfahren — er war zu wichtig. Also mußte ich ihn so nehmen. Vom Augenblick des Abwiegens bis zur Verladung auf den LKW und vom LKW bis in den Waggon hatte ich bereits ein Defizit von einigen Kilogrammen. So mußte ich noch einmal in die Stadt und von meinem Fundus für »besondere Ausgaben« auf dem Schwarzmarkt Salz kaufen und dem Speck zusetzen. Bei der Fahrt zum Bahnhof mußte ich mich auf die Ladung setzen, denn zwölf- bis dreizehnjährige Kinder sprangen sonst auf den fahrenden Wagen auf und holten alles herunter, was sie nur erreichen konnten. Sie hätten einem buchstäblich die Bissen vom Mund weggestohlen. Ein paarmal sah ich tatsächlich, wie jemandem, der auf der Straße »Knisch« aß, ein vorbeirennendes Kind den Bissen aus der Hand riß und sich selbst in den Mund stopfte. Meine Sorge um den Speck war um so berechtigter, als man wegen ein paar Pfund Fehlgewicht auf fünf Jahre Zwangsarbeit nach Sibirien geschickt werden konnte, da man in den Verdacht kam, den Speck selbst gestohlen zu haben. Es war die gleiche Strafe, die einem wegen Schwarzhandels blühte.

Auch in Moskau »freundete« ich mich mit dem Fahrdienstleiter an und bekam meinen Waggon prompt an den nächsten Zug nach Lemberg angehängt. Als wir in Kiew über eine Stunde Aufenthalt hatten, kamen drei Frauen und bettelten, wir möchten sie doch bis Schitomir — etwa 110 km westlich von Kiew — mitnehmen, da sie keine Komandirovka hätten und mit ihrer Ware dort zum Markt wollten. Ich nahm sie in unserem Waggon mit, und sie waren sehr dankbar. Zwei waren schon älter, die dritte etwa 18 Jahre. Als ich ihnen etwas Schinken und Brot anbot, dankten die beiden ersteren sehr höflich, lehnten aber ab, wobei sie erwähnten, daß sie schon seit fünfzehn Jahren keine Fleischwaren mehr gegessen hätten, weil sie nichts koscher Geschlachtetes bekommen konnten. Es waren Jüdinnen, die ihr ganzes Leben in Kiew verbracht hatten und nur während der deutschen Besatzung nach Zentralasien geflohen waren. Ich pendelte von nun an ständig zwischen Lemberg und Moskau und hatte dank meiner guten »Beziehungen« unterwegs nie Verspätungen.

Da ich so wenig zu Hause war, zog Beresticky in mein Zimmer. Er brachte sich ein Faltbett mit, welches er jedoch nur benutzte, wenn ich da war. Er war recht leichtlebig. Er »arbeitete« immer noch im Reisebüro und verdiente sich seinen Lebensunterhalt mit Schloßreparaturen und Installateurarbeiten, aber immer nur gerade so viel, wie er von einem Tag zum anderen brauchte.

Wie ich schon erwähnte, war er untersetzt und hatte — damals wenigstens — schönes, schwarzgelocktes Haar. Vielleicht liebte er gerade deshalb ausgerechnet große blonde Mädchen. Jeden Abend ging er tanzen. Dazu gehörte, daß man mindestens ein Bier bestellte — eine Ausgabe von fünf Rubel. Das Bier bestellte er sich, nahm aber das Glas mit heim, verkaufte es am nächsten Tag auf dem Schwarzmarkt für ebenfalls fünf Rubel, und war auf diese Weise wieder für den nächsten Abend gerüstet.

In dieser Zeit besuchte uns häufig Mort. Er war schon über vierzig, fast kahl, trug schwere Augengläser, rasierte sich nie, war immer zerstreut wie ein Professor, aber ein sehr ehrlicher und frommer Mensch. Er hatte eine leichte Hand im Geldverdienen, wurde es aber durch seine phantastischen Pläne stets ebenso schnell wieder los. Er war noch Junggeselle. Eine Cousine, die ihren Mann und die beiden Kinder im Krieg verloren hatte, war ihm wieder begegnet und hätte ihn gern geheiratet. Sie war eine gut aussehende Dreißigerin und sicher eine ausgezeichnete Ehefrau. Als wir Mort zuredeten, sie zu heiraten, wandte er ein, andere Männer, die schon einmal verheiratet gewesen seien, wählten jetzt junge Mädchen; warum sollte er als relativ »junger« Junggeselle eine Witwe heiraten? Es gab tatsächlich eine ganze Reihe von Fällen, wo Männer in den Fünfzigern sich während des Krieges eines jungen Mädchens angenommen hatten. Dieses blieb, da es sonst niemand kannte, weiter bei dem betreffenden Mann und heiratete ihn schließlich. Ein Beispiel ist mir aus unserer Nachbarschaft in Stojanow bekannt. Eine der dortigen Familien hatte ihre Tochter zu den Großeltern in einer anderen Stadt geschickt. Als die alten Leute getötet wurden, nahm ein Nachbar, der zu dieser Zeit gerade seine Frau verlor, das Mädchen — es war damals 14 Jahre — zu sich. Als er dann in die Wälder flüchtete, ging sie mit. Nach dem Kriege war niemand von ihrer Familie übriggeblieben; so führte sie dem Mann den Haushalt weiter und heiratete ihn nach einiger Zeit. Sie war damals siebzehn und er über fünfzig. Als ich sie zwei Jahre später wiedersah, hatte sie ein Kind, wirkte ziemlich ungepflegt und sprach mit niemand, da ihr Mann eifersüchtig war. Solche Beispiele blieben nicht ohne Eindruck auf Mort. Auch er wollte »mit der Zeit gehen« und meinte, er könne es im Aussehen mit jüngeren Leuten wohl noch aufnehmen.

Hier muß ich ein paar Worte über eine Rückführungsaktion

für jüdische Kinder einflechten, die unter der Leitung von Tierhaus stand. Wie schon in der Todesbrigade, blieb er auch weiterhin ein leuchtendes Vorbild. Manche arischen Pflegeeltern waren froh, die Kinder wieder in jüdische Hände zurückgeben zu können. Andere verlangten einen Ersatz der Pflegekosten, und wieder andere, welche die Kinder schon als Babies zu sich genommen hatten, wollten sie nicht wieder hergeben. Soweit der Rückführung grundsätzlich nichts im Wege stand, ergab sich jedoch das Problem der Unterbringung, denn die Zahl der jüdischen Familien, die hierfür in Betracht kamen, war äußerst klein. So erklärten wir uns bereit, in unserer »Kolchose« ein dreizehnjähriges Mädchen aufzunehmen, das während des Krieges in einem Kloster unter dem Patronat des großen Menschenfreundes Erzbischof Szepticki Zuflucht gefunden hatte. Da wir alle berufstätig waren, erwies es sich als nicht ganz einfach, mit einem Teenager fertigzuwerden, der mehr als nur ein Dach über dem Kopf brauchte. Auch Mort beteiligte sich an der Aktion. Er nahm ein sechsjähriges Mädchen zu sich, mietete eine Wohnung und bat seine Cousine, für ihn und das Kind zu sorgen. Die Kleine war etwas schwierig und brauchte ganztägige Beaufsichtigung. Ihr Vater war umgebracht worden, als sie vier Jahre alt war, und ihre Mutter fand einen polnischen Freund, mit dem sie als »Arierin« Lemberg verließ, nachdem sie das Kind in eine polnische Familie gegeben hatte. Die Kleine hatte das Gefühl, ihre Mutter habe sie beide, Vater und Tochter, im Stich gelassen. Sie reagierte daher jedem gegenüber, der ihr freundlich begegnete, mit schlechtem Betragen. Aber gerade dadurch hielt dieses Kind Mort und seine Cousine zusammen. Sie hatten es seit etwa einem Jahr in Pflege, als die Mutter in Krakau ausfindig gemacht wurde. Das Kind wollte zunächst nicht zu ihr zurück und erklärte trotzig, es hasse sie. Ein paar Tage später änderte es jedoch seinen Sinn, und, nachdem es wieder einige Zeit bei seiner Mutter war, auch sein Wesen. Es wurde wieder lieb und gutartig. Nachdem Mort in diesem Jahr gesehen hatte, was für eine prächtige Frau seine Cousine war, »gab er nach« und heiratete sie. Nun haben sie eigene Kinder und leben in Israel.

Inzwischen wurde Arcadis Sekretärin schwanger, und sie beschlossen zu heiraten. Da sie nicht wußten, wo sie wohnen sollten, zogen sie in mein Zimmer; Beresticky wurde in die Diele umquartiert, wo auch ich schlief, wenn ich in der Stadt war.

Bei meiner nächsten Fahrt nach Moskau gab man mir ein Telefunkenradio und ein großes Lebensmittelpaket für einen der Generäle in der Moskauer Eisenbahndirektion mit. (Die Dienstgrade sind bei der Eisenbahn nämlich die gleichen wie in der Armee.) Auf dieser Reise begleitete mich unser Hauptbuchhalter, ein Russe. Da wir offiziell keine Passagiere befördern durften, fuhr er als mein Assistent mit. In Moskau angekommen, rief ich das Büro des Generals an, und dieser schickte einen Lastwagen, der uns samt Radioapparat und Lebensmittelpaket zu ihm nach Haus bringen sollte. Der General hatte eine sehr schöne Etagenwohnung. Nachdem er das Radio inspiziert hatte, kredenzte er uns einige Liköre und schenkte uns zwei Karten für eine Ballettaufführung im Bolshoi-Theater. Als wir uns am nächsten Abend auf den Weg dorthin machten, waren sämtliche Straßen ringsum voll Polizei in Uniform wie auch in Zivil. Jedesmal, wenn wir unsere Billette vorzeigten, wurden wir nicht nur ohne weiteres durchgelassen, sondern auch mit besonderer Hochachtung behandelt. Das Theater hat — wenn ich mich recht erinnere — sechs Ränge, unsere Plätze waren im ersten Rang. Der ganz in Rot ausgestattete Zuschauerraum wimmelte von hohen Offizieren. Gerade als sich der Vorhang hob, erschienen in der Ehrenloge Molotow mit seiner Familie und Wischinski in Begleitung des nationalchinesischen Außenministers. Es wurde — glaube ich — das Schwanensee-Ballett gegeben. Ich trug den einzigen Anzug, den ich besaß, einen ziemlich abgetragenen Kufaika: wattierte Jacke und Hose, eine hier sehr populäre Kleidung, da sie warm und leicht ist. Ich muß aber wohl genauso deplaziert ausgesehen haben, wie ich mich fühlte. So sehr mich auch der ganze Rahmen und die Vorstellung selbst beeindruckten, empfand ich doch keine innere Genugtuung oder gar Erregung. Das ganze Theater samt seinen Besuchern gehörte zu einer Welt, mit der ich nichts gemein hatte. Wenn man etwas Ungewöhnliches sieht oder erlebt, versucht man sich hineinzuleben, so daß man es später nacherleben kann, wenn man das Erfahrene mit anderen — Freunden oder Familie — teilt, indem man es ihnen mitteilt. In diesem Fall aber war nicht ich, sondern waren die anderen gekommen, um eine glanzvolle Vorstellung zu sehen und zu genießen — und ich gehörte doch wohl nicht zu diesen »anderen«? Mit wem hätte ich dieses Erlebnis teilen können? Mit meiner »Kolchose?« Hätten sie es nicht im gleichen Licht betrachtet wie ich: . . . eitel, alles ist eitel . . . eitel. Nach der Vorstellung ging ich zu meinem ständigen Nachtquartier, dem Eisenbahnwaggon, zurück, und dachte überhaupt nicht mehr an den Theaterabend.

Mein Wagen verkehrte so zuverlässig, daß manche hohen Funktionäre unserer Gesellschaft eine Fahrt mit mir allen anderen Reisemöglichkeiten vorzogen. Ich bekam immer alles, was ich beschaffen sollte, und lieferte die Waren stets an die richtigen Stellen. Ich besorgte nun auch Möbel und Haushaltswaren für hohe Funktionäre. Diese Sachen kamen aus den bisher deutsch besetzten Gebieten und hätten eigentlich amtlich erfaßt und in Lagerhäuser gebracht werden müssen. Aber manches davon wurde eben beiseitegeschafft und an »die richtigen Leute« dirigiert. Ich transportierte solche Sendungen ohne alle Begleitpapiere und trug bis zu ihrer Ablieferung die Verantwortung, wenn sie etwa entdeckt wurden. Das passierte mir eines Tages in Kiew. Glücklicherweise gefiel dem NKWD-Chef, der meinen Wagen kontrollierte, ein Schreibtisch, den ich dabei hatte. So konnten die übrigen Sachen doch noch ihren Empfängern zugestellt werden. Für jede derartige Fuhre wurde ich gut bezahlt und erhielt einen Sonder-Bonus von 500-1000 Päckchen Zigaretten, die mir auf dem Schwarzen Markt eine nette Summes Geldes einbrachten. Schließlich trug ich ja auch das Risiko. Andererseits wäre ich um meinen Job gekommen, wenn ich mich geweigert hätte. Meine Leistung wurde in Moskau anerkannt, und man erwog bereits, mich zum dortigen Hauptbüro zu versetzen. Ich hätte mich dann der »wunden Punkte« annehmen sollen, wo die Lieferung der Waren für die Eisenbahner nicht einwandfrei funktionierte. Als erstes hätte ich nach Wladiwostok fahren sollen. Da aber Lemberg als Großstadt im Westen bei weitem den Vorrang genoß und mein Direktor behauptete, er habe keinen Ersatz für mich, wurde meine Versetzung aufgeschoben.

Eines der großen Ereignisse während des Krieges, das vielen Menschen das Leben rettete, war die Verkündung des Repatriierungsgesetzes für polnische Staatsangehörige, die 1940/41 nach Sibirien geschickt worden waren und nun entlassen wurden. Unter ihnen waren sehr viele Juden, die 1940 vor den Deutschen geflohen waren. Zur Aussiedlung in das heutige Polen konnten sich außerdem polnische Einwohner der ostpolnischen, jetzt Rußland einverleibten Gebiete melden. Wir machten von dieser Möglichkeit alle Gebrauch; die Aktion kam wegen des Mangels an Transportmitteln allerdings nur sehr langsam in Gang. Der Krieg war immer noch nicht zu Ende. Im April 1945 verließen uns Halina, Bernard und Frau Berger, so daß unsere »Kolchose« stark zusammenschrumpfte. Ich machte inzwischen wieder eine Reise nach Moskau. In einem großen Restaurant, wo ich aß, wurde den Gästen das Besteck gleich am Eingang ausgehändigt und mußte dort auch wieder abgeliefert werden, wenn man die Gaststätte verließ. Auf den Bahnhöfen bettelten kleine Kinder die Reisenden an, sowie diese aus den Wagenfenstern schauten. Sie sangen dazu sentimentale Lieder. Eines der volkstümlichsten war »I shlo tri soldati«, die Geschichte von drei Heimkehrern aus deutscher Gefangenschaft: Beim Betreten russischen Bodens stolpern sie über eine Mine und erzählen — schwerverletzt — einander von ihren Familien, die wiederzusehen sie sich schon so sehr gefreut hatten. Sie beschwören einander, wer am Leben bleibe, möge den Angehörigen der anderen einen letzten Gruß ausrichten. Man konnte das Gefühl haben, daß dies Soldatenkinder waren, die auf ihre Väter warteten.

6

Was erwartete einen in der Armee? Ich möchte dazu ein paar Fakten anführen. Wer aus unserer Gegend eingezogen wurde, hatte in der Regel höchstens noch vier Wochen zu leben. Da die hiesigen Ukrainer zu Beginn des Krieges deutschfreundlich gewesen waren, wurden sie jetzt an die vorderste Front geschickt und erhielten dort typische Himmelfahrtskommandos. Das entsprach einem Befehl »von oben«; er galt unterschiedslos für alle Männer aus der West-Ukraine (zu der wir gehörten) und machte — wie üblich — keinen Unterschied zwischen »Schuldigen« und »Unschuldigen«. Man hatte nicht die geringste Aussicht, wie ein Soldat aus irgendeinem anderen Teil Rußlands behandelt zu werden.

Als ich, nach all meinen Enttäuschungen und nach meinem Desinteresse an Siegen, auf Grund meiner Tätigkeit für die Eisenbahnverwaltung vom Waffendienst befreit wurde, hatte ich immer noch das Gefühl, daß persönliche Empfindungen mich nicht an der Erfüllung meiner Pflichten hindern sollten. Ich ging daher zu Luftwaffen- wie auch Marineeinheiten, um mich freiwillig zu melden. Ich wurde aber abgewiesen, nicht etwa, weil sie genug Leute gehabt hätten, sondern weil ich auf die Frage nach der »Nationalität« »Jevrey« — »Jüdisch« angab, wie es in Rußland auch auf allen amtlichen Urkunden vorgeschrieben ist. Eine andere wichtige Frage bei der Bewerbung für diese Waffengattungen war, ob man »Verwandte außerhalb Rußlands« habe. Ich hatte keine. Da ich verschiedene hohe Beamte kannte, erkundigte ich mich darüber bei ihnen und erfuhr, daß es den Richtlinien der Regierung entsprach, in Luftwaffe und Marine keine Juden aufzunehmen. Als Grund wurde die wachsende Judenfeindlichkeit während des Krieges angegeben. Die Regierung versuchte daher die Zahl der Juden in hohen Ämtern wie auch in Eliteeinheiten der Streitkräfte zu verringern, um den Antisemiten den Wind aus den Segeln zu nehmen. So konnte ich nicht einmal offiziell mit den ehemaligen Nazi-Kollaborateuren konkurrieren. Ein Mitglied eines Obersten Gerichtshofes sagte mir privat, er könne mich wohl trotzdem in die Luftwaffe lancieren, aber ich lehnte das ab, weil ich es nicht besonderen Privilegien verdanken wollte, wenn ich »meinem Lande« diente.

Die jungen Leute, die in die Armee eingereiht wurden, bekamen nur eine Ausbildung von wenigen Tagen; dann waren sie schon reif für die Front. Einer jüdischen Familie, die sich während der Besatzung in der Nähe von Lemberg verborgen hatte, wurden nach der Befreiung binnen kurzer Zeit beide Söhne zum Heer eingezogen. Einige Wochen später waren sie bereits gefallen. Die Eltern haben heute eine kleine Farm in Connecticut.

Ein junger russischer Offizier, den ich einmal in meinem Waggon von Moskau nach Lemberg mitnahm, um seinem Vater gefällig zu sein, weil er eine angesehene Stellung im Lemberger Hauptbahnhof einnahm, erzählte mir von solchen Fronteinsätzen. Da bekam beispielsweise eine Gruppe von etwa 450 Mann den Befehl, einen Hügel anzugreifen und zu erobern. Etwa sechs Stunden später kehrten ein Leutnant und ein Soldat zum Befehlsstand zurück und meldeten als die einzigen Überlebenden, daß die Höhe nicht habe eingenommen werden können. Der Offizier vom Dienst antwortete: »Ihr lebt noch und erklärt mir, ihr könnt den Hügel nicht einnehmen?! Sofort zurück!« Die zwei Mann verließen die Baracke, und als sie die Türe hinter sich geschlossen hatten, hörte der junge Offizier zwei Schüsse. Er lief hinaus und mußte feststellen, daß der Leutnant und der Schütze sich selbst getötet hatten. Doch Front und Etappe sind zweierlei.

In Rußland finden die Eheschließungen auf dem Polizeirevier statt. Die ganze Zeremonie kostet nur drei Rubel, und ein Stempel auf dem Personalausweis stellt die ganze Beurkundung der Heirat dar. Wird der Personalausweis nach fünf Jahren erneuert, so wird auch der Heiratsstempel wieder aufgedrückt. Soldaten haben jedoch keinen Personalausweis, sondern höchstens einen Urlaubsschein. In diesem Krieg war es nun für einen Soldaten auf Urlaub gang und gäbe, daß er sich nach einem »Mädchen mit Kuh« umsah. Die Kuh mußte die Lebensmittelversorgung sichern. Wollte das Mädchen nicht ohne amtliche Eheschließung mit ihm leben und ihn ernähren, so heiratete der Soldat sie ohne Zaudern. Da er als Ausweis nur einen Urlaubsschein hatte, bekam dieser den Stempel und wurde, wenn der Urlaub vorbei war, weggeworfen. Dann war er wieder frei, ohne sich erst scheiden lassen zu müssen. Das war illegal; aber hier war praktisch alles illegal. Dies lieferte auch den Stoff für ein sehr populäres Lied, das den Briefwechsel zwischen solch einem Soldaten und seinem Mädchen schildert. Sie »schreibt bekümmert ihrem Liebling, wie sehr sie auf seine Rückkehr warte, und daß ein kleines Mädchen heranwachse, das genauso aussehe wie er.« Seine Antwort lautet: »Du schreibst, du wartest auf mich, aber Mädchen wie du warten auf mich auch in Omsk und Tomsk (die beiden Städte liegen fast 2000 km voneinander entfernt), und was das Kleine angeht, so laß es nur heranwachsen. Ich habe nichts dagegen, mein Liebling.« Darauf antwortet sie, auch in Omsk und in Tomsk gebe es sicher solche Schufte wie ihn.

9. Mai 1945

Der Krieg war aus. Auf den Straßen tanzten einige Soldaten, und in den Häusern wurde das Ereignis gebührend gefeiert und begossen. Für uns »Befreite« aber war es mehr oder weniger ein Tag wie jeder andere. Der Schwarzmarktpreis des Dollars sprang von 110 auf 240 bis 280 Rubel, was ungewöhnlich für die Währung eines Landes war, das den Krieg gewonnen hatte! Und doch gab es einen Grund dafür. In einigen Kreisen munkelte man nämlich, jetzt komme es zwischen England und Rußland zu einem Krieg, und die Leute reimten sich zusammen, England habe Deutschland in den dreißiger Jahren nur deshalb wieder aufgebaut, damit es schließlich gegen Rußland kämpfe.

Ich war zu einer Befreiungsfeier eingeladen, die der Stellvertretende Sekretär für das Beschaffungswesen, ein hochintelligenter Mann und führendes Parteimitglied, in seiner Wohnung gab. An dieser Party nahmen etwa zwanzig Personen teil, die sämtlich hohe Stellungen innehatten. Er selbst kam, von seiner Frau und einer achtjährigen Tochter begleitet, aus Wladiwostock nach Lemberg, um hier den Betrieb zu reorganisieren. Seine Wohnung lag im schönsten Teil der Stadt und wirkte sehr elegant, obwohl sie noch nicht vollständig eingerichtet war. Nur hohe Regierungsbeamte konnten bei einer Versetzung auch gleich ihre Familie und den Hausrat mitnehmen. Auch wechselten sie nicht so häufig ihre Dienststelle wie die Beamten des mittleren Dienstes, die ständig »wandern« mußten, damit sie gar nicht erst an einem Ort gesellschaftlich Fuß fassen konnten, eine Taktik, die mehr politischen als wirtschaftlichen Erwägungen entsprach. Ein solcher kleinerer Beamter pflegte in den ersten sechs bis acht Monaten, ehe er seine Familie nachholen konnte, bei einem Kollegen zu wohnen, der seinerseits ebenfalls versetzt war und in der Familie eines dritten Kollegen versorgt wurde. — Unser Gastgeber war jedenfalls besser gestellt. Es gab überreichlich Kaviar und Champagner, aber niemand betrank sich. Da ich nicht zu der Clique gehörte und auch keinen rechten Sinn für den Sieg hatte, der hier gefeiert wurde, zog ich mich beizeiten in eine Ecke zurück, wo ich von dem Ganzen nichts hörte und nichts sah. Als die Gäste schon alle gegangen waren und ich in etwas benommener Verfassung immer noch in meinem Winkel saß, kam der Gastgeber zu mir herüber und begann, von meiner Zukunft zu sprechen. Er sei über meine guten Leistungen im Bilde, sagte er, und hätte mich gern als Assistenten in seinem Büro. Auch habe er schon mit meinem Direktor besprochen, mich in einigen Tagen mit zwei Waggons ans Schwarze Meer zu schicken, damit ich zwanzig Tonnen Fisch nach Lemberg hole. Für mich selbst könnte ich dabei ein Faß mit dreißig Kilo feinster russischer Heringe mitbringen. Dann führte er mich ins Nebenzimmer und stellte mich seiner Frau und seiner Tochter vor, die sich gerade französisch unterhalten hatten. In ihrem Auftreten wie in ihrer Kleidung wirkten sie in jeder Hinsicht wie die Damen der oberen Zehntausend kapitalistischer Länder, ein krasser Gegensatz zu ihren übrigen »Genossinnen«. Man lud mich ein, zum Abendessen zu bleiben, und gab mir wegen der Ausgangssperre für die Nacht das Gastzimmer. Zwei Tage später war ich unterwegs nach Izmail am Schwarzen Meer.

Auch der Fisch hätte nach den Grundsätzen der zentralen Verteilung erst den Umweg über Moskau machen müssen. Dank unserer guten Beziehungen konnten wir nun zwanzig Tonnen unmittelbar heranschaffen. Mir wurden zwei Eisenbahnwaggons zur Verfügung gestellt, und ich verlud in dem einen Möbel als »Geschenk« für den Nachschubdirektor in Izmail. Für diese Reise bewilligte man mir zwei Assistenten; einer davon war Mort. Sie kamen vor allem mit, um im Süden Waren für den Schwarzmarkt einzukaufen. Dem Direktor mußten wir für diese Reise 30 000 Rubel »bezahlen« (etwa das Hundertfache meines Monatsgehalts). Mort sollte als der »führende Kopf« dieses Geschäftes mitwirken. Da es keine direkten Züge von Lemberg nach Izmail gab, war die erste Etappe für unsere Wagen Czernowitz in Bessarabien. Dort blieben wir zwei Tage und fuhren dann nach Kischinew weiter. Auf den Trittbrettern des Zuges und sogar auf der Lokomotive entdeckten wir zwölf- bis dreizehnjährige russische Buben. Als wir mit ihnen ins Gespräch kamen, erfuhren wir, daß sie aus den verschiedensten Teilen Asiens und Sibiriens kamen. Auf die Frage, warum sie dort weggelaufen seien und die weite Reise unternommen hätten, antworteten sie mit der Gegenfrage: »Verstehst du das nicht?« und deuteten auf die Weizenhaufen bei den Eisenbahnstationen. Es war der Hunger, der sie in das reiche Getreideland brachte.

Der Name der alten Stadt Kischinew war mir noch durch das Judenpogrom von Anfang dieses Jahrhunderts bekannt. Die jüdische Gemeinde war bis auf etwa zwanzig Personen zusammengeschrumpft. Wir lernten den »Rabbi Jankel« kennen, einen mittelgroßen Sechziger, der zwar kein rabbinisches Studium absolviert hatte, aber für die hier übriggebliebenen paar Juden der religiöse Mentor war. Er lebte ziemlich ärmlich von Trinkgeldern, die ihm Fremde für Hinweise auf Schwarzmarktgelegenheiten gaben.

Als wir von Kischinew nach Izmail abfuhren, kam ein Mann zu mir an den Wagen und bat mich, ihn mitzunehmen, da infolge eines Irrtums im Datum oder dergleichen seine Reisepapiere nicht ganz in Ordnung seien und er unbedingt am nächsten Tage in Izmail sein müsse. Ich nahm ihn mit, und unterwegs erzählte er mir, er sei Techniker, in den USA geboren und 1932 nach Leningrad gekommen. Er bereute es sehr, das amerikanische Leben gegen das russische eingetauscht zu haben.

Nach der Ankunft in Izmail lieferten wir zunächst das »Geschenk«, d. h. die Möbel ab und ließen uns die Komandirovka bestätigen. Dann gingen wir auf den Markt. Hier war Wein der Haupthandelsartikel. Die Winzer standen neben ihren Wagen, auf denen Holzfässer mit je 400—800 Liter Wein lagen. Mit Kostproben wurde nicht gegeizt, und so konnte man schon nach einem kurzen Marktbummel einen ziemlichen Rausch haben. Es herrschte daher auf dem ganzen Platz eine heitere Stimmung. Man sah alte Frauen von siebzig Jahren singen, tanzen und sich gegenseitig abküssen. Mort und ich entschlossen uns, für den Markt in Lemberg ein Faß mit achthundert Litern zu kaufen. An die Probleme, die ein so sperriger Gegenstand mit sich brächte, dachten wir dabei noch gar nicht, denn mit solchen Zukunftssorgen, selbst wenn sie sich schon in wenigen Stunden ergeben würden, befaßte man sich hier erst, wenn man mit ihnen konfrontiert wird.

Unsere Waggons standen am Hafen des Schwarzen Meeres, wo der Fisch verladen wurde. Wegen der vielen im Hafenbereich gestapelten Waren konnte man dort nicht ohne weiteres hineinfahren. Das Gebiet war eingezäunt, und an den Toren standen Posten. Wir hatten zwar unsere Passierscheine, aber wie sollte man einen Pferdewagen und ein großes Faß Wein hineinschmuggeln, ohne aufzufallen? Wir beschlossen, den Wein erst abends zu kaufen, wenn die Arbeiter schon alle nach Hause gegangen wären und wir es nur noch mit den Wachen zu tun hätten. Ihnen versprachen wir ein paar Pfund Heringe, und so ließen sie unseren Wagen nicht nur herein, sondern halfen uns auch beim Umladen. Als das Faß verstaut war, belohnten wir sie mit einem Eimer Wein und zapften für unseren Bedarf auch gleich etwas mit ab.

Am nächsten Tage begannen wir mit dem Verladen der Heringe, die in Fässern geliefert wurden. Ich bekam auch meine versprochenen dreißig Kilo für den eigenen Bedarf. Im Hafen löschte währenddessen ein amerikanischer Frachter Bohnen. Auf den Schiffsdecks und den Kais brieten und verdarben in der heißen Sonne Heringe und andere Fische, die auf Transportmöglichkeiten nach Moskau warteten, während nur fünfzig Kilometer von hier schon ein einzelner Hering eine Rarität war. Ich hätte noch Platz für mindestens eine Tonne Fisch gehabt, konnte aber keine Genehmigung hierfür bekommen.

Ein paar Tage später machten wir uns auf die Rückreise nach Lemberg. Ich dirigierte meine Waggons vorerst jedoch nur bis Kischinew, um dort zu entscheiden, wann wir weiterführen. Wir blieben vier Tage und kauften fünfzig Zentner Walnüsse sowie zweihundert Besen. Von Kischinew aus ließ ich die Wagen auch noch nicht bis Lemberg, sondern nur bis Drogobych — etwa hundert Kilometer südlich von Lemberg — durchlaufen, weil wir nach Morts Meinung dort für unsere Ware einen höheren Preis erzielen konnten als in Lemberg selbst. Hinzu kam, was am wichtigsten war, daß auf dem Bahnhof in Drogobych viel weniger Polizei und NKWD-Leute waren als in Lemberg. Wir hätten uns vor ihnen nicht gerade gefürchtet, aber wir brauchten dann unseren Profit nicht auch noch mit ihnen zu teilen. In Czernowitz, wo unsere Wagen an einen Zug nach Drogobych umgehängt werden sollten, mußten wir bis 16 Uhr des nächsten Tages warten. Mort und mein zweiter Assistent waren sicher, daß — wie üblich — der Zug doch nicht pünktlich abfahren würde. So gingen sie unbesorgt in die Stadt. Da trat das Unerwartete ein: der Zug fuhr pünktlich ab, und ich kam in Drogobych mit meinen Wagen, aber ohne meine Assistenten an. In der Hoffnung, daß sie nachkämen, wartete ich hier drei Tage, ohne etwas verkaufen zu können, weil ich mit so viel Ware allein nicht fertiggeworden wäre. So fuhr ich schließlich nach Lemberg weiter.

Als ich dort ankam, waren Mort und sein Begleiter schon da. Wir schafften alles ins Lagerhaus unserer Gesellschaft; der Geschäftsführer wurde dadurch ebenfalls unser »Partner«. Inzwischen war das Faß Wein sauer geworden, weil wir es in Izmail geöffnet hatten und es nachher ungefähr drei Wochen lang in dem heißen Eisenbahnwaggon gestanden hatte. Um diesen Verlust möglichst schnell auszugleichen, überschwemmten wir den Markt mit den Walnüssen. Als die Händler jedoch dahinter kamen, daß wir fünfzig Zentner davon hatten, drückten sie den Preis derart, daß wir nicht einmal unsere Selbstkosten mehr erzielten. Der einzige gut verkäufliche Artikel waren unsere Besen, aber mit nur zweihundert Stück konnten wir niemals unser sonstiges Defizit decken. Das einzig »Gute«, das sich aus dieser Einkaufsfahrt ergab, war, daß nun alle möglichen Mitglieder unserer Gesellschaft und auch die Polizisten kamen, um die »Profite« (die wir nicht erzielt hatten) mit uns zu »teilen«. Schließlich waren wir ja »Großkaufleute«, die die Ware gleich tonnenweise auf den Schwarzmarkt brachten. Unter denen, die sich nicht bei uns sehen ließen, um sich ihren »Anteil« abzuholen, war der NKWD-Chef der Eisenbahnabteilung, Hauptmann Lyceyenko. Er war ein Mann in den Fünfzigern mit einem harten Gesicht, das niemals lächelte. Er kam immer zur Eisenbahnerküche, um sich eine Gratismahlzeit geben zu lassen, denn natürlich langte auch ihm das Gehalt nicht. Da er so unsympathisch war und man ihm nicht trauen konnte, schickte ihm auch niemand ein »Geschenk«. Es war allgemein bekannt, daß Lyceyenko keine Hemmungen kannte, zur Erfüllung seiner »Quote« sogar Leute zu verhaften, die ihm noch am Vortag ein »Präsent« gegeben hatten. Dieses Quotensystem bedarf vielleicht insofern einer Erläuterung, als nicht nur jede Verwaltungsdienststelle, jedes staatliche Geschäftsunternehmen und jede Schule ein bestimmtes »Soll« zu erfüllen hatte, sondern auch die Polizei und der NKWD: Jede Abteilung dieser Organisation hatte monatlich eine bestimmte Zahl von Verhaftungen nachzuweisen. Es kam nun oft vor, daß diese oder jene NKWD-Einheit ihre Quote noch nicht erfüllt hatte, als der Meldetermin heranrückte. Dann schickte sie ihre Beamten auf den Schwarzen Markt und ließ ein paar kleine »Händler« verhaften, die vielleicht einen Laib Brot oder dergleichen absetzen wollten, während die echten, gewerbsmäßigen Schwarzhändler sich freikauften. Manchmal wurde sogar der Käufer solcher Waren verhaftet. Man konnte die gleiche Strafe erhalten, ob man wegen eines Pfundes Mehl ertappt wurde oder ob einem nachgewiesen wurde, daß man Lebensmittel tonnenweise handelte. Der einzige Unterschied war eben, daß der »Großkaufmann« über die Mittel verfügte, sich einer Verurteilung zu entziehen.

Die letzte Reise, welche versprochen hatte, finanziell ein großer Erfolg zu werden, erwies sich als ein großer Fehlschlag. Dem

Direktor unserer Gesellschaft schuldeten wir noch die versprochenen 30000 Rubel. Außerdem war ich in Schwierigkeiten wegen des Fisches. Die Ladung war nicht nur verdorben, sondern wies auch ein Fehlgewicht von drei Tonnen auf. Zu meinen Gunsten sprach nur, daß die Zahl der Fässer stimmte und sie sämtlich noch die Originalverschlußsiegel trugen. Der Schwund von drei Tonnen ergab sich durch den Wasserverlust des Fisches und das Auslaufen der Pökellake im Verlauf der drei Reisewochen. Dies alles meiner Gesellschaft verständlich zu machen, war eine Sache, und zu erreichen, daß es anerkannt wurde, war eine zweite. Was sollte die Gesellschaft tun? Sie konnte nicht ohne weiteres 17 statt 20 Tonnen hinnehmen. Der Sekretär des Versorgungsministers kam mir zu Hilfe und wies meinen Direktor auf einen Paragraphen hin, welcher erlaubte, bis zu zwölf Prozent Flüssigkeitsverlust abzuschreiben. So fehlten mir nur noch einige hundert Pfund, und das war kein Problem. Was den Verderb des Fisches anging, so meinte der Sekretär, ich sollte auf einen Lehrgang für Lebensmittelchemie geschickt werden, und die Gesellschaft sollte mir während dieses Studiums das Gehalt weiterzahlen.

Während diese Diskussionen im Gange waren, ließ ich mich als ehemals polnischer Staatsangehöriger registrieren, um Rußland verlassen und nach Polen gehen zu können.

7

Die Reise nach Izmail war meine letzte für die Gesellschaft. Ich hatte meinem Direktor schon gesagt, daß ich mich auf Grund des Repatriierungsgesetzes für die Rückkehr nach Polen gemeldet hatte. Während ich nun auf eine Platzkarte für einen der bereits verkehrenden Rücksiedlerzüge wartete, ging ich noch jeden Tag ins Büro, um meine Dienstgeschäfte einem Nachfolger zu übertragen und ihn einzuarbeiten.

An einem dieser Tage — es war Ende Juni — erreichte mich ein Telefonanruf von Lyceyenko, dem Bahnhofs-NKWD-Chef, ich möchte um 4 Uhr in sein Büro kommen. Dieses befand sich im Gebäude des NKWD-Hauptamtes. Der Posten führte mich zu Hauptmann Lyceyenkos Zimmer. Als ich dort eintrat, hatte ich gleich das ungute Gefühl, ich hätte nicht hingehen sollen. Drinnen bei der Tür stand ein NKWD-Mann mit umgehängtem Gewehr, während Lyceyenko hinter seinem Schreibtisch saß. Als ich mich dem Tisch näherte, um ihn zu begrüßen, stand er von seinem Stuhl auf und befahl mir, meine Taschen auszuleeren und alles auf den Tisch zu legen. Nachdem ich dieser Aufforderung nachgekommen war, mußte ich mich setzen. Der NKWD-Mann, der an der Tür gestanden hatte, kam nun näher und stellte sich direkt hinter mich. Lyceyenko sah sich meine Ausweispapiere und den sonstigen Tascheninhalt eingehend an und fragte mich dann nach meinem Mitgliedsausweis für die kommunistische Jugendorganisation. Als ich ihm antwortete, ich gehöre überhaupt keiner Organisation an, sagte er: »Das paßt zusammen!« und dann begann er, mit dem Gesetzbuch in der Hand hinter dem Schreibtisch auf- und abgehend, seine Anschuldigungen.

Als erstes hielt er mir vor, ich hätte während des Krieges mit den Deutschen kollaboriert. Beweis: Sie hätten mich ja nicht getötet. Als Gegenleistung hätte ich mich verpflichtet, nach ihrem Abzug für sie zu spionieren. Beweis dafür sei, daß ich mir einen Posten bei der Eisenbahn verschafft hätte, um zu Spionagezwecken durch ganz Rußland zu fahren. Als ich versuchte, auf diese Anschuldigungen zu antworten, stieß mir der NWKD-Mann mit der Flinte derart in die Rippen, daß mir die Luft wegblieb, um auch nur ein Wort zu sagen. Diese Anschuldigungen gingen so endlos weiter, daß ich nicht einmal mehr zuhörte und mir statt dessen krampfhaft überlegte, was er wohl wolle, und wie ich mich aus der Affaire ziehen könnte. Wenn es ihm um ein Lösegeld gegangen wäre, hätte er den NKWD-Mann nicht im Zimmer gelassen. Nach jeder neuen Behauptung schlug er sein Paragraphenbuch auf und las mir vor, daß nach Paragraph soundso unserer Verfassung auf ein solches Verbrechen die und die Strafe stehe. Wenn er mit dem Paragraphen fertig war, wiederholte er mit Nachdruck dessen Nummer, als wolle er sagen: »Alle diese Strafen sind in der Verfassung vorgesehen, und niemand kann dir etwas anhaben, falls es nicht in unserer Verfassung steht.«

Nach einer Weile wurde ich dieser Tiraden müde. Ich konnte mir auf diese völlig unerwartete Situation gar keinen Vers machen, und so schaltete ich ab, während er noch volle anderthalb Stunden weiter hochtrabend daherschwätzte. Als er endlich damit fertig war, gab er dem Posten einen Wink, er solle mich abführen. Dieser brachte mich über einen langen Korridor in den dunklen Keller, stieß mich hinein und schloß die Tür hinter mir ab. Als ich allein war, setzte ich mich auf die Erde und analysierte langsam die Situation. Ich hatte keinerlei Zweifel, daß dies alles nur daher kam, weil Lyceyenko von unserer letzten großen Fahrt nicht seinen »Anteil« bekommen hatte. Was sollte nun aus mir werden? Ich wußte von früheren Fällen her, daß es Lyceyenko nicht schwer fallen würde, mich verurteilen zu lassen. Er würde den Fall vor Gericht vortragen, während ich in diesem Keller hockte. Und selbst wenn man mir Gelegenheit gäbe, vor Gericht zu erscheinen, könnte ich nicht gut die Glaubwürdigkeit eines NKWD-Hauptmannes in Zweifel ziehen. Einen solchen Beamten auch nur zu bezichtigen, daß er nicht die Wahrheit sage, war ein so schweres Verbrechen, daß man nach Sibirien geschickt werden konnte. Den Paragraphen über die Todesstrafe, den er mir vorgelesen hatte, nahm ich nicht allzu ernst. Meine Freunde in der Stadt hätten sich mit irgendeinem hohen Beamten, den ich kannte, in Verbindung setzen können. Aber wer kann es sich schon leisten, mit einem »Verbrecher« in Zusammenhang gebracht zu werden? Mit solchen Gedanken und der Vorstellung, daß ich wieder von einem Zug oder einem Lastwagen abspringen würde, schlief ich ein.

Am nächsten Morgen kam ein Posten, führte mich zur Toilette und dann wieder zu Lyceyenkos Büro. Dieser erklärte als erstes, ich sei frei, und gab mir meine Sachen zurück. Man habe gestern abend den »Schuldigen« gefaßt, fügte er hinzu. Aber da er noch einige Erklärungen von mir brauche, dürfe ich einstweilen meine Wohnung nur verlassen, um ins Büro zu gehen. Er schrieb mir sogar genau den Weg vor, den ich zwischen meiner Wohnung und dem Büro zu benutzen hätte. Falls ich noch irgendwo anders hinwolle, müsse ich zuvor bei ihm anrufen.

Als ich nach Hause kam, holte ich aus einem Versteck unter dem Fußboden mein Geld hervor und schickte Mort aus, um mir ein paar Goldstücke und Dollars zu kaufen. Ich hatte etwa 50 000 Rubel, eine für meine Verhältnisse ansehnliche Summe. Auf dem Schwarzen Markt hatte dieser Betrag etwa den Wert von 110 Dollar. Ein anderer Freund tat mir den Gefallen, zum Bahnhof zu gehen, um festzustellen, wann noch am gleichen Tag ein Heimkehrerzug nach Polen abführe, und dann versuchte er alles, um mich in diesen Zug zu bringen. Zehn Stunden später saß ich im Zug und sagte Rußland Lebewohl.

Mein Reiseziel in Polen war Gleiwitz, eine schlesische Stadt. Die Heimkehrer fuhren fast alle in die neuen polnischen Gebiete, die vor dem Krieg deutsch gewesen waren, weil sämtliche Deutschen unter dem Druck der Regierung dieses Gebiet hatten verlassen müssen und daher dort genug Wohnungen für die Repatriierten aus den jetzt russischen Gebieten Polens zur Verfügung standen. Ich wählte Gleiwitz, weil Rosenfeld, Halina und Frau Berger bereits dort waren. Bei ihnen wohnte ich ein paar Wochen, bis ich eine Unterkunft fand, die ich mit anderen Leuten teilte.

Zu dieser Zeit fühlte man sich in Polen viel freier als in Rußland. Die Leute begannen mit dem Ausland zu korrespondieren, um dort Verwandte ausfindig zu machen, und schmiedeten Zukunftspläne. Ich hatte mich kaum hier niedergelassen, als andere schon ans Weiterwandern dachten. Nur sehr wenige überlegten, ob sie in Polen bleiben sollten. Die meisten wollten fort: Wer nahe Verwandte in westlichen Ländern hatte, träumte davon, mit ihnen vereint zu werden; für die anderen gab es nur ein Gesprächsthema: Palästina.

Vor dem Krieg hatte Polen etwa dreieinhalb Millionen Juden. Das waren über zehn Prozent seiner Gesamtbevölkerung. Da die Juden meist in mittleren und Großstädten lebten, hatten sehr viele Orte einen jüdischen Bevölkerungsanteil von über 35 %. Die Juden hatten deshalb dort eine örtliche Selbstverwaltung, die Kahal. Diese vertrat sie nach außen, nahm die religiösen und Wohlfahrtsbelange wahr und sorgte für die Rabbiner, die Krankenhäuser, die konfessionellen Schulen, Armenküchen, Waisenhäuser und dergleichen. Zur Unterhaltung aller dieser Einrichtungen mußte jede jüdische Familie Einkommensteuer entrichten, die die Kahal auf Grund einer Regierungsvollmacht selbst eintreiben durfte. Alle vier Jahre hielt die Kahal Wahlen ab, und es gab stets etwa ein Dutzend religiöser und politischer Parteien, die dafür ihre Kandidaten aufstellten. Die Parteien reichten von der äußersten Rechten bis zur extremen Linken. Eine der stärksten Parteien war der »Bund«, eine Arbeiterbewegung, die antizionistisch eingestellt war. Sie kämpfte für Reformen der Sozial- und Arbeitsbedingungen und die Einigung der internationalen Arbeiterbewegung, um auf diese Weise gleiche Rechte für alle Minoritäten zu erreichen und zugleich das jüdische Problem auszuschalten.

Der Krieg brachte es mit sich, daß praktisch alle diese Organisationen mit ihren Plänen für die Lösung der »Weltprobleme« — und damit indirekt auch des jüdischen Problems — verschwanden. Von uns hatte keiner irgendein Interesse an politischen Bewegungen. Für uns unterlag es keinem Zweifel, daß im Krieg unser Schicksal in Polen unter den Deutschen ganz anders gewesen wäre, wenn es damals schon einen jüdischen Staat gegeben hätte. Diesem — und nicht irgendwelchen politischen Ideologien — galt unser ganzes Interesse. Es bildete sich die »Ichud« (d. h. »Die Vereinigten«), eine Organisation, in der sämtliche zionistischen Fraktionen unabhängig von politischen Ideologien vertreten waren. Sie hatte zwar wenig offizielle Mitglieder, aber die Gesamtheit der Juden unterstützte die Sache der Ichud doch sehr stark. Unglücklicherweise lebte sie nicht lange. Dies hatte sie dem Einfluß der jüdischen Organisationen in Amerika wie auch dem der palästinensischen und der aus Sibirien heimkehrenden politischen Führer zu verdanken. Spätere Kapitel werden zeigen, wie selbst wirklich hilfsbereite Leute die menschliche Seite der Geschichte nicht richtig verstanden. Mein Bericht wird auch schildern, warum die Auslandshilfe und die Wohltätigkeitsorganisationen trotz der starken humanitären Motive so wenig Erfolg hatten.

8

Ich tat nun den nächsten Schritt, um mein Leben in etwas normalere Bahnen zu lenken: ich begann ein Studium. Doch wie entwickelte sich inzwischen das Leben um mich herum?

Die Heimkehrerzüge aus Rußland brachten jetzt häufiger ganze Familien. Aber sie waren physisch und wirtschaftlich genauso gebrochen wie die Männer, die 1939 ihre Familien in Polen zurückgelassen hatten und nach Rußland geflüchtet waren, von wo sie nun auf dem jahrelangen Umweg über Sibirien heimkehrten, um feststellen zu müssen, daß ihre Angehörigen, die sie unter deutscher Besatzung besser aufgehoben wähnten, ermordet waren. Bei solchen soziologischen Voraussetzungen mußten sie sich unserer verwandelten Gesellschaftsstruktur ohne große Schwierigkeiten einpassen können.

Eine neue Lebensbejahung begann allmählich den Haß gegen alle und jeden abklingen zu lassen. Wie kann man leben, wenn man die Welt verabscheut? Zunächst fühlte man sich allen Juden, allen Kameraden, die ein ähnliches Schicksal erfahren hatten, verwandt. Und dann kamen wir mehr und mehr auf die »Gerechten« zu sprechen, auf die großen Menschenfreunde wie Kardinal Szepticki, den Bauern Kalwinsky oder den Polen, der die Beresticky-Gruppe retten half, und ähnliche Fälle. Wir erfuhren nun auch von den heroischen Taten der Dänen, Holländer und anderer. Das stärkte unsere angeschlagenen Lebensgeister und förderte den Wiederanpassungsprozeß an das Leben Schritt um Schritt. Die Menschen heirateten wieder, bekamen Kinder, machten sich Sorgen um die Probleme des Familienalltags und dachten auch an die Zukunft. Einige meinten zwar, man sollte in eine solche Welt keine Kinder mehr setzen; andere glaubten geradezu, verpflichtet zu sein, Kinder zu haben, um wieder ein jüdisches Leben aufzubauen — und wäre es nur, um unseren Feinden die Stirn zu bieten. Es gab auch noch eine andere kleine Gruppe von Juden, die sich mit gefälschten Urkunden als »Arier« getarnt hatten und nun dachten, sie sollten, um ihren Kindern und Kindeskindern ein so schreckliches Schicksal ein für allemal zu ersparen, diese Abkehr vom Judentum nicht mehr rückgängig machen.

Die jetzt gegründeten neuen Familien waren sehr häufig auf einem Zugehörigkeitsgefühl aufgebaut, das sie wie Pech und Schwefel zusammenhalten ließ. Manche wollten die verlorene Zeit aufholen und versuchten krampfhaft, sich möglichst schnell eine neue wirtschaftliche Grundlage zu schaffen, ein bequemeres Leben zu führen oder den Kindern alles nur Mögliche zukommen zu lassen. Um dieses letzteren Zieles willen wurden die Freude am reinen Wissen und der liberale Fortschrittsgeist (beides früher so charakteristische Züge des jüdischen Volkes) vorübergehend etwas in den Hintergrund gedrängt. Statt dessen legte man nun auf die physische Leistungsfähigkeit der Kinder und ihre Assimilierung größten Wert, mit anderen Worten, man wollte ganz wie die anderen Leute sein. Wo die physischen Folgen der schrecklichen Zeit sowieso nicht mehr behoben werden konnten, kam diese Verdrängung nicht lange zur Auswirkung, und man brauchte nur die Überlebenden des Infernos daraufhin zu beobachten.

Es war einer der sehnlichsten Wünsche meiner Eltern gewesen, ihren Kindern eine höhere Bildung zu ermöglichen. In meinem Denken wirkte dieses Streben weiter. Ich versuchte, mein Leben daher so einzurichten, daß ich ihren Grundsätzen, wo immer es nur möglich war, folgte. So kam es zu meinem Entschluß, ihren — und zugleich meinen — Wunsch nach Bildung zu erfüllen.

Da ich noch etwas Geld hatte, war es nicht so dringend, sofort wieder eine bezahlte Arbeit anzunehmen. Ich engagierte mir einen Repetitor zur Auffrischung meiner Gymnasialkenntnisse, damit ich das Studium auf der Technischen Hochschule aufnehmen konnte. Ich wollte Ingenieur werden. Die polnische Regierung richtete zu dieser Zeit in Gleiwitz gerade ein Polytechnikum ein. Das kam mir sehr gelegen. Im Oktober 1945 begann ich mit dem Schulbesuch. In den paar Monaten, die ich in dieser Stadt blieb, fühlte ich mich wie ein scheuer Bub, der in einer völlig fremden Gegend zum erstenmal in die Schule geht und mit niemandem zu sprechen wagt. Ich betrat die Klasse immer genau mit dem Glokkenschlag und verließ sie auch sofort wieder, wenn der Unterricht beendet war. Zu einem Gespräch oder gar einem freundschaftlichen Kontakt mit den Kommilitonen konnte ich mich einfach nicht aufschwingen. Ich war der einzige Jude in der Klasse.

Daß ich mir fest vorgenommen hatte, es mit dem Ingenieurstudium zu versuchen, wußten nur ganz wenige Freunde. Die anderen ließ ich in dem Glauben, ich spiele noch mit dem Gedanken, denn sie behaupteten — besonders soweit sie schon in mittlerem Alter waren —, ohne Familie oder sonstigen Rückhalt und nach allem dem, was ich durchgemacht habe, seien Versuche, so etwas anzufangen, reine Zeitverschwendung; ein ernsthaftes Studium hielte ich doch nicht durch. Natürlich hörte ich nicht auf sie, aber ich war, — da mir sonst niemand ein Zugehörigkeitsgefühl geben konnte — einfach darauf angewiesen, von diesem Kreis nicht abgelehnt zu werden. So blieb mir nichts anderes übrig, als meine Studienpläne vor ihnen — mit Ausnahme der wenigen Freunde, die darum wußten — zu verleugnen oder sie wenigstens im Unklaren darüber zu lassen. Daraus erwuchs freilich ein neues Problem: ein junger Mann, der weder arbeitete noch ein Handwerk oder Gewerbe erlernte, sondern offenbar nur träumte, mußte in ihren Augen »sonderbar« sein.

In der schrecklichen und harten Zeit, die wir durchgemacht hatten, hatte sich bei vielen von uns der Charakter gewandelt: bei einer ganzen Reihe wurde er stärker, bei anderen schwächer, so wie manches Holz im Wasser härter wird, während anderes verrottet, allerdings manchmal nur an der Oberfläche. Wenn man etwas fertigbringen will — so hatte uns das Leben gelehrt —, darf man nicht so leicht nachgeben, und für uns besagte das Wort »leicht« etwas mehr, als es normalerweise bedeutet. Die Logik hat nicht immer recht. Ohne Furcht vor den drohenden Schwierigkeiten gingen diese Juden an Bord der Exodus-Schiffe, um die englische Blockade zu brechen. Sie beseelte eine absolute Entschlossenheit, ihr Leben wieder aufzubauen. Rückschläge und Mühsal zählten nicht. Für sie gab es nur den unerschütterlichen Willen, das zu erreichen, was sie sich vorgenommen hatten.

In Lodz war eine Zentralkommission für jüdische Geschichte errichtet worden. In allen wichtigen Städten Polens kam es zur Gründung von Zweigstellen. Das Ganze stand unter der Leitung von Dr. Philip Friedman, einem der wenigen jüdischen Historiker, die nach dem Krieg in Polen übriggeblieben waren. Der Zweck dieser Kommission war, Dokumente über nationalsozialistische Verbrechen zu sammeln. Sie hatte auch eine Publikationsabteilung eingerichtet, welche Dokumente und Memoiren veröffentlichte, die wichtige Beiträge zur Geschichte dieser Verbrechen lieferten. Eines der ersten im Frühjahr 1946 dort veröffentlichten Bücher waren meine Erinnerungen, allerdings wegen der geringen Geldmittel und des Papiermangels auf den Teil »Die Todesbrigade«, wie er hier wiedergegeben ist, beschränkt. Zur Vorbereitung der Drucklegung fuhr ich einige Male nach Lodz. In dieser Zeit entstand zwischen Dr. Friedman und mir eine enge Freundschaft, die bis zu seinem Tode im Jahre 1960 dauerte.

Der Kampf ums nackte Leben war für die wenigen übriggebliebenen Juden noch nicht vorüber. Als ich im Oktober 1945 — nur wenige Monate nach Kriegsende — Krakau besuchte, gab es dort gerade ein Pogrom, und es wurden viele Personen verwundet. Am gleichen Tag forderte eines in Kattowitz sogar sechsundvierzig Tote. Während vor dem Krieg schon Pogrome kleineren Ausmaßes die ganze Welt erschütterten, machten jetzt solche Vorkommnisse selbst auf die benachbarten jüdischen Gemeinden scheinbar nicht allzu viel Eindruck. Einerseits waren die Menschen an das Morden gewöhnt, und zweitens konnte es niemand mehr erschüttern, daß man hier nicht sicher war. Diese Vorfälle zeitigten nur eines: wir merkten, daß es nicht genügte, an den Aufbruch lediglich zu denken — wir mußten handeln! Aber wohin sollten wir gehen?

Hätte es zu dieser Zeit schon eine freie Einwanderung nach Palästina gegeben, wären wir praktisch alle hingefahren, selbst diejenigen, welche nahe Familienangehörige in Amerika hatten. Aber man konnte ja nicht hin! Die nächste Möglichkeit war, in ein befreundetes Land zu geben, um dort abzuwarten, bis man zum Ziel seiner Wünsche reisen durfte. Deutschland betrachtete man nicht als einheitliches Land; man sah nur die Zonen, die den vier Großmächten gehörten. In jeder dieser Zonen gab es Lager für »displaced persons« — DP-Lager. Das waren die einzigen Orte, wo größere Gruppen hingehen konnten. Von ganz kleinen Gruppen abgesehen, die Italien oder Frankreich als Ziel wählten, wandten sich alle übrigen in die amerikanische Zone Deutschlands. Daß man diese den drei anderen Zonen vorzog, hatte seine Gründe: Warum die russische Zone nicht in Betracht kam, versteht sich von selbst. Die englische Zone schied ebenfalls aus, da die Londoner Regierung daran interessiert war, daß die Juden dort blieben, wo sie gerade waren. Mehr Menschen in den dortigen DP-Lagern hätte einen stärkeren Druck zur Auswanderung nach Israel zur Folge gehabt, und das wäre mit der britischen Politik nicht zu vereinbaren gewesen. Die französische Zone hatte sehr wenige DP-Lager. Die Amerikaner hingegen hatten die größte Möglichkeit, auf England einen Druck auszuüben, damit sie die Einreise nach Palästina gestatteten. Um in diesem Sinne auch weitestgehend die Weltmeinung zu alarmieren, war es nötig, so viele Juden wie möglich in DP-Lagern zu konzentrieren, die nahe beieinander lagen. Diese Möglichkeit bot sich in der amerikanischen Zone Deutschlands und in einem kleinen Teil der amerikanischen Zone Österreichs.

Die führenden Köpfe der Juden waren sich der Tatsache bewußt, daß es nun galt, das Eisen zu schmieden, solange es heiß war. Sie gründeten die »Bricha« (Exodus), eine Untergrundbewegung zum Menschenschmuggel nach Palästina. Sie war ausgezeichnet organisiert. Da die Länder, in denen es noch Juden gab, wie Rußland, Polen und Rumänien, nicht unmittelbar an Palästina grenzten, mußte der Schmuggel schrittweise von Land zu Land erfolgen. Infolge der englischen Blockade gelang es fürs erste nur, eine verschwindend geringe Zahl nach Israel hineinzubringen. Alle übrigen mußten einstweilen in die beiden amerikanischen Zonen Deutschlands und Österreichs geleitet werden, von wo sie sich über Italien, Frankreich und Griechenland auf den Weg in die zukünftige Heimat machten. Die Mitglieder der Bricha waren Idealisten und Helden, die jeden Vergleich mit historischen Vorbildern aushielten. Ihre Arbeit war überaus hart; ohne jeden Lohn setzten sie immer wieder ihr Leben aufs Spiel, und nie erfuhr man ihre Namen. Vielleicht konnten diese Menschen wegen ihrer eigenen starken Überzeugung nicht einsehen, daß nicht jeder zu gleichen Opfern bereit war. Sie verlangten unerbittlich auch von anderen schwerste Opfer. In ideologischer Hinsicht hätte die Bricha unbedingt unpolitisch sein müssen. Aber in ihren Reihen waren auch Männer aus den verschiedensten jüdischen Gemeinden und palästinensische Juden, und jeder von ihnen hatte seine eigene Ideologie. Sie waren mit die ersten, die das Ideal der Ichud — der »Vereinigten« — zu Fall brachten. War man Mitglied einer politisch-ideologischen Gruppe, so hatte man bessere Aussichten auf Unterstützung, und das führte zu der unerfreulichen Tatsache der sogenannten »Seelenfängerei«. Aber ehe ich darauf eingehe, möchte ich noch gewisse Hintergründe der politischen Struktur Palästinas erläutern.

Unterstützt vom Weltjudentum, begannen die jüdischen Siedler in Palästina als Pioniere auf kargem Grund den Kampf gegen Wüste und Tropenkrankheiten. Diese Idealisten, unter denen ziemlich viele Intellektuelle waren, kamen aus recht unterschiedlichen sozialen Schichten. Ihre Auffassungen über die zukünftige Struktur ihres Landes variierten politisch von extrem-rechts bis ultra-links, wozu noch verschiedene religiöse Einstellungen kamen. Insgesamt ergaben sich auf diese Weise zwölf oder gar vierzehn Parteien, die alle von irgendwelchen Gleichgesinnten in aller Welt unterstützt wurden. Daneben fanden sich Organisationen, die das jüdische Siedlungswerk ohne Differenzierung förderten und ihre Hilfe den einzelnen Gruppen nach ihrer Mitgliederstärke zukommen ließen. Am leichtesten fiel es dabei denjenigen, die möglichst viele Kinder hatten. Sie bedeuteten für ihre Organisationen die Zukunft, zumal sie sich in ihrer Ideologie noch am leichtesten formen ließen. Wie sich diese Einstellung auch schon außerhalb Palästinas auswirkte, möchte ich an einem Beispiel erläutern.

Die Cousine meines Vaters war mit vier Kindern von Rußland nach Polen repatriiert worden. Ihren Mann hatte sie in Sibirien verloren. Als sie die polnische Grenze passierte, wurden die beiden jüngeren Kinder — ein Bub von sechs und ein Mädchen von neun Jahren — von der Mutter und den zwei älteren Schwestern getrennt und zu einem anderen Wagen geschickt, der angeblich für Kinder reserviert war und ihnen besondere Verpflegung und Betreuung bot. Die Mutter war damit einverstanden. Am Zielort war der Kinderwaggon jedoch nicht aufzufinden. Anderthalb Jahre lang suchte die Mutter ihre beiden Jüngsten. Sie konnte schließlich ermitteln, daß die Kinder in ein österreichisches DP-Lager gekommen seien. Die Bricha half nun der Mutter, mit ihren beiden älteren Mädchen illegal nach Österreich zu gelangen, wo sie ein Lager nach dem anderen besuchte, bis sie schließlich erfuhr, daß ihre Kinder mit einer Gruppe in ein deutsches Lager geschickt worden seien. So mußte die Suche in der amerikanischen Zone Deutschlands fortgesetzt werden und endete in einem Lager bei Bad Reichenhall in den Bayerischen Alpen, das unter der Leitung des Haschomer Hazair (des linken Flügels der Arbeiterpartei) stand. Hier blieb auch die Mutter, bis sie 1949 mit allen vier Kindern nach Israel auswandern konnte.

Im Februar 1946 verließ ich Gleiwitz, um gleichfalls in die amerikanische Zone Westdeutschlands zu gehen. Ich beschaffte mir zunächst für zwanzig Dollar neue Ausweispapiere und fuhr dann mit dem Zug nach Wien. Dort wies man mich zum alten Rothschild-Spital, das schon vor dem Kriege ein jüdisches Krankenhaus war und nun als Auffangstelle für israelitische DPs diente. Hier blieb man jeweils nur wenige Tage, um dann in irgendein Lager weitergeleitet zu werden. Ich ließ mich registrieren und bekam in einem der großen Säle ein Bett zugewiesen. Am nächsten Tag erfuhr ich, daß der Leiter dieser Stelle aus Lemberg stammte und mich kannte. So wurde ich besonders gut behandelt und konnte schon zwei Tage später Wien mit einem Transport nach Salzburg verlassen. Dort blieb ich allerdings nicht, sondern fuhr schon eine Stunde später nach München weiter.

Im Zug bot mir ein Mitreisender an, ein paar Tage bei ihm zu bleiben, bis ich ein Zimmer fände. Am nächsten Tage ging ich zum jüdischen Zentralkomitee, um meinen Aufenthalt legalisieren zu lassen. Man drückte mir ein Bündel Formulare in die Hand, mit denen ich mich bei allen möglichen Ämtern und Dienststellen in der Stadt anmelden und registrieren lassen mußte. Die Verkehrsverhältnisse waren noch ziemlich schlecht. Die Straßenbahnen waren überfüllt, und die Menschen hingen auf den Trittbrettern. Wegen der vielen Unfälle ging die Polizei mit Geldstrafen dagegen vor. Diese Aktion begann an einem Freitag, meinem zweiten Tag in München, und ich wußte noch nichts von dem neuen Verbot. Mit einer Menge anderer Leute fuhr ich nichtsahnend auf dem Trittbrett, als ein Polizist den Wagen anhielt und uns alle auf einem Lastwagen zum Präsidium brachte. Dort mußten die deutschen Staatsangehörigen eine Ordnungsstrafe (im heutigen Wert von etwa DM 0,40) zahlen, während ich und ein junger Mann nur von einem amerikanischen Militärgericht dazu verurteilt werden konnten, weil wir als DPs nicht der deutschen Rechtssprechung unterstanden. Da es Freitagnachmittag war und das amerikanische Gericht schon geschlossen hatte, behielt man uns bis Montag früh in Gewahrsam. Man brachte uns ins Stadtgefängnis, nahm uns alles — sogar die Schnürsenkel — ab und sperrte uns in eine Zelle, die sich allmählich mit etwa zwanzig Personen füllte, unter denen auch einige echte Kriminelle waren. Da es keine Betten gab, mußten wir auf dem Boden schlafen. Meine einzige Sorge war, wie ich mich am Montag in der Stadt sehen lassen könnte, wenn ich drei Nächte in meinem einzigen Anzug auf dem Boden geschlafen hatte. Die zwei Tage zogen sich endlos hin, und am Montag wurde ich vor Gericht gestellt. Der Richter überflog ein Blatt Papier und sagte dann: »Sie wissen doch, daß es gefährlich ist, auf den Trambahntrittbrettern zu fahren. Tun Sie es bitte nicht wieder.« Ich brauchte keine Buße zu zahlen, denn ich war ja kein Deutscher, sondern ein DP. Und so begann auch in München mein Aufenthalt mit Gefängnis.

Noch am gleichen Tag fand ich ein Zimmer, und am nächsten ging ich zur Technischen Hochschule, um mich immatrikulieren zu lassen. Der Direktor der Abteilung Mechanik war ein sehr netter Mensch, einer der wenigen Nazi-Gegner auf dieser Schule: Prof. Dr. Ludwig Föppl. Ich verlor glücklicherweise keine Zeit, denn das Semester sollte — noch eine Folge des Krieges — schon in zwei Wochen anfangen. Ein paar Tage später legte ich eine Eignungsprüfung ab und begann mit meinem Studium.

Wir waren zu mehreren jüdischen Studenten an der TH und bildeten eine geschlossene Gruppe, die gemeinsam arbeitete und auch gemeinsam die Mußestunden verbrachte. Wir waren auf dieser deutschen Hochschule wie eine Insel, uns stets der Tatsache bewußt, daß wir einstweilen keine andere Möglichkeit hatten, mit unseren Studien vorwärtszukommen, denn noch hatte kein Land uns seine Grenzen geöffnet. Unsere Arbeit absorbierte uns völlig. Die wenigen freien Tage benutzten wir zu Ausflügen in die Berge, um wieder an den Schönheiten der Natur Gefallen zu finden. So wurden wir allmählich wieder zu zivilisierten Menschen.

Meinen Lebensunterhalt bestritt ich durch eine Halbtagsstelle bei der Kommission für jüdische Geschichte, welche dem Zentralkomitee der befreiten Juden angeschlossen war. Ich wurde auch Mitglied einer jüdischen Studentenorganisation, die schon bald vierhundert Kommilitonen umfaßte. Die gesamte jüdische Bevölkerung in der amerikanischen Zone zählte zu dieser Zeit 250 000 Personen. Unsere Vereinigung war in der Unterstützung ihrer Mitglieder trotz der beschränkten Mittel außerordentlich rührig. In ihrer ganzen Einstellung war sie unpolitisch. Das Zentralkomitee der befreiten Juden hingegen wollte generell von Studenten nichts wissen. Dort war man der Ansicht, das Judentum brauche keine Intellektuellen und Akademiker, sondern Pioniere für Palästina. Die Tatsache, daß die palästinensischen Juden ihre eigenen Kinder auch auf Universitäten schickten, wurde ignoriert. Das waren ja noch »Kinder«, aber wir doch nicht mehr! Da das Joint Distribution Committee of America, welches die Juden hier unterstützte, mit dem Jüdischen Komitee eng zusammenarbeiete, fanden wir Studenten auch bei der »Joint« keine Sympathie. Ich war einer der ersten Organisatoren und Herausgeber der jüdischen Studentenzeitung und zugleich der erste Sekretär des Verbandes der polnischen Juden, die hier die Majorität hatten. Nach kurzer Zeit zog ich mich aber von diesen außerplanmäßigen Tätigkeiten zurück, um mich auf mein Studium zu konzentrieren.

9

Als ich hier in Deutschland Leute aus verschiedenen Lagern kennenlernte, hörte ich zum erstenmal von einigen der schrecklichen Taten jüdischer »Kapos«. Bisher hatte ich diesen Ausdruck nur als Bezeichnung für die KZ-Polizei oder für andere Lagerführer gekannt. Für mich war ein Kapo jemand, der seine Arbeit wie jeder andere tat; vielleicht war sie weniger erfreulich, aber sonst war nichts an ihr auszusetzen. Während sich die unteren sozialen Schichten zur jüdischen Polizei hingezogen fühlten, kamen die zum Lagerführer ernannten Juden aus den besten Kreisen. Auch andere Überlebende aus Lemberg haben nie irgendwelche schlechten Erfahrungen mit unseren »Oberjuden« oder — wie sie an anderen Orten genannt wurden — »Kapos« gemacht.

Ich erinnere mich noch an unseren ersten Oberjuden im Janowska-Lager, Ingenieur Kampf. Er hat wirklich niemals ernstlich Hand an jemanden gelegt, und wenn er einmal energisch wurde, so geschah es nur, um den Frieden unter den Lagerinsassen zu erhalten. Jeder respektierte ihn und wußte, daß man mit ihm reden konnte. 1943 wurde er von den Deutschen erschossen.

Als 1942 die Deutschen Ausrüstungswerke aus dem Lager ausgegliedert wurden, wurde Axer Oberjude im Lager. Er war ein junger Bursche um die Zwanzig. Sein Vater war ein bekannter Anwalt und eine der führenden Persönlichkeiten im Lemberg der Vorkriegszeit. Dieser Umstand prädestinierte den jungen Axer zum Mittelsmann zwischen dem Lagerkommandanten Wilhaus und der jüdischen Gemeinde, die stets bemüht war, durch Bestechungen bei Wilhaus zu erreichen, daß er die Juden im Lager etwas besser behandelte. Er erlaubte aufgrund der Bestechungen, daß Häftlinge von Zeit zu Zeit das Krankenhaus in Lemberg aufsuchen durften. Axer enthielt sich nicht nur jeglicher Tätlichkeiten, sondern arbeitete auch hart, um uns zu helfen. Jeder fühlte, daß er an ihm einen Freund hatte.

Axer hatte innerhalb des Lagers seine eigene Unterkunft und durfte sehr oft ohne irgendeine Bewachung in die Stadt gehen. Stets war er wiedergekommen, bis er eines Tages beschloß, zu fliehen. Zweimal vierundzwanzig Stunden blieb er fort; dann entschloß er sich, seinen Platz im Lager wieder einzunehmen. Wilhaus bestrafte ihn nicht — vielleicht erwartete er dafür ein größeres Geschenk. Als wir Axer nach dem Grund seines Entschlusses fragten, antwortete er, sein Gewissen habe ihm keine Ruhe gelassen. Er habe es nicht über sich gebracht, sein eigenes Leben zu retten, während unser Schicksal im Lager besiegelt war. Es war noch im gleichen Jahr, als er eines Tages Wilhaus Vorwürfe machte, so viele Menschen erschossen zu haben. Wilhaus zog daraufhin seinen Revolver und erschoß Axer.

Dabei wäre eine Flucht für Axer kein Problem gewesen. Seine Familie hatte genug Einfluß, und irgendein Arier hätte dem jungen Mann gewiß Unterschlupf gewährt. Aber er zog es — und man kann sagen freiwillig — vor, mit seinem Volk zu sterben. Aber er verabscheute die Gewalt. Er vergaß sich nie so weit, jemanden zu schlagen oder gar eine Waffe zu gebrauchen. Er wußte, wie man heldenhaft für sein Volk stirbt. Es gab Zeiten, wo aus solchem Holz Heilige und Märtyrer geschnitzt wurden.

Nach Axers Tod gab es natürlich noch andere Oberjuden im Lager, aber sie fielen weiter nicht auf und beeinflußten auch gewiß nicht unser Dasein. So kommt es, daß die Überlebenden sich weder erinnern können, wie diese Oberjuden hießen, noch wie sie aussahen.

Während meines Aufenthalts im Getto 1943, als ich meine Brüder versteckt hielt, kam mir nie der Gedanke, daraus anderen Juden gegenüber ein Geheimnis zu machen oder befürchten zu müssen, denunziert zu werden. Unser Oberjude aus jenen Tagen — er überlebte, weil er sich in der städtischen Kanalisation versteckt hatte und lebt heute in Israel — wurde nicht nur einmal, sondern vielleicht mehr als jeder andere Jude geschlagen, weil er diesen Juden gegenüber nicht hart genug war. Ich habe mich — wie viele andere — nie vor ihm gefürchtet.

Unsere Führer waren Männer von hohem moralischem Wert, die vor den Augen ihres Volkes in den Tod gingen, ob es nun Dr. Parnes oder Rabbiner Lewin oder die vielen anderen waren, die ich hier nicht einmal erwähnen konnte. Vielleicht ist das einzige Bedauerliche, daß sie es wegen ihrer hohen Ethik nicht auch verstanden, einen physischen Widerstand zu organisieren. Es mag wohl daran gelegen haben, daß sie physische Gewalt zu sehr verabscheuten. Selbst heute ist mir die Vorstellung eines grausamen »Kapos« völlig fremd, und so geht es wohl auch den anderen Überlebenden von Lemberg und Umgebung.

Nach der Veröffentlichung meines Buches »Die Todesbrigade« im März 1946 in Polen erhielt ich aus aller Welt Briefe. Ein Mann aus New York fragte nach seiner Cousine; aus Moskau bat eine Frau um Nachricht über ihren Gatten, weil ihr sechs Jahre alter Sohn nun anfange Fragen zu stellen und wissen wolle, wie sein Vater gestorben sei; ein palästinensischer Zeitungsredakteur wollte weitere Einzelheiten über seinen Bruder »Marek« erfahren, den blonden Jugen, den ich in der »Todesbrigade« beschrieb und der dort nur wenige Tage zu leben gehabt hatte. Der Brief eines Vaters ist von besonderem Interesse. Er lautet:

20. Mai 1946

An das
Jüdische Komitee
in München

Ich gestatte mir, die Bitte an Sie zu richten, den nachstehenden Brief Herrn Weliczker zu senden, der vor zwei Monaten Polen verließ, um nach München zu gehen. Sollte es nicht möglich sein, ihn zu finden, so versuchen Sie, ihn doch bitte durch Aushang dieses Briefes am »Suchbrett« zu ermitteln. Mit tiefempfundenem Dank

gez. Dr. Ernest Roth
Vorsitzender
des Jüdischen Komitees in Bielsko Biala

Sehr geehrter Herr Weliczker!

Ich bin der Vater von Jan Roth, den Sie auf Seite 49 und 52 der »Todesbrigade« erwähnen. Bis jetzt hatte ich nur gewußt, daß er und seine kleine Schwester Eva am 11. Juni 1943 denunziert und zum Janowska-Lager gebracht worden waren. Weitere Nachforschungen brachten kein Ergebnis. Ich war sicher, daß er — wenn er im KZ gewesen wäre — wie schon im Dezember 1942 geflohen wäre. Er hatte einen Ort, wo er sich verstecken konnte. Ich nahm daher an, daß er sofort erschossen worden sein mußte, zusammen mit meinem Töchterchen.

Ich habe nun den Eindruck, daß Sie mir sehr viel mehr über ihn sagen könnten, als ich in dem Buch las, wo kein Raum war, über jedes Mitglied der Todesbrigade in allen Einzelheiten zu berichten. Es tut mir sehr leid, daß ich von Ihnen erst erfuhr, nachdem Sie das Land schon verlassen hatten. Ich werde versuchen, mit Ihnen zusammenzutreffen, aber inzwischen bitte ich Sie, mir zu schreiben, wann und wo mein Sohn Jan getötet wurde. Wenn Sie sich noch an irgendwelche Folterungen, Krankheiten, Verprügelungen oder Entkräftungszustände erinnern, berichten Sie mir bitte darüber. Bitte verheimlichen Sie mir nichts.

Die Angaben in Ihrem Buch stimmen, denn mein Sohn und meine Tochter wurden am 11. Juni 1943 um 7 Uhr abends von der ukrainischen Polizei abgeholt.

Für den Fall, daß Sie Hemmungen hätten, mir alles, was Sie wissen, zu sagen, weil Sie die Mutter der beiden schonen möchten, sei erwähnt, daß meine Frau am 30. Juni 1943 starb. Ich bin Ihnen sehr zu Dank verbunden, daß Sie sich so eingehend meiner Kinder erinnerten. In der Erwartung einer Antwort und in der Hoffnung, daß bereits, ehe ich Sie aufsuchen kann, dieser Brief der Auftakt zu unserer Freundschaft sein wird,

verbleibe ich mit den besten Wünschen

Ihr Ernest Roth

Es lag noch ein Zettel von einer Frau dabei, die ich einmal kennengelernt hatte und die mich nun bat, diesem so tragisch vom Unglück getroffenen Vater gegenüber meine Pflicht zu erfüllen.

Es war nicht leicht, diesen Brief zu beantworten. Was konnte ich schon über Entkräftungszustände oder Mißhandlungen aussagen? Wer achtete damals schon darauf? Ich schrieb über die Flucht, das Schicksal derer, die nicht flohen, ein wenig über mich selbst und dergleichen. So begannen wir einen regelmäßigen Briefwechsel.

Das nächstemal schilderte mir Dr. Roth, wie er nach Lemberg gekommen sei und seine Kinder in eine andere Stadt habe bringen müssen. Auch erwähnte er in diesem Brief, daß seine Frau sich am 30. Juni 1943 mit Blausäure umgebracht habe. Sie nahm alle 25 Pillen, die sie hatten, und ließ ihm keine übrig, um ihr nachzufolgen. In ein paar Zeilen, die sie hinterließ, bat sie, ihre Garderobe der Christin zu schicken, die sich um Eva angenommen hatte, als sie noch ein Kind war. Dr. Roths Briefe, voller Schmerz, aber ohne Haß, sprachen nur von den Menschen, die seiner Familie geholfen hatten, bis sie ausgelöscht war, und erzählten ausführlich von den Kindern. Diese Briefe gaben einem das Gefühl, als ob er es als seine Schuld betrachtete, nicht auch umgebracht worden zu sein. In einem Brief sagte er es ganz deutlich: »Hat ein Vater denn das Recht, seine Kinder zu überleben?«

Der Nürnberger Prozeß war um diese Zeit im Gange. Er wurde von uns Juden im allgemeinen nicht mit sonderlichem Interesse verfolgt; wenn wir darüber sprachen, konnten wir uns des Gefühls nicht erwehren, daß er uns nichts mehr anging. Natürlich sollte man die Mörder hängen, aber die Millionen waren tot. Die Welt hätte einschreiten müssen, ehe diese Millionen Unschuldiger umgebracht wurden. Unsere Diskussionen drehten sich mehr um die Art und Weise, wie solche degenerierten Menschen zu Führern einer der mächtigsten Nationen der Welt wurden, Individuen, die sich untereinander über solche Trivialitäten wie den Vortritt an der Tür stritten. Sie alle fürchteten jetzt um ihr Leben und versuchten, die Verantwortung jeweils auf die anderen zu schieben. Frank, der Reichsleiter der N.S.D.A.P. und Generalgouverneur des besetzten Polens, wollte sogar zum Katholizismus übertreten, damit der Papst zu seinen Gunsten interveniere.

Der russische Ankläger zitierte verschiedene Male meine Zeugenaussagen. Ende August 1946 besuchte ich mehrere Sitzungen des Militärgerichtes in Nürnberg, aber es war ein uninteressantes Schauspiel, das da über die Bühne ging.

Am Dienstag, dem 1. Oktober 1946, erging das Urteil in Nürnberg: 12 Todesstrafen, 3 »lebenslänglich«, 4 Freiheitsstrafen zwischen 10 und 20 Jahren und 3 Freisprüche. Im großen und ganzen befriedigte uns das Ergebnis, besonders die Todesurteile gegen Frank, Rosenberg (als Reichsminister der besetzten Ostgebiete) und Streicher, den Mordapostel und Herausgeber des antisemitischen Hetzblattes »Der Stürmer«. Die vier Mächte einigten sich darauf, daß die Propagierung von Haß und Mord als das schlimmste Verbrechen zu betrachten sei. Bleiben wir diesem Grundsatz nun auch treu?

Im Zuge des Prozesses wurden tonnenweise Dokumente veröffentlicht, welche zeigten, daß die Hinmordung unseres Volkes systematisch organisiert worden war. Als Beispiel sei hier ein Brief Heydrichs vom 21. September 1939 angeführt, worin er als

Chef des Sicherheitsdienstes unter dem Aktenzeichen »PPII 288/39 GEHEIM« über die »Judenfrage im besetzten Gebiet« genaue Anweisungen für die Liquidierung gibt und ausführt, es sei zu unterscheiden zwischen »dem Endziel« und »den Abschnitten zur Erfüllung dieses Endzieles«; die geplanten Maßnahmen brauchten eine gründliche Vorbereitung in technischer wie auch in wirtschaftlicher Hinsicht. Das Schreiben gibt dann genau an, wie die »Jüdischen Ältestenräte« zu organisieren seien, wie die übrigbleibenden Juden an einem Ort konzentriert und vernichtet werden sollten und daß man darauf achten müsse, daß die Zusammenziehung von Juden stets in der Nähe eines Bahnhofs zu erfolgen habe. Wenn man Teil II dieses Buches mit dem eben erwähnten Brief vergleicht, kann man sehen, wie genau diese Anweisung befolgt wurde. Ein anderes »geheimes« Schreiben vom 2. 12. 1941 (Band 226-3) an den General der Infanterie Thomas spricht davon, daß sich die Juden »ängstlich-willig« benähmen. Sie bemühten sich, alles zu vermeiden, was den Deutschen mißfallen könnte, aber es sei offensichtlich, daß sie die Deutschen haßten. Es sei auch ein Problem, wie die Liquidierung beschleunigt durchgeführt werden könne, da die Juden in den größten Städten zuweilen über 50% der Bevölkerung ausmachten und fast alle Handwerker sowie die Arbeiterschaft der Klein- und Mittelindustrie stellten. Das Schreiben stellte ferner fest, daß bis dahin in der Ostzone 150 000—200 000 Juden getötet worden seien. Außerdem heißt es dort, die Erschießung der Juden sei offen mit Hilfe des ukrainischen Militärs, aber »vielfach leider auch unter freiwilliger Beteiligung von Wehrmachtsangehörigen« erfolgt. Die Art der Massenausrottung von Männern, alten Leuten, Frauen und Kindern jeden Alters sei »grauenhaft« und so gigantisch gewesen, daß bis jetzt die Sowjet-Union keine ähnliche Aktion unternommen habe.

Dieser Brief sprach auch davon, daß die Aktion etwa am 2. Dezember 1941 anlaufen sollte. Der Hauptinspekteur der ukrainischen Gebiete gab zu, daß die Liquidierung der Juden zwar gewisse Vorteile habe, daß er sich aber auch über die Nachteile Sorgen mache. Beim Nürnberger Prozeß wie auch bei den anderen Verfahren gegen Nazis wußte aber niemand mehr genau, was vorgegangen war!

Inzwischen kam ich mit meinem Studium gut voran. Wir gönnten uns praktisch keinerlei Ferien und versuchten, ein Pensum von 18 Monaten in einem Jahr zu bewältigen. Unsere wirtschaftliche Lage ließ freilich zu wünschen übrig, denn die Studentenorganisation erhielt vom American Joint Distribution Committee fast keinerlei Unterstützung, obwohl diese Organisation jährlich viele Millionen Dollar vom amerikanischen Judentum zur Unterstützung der DPs erhielt und in ihren Berichten über die Verteilung dieser Mittel auch die Studenten als Beihilfsempfänger aufführte. Das »Joint« hätte als Wohlfahrtsorganisation ein Teil des Volkes werden sollen; statt dessen wahrte es einen auffallend großen Abstand. Die Repräsentation, die es mit seinem von Posten bewachten Bürogebäude trieb, seine mit kostbaren Wandgemälden verzierten Speisesäle im Wintergartenstil, seine Tanzparties, zu denen nie ein Außenseiter eingeladen wurde, alles dies rief bei der einfachen jüdischen Bevölkerung Haß hervor. Da auch wir keinen Kontakt mit dem »Joint« bekamen, organisierten wir eines Tages einen Handstreich. Die jüdischen Studenten besetzten in aller Frühe das Bürogebäude des »Joint« und ließen das Personal erst dann hinein, als man sich — nach acht Stunden — bereiterklärt hatte, mit unserer Delegation — in die auch ich gewählt worden war — zu verhandeln. Wir erreichten, daß ein Mittagstisch für uns eingerichtet wurde und jeder beim »Joint« registrierte Student monatlich ein Spendenpaket im Wert von 2-3 Dollar erhielt.

Wir waren allesamt nicht der Ansicht, daß die Welt uns einen Lebensunterhalt schuldig wäre und daß man uns helfen *müsse*. Aber es verletzte uns sehr, als wir feststellen mußten, wie unser Name für Geldsammlungen mißbraucht wurde. In den Zeitungen lasen wir von Millionenschenkungen zu unserer Unterstützung und erlebten nun, wie diese Mittel vergeudet wurden. Da bekamen wir zum Beispiel in einem unserer Spendenpakete vier Rollen Toilettenpapier in einer Luxusqualität, wie wir sie noch nicht einmal in guten Vorkriegszeiten gekannt hatten. Hier aber kam gleich eine ganze Schiffsladung davon an und das in einer Zeit, wo der Transportraum noch so ungeheuer knapp war. Man bedenke: das Papier mußte dann vom Hafen erst nach München und mit Lastwagen in ein Lagerhaus geschafft werden, da es nicht gut im Regen liegenbleiben konnte. Auch Lagerräume waren damals äußerst rar. Die Empfänger dieser »Spende« nahmen es aber gar nicht erst mit heim, da die Rollen ihnen zu sperrig waren. Ein anderes Beispiel boten die Lebensmittelkonserven: Da wurden Büchsen mit einer geschnitzelten halben Mohrrübe in Wasserbrühe über den Atlantik geschickt, während man hier schon für weniger als die Frachtkosten eine ganze Rübe bekommen hätte. Es wäre niemandem zuviel Arbeit gewesen, sie sich selbst zu putzen. Man sandte uns auch Rasiercreme, die ohne Pinsel anzuwenden war. Aber niemand wußte, wie man sie verwenden sollte: innerlich oder äußerlich? Und fand man jemanden, der wenigstens die englische Gebrauchsanweisung lesen konnte, so wurde man immer noch nicht schlau daraus, ob das Gesicht vor oder nach dem Gebrauch der Creme anzufeuchten sei. Je ärmer Menschen sind, um so mehr Stolz haben sie. Uns kränkte der Gedanke, daß diese »Hilfe« für uns Millionen verschlang und uns in Wirklichkeit nur Trivialitäten einbrachte. Als in der Hilfskommission in den USA jemand die Idee aufbrachte, die DPs brauchten auch Toilettenpapier, da werden ihm seine Komiteefreunde selbstgerecht erklärt haben: »Toilettenpapier? Wie stellst du dir das vor? Du meinst, sie seien nur Menschen? *Luxus*-Toilettenpapier! Wir müssen sie doch wie unseresgleichen behandeln!«

Meiner führenden Rolle bei dem »Handstreich« hatte ich es dann zu verdanken, daß ich meinen Posten in der Historischen Komission aufgeben mußte, denn der Coup hatte sich gegen das »Joint« und damit auch das Zentralkomitee der befreiten Juden gerichtet, wozu wiederum die Historische Kommission gehörte. Aber ein New Yorker Freund von Dr. Ernest Roth begann nun, mir alle ein bis zwei Monate ein CARE-Paket zu schicken. Das war mir eine große Hilfe. Da wir jetzt Kontakt mit dem Joint hatten, trafen wie eine Abmachung, daß als Nachtwächter in den Lagerhäusern zum Teil auch Studenten beschäftigt wurden. Von über hundert Bewerbern wurden zwar nur fünfzehn benötigt, aber ich war einer der Glücklichen. So hatte ich wieder einen Job, der meine Studien nicht störte.

10

An einem schönen, sonnigen Samstagnachmittag im Juni 1947 erschien in meiner Wohnung plötzlich Max Hoenig, ein Kamerad aus der Todesbrigade. Völlig außer Atem forderte er mich auf, sofort mit ihm zum Präsidium der Militärpolizei zu eilen, um dort zu melden, daß er den Hauptscharführer Rauch gefangen habe; alles Nähere werde er mir unterwegs erklären. Max hatte, wie er mir dann berichtete, am Stachus — im Herzen von München — auf eine Straßenbahn gewartet, als ihm ein Mann auffiel, der sich mit einem Mädchen stritt. Es war Rauch. Aber wie sollte er ihn verhaften? Wenn er gleich auf der Stelle zu ihm gegangen wäre, hätte er nur eine ganze Menge Neugieriger auf sich gelenkt, und Rauch wäre, ehe er ihn hätte festhalten können, in der Menge verschwunden und nicht mehr aufzufinden gewesen. So beschloß Max, ihm auf den Fersen zu bleiben, um festzustellen, wo Rauch wohnte. Während er ihm nun in Richtung Hauptbahnhof folgte, kam ein Jeep mit einem Militärpolizisten die Straße entlang. Max sah eine Chance, packte mit der einen Hand Rauch am Kragen und winkte mit der anderen den MP-Mann heran. Dieser merkte, daß da etwas nicht stimmte, hielt, lud beide in den Jeep, fuhr mit ihnen zur nächsten Polizeiwache und lieferte sie dort ab. Dort erklärte Max, worum es sich handelte. Rauch leugnete jedoch, jemals in Polen, geschweige denn in Lemberg gewesen zu sein, und wollte auch nie der SS oder dem SD angehört haben. Nach den Ausweispapieren, die er vorlegte, war er von den Russen in der Tschechoslowakei gefangen genommen und vor wenigen Wochen entlassen worden. Sein Name sei zudem nicht Rauch, sondern Rausch. Der Polizeikommissar erklärte Max, das beste sei wohl, zunächst ihrer beider Adressen aufzunehmen. Wenn Max weitere Beweise habe, könne er ja wiederkommen, und dann wäre immer noch Gelegenheit, Rauch zu verhaften. Hätte er sich geirrt, könne er freilich zur Rechenschaft gezogen werden, weil er einen Unschuldigen angezeigt habe. Max war mit diesem Vorschlag gar nicht zufrieden und überredete den Polizeikommissar, Rauch bis Montag früh in Gewahrsam zu behalten; er übernehme alle Verantwortung für die Verhaftung eines Unschuldigen.

Nun hatte Max Hoenig Angst, daß man auf der Bahnhofspolizeiwache Rauch doch noch vor Montag aus der Haft entlassen würde. Was war zu tun? Wohin sollte man sich wenden? Max schlug vor, zum Präsidium der Militärpolizei zu gehen, und da mir nichts Besseres einfiel, ging ich mit. Es war jedoch schon spät und ein Samstagnachmittag. Außerdem konnten wir kein Englisch und fanden dort niemanden, der dem Diensthabenden verdolmetschte, was wir wollten, obwohl wir stundenlang von einem Büro zum anderen liefen. So gingen wir wieder und wußten nicht, was wir machen sollten. Bis spät in die Nacht diskutierten wir noch unser Problem und beschlossen, daß Max — trotz aller Bedenken, ob Rauch noch in Haft wäre — am Sonntagmorgen nach Föhrenwald (etwa 50 km vor München) fahren solle, wo in einem DP-Lager noch ein anderer Überlebender aus der Todesbrigade — Manucewitz — wohnte. Ihn mußten wir als weiteren Zeugen haben, denn je mehr aussagen konnten, desto besser war unsere Lage. Ich mußte inzwischen einen Weg ausfindig machen, wie man die amerikanischen Behörden für den Fall interessieren könnte; denn der deutschen Polizei trauten wir auch nicht allzu sehr.

So steckte ich mir am Sonntag früh ein Exemplar meines Buches »Die Todesbrigade« ein, das ein Foto von mir enthielt, und ging zum Hauptbüro des amerikanischen CID. Ohne einen Passierschein war jedoch in das Gebäude nicht hineinzukommen, und der Posten wollte mich nicht einmal anhören. Und selbst wenn er es getan hätte, wäre ihm wahrscheinlich gar nicht klargeworden, was ich wollte. Ich nahm mir daher vor, jeden Mann in amerikanischer Uniform anzuhalten, bis ich jemand fände, der mir helfen könnte. Immer wieder zeigte ich das aufgeschlagene Buch vor, so daß man mein Bild sehen konnte, um mich gewissermaßen vorzustellen. Die meisten, die ich so ansprach, schoben mich jedoch zur Seite, weil sie dachten, ich wollte ihnen etwas verkaufen oder amerikanische Zigaretten von ihnen einhandeln. Nach fast fünf Stunden geriet ich endlich an einen Offizier, der Deutsch verstand, stehen blieb und mich anhörte. Ich erklärte ihm, daß in meinem Buch ein SD-Mann beschrieben sei, den man gefaßt habe, und daß ich jetzt nicht wüßte, was zu tun sei. Ich zeigte ihm auch meinen

Ausweis für die Nürnberger Gerichtsverhandlungen, ein Dokument, das sehr schwer zu bekommen war. Der Offizier nahm mich mit in das CID-Gebäude, brachte mich zunächst in ein Wartezimmer und nach ein paar Minuten in das Büro eines anderen Offiziers, der sehr gut Polnisch sprach. Ihm erzählte ich die ganze Geschichte und zeigte ihm die genaue Beschreibung Rauchs in meinem Buch. Der Offizier rief daraufhin die Bahnpolizeiwache an, wo Rauch festgehalten wurde, und bestellte ihn zur Vorführung am nächsten Morgen, also Montag früh, für zehn Uhr. Man gab mir an, wo ich mich mit meinen beiden Freunden melden solle. Erregt lief ich zu Max' Wohnung, erzählte mein Erlebnis seiner Frau und ließ eine Nachricht zurück, wo er und David Manucewitz am nächsten Tage hinkommen sollten.

Als wir uns am anderen Morgen vor dem angegebenen Gebäude trafen, merkte ich Max an, daß er unruhig war. Er wollte erst nicht mit der Sprache heraus und murmelte schließlich, vielleicht sei es doch ein Irrtum gewesen und der Mann sei wirklich nicht der Gesuchte; es komme doch vor, daß zwei Leute sich gleichsähen. Schließlich habe er doch Entlassungspapiere eines russischen Kriegsgefängnisses und behaupte, nie in Polen gewesen zu sein.

Wir gingen in das Gebäude. In dem langen Korridor saß auf einem Stuhl Rauch; ein deutscher Polizist bewachte ihn. David und ich erkannten ihn sofort.

David Manucewitz, ein stämmiger Bursche Ende zwanzig, war der stärkste Mann in der Todesbrigade gewesen. Er hatte dort Typhus bekommen, und ich hatte ihn in dieser Zeit in jeder Hinsicht versorgt. Max Hoenig war um die Dreißig, etwa 1,65 m groß und sehr aggressiv — ein Umstand, der ihn in der Todesbrigade oft in Schwierigkeiten gebracht hatte.

Als David jetzt Rauch sah, wurde er ganz aufgeregt und versetzte ihm, ohne erst nachzudenken, einen Schwinger ans Kinn, so daß Rauch mit dem Kopf gegen die Wand schlug und dann blutend vom Stuhl sank. Der Polizist hielt David vor weiteren Tätlichkeiten zurück, und wir drei wurden in den Haftraum gesperrt. Von dort aus wurden wir einzeln zur Vernehmung geholt, aber nicht mehr in die Zelle zurückgebracht. Ich kam als letzter dran. Die Vernehmung machte eine deutsche Sekretärin, während der amerikanische Offizier im Nebenzimmer saß und sich nicht einmal sehen ließ. Als erstes erklärte sie mir, ich müsse mir genau darüber klar sein, was ich sage. Sie wisse zwar, daß ich die Wahrheit sagen werde, denn ich sei es nicht gewesen, der Rauch gefangen habe, und so wäre ich auch nicht dafür verantwortlich, wenn der falsche Mann beschuldigt worden sei. Sie wisse aber von Fällen, wo DPs einen Deutschen beschuldigten, er sei ein Nazi, nur um ihm ein Mädchen auszuspannen. Dieses Geschwätz machte mich wütend; ich stand von meinem Stuhl auf, schlug mit der Faust auf den Tisch und sagte zu ihr: »Wie kommen Sie denn überhaupt dazu, mich hier vernehmen zu wollen? Ich habe auch schon von Liebesgeschichten zwischen Chefs und ihren Sekretärinnen gehört, die nachher den ganzen Laden allein schmeißen. Ich werde schon herausbekommen, was hier vor sich geht. Ich kenne einige von den richtigen Leuten.« Ich verließ das Büro und knallte die Tür hinter mir zu. Ich war zu nervös, um mit irgend jemand noch sprechen zu können, und ging heim. Gegen zehn Uhr abends kam ein deutscher Polizist und richtete mir aus, ich solle mich am nächsten Morgen in der gleichen Dienststelle melden, wo ich heute gewesen sei.

Als ich am nächsten Tag hinkam, wurde ich zu einem amerikanischen Offizier geführt, der gut Polnisch sprach. Ich war als einziger vorgeladen und wurde sehr anständig behandelt. Die Sekretärin kam herein und entschuldigte sich für ihr gestriges Verhalten mir gegenüber. Sie sagte, Rauch sei nach mir vernommen worden und habe zugegeben, mich zu kennen und in der Todesbrigade gewesen zu sein sowie gefälschte Papiere gehabt zu haben, als er von den Russen in der Tschechoslowakei gefangen wurde. Sie sagte mir auch, sie habe ihren Ohren nicht getraut, als er gestanden habe, wie es in der Todesbrigade zugegangen sei. »Ein so unschuldig und gut aussehender junger Bursche . . .« fügte sie noch hinzu.

Ein paar Minuten später wurde Rauch hereingeführt. Wir sprachen miteinander, während der Offizier nur zuhörte. Rauch erklärte, er sei in der Todesbrigade nur Kraftfahrer gewesen, während ich behauptete, er sei der stellvertretende Kommandeur der Brigade gewesen. Er gab zu, den zweithöchsten Dienstgrad gehabt und bei Abwesenheit des Chefs die Meldungen usw. entgegengenommen zu haben. Trotzdem blieb er dabei, nur Kraftfahrer gewesen zu sein. 1932 sei er im Alter von 18 Jahren in die N.S.D.A.P. eingetreten. Im Krieg habe man ihn zu dieser Einheit kommandiert, und er sei sehr froh gewesen, daß man ihn nicht an die Front geschickt habe. Ich war sehr neugierig, was er noch zu sagen hatte, aber seine nächste Äußerung, »Wissen Sie, die Polen und Ukrainer waren schlimmer als die Deutschen . . .« beendete unsere Unterhaltung. Der amerikanische Offizier war ein naturalisierter amerikanischer Bürger polnischer Abstammung. Er stand sofort auf und ging zur Tür. Dort blieb er stehen, winkte mich zu sich und sagte auf Polnisch, neben dem Fenster stehe eine Eisenstange; aber ich solle daran denken, daß ich vor Gericht käme, falls ich ihn tötete oder sichtbare Verletzungen verursachte. Dann sagte er noch, er komme in zehn Minuten zurück, und ging hinaus.

Zuerst wußte ich nicht, was ich tun sollte; selbst einen Mörder wie Rauch zu verprügeln war mir widerlich. Dann kam mir aber der Gedanke, daß ich hier »normal« reagieren mußte, damit es später nicht so ausgelegt werden könnte, als ob Rauch letzten Endes doch nicht so »schuldig« sei, und so schlug ich ein paarmal auf ihn ein, bis er ohnmächtig zu Boden sank.

Ein paar Minuten später kam der Offizier zurück. Wir drückten einander die Hand, und ich ging.

II

Mein Studium machte gute Fortschritte. Am 10. Juli 1947 bewarb ich mich um ein Stipendium für die Technische Hochschule Zürich, und am 10. Oktober 1947 erhielt ich über das »Joint« einen Brief, der besagte, daß ich vom »Fonds Européen de Secours aux Etudiants« ein Stipendium bekäme und an der TH Zürich angenommen sei. Ich beantragte daraufhin ein Einreisevisum, wurde aber von der Berner Grenzpolizei abgewiesen, da ich staatenlos sei. So mußte mein Leben einstweilen in München weitergehen. Von Rauch hörte ich nichts mehr.

Es war um den 20. Dezember 1948, als mir meine Wirtin sagte, während meiner Abwesenheit sei abends ein Mann dagewesen und habe nach mir gefragt. Sie habe ihm gesagt, er solle morgens gegen sieben Uhr kommen, ehe ich das Haus verließ. Am nächsten Morgen kam er um Viertel vor sieben. Er war in den Dreißigern und mittelgroß. Er stellte sich vor und behauptete, sein Vetter, der im KZ Dachau getötet worden sei, habe eine Frau und drei Kinder hinterlassen. Da er wisse, daß ich bei der Historischen Kommission arbeitete, wolle er nachfragen, ob es mir möglich sei, weitere Einzelheiten über den Fall zu ermitteln, weil die Kinder die Umstände und auch das Datum des Todes ihres Vaters erfahren möchten. Ich sagte ihm, es werde wohl höchst schwierig sein, solche Informationen zu bekommen, aber ich kenne einige Leute, die in Dachau gewesen seien, und bei ihnen würde ich einmal nachfragen. Wir verabredeten, uns in vierzehn Tagen wiederzusehen. Ich erkundigte mich dann hier und dort, aber niemand hatte den mir angegebenen Namen gehört — schließlich war Dachau ja ein sehr großes Lager gewesen. Als die zwei Wochen verstrichen waren, meldete sich der Mann nicht. Ich vergaß den Fall allmählich. Erst eines Abends Anfang Februar suchte mich der Mann wieder auf. Statt sich nach seinem Vetter zu erkundigen, fragte er mich, ob ich wüßte, wer er sei und was er wirklich wolle. Ich antwortete »Ja« und dachte dabei, er sei wohl ein Nazi, der von mir eine Bescheinigung wollte, daß mir der Aufenthalt von Mitgliedern seiner Familie im KZ bekannt sei. Da rückte er mit der Sprache heraus und sagte, er sei Rauchs Schwager. Rauch sei zunächst in Dachau interniert gewesen und vor etwa einem halben Jahr an Polen ausgeliefert worden. Er befinde sich nun in einem Gefängnis in Krakau. Er werde dort sehr gut behandelt und schreibe oft heim. Er habe auch Zeugen, die bereit seien, für ihn auszusagen. Das einzige, was er von mir benötige, sei ein Brief an das Gericht in Krakau. Ich solle darin schreiben, ich hätte nie gesehen, daß er jemand getötet habe. Im übrigen — fügte der Schwager hinzu — hätten sie genügend Verbindungen, um Rauchs Haftentlassung zu erreichen. Er habe schon mit Max Hoenig gesprochen, und der habe ihm gesagt, es hänge alles von mir ab, weil ich in Polen bekannt sei. — Max, der Frau und Kinder hat und sah, daß Rauchs Familie unsere Adresse hier kannte, fürchtete sich vor Repressalien und schob die Verantwortung mir zu. — Ich hörte mir alles an und war froh zu erfahren, daß Rauch in einem polnischen Gefängnis saß und daß ihm dort — dessen war ich sicher — ein gerechter Prozeß gemacht wurde. Andererseits beunruhigten mich seine Entlastungszeugen und Beziehungen, mit denen er in Krakau operierte, während wir als

Belastungszeugen in München waren. Ich beschloß, über Rauchs Fall so viel wie möglich durch seine Familie herauszubekommen, und sagte dem Schwager daher, ich wolle alles tun, was recht und billig sei. Ich fügte noch hinzu, ich würde gern wieder von ihm hören, aber ging nicht näher darauf ein, was »recht und billig« sein würde.

Nach dieser Unterredung schrieb ich sofort an Dr. Roth nach Polen — er war ja auch an der Todesbrigade interessiert. Ich teilte ihm alle Einzelheiten über Rauchs Gefangennahme und die Unterredung mit seinem Schwager an diesem Abend mit, sowie, daß Rauch nun in Krakau sei. Da er — Dr. Roth — nicht weit von Krakau wohne und selbst Anwalt sei, möge er sich doch um den Fall kümmern, damit es dabei nicht durch falsche Zeugenaussagen und Beziehungen zu einem Justizirrtum komme. Auf diesen Brief schrieb mir Dr. Roth zurück, er habe sich mit dem Gericht in Krakau in Verbindung gesetzt, aber es sei noch kein Termin zur Hauptverhandlung anberaumt, weil die beeidigten Aussagen der Zeugen, die meist außerhalb Polens wohnten, noch nicht eingetroffen seien. Er schrieb ferner: »Ich fahre in der nächsten Zeit nach Krakau, um Erlaubnis zu bekommen, mit Rauch zu sprechen, denn ich möchte ihn fragen, wie es den Mitgliedern der Todesbrigade nach der Flucht im November 1943 ergangen ist. Aus Ihrem Brief hat man den Eindruck, daß Rauch die schwerste Strafe verdient. Ihr Buch gibt einem hingegen das Gefühl, als ob er manchmal auch einige menschliche Regungen gehabt hätte.«

Als ich diesen letzten Satz las, kochte mir das Blut. Ein Vater, der seinen einzigen Sohn und seine Tochter durch die Brigade verloren hatte und dessen Frau deswegen Selbstmord beging, ja, dessen Sohn die Leiche seiner kleinen Schwester selbst verbrennen mußte — ein solcher Vater versuchte dennoch bei diesem Mörder etwas Positives zu entdecken! Ich schrieb ihm sofort einen Brief.

Inzwischen suchten mich Rauchs Angehörige wieder auf: seine Mutter, eine kleine magere Frau in den Sechzigern, seine ältere Schwester und der Schwager. Der Schwager machte uns miteinander bekannt, und ich bat sie, Platz zu nehmen. Die Mutter eröffnete das Gespräch: »Als Mutter kann ich es nicht ertragen, daß wieder Ostern sein wird und mein einziger Sohn nicht bei uns ist.

Sie müssen verstehen, daß er dort im Lager noch sehr jung war. Sie hatten doch auch einmal eine Mutter ...«

»Ja, und sie wurde von Menschen wie Ihrem Sohn getötet,« unterbrach ich sie. »Aber wo soll denn die Welt hinkommen?« fuhr sie fort. »Einer bringt den andern um. Nun wird der andere von einem dritten getötet und so weiter. Das muß doch irgendwo aufhören. Man muß doch darüber stehen! Sie müßten doch wissen, was es bedeutet, wenn einem Familienangehörige getötet werden. Hier spricht eine Mutter zu Ihnen, einer Mutter Herz, deren alleiniger Wunsch ist, ihren einzigen Sohn Ostern daheim zu haben.«

»Und wir werden uns schon einigen, wie wir Sie finanziell für den Verlust Ihrer Familie entschädigen«, unterbrach die Schwester.

Während Rauchs Mutter redete, war mein Herz voller Gram um meine eigene Familie. Meine Mutter hatte noch nicht einmal darum gebeten, ihre Kinder an den Feiertagen um sich zu haben, sondern nur, daß sie nicht gefoltert und so brutal umgebracht wurden. Und hier bat man mich im Namen meiner Familie, im Namen der Opfer, übermenschlich zu sein, während man uns Juden nicht einmal das Recht der Tiere zugestanden hatte, nicht bei lebendigem Leib zerschnitten oder als Säugling von der Mutter weggerissen zu werden. Diese Grundrechte der Kreatur standen schon in den sieben Geboten Noahs, Jahrtausende vor aller Zivilisation.

Ich sagte ihnen, ich würde mein Bestes tun, daß der Prozeß möglichst bald stattfände, und riet ihnen, durch ihren Verteidiger sofort bei Gericht die Zeugenaussagen von Max und mir anzufordern. Ich befürchtete, daß sowohl er als auch ich, wenn der Prozeß noch weiter hinausgezögert würde, Deutschland inzwischen verlassen haben würden, jeder nach einem anderen Erdteil, während David bereits auf dem Wege nach Israel war. Dann würde es schwer sein, uns als Zeugen noch zu erreichen.

Am gleichen Abend schrieb ich noch einen weiteren Brief an Dr. Roth und bat ihn, herauszufinden, wieso Rauch so oft heimschreiben durfte, wer die Entlastungszeugen seien und warum der Prozeß so lange verzögert werde.

Einige Wochen später wurden Max und ich zum polnischen Konsulat gerufen und machten dort eine beeidigte Aussage über Rauch.

Im Juli erreichte mich ein Brief Dr. Roths vom 5. 7. 1949:

»Sehr geehrter Herr Weliczker!

Ich war in Krakau und sprach mit Rauch, zwei Tage vor seinem Prozeß am 24. Juni. Leider konnte ich die Prozeßakten nicht einsehen, bevor ich mit ihm sprach, da der Richter gerade in einer Sitzung war. Es hatten vorher drei Termine stattgefunden, und als ich die Akten las, verstand ich, warum Rauch so entspannt und selbstsicher war, als ich ihn aufsuchte.

Ich war hauptsächlich daran interessiert, von Rauch zu hören, was aus den Mitgliedern der Brigade wurde, als sie im November 1943 entflohen. Er behauptete, sie seien sämtlich entkommen, weil die Nacht dunkel und neblig gewesen sei. Die Wachen hätten nicht einmal geschossen, da sie gefürchtet hätten, sich gegenseitig zu treffen. Dies war offensichtlich eine Lüge, wie auch alles andere, was er mir sagte. Im übrigen war es eine sehr lehrreiche Unterredung für mich. Vielleicht wird er nach dem Schuldspruch endlich erkennen, wie abscheulich seine Verbrechen waren, denn ich weiß nicht, ob selbst Gott bei unserer Unterhaltung die geringste Spur von Empfindungen in ihm hätte entdecken können, ganz zu schweigen von einem quälenden Gewissen. Nachdem ich die Gerichtsakten gelesen hatte, empfand ich einen solchen Ekel vor ihm, daß ich es nicht über mich brachte, zur Hauptverhandlung zu gehen, obwohl ich mich darauf eingerichtet hatte, bis dahin in Krakau zu bleiben.

Am allerletzten Tag kam wieder ein Brief von seiner Schwester. Sie redete ihn mit ›Allerliebstes Brüderlein‹ an und war voller Zärtlichkeit für den Bruder, der nun von teuflischen Juden verfolgt werde, die selbst Verbrechen gegangen hätten und sich deswegen scheuten, nach Polen zurückzukehren. Ich zeigte diesen Brief dem Staatsanwalt, der auf Ihre beschworene Aussage vor dem polnischen Konsulat in München wartete, die inzwischen eingetroffen ist. Ihre Aussage und die von Edward Gleich, welcher angab, daß er selbst gesehen habe, wie Rauch ein kleines Kind erschossen habe, führten zu der Todesstrafe, die am 24. Juni 1949 ausgesprochen wurde.

In den Gerichtsakten waren auch Schreiben, unterzeichnet von einem gewissen Hriorij, der jetzt in München wohnt und meiner Meinung nach ein Volksdeutscher ist; darin bezeugt dieser, Rauch sei nie Mitglied der N.S.D.A.P. gewesen und sei ein ordentlicher Mensch. In einer Aussage des Weihbischofs hieß es, hier müsse wohl eine Verwechslung zwischen diesem Rauch und dem Brigadegeneral Rauch vorliegen.

Mit den besten Wünschen

gez.: E. Roth.«

Dr. Roth hat inzwischen eine Witwe geheiratet, deren Mann und Tochter von den Nazis getötet worden waren. Sie leben jetzt in Israel.

Im August 1949 promovierte ich zum Dr. ing. Etwa zur gleichen Zeit bekam ich ein Stipendium für die Lehigh-Universität in Bethlehem/Pennsylvanien. Im September 1949 fuhr ich nach den Vereinigten Staaten und setzte meine Studien in Lehigh an der »Graduate School of Physics« fort.

Epilog

Als die französische Ausgabe dieses Buches im November 1961 in Druck ging, waren die meisten der in Teil II und III erwähnten SS-Männer verhaftet und erwarteten ihren Prozeß. Andere wurden für tot gehalten.

Amtliche Urkunden bestätigen, daß meine allgemeine Beschreibung dieser SS-Leute durchaus stimmte, was Alter, Erscheinung und Beruf anging. Kleinere Irrtümer — wie etwa bei Geburtsdaten und Schreibweise der Namen — konnten für die amtliche Auswertung richtiggestellt werden. In diesem Buch habe ich die betreffenden Angaben nicht mehr abgeändert, weil ich alle Daten so lassen wollte, wie sie mir zu jener Zeit bekannt waren.

Ich glaube, mit diesem Buch einen Auftrag erfüllt zu haben: die Welt wissen zu lassen, was geschah.

Der letzte Wunsch meines Volkes war, die Welt wissen zu lassen, was geschehen ist. Es hoffte und fühlte, daß die Welt Anteil an seinem Geschick nimmt und darüber Bescheid wissen möchte.

Nimmt die Welt Anteil?

Ich möchte dem Verlag Albin Michel in Paris danken, der als erster mein Buch veröffentlichte, dem Carl Hanser-Verlag in München, den Verlegern in Italien, Portugal und den USA, sowie allen anderen, die dieses Buch dem Publikum zugänglich machen, den Übersetzern, Lektoren, meiner Frau und den vielen, die mir halfen und noch helfen, den letzten Schrei nicht verklingen zu lassen:

ACH ERDE, BEDECKE MEIN BLUT NICHT!

Hiob 16. Kap., Vers 18

Karten

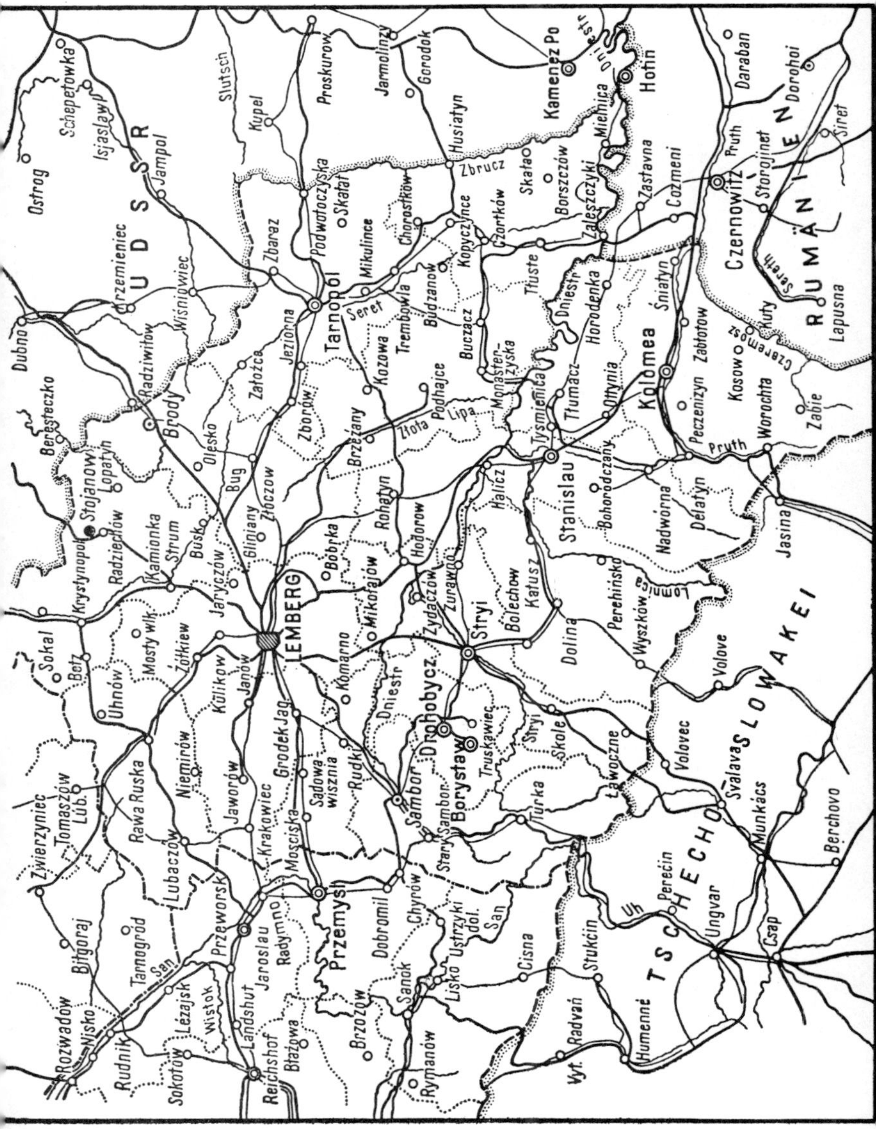

Ostgalizien, Grenzen 1939

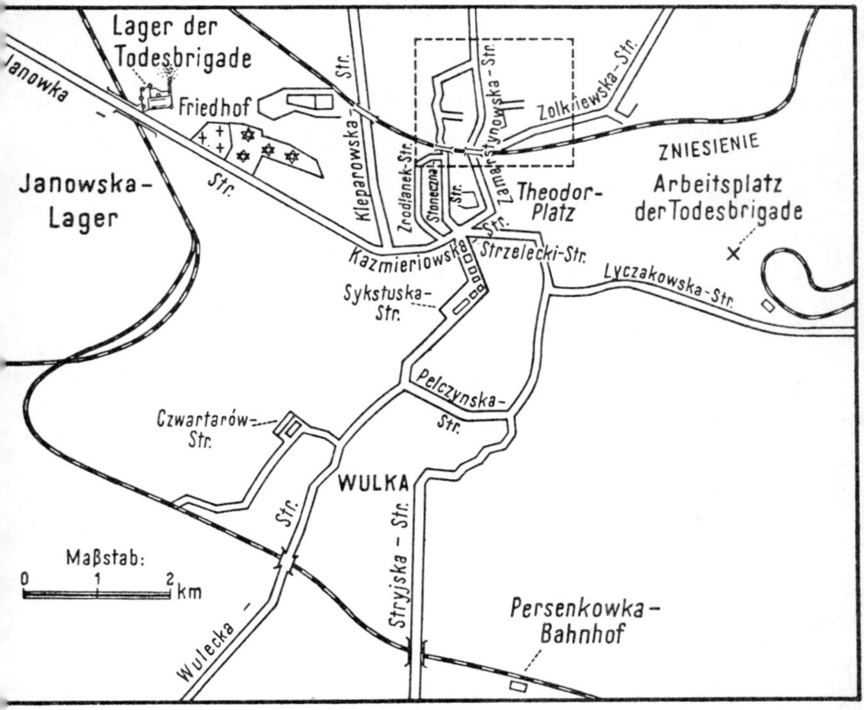

adtplan von Lemberg

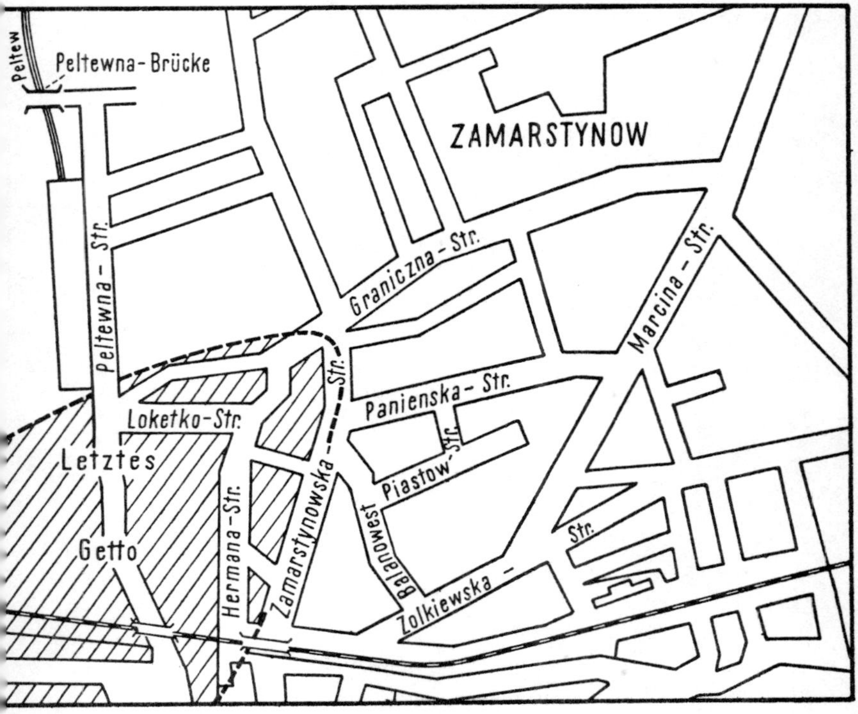

ɛztes Getto in Lemberg, im Stadtplan mit punktierter
ɩie bezeichnet.

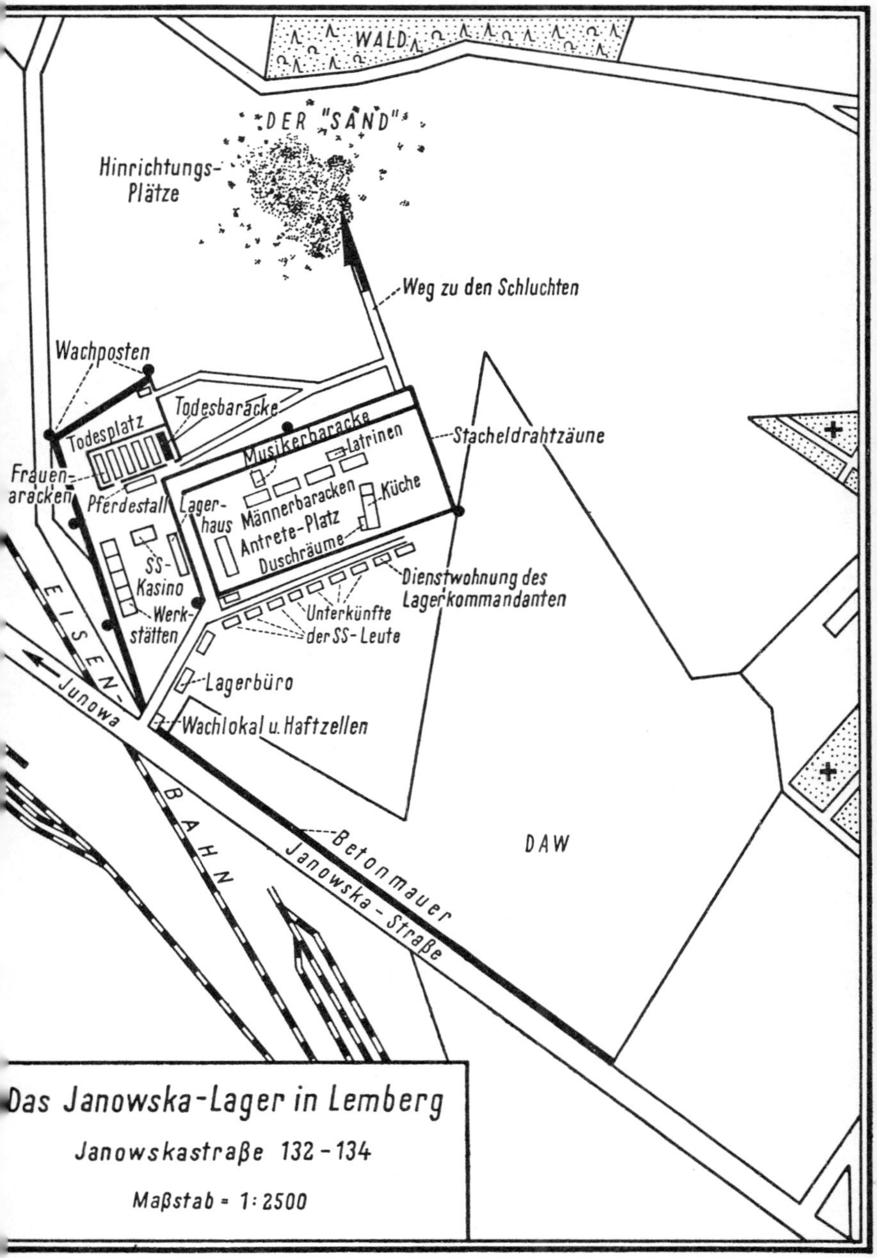

Das Janowska-Lager in Lemberg

Janowskastraße 132–134

Maßstab = 1:2500

Inhalt